La vieillesse

Simone de Beauvoir

老年

[法]西蒙娜·德·波伏瓦 著

孟玉秋 译

上海译文出版社

目　录

绪论

当佛陀还是王子乔答摩·悉达多的时候，被其父囚禁于华丽的宫中，他好几次逃出去，乘车在周遭巡游。第一次出去，他碰到一个羸弱之人，口中无牙，满脸皱纹，头发全白，佝偻着背，拄着一根拐杖，口中含糊，浑身颤抖。王子非常吃惊。车夫告诉他，这是一个老人。王子惊呼道："脆弱无知的人啊，太不幸了！年轻所特有的傲慢使他们眼中看不到老年！赶紧回去吧。游戏和欢乐有什么用？我的身躯也免不了他日成为衰老的所在。"

佛陀之所以能在一个老人身上看到自己的未来，是因为他为拯救苍生而来到世间，要承担起人类的所有状况。这一点上他与常人不同，后者回避不悦的景象，尤其是老年。在美洲，人们几乎不用"死亡"一词，代之以"消失了的亲爱之人"，也几乎从来不谈到高龄。老年在今天的法国也是一个禁忌话题。我在《事物的力量》的末尾因谈到这一禁忌掀起了轩然大波。承认我自己即将进入老年，仿佛就等于说它瞄准了所有女人，甚至已经控制了很多。不管是出于好意还是愤怒，非常多的人，尤其老年人，向我宣称"老年人"是不存在的。有些人只是不如其他人年轻，仅此而已。对于社会来说，老年就像是一个让人羞耻的秘密，谈论它是不体面的。关于女人、孩子、少年的种种情状存在大量的文献，可是关于老年，除了专业作品之外很少有提及。曾经有一个漫画家不得不重画了一整个系列，因为他设计的人物中有一对祖父母。“把老年人物去掉。”编辑对他说。[1]当我说自己正在写一本关于老年的书，对方往往惊呼：“怎么会有这种想法？您又不老！……多么悲伤的主题……”

这恰恰是我写作本书的目的所在：打破这种沉默。马尔库塞[2]曾经说，消费社会用一种所谓幸福意识取代了不幸意识，并且压抑任何负罪感。我们应打破这表面的平和。在对待老年人方面，社会不仅有过错，而且罪行累累。发达和充足的神话掩盖之下，社会对老年人如对贱民一般。法国人口的12%为65岁以上的老人，比例为世界最高。他们陷入贫穷、孤独、残疾和绝望。在美国，老年人的命运也好不到哪儿去。为了将这种野蛮与其所宣扬的人道主义进行调和，统治阶级所采取的手段是不把他们当人对待。可是，如果我们能够听到老人的声音，我们就不得不承认，他们发出的是人的声音。我要强迫我的读者听到这种声音。我将描绘强加于他们的境况，描绘他们如何生存。我要说出他们头脑中和他们心灵中在发生什么，尽管已经被资产阶级文化的谎言、神话和陈词滥调所扭曲。

社会对于老年人的态度极具两面性。总的来说社会并不将老年看作一个独立的年龄阶段。青春期的危机在少年和成年之间划出一条分界线，虽然有些任意，但其时间跨度较窄：18岁到21岁之间，年轻人便被纳入社会之中了。所谓的“成人礼”往往伴随着这种接

---

① 由弗朗索瓦·加里格报道，参见1968年12月12日的《阿尔萨斯最新消息》。——原注

② Herbert Marcuse（1898—1979），美籍德裔哲学家、社会学家、政治理论家。法兰克福学派主要代表人物之一。

纳。然而，老年到底是从何时开始的并不明确，随着时代和地域的不同而变化。从来没有某种仪式性的东西，标志着一个人进入了老年。① 从政治上来说，一个人终生享有同样的权利和义务。民法不会对 30 岁和 40 岁的人做任何区分。法官们认为，除了某些病理性的情况，老年人和年轻人一样，负完全刑事责任。② 老年人并不被作为一个群体区别对待，而且他们也不乐意被区别对待。儿童和少年有专门属于他们的书籍、刊物、演出、电视和广播。老年人则没有。③ 所有这些他们都只能共享和较年轻的成人一样的内容。然而，涉及经济地位的时候，他们似乎属于一个奇怪的种类。仿佛他们没有其他人一样的需求和感情，只要给他们一点微不足道的施舍，便不亏欠他们了。经济学家和法学家鼓吹这种自我感觉良好的幻觉。当他们哀叹所谓的非就业者对就业者造成的负担时，好像就业者不会有一天也变成非就业者。事实上，负担起养老是为了保障自己的将来。在这一点上，工会主义者是清醒的，谈判时总是将退休问题摆在重要的位置。

由于不构成经济力量，老年人无法宣示自己的权利。剥削者关心的是分化劳动者和非劳动者的团结，使得后者的利益无人维护。资产阶级散布的神话和陈词滥调将老年人塑造为他者。普鲁斯特曾说："生活让少年的时光无限地延长，然后变成老人。"老人身上延续着之前同样的优点和缺点。然而世俗的观点对此予以否认。当老年人表现出和年轻人一样的欲望、感情和要求时，人们惊讶无比。

---

① 在某些社会中，会为达到 60 岁或 80 岁的人庆祝，但这与"成年礼"的性质不同。——原注

② 总检察官莫尔内对贝当提出公诉时强调，司法不会考虑年龄因素。近几年来，先于诉讼的"个体调查"会指出被告的年龄，但只是作为诸多特点中的一个罗列。——原注

③ 美好出版社刚刚出版了一份针对老年读者的出版物，但仅限于提供信息和实用建议。——原注

老年人的爱情和嫉妒是丑恶或可笑的，性欲令人厌恶，暴力为人不齿。似乎他们应该成为所有美德的典范。人们尤其认为老年人应该淡定。人们断言老年人具备这一品德，并且应该对他们的不幸淡然处之。社会舆论强加给老年人的形象是一个满头白发、笼罩在光环里的圣人，经验丰富，令人尊敬，超脱于七情六欲之上。如果他们偏离了这样的形象，那么他们就堕落于其下。与前一种形象相对的是疯癫的老者，心智狂乱，被子女耻笑。总之，他们因美德或罪恶而处于人类之外。于是人们便可毫无顾忌地拒绝给予他们起码的生活必需。

人们将这种排斥进行到如此极端的地步，以至于伤及自身。我们拒绝在老人身上看到的，正是将来的自己。普鲁斯特曾经睿智地说："在所有的现实中，（老年）在我们心里作为一个抽象的概念，保持时间可能是最久的。"人都是要死的，所以死亡的概念不陌生。很多人会成为老人，却很少有人想到老年。按理说老年是最该被预料到的，事实上却是最出其不意的。当被问到未来的时候，年轻人，尤其是年轻女子，对生活的畅想往往止于60岁。有一些人说："我不会活到那么老的，肯定在那之前就死了"；有的甚至说："那之前我会自杀"。成年人表现得好像永远不会变老一样。一个工作的人面临退休往往目瞪口呆，可是日期明明早就定好了，他是知道的，原本应该有所准备。事实就是直到最后一刻，退休对他来说还是陌生的，除非在非常政治化的情况下才有所不同。

当这一天真的到来，其实从这一天渐渐临近开始，人们还是宁愿老去而不是死亡。但是之前远观的时候，我们最清醒地考虑的是死亡。它随时可能降临，在任何年龄都威胁着我们。我们有时和它擦肩而过，常常对它心怀恐惧。我们并不是一下子变老的。年轻或壮年的时候，我们并不会像佛陀那样想到未来的老年。在我们眼中它距离我们如此遥远，远到不真实，远到似乎永远不会发生。死人算不得什么。我们可能感到一种形而上的眩晕，但是从某种程度上说，它又让我们安心，并不构成什么问题。“我将不复存在。”消失使我保留了自己独特的身份。[①] 20 岁、40 岁时对老年的想象，是将自己想成另一个人。任何变化都包含令人恐惧的东西。小时候，想到有一天我会成为一个大人，我感到震惊，甚至焦虑。不过一般情况下，在年幼的时候，成人身份的优势会稍稍慰藉对长大的疑虑。而老年却是一种失宠。哪怕是保养得很好的人，老年带来的身体的衰弱也是显而易见的。人是年龄带来变化最显著的物种。动物也会变弱，但其外在形态并无太大改变。人类则不同。面对一个年轻美貌的女子，如果我们在岁月之镜中想象她多年之后的形象，我们将看到她的母亲，这使我们心头一紧。据列维-斯特劳斯说，南比夸拉族印第安人的语言中，“年轻”和“俊美”是同一个词，“年老”和“丑陋”也是同一个词。面对老年人展示的我们自己将来的影像，我们难以置信。有个声音在说，这一切不会发生在我们身上，真发生的时候也轮不到我们。在降临到我们身上之前，老年是一件只关乎别人的事情。如此，我们也就能够明白，社会是如何成功阻止我们在年老的人身上看到我们的同类。

让我们不要再欺骗自己了。这关乎我们无可逃遁的未来生活的意义。如果我们不去理会我们将要成为谁，那我们也不可能知道我们现在是谁。这位老先生，这位老妇人，让我们在他们身上看到我们自己。要完全承担起我们作为人的状况，这是不可或缺的一步。所以，我们不能满不在乎地接受生命最后阶段的不幸，而是应该感到与我们自己利益攸关。它深刻地揭露了我们所处的剥削制度。不

① 更不必说，对那些相信灵魂不朽的人来说，这一身份得到了坚实保障。——原注

能自食其力的老年人代表着负担。然而，如果一个集体有着某种平等观念，比如村落或者原始部落，成年人哪怕不情愿，心里也明白自己将来的状况就是身边老人当前的状况。《格林童话》的普遍意义，即在于每一个村庄都存在其描绘的情形。一个农民让自己的父亲远远地在角落的饲料槽里吃饭。之后他发现自己的儿子在摆弄木板。孩子说："等你老了给你用的。"祖父立刻被请回了家庭餐桌。在长期利益和短期利益之间，一个集体中有劳动能力的成员总是会进行各种妥协。有时，由于条件过于匮乏，某些原始部落的成员不得不杀死年老的父母，哪怕他们自己将来也会遭受同样的命运。在不那么极端的情况下，远见和孝顺使得人们不那么自私。在资本主义社会，长期性不再起作用。拥有特权的人决定着大众的命运，他们不担心特权被分享。至于人道主义精神，被捧得很高，却不见诸行动。经济建立在利润之上。整个文明都从属于利润。人们对人力的兴趣仅仅在于后者能够带来利润，用完就扔。"在一个变化的世界里，机器寿命短暂。人也不必服务太长时间。55 岁以上的都该报废。"这是最近[①]的一次会议上剑桥大学人类学家埃德蒙·利奇的言论。

"报废"一词很好地表达了他的意思。人们说退休意味着自由和闲暇时光。有诗人赞叹"港口的美景"[②]。多么无耻的谎言。社会强加给绝大部分老人一种悲惨的生活，以至于"老"和"穷"在人们看来是一回事。反之，绝大部分穷人都是老年人。对于退休的人来说，闲暇时光并不会带来什么新的可能。当他终于摆脱了之前的限制，却又被剥夺了利用所谓"自由"的手段。他不得不在孤独和苦闷中自生自灭，如废弃物一般。在一个人最后 15 年或 20 年

① 发表于 1968 年 12 月。——原注
② 出自法国诗人拉康侯爵。——原注

对其不管不问，是我们文明的失败。如果我们把老年人当人看，考虑到他们过去的体面生活，而不是把他们看作行尸走肉的话，现实会让我们窒息。我们的体系是摧残人的。为了揭露这个体系，应将丑闻公之于众。触动一个社会最好的办法就是集中关注最不幸的那部分人的命运。当年为了破除种姓制度，甘地致力于为贱民鸣不平。为了摧毁封建家庭，新中国解放了妇女。要求老年人依然保持人的地位将带来巨大的冲击。如果仅仅是进行有限的改革而不去撼动体系的话，这个目标是不可能实现的。对劳动者的剥削，社会的原子化，文化仅为官僚精英所享有，造成了老年人所遭受的不人道对待。这表明一切都要重来，从头开始。这就是为什么这个问题被精心掩盖。这也是为什么我们必须打破沉默。我要求我的读者给我帮助。

引言

迄今为止，我讨论的“老年”一词，仿佛对应一个被精确定义的事实。实际上，对于我们人类来说，老年并不那么容易界定。这是一个生物学现象。年老的人的机体呈现出某些特性。老年带来心理上的后果，某些行为被认为是典型的老年行为。像所有的人类境况一样，老年也有其存在上的维度：它改变了个人与时间的关系，因此也就改变了与世界和与个体自身历史的关系。另一方面，人从来不是生活在一个自然状态下的。老年和其他年龄阶段一样，身份是人在其中作为一分子的社会所加诸人的。不同视角之下互相依存的紧密关系使事情变得复杂。今天我们已经知道，不能抽象地把生理数据和心理状况分开考虑，二者其实相互影响。我们将会看到二者之间的关系在老年时期尤其紧密，属于典型的心身医学范畴。所谓人的精神世界只能在其生存状况中才能被完全理解，生存状况会让身体产生相应的反应，反之亦然，身体衰颓的程度影响着其与时间的关系。

总之，社会在给老年人分配角色和位置的时候是考虑到他们的个性特征的，那就是他们的羸弱，还有他们的经验，同时个人也受制于社会的实际态度和意识形态。所以，仅仅从分析的角度来看老年的各个方面是不够的。每个人都在对其他人作出反应，并且被他人所影响。只有在这种不停歇的循环过程中，我们才能把握老年的意义。

这也是为什么对老年的研究应该全面而彻底。我的主要目标在于阐明我们社会中老年人的命运。读者可能会惊讶，为什么我会用很大的篇幅去描绘老年人在原始部落中的状况，以及在人类历史上其他时期的状况。如果说老年作为生理命运是贯穿于历史的，不能否认的是这种命运随着社会条件的不同而变化。反过来说，老年的意义或无意义对其所处的社会发出质问，因为老年揭示出的是之前生活的意义或无意义。为了更好地评判我们的社会，我们需要与之前不同时空中的社会形态所给出的解决方案进行对比。这样的一种对比，能让我们发现哪些是老年本身不可避免的状况，我们能够以什么样的代价来减少这些困难，以及我们目前所生活的社会对他们负有何种责任。

任何生存的处境都可以从外部性以及内部性来考察。前者是他人眼中的形象，后者是从承担并超越它的主体出发。对于他人来说，老年人是需要认知的对象，对于自身来说则是亲历的生存经验。在本书的第一部分我从外部视角考察生物学、人类学、历史学以及当代社会学对老年的研究。在第二部分，我着力描绘老年人如何内化自己与身体、与时间、与他人的关系。我所做的两项工作并不能使我们定义老年。我们反而会看到它的多种面目难以化约。从历史直到今天，阶级斗争决定了一个人老年的境遇。年老的奴隶和年老的领主有着天壤之别。领着微薄养老金的工人和希腊船王奥纳西斯完全没有可比性。老年个人境遇的不同还取决于其他因素，如健康、家庭等。但是剥削者和被剥削者之间的对立产生了两大老年人群体，一个人数极为庞大，另一个则非常小众。任何掩盖这一分野、企图笼统谈论所有老年人的说法都应该受到驳斥。

一个问题马上出现了。老年并不是一个静止的事实，而是一个过程的结果和延续。这是怎样的过程？换句话说，什么是“变老”？这个概念涉及变化。胚胎，新生儿，儿童，生命的变化一直在持续，我们是否应该像某些人主张的那样，认为存在是缓慢的死亡？显然不能这么说。这种说法的矛盾之处在于没有认清生命真正的本质。生命是一个不稳定的体系，在任何一个时刻都在失去平衡同时又重拾平衡。惰性才是死亡的同义词，而生命的法则在于变化。变老的特征是一种特殊的变化，是不可逆的、不利的，是一种衰颓。美国老年学家兰辛对老年给出下列定义：“一种逐渐的不利的变化，通常与时间相关联。在成熟之后便显现。最终导致无可避免的死亡。”

可是，我们马上又遇到难题：“不利的”是什么意思？这涉及价值判断。当我们谈到进步或退步的时候，一定是相对于一个目标而言。玛丽埃尔·瓜切尔[①]在滑雪表现不及年轻选手的那一天就不得不承认，从运动的角度来说自己老了。年龄的等级因“活着”而形成，其标准比运动更模糊。我们必须知道生命的目的为何，才可以确定什么样的变化远离这一目的，什么样的变化接近这一目的。

如果我们只是考虑人的生理结构，问题会非常简单。所有的有机体都试图生存下去。当平衡受到影响的时候，需要重新建立平衡，对抗外界的侵扰，最大限度最牢固地把握世界。在这样的视角下，诸如“有利的”“无关紧要的”“有害的”这样的词含义是明确的。从出生直到 18 岁或 20 岁，人的机体生存的几率一直在增

① Marielle Goitschel（1945— ），法国高山滑雪运动员，于 1964 年和 1968 年冬季奥运会获得包括 3 枚金牌的 5 枚奖牌。

加。人越来越强壮，越来越有抵抗力，手段和技能增强。20 岁的时候体能达到巅峰。因此，在人生最初的 20 年，机体的变化是“有利的”。

有一些有机体的变化既不带来进步也不导致退步，它们被称作“无关紧要的”，比如小时候胸腺的发育，又比如远远超出人脑所能用到的脑神经的发育。

至于“不利的”变化，它们很早就会出现。视觉调节能力从 10 岁起就开始减弱。听力的上限在青春期之前已经开始下降。12 岁之前机械记忆力的衰退已经开始。据金赛的理论，男性的性能力 16 岁到达巅峰。当然，这些损失是有限的，儿童和少年的发展依然呈上升曲线。

过了 20 岁，尤其是从 30 岁起，器官开始退化。衰老是否应该从这时算起？不。因为人的身体不能算纯自然领域。一些能力的丧失、改变、衰弱，可以被诸如机械装置、实践经验，以及智力弥补。当不足只是偶发，并且能够轻易被弥补的时候，不被认为是衰老。只有当这些不足形成规模并且无法弥补，这时候身体变得脆弱，能力或多或少地丧失，才可以毫无疑问地说，身体衰老了。

如果我们将个体全面考虑，问题变得更加复杂。“衰落”是相对于一个顶点而言。那么顶点在何处？身体和精神的发展虽然互相影响，但并不完全平行。一个人可能身体还未衰退但精神受到很大损伤，或者身体衰退了但智识有很大进步。我们给予哪方面更大的价值？答案是不一样的。有人更看重身体的能力，有人更看重精神能力，也有人看重二者的平衡。个体和社会正是基于这样的选择而在年龄上建立了等级制，而且这种等级没有一个举世公认的模式。

由于可能性更加丰富，习得的能力更加多样，感受更加新鲜，儿童胜于成年人。这是否可以让我们认为年龄的增长是一种退步？

某种程度上，弗洛伊德似乎是这样认为的。他曾经写道："一个健康的儿童闪耀着智慧，而一个普普通通的成年人有可能智力还稍逊，多么令人难过的对比。"这也是蒙泰朗[①]经常谈到的观念。在其剧作《死去的王后》中，他借人物费兰特之口说："儿童的天才一旦熄灭就是永久性的。人们常说蝴蝶是虫子破蛹而出，可是人如同蝴蝶蜕变为虫子。"

弗洛伊德和蒙泰朗称颂童年都出于个人原因，尽管不尽相同。他们的观点并非人人都赞同。"成熟"这个词本身就表明我们通常还是将成年人置于儿童和年轻人之上。成年人获得了知识、经验、能力。学者、哲学家和作家通常把人生的顶点置于中年。[②]甚至有人将老年视为人生的高光时刻，认为老年带来了经验、智慧、平和。如此说来，人生并没有所谓的走下坡路。

谈论人生的进步或退步，意味着以一个固定目标为坐标。然而，并没有先验的、绝对的目标存在。每一个社会都建立自己的价值观，"衰颓"一词在社会背景下才有确切的意义。

这个讨论证明了我之前所说的，即只有全面考察，我们才能理解老年的意义。它绝不仅仅是生物现象，同时亦是文化现象。

---

① Henry de Montherlant（1896—1972），法国作家。1960年当选为法兰西学士院院士。

② 希波克拉底认为顶点在56岁。亚里士多德认为人在35岁达到身体上的完美，在50岁达到灵魂上的完美。但丁认为人在45岁进入老年。如今的工业社会通常让劳动者于65岁退休。我会将65岁及以上的人称为老人、老者、长者。至于其他人，当我在后文提及时，会注明其年龄。——原注

第一部　外部视角

第一章　老年与生物学

前文我们看到，生物学上的衰弱，其意义是明确的。当一个有机体生存的机会减少时，它便处于衰落之中。人类一直对这一命定的必然有着清醒的认识。我们看到从古代开始，人就一直在寻找衰老的原因，而答案很大程度上取决于医学对生命的认识。

在古埃及人以及其他古代人类那里，医学往往与巫术不分。古希腊医学开始也并没有与宗教玄学或哲学区分开。到希波克拉底医学才获得了独立性，成为一门建立于经验和推理之上的科学和艺术。希波克拉底采纳了毕达哥拉斯的四种气质类型说，即血液、黏液、黄胆汁、黑胆汁。疾病来自它们的失衡。老年也是如此。希波克拉底把 56 岁定为老年的起始。是他第一个把人的生命阶段类比于四季，而老年对应冬季。他的多本著作，尤其是流传下来的《箴言》，对老年人进行了细致的观察，诸如吃得比年轻人少，呼吸困难，卡他性炎引发剧烈咳嗽，排尿困难，关节疼痛，腰痛，眩晕，中风，严重消瘦，瘙痒，嗜睡，内脏、眼睛、鼻孔会出水，白内障，视力减退，耳背。他建议老年人在各方面都要有所节制，但不要完全停止活动。

希波克拉底后继乏人。亚里士多德将建立在推理而非实际经验之上的观点强加于世人。他认为生命状态取决于内在的热力，因而将老年比喻为热力降低。之后的罗马人继承了希腊人用来解释身体现象的一些观念，如气质、脾性、血液素质、嘘气。马可·奥勒留治下的罗马，其医学并不比伯利克里时期的希腊更为先进。

公元2世纪的时候，盖伦[①]对古代医学进行了一次总结。他认为老年是疾病与健康的中间状态。老年并非一个完全的病理状态，但老年人所有的功能都减弱了，退化了。为了解释这一现象，盖伦结合了脾性论与内热论，后者由前者推导而来。当身体脱水、体液蒸发的时候，热力也就熄灭了。盖伦在《老年医学》一书中给出的卫生建议，直到19世纪依然在欧洲备受推崇。根据对抗性治疗原则，他主张给老年人身体保暖，加湿，如洗热水澡、饮用葡萄酒、保持身体活跃。他给出了详尽的饮食建议。作为例子，他提到安蒂奥什医生80岁依然诊视病人，参加政治集会。忒勒福斯[②]直到100岁依然健康。

在好几个世纪中，医学仅限于重复盖伦的观点。极具权威的他坚信自己不会犯错。在一个人们宁愿直接相信而不注重讨论的时期，盖伦获得了至尊的地位。在他生活的时代，来自东方的一神论逐渐战胜了当地的泛神论。盖伦的理论具有显著的宗教性，相信唯一的神存在，认为身体是灵魂的载体。早期基督教创建者、犹太人，以及伊斯兰化的阿拉伯人都采纳了他的观点。这就是为什么整个中世纪医学的发展几乎为零，对老年的认知依然匮乏。倒是在11世纪，盖伦的徒弟阿维森纳关于老年慢性病和老年精神疾病发表过一些创见。

经院哲学派习惯于将生命比作油灯的火苗。此意象颇具神秘主

---

① Galen（约129—约200），古希腊罗马时期的医生、哲学家。
② Telephus，希腊神话中英雄赫拉克勒斯的儿子，密细亚的国王。

义色彩，在中世纪灵魂往往被比作火焰。在世俗层面，相比治病，医生更注重预防。意大利萨莱诺医学院成为西方医学诞生和发展的地方，那里注重所谓“有利健康长寿的方法”。这方面留下了浩瀚的文献。在13世纪，培根认为老年是一种疾病。[①]他致信教皇克雷芒六世[②]，提到老年卫生保健，其中给炼金术相当大的篇幅。他是第一个提出用放大镜来矫正视力的人。（他死后不久，1300年意大利开始制造这种镜片。使用假牙的记录可以追溯到伊特鲁里亚人时期。中世纪的时候，人们从动物或年轻人的尸体上获取牙齿。）直到15世纪末，所有关于老年的著作都是卫生保健方面的。蒙彼利埃医学院也编写了有关健康的指南。15世纪末的意大利科学复兴与艺术复兴齐头并进。泽尔比[③]的《老年医学》是第一本完全用于谈论老年疾病的著作，尽管无甚创新。

文艺复兴初期产生了巨大进步的医学科目是解剖学。在长达千年的时间里，解剖人体一直是被禁止的。直到15世纪末才或明或暗得到允许。值得注意但又在意料之中的是，现代解剖学的创建者是列奥纳多·达·芬奇。作为画家，他对表现人体有强烈的兴趣，因而渴望详尽知悉人体构造。他写道：“为了全面真实地了解人体，我解剖了10具尸体。”事实上到临终前他解剖了30多具。其中就有老年人。他画了不少老年人面部和身体的画作，并且基于观察画了他们的肠道和血管。（他还记下了自己解剖过程中观察到的老年器官的变化，但是这方面的文字很久之后才为人所知。）

解剖学在大师维萨里[④]那里继续发展，其他领域则陷入停滞。

---

① 这与泰伦提乌斯发表的观点不谋而合。——原注

② 疑为克雷芒四世。

③ Gabriele Zerbi（1445—1505），意大利医学家、解剖学家。

④ Andreas Vesalius（1514—1564），帕多瓦大学的外科医生，他编写的《人体之构造》是近代人体解剖学史上最权威的著作之一。

医学被形而上学所困。人文主义试图与传统抗争，但依然未能摆脱传统的束缚。16 世纪，帕拉塞尔苏斯为了显示出现代性以德语而非拉丁语著书。他有一些新的令人赞叹的直觉，但其理论混沌不清。他认为人是一种“化学组合物”，而老年则是自体中毒的结果。

直到那时，关于老年的著作注重的都是预防性的卫生措施，对老年疾病的诊断与治疗只有一些零散的资料。威尼斯医生大卫·德·波米斯是第一个条理清晰地探讨这些问题的人。他对某些老年疾病所做的描述极为精确、深入，尤其是动脉高血压。

17 世纪出现了很多谈论老年的著作，但乏善可陈。18 世纪盖伦依然拥有众多信徒。其中赫拉德·范·斯韦腾将老年视为一种无法医治的疾病。他讥讽来自炼金术或占星术的疗法。他描绘了老年所带来的解剖学上的变化。同时，随着资产阶级的崛起，其所推崇的理性主义和机械主义催生了一个新的学派，即物理医学派。波累利、巴利维在医学中引入了拉美特利的观点，人的身体是一架机器，是圆柱体、线束、轮子的组合。肺部就是一个风箱。在老年的问题上，他们重拾古代机械主义者[①]的论点：人的机体就像一台机器一样，使用时间过长之后便损坏了。[②]直到 19 世纪这种论点依然有其拥趸，甚至可以说最为大行其道。但是“损耗”这个概念意义模糊。另一方面，斯塔尔创立了活力论，人身上有一种基本的活力，作为实体而存在，其减弱带来老年，其完全消失则导致人的死亡。

在传统的捍卫者和现代体系之间出现过多次无用的争论。医学碰到了很多理论上的困难。它不再满足于所谓脾性的古老病理学，然而又尚未建立新的理论基础，这使医学走入了死胡同。不过在实证层面，进步依然缓慢发生着。解剖进行得越来越多，解剖学取得

---

① 尤其是德谟克利特与伊壁鸠鲁。——原注

② 该类比完全错误。器官在运行时不会损耗，当停止活动后才会衰退。——原注

了相当大的发展，对老年人的研究从中获益。俄国医生菲舍尔与盖伦的理论决裂，系统描绘了老年人器官的衰退。他的著作尽管有其不足，依然是划时代的。意大利人莫尔加尼 1761 年发表的著作也具有相当重要的地位，第一次从解剖案例中找到病理变化的解释，其中有一部分专门谈到了老年。

19 世纪最后 10 年出现的三本著作预见到了 19 世纪末和 20 世纪的一些发现。美国医生拉什发表了一部基于自己经验的临床巨著。德国人胡佛兰德充满洞见的著作广为流传。他本人即活力论者，认为每一个器官都具备一定的活力，随着时间流逝而耗尽。最有名的是 1799 年塞勒的著作，整本书专注于老年人解剖学，援引大量解剖实例。尽管缺乏独创性，但在 10 多年间是最有权威的工具书，直到 19 世纪中叶仍被广泛使用。

19 世纪初蒙彼利埃的医生们继续信奉活力论[①]，然而医学愈来愈受益于生理学和其他实验性科学的发展，对老年的研究更为准确和系统化。1817 年罗斯坦研究老年哮喘，发现了其与脑神经紊乱的关联。1840 年普鲁斯发表了第一本系统研究老年疾病的著作。

19 世纪中期，老年医学开始真正产生，尽管这一名词当时尚不存在。其在法国的发展得益于收治众多老人的医院的建立。皮提耶萨尔佩特尔医院是当时欧洲最大的收容医院，有 8000 多名病人，其中老年人有两三千人。比赛特医院也有很多老年患者。收集他们的临床数据因此变得容易。我们可以将皮提耶萨尔佩特尔医院视为老年病专门医院的发源地。沙尔科在那里讲授老年疾病，其讲稿 1886 年汇集成书，反响巨大。出现了很多卫生保健方面的论文，往往重复套话，了无新意。但是总的来说，预防性医学终于让位于治

① 体液理论已被抛弃，但它以一种神秘的方式继续流行。法拉第在一场著名的讲座中将老年与死亡比作蜡烛的火苗摇曳和熄灭。这一意象至今仍大行其道。——原注

疗性医学，从此以后将专注于医治老年人。鉴于老年人数量越来越多，先在法国，后在其他国家，医生接触到的老年疾病数量因而大幅增长。在沙尔科的著作发表之前，彭诺克于1847年，雷韦耶-帕里塞于1852年发表的著作研究了老年人的心跳数以及呼吸节奏。1857年到1860年间，盖思特发表的综论对德国、法国和英国的老年疾病文献进行了梳理。

19世纪末和20世纪，研究迅速增多。布瓦-泰西耶（1895年）、罗齐耶（1908年）、皮克和巴马穆（1912年）相继出版相关论著。同样重要的有德国的比尔格（1908年）、美国的米诺和梅奇尼科夫（1908年），以及动物学家蔡尔德（1915年）的著作。和之前一样，依然有研究者试图用一种唯一的原因来解释衰老的过程。19世纪末有人认为性腺的衰退导致衰老。法兰西公学院的布朗-塞加尔在72岁的时候为自己注射豚鼠和狗的睾丸提取物，未获得持久效果。另一位法兰西公学院教授沃罗诺夫试图将猴子的腺体移植到人身上，遭遇失败。博戈莫列茨声称自荷尔蒙中提取了一种使人返老还童的血清，同样失败。梅奇尼科夫重拾了过去认为衰老是自体中毒的想法。20世纪初期，卡萨利斯的话一度流行："人的年龄取决于动脉。"他将衰老的主因归结于动脉硬化。而最流行的观点认为，衰老来自新陈代谢减缓。

美国人纳歇尔[①] 被认为是老年医学之父。他出生于当时老年研究的中心维也纳，儿童时期来到纽约。准备医学考试期间，同一群大学生参观一个收容所的时候，他听到一名老妇向教授抱怨自己各种各样的问题。后者对老妪说她的年纪本身就是病。"那我们能做什么?"纳歇尔问道。"什么也做不了。"这一回答让纳歇尔震惊，

---

① Ignatz Leo Nascher（1863—1944），奥地利裔美国医生。

决定投身老年研究。回到维也纳，纳歇尔参观了一家老人院，惊讶于那里的老年人长寿又健康。“这是因为我们如同儿科医生照顾儿童那样照顾老年人。”同事们对他说。这使得他创建了一门崭新的学科，他称之为老年医学。1909 年纳歇尔发表了自己的第一部作品，1912 年他组织成立纽约老年医学学会。1914 年又写作了一本新书，但是找不到出版商，人们认为该书引不起公众兴趣。

与老年医学相平行，近来又发展出老年学。它不是研究老年病例，而是研究老化过程本身。20 世纪初，针对老年的生物学研究仅仅是其他学科研究的附属品，因为当人们研究植物和动物的生命时，会顺便留意年龄增长带来的变化。对青年和少年时期有很多专门的研究，老年本身却很少被研究，部分是由于我之前提到的禁忌使其被视为令人不快的议题。[①] 1914 年到 1930 年间几乎没有产生什么重要作品，除了卡雷尔[②]，他的观点在法国流传很广，他认为老年是一种自体中毒，来自细胞代谢所产生的毒物。

之后，情况发生了变化。在美国，1900 年至 1930 年间，老年人的数量翻了一倍。从 1930 年到 1950 年，老年人数量再度翻倍。社会的工业化导致大量老年人在城市聚集，造成严重问题。为了解决问题，大量调研因此展开，老年人被注意到，人们开始想了解他们。从 1930 年开始，生物学、心理学、社会学将老年人纳入研究对象范围。在其他国家，情况也相似。1938 年在基辅召开了全国老年研究会议。同年，法国的巴斯塔伊和波利亚提合著一部综论，德国则出现首份老年研究期刊。1939 年，一批英国学者和医学教授决定成立国际老年研究协会。在美国出现了考德里的巨著《衰老的问题》。

---

① 美国老年学家比伦指出，针对老年的研究“会引起不适”。他说，不过当下的科学不在意这点。——原注

② Alexis Carrel（1873—1944），法国医生，1912 年获诺贝尔生理学或医学奖。

二战期间，研究慢下来，战争结束立即恢复。1945 年美国成立了老年协会。1946 年第二种老年研究期刊创立。在所有的国家，老年研究都蓬勃发展。英国纳菲尔德爵士创立的同名基金实力雄厚，研究老年疾病以及英国老年人的状况。在法国，得益于莱昂比奈的倡议，老年研究再度兴盛。1950 年，国际老年学协会在列日创建，同年召开第一次大会，1951 年在密苏里州的圣路易斯，1954 年在伦敦，以及此后召开过多届大会。很多国家都成立了研究会。1954 年美国整理的老年研究书目多达 19000 种。据德特朗医生的说法，现在数量应该又翻了一番。法国的老年学协会成立于 1958 年。同年创立了老年学研究中心，由布利埃教授领导。重要的论著相继出现，如 1953 年格拉伊和德斯特里、1955 年比奈和布利埃的著作。1954 年《法国老年学》杂志创刊。后来在巴黎建立了应对老年问题的特别卫生委员会。在美国，芝加哥大学于 1959 年和 1960 年推出了三部论著，洋洋大观，从个人和社会的角度总结了美国和西欧的老年问题。

老年学的发展包括三个方面：生物的、心理的、社会的。所有方面都刻着实证主义的印记：无意于解释现象为何发生，而是致力于尽可能精确地描绘其外在表象。

现代医学不再给生物意义上的老年以特定的原因，而是将其看作生命过程中一个不可或缺的部分，和出生、成长、繁衍、死亡一样。麦凯在老鼠身上做的实验① 启发了埃斯科菲耶-朗比奥特医生。后者说："老年和死亡，并不与能量的消耗，或者心脏跳动的既定数量相关。当一个注定要发展、成熟、消亡的过程走到尽头，死亡

---

① 麦凯证明，幼年时因"热量限制"导致生长迟缓的老鼠，比正常饮食的老鼠活得久得多。一只营养不良的老鼠的寿命能达到对照组的 2 倍。——原注

就发生了。”也就是说，老年和死亡都并非机械性的意外，如里尔克所说，“死亡存在于每个人。如同果核存在于每一颗果实”。每一个有机体在初始的时候就包含了衰老，它是有机体完整发展的不可避免的结果。①

今天我们认为这是所有生物共同经历的过程。直到不久前，我们还曾经相信细胞本身是不会死的，只是它们的组合会随着岁月衰减。卡雷尔持这种观点，并且自认为证明了它。但是新近的实验表明细胞也会随着时间而改变。根据美国生物学家奥格尔的看法，细胞蛋白有相当精确的生产系统，该系统会因年龄增长而失灵。但是这种生物化学的研究尚不够深入。

在人的身上，决定衰老的是德特朗医生所称的“组织的负面发展”。由于代谢旺盛的组织减少，代谢迟缓的组织增加，后者即间质性的和纤维硬化的组织，它们脱水、脱脂，细胞更新的能力因此显著减弱。对于腺体和神经系统而言，间质性组织对其他组织的侵蚀尤其显著，导致基本器官退化，人的一些机能衰减，直至死亡。身体发生生物化学现象，钠、氯、钙增加，钾、磷、镁、蛋白合成物减少。

人的外貌不断变化，使得外人可以大致推算一个人的年龄。头发变白变稀，原因未知，毛囊褪色的机制至今还是个谜。体毛也会变白。然而在某些地方，比如老年女性的下巴，体毛甚至会变得浓密。由于水分减少以及皮下组织弹性丧失，皮肤出现皱纹，牙齿掉落。1957 年 8 月，美国统计有 2160 万名无牙者，占总人口的 13%。牙齿脱落使得脸庞下部变短，弹性组织退化使鼻子变长，鼻子和下

① 当然，意外和各种各样的偏离常轨会让生命在完成整个过程前戛然而止，对人而言尤其如此。因此，孤立地研究人的生物命运过于抽象，因为人从来不是生活在自然状态中，而是在社会中发展。——原注

巴的距离更近。老年皮肤增生使得上眼皮变厚。眼睛下面长出眼袋。上唇变窄。耳垂变大。骨骼也发生变化，脊椎骨的骨节下沉。从 45 岁到 85 岁，男人的上半身会缩短 10 厘米，女人的会缩短 15 厘米。肩膀宽度缩减。骨盆宽度增加。胸廓呈矢状，尤其是女人。肌肉萎缩。关节僵硬导致活动困难。骨骼硬化。原本严密的骨头组织变成脆弱的海绵状。这也是为什么支撑身体重量的股骨变得容易折断。

心脏的变化不大，但是其功能渐渐丧失了适应性。人要逐渐减少活动以保护心脏。循环系统受到影响。动脉硬化并不是衰老的原因，但是其最显著的标志之一，不知是什么原因造成的。有人说是荷尔蒙失调，也有人说是血压过高，通常认为主要原因是脂类代谢的问题。其后果也是多种多样的，有时会影响脑部。无论怎样，脑部的循环慢下来了。血管丧失了弹性。心跳减弱。血液流动速度减慢。血压升高。这里需指出，对成年人非常危险的高血压，对有的老年人却无大碍。大脑用氧减少。胸腔变得僵硬。肺活量在 25 岁时为 5 升，85 岁时则降至 3 升。肌肉力量减弱。神经对兴奋的传感减缓。反应变慢。肾脏、消化器官、肝脏退化，感知器官退化，视觉调节能力减弱。几乎所有老年人都出现老花。视力衰退。辨别力减弱。听力减弱，甚至完全耳聋。触觉、味觉、嗅觉都不如之前灵敏。

分泌器官的老化是老年最普遍也最明显的后果之一。它伴随着性器官的老化。这方面有一些事实最近被证实。[①] 老年男性的精子不会出现特殊异常。理论上老年男性的精子依然可以使卵子受孕。精子何时停止生成并无定数。勃起的速度则为年轻时的 1/3 到 1/2。

---

① 尤其可见于马斯特斯与约翰逊于 1966 年发表的《性反应》。——原注

（至于在年纪很大的人身上发现的晨勃，并没有性的意味。）勃起可以持续很长时间而不射精，这归因于性经验，以及性反应强度减弱。老年人高潮之后软缩极为迅速，重新兴奋所需的时间要比年轻人长很多。

年轻人射精分两个步骤。精液进入输精管，穿过尿道，直至从尿道口排出。在第一个阶段，男人会感觉射精的发生是必然的。老年男性则没有这种感觉，两个阶段合二为一，以至于觉得是自然流出，而非喷发。随着年龄增长，射精与勃起逐渐减少甚至消失。然而，性能力的丧失并不总是导致力比多的消失。

对女人而言，生殖能力在一个相对年轻的年龄突然终止。这在衰老过程中是一个独特的现象，因为其他方面都是渐进的。这现象大约在女人 50 岁时突然发生，也就是绝经。卵巢的周期性变化会停止，月经停止，卵巢硬化，女人再也不能受孕。性激素停止分泌。性器官衰退。

一个常见的偏见认为老年人睡眠差。事实上，据法国 1959 年的一项调查，老年人每晚睡 7 个小时以上。当然，他们中的很多人都有睡眠障碍，要么难以入睡，要么醒来过早，要么睡眠中短暂醒来多次。这些异常的原因可能是生理性的，可能是生物学的或者心理性的。80 岁以后几乎所有人都会在白天打盹儿。

器官的衰退使得所有老年人都极易疲劳。能够付出的体力有限。他们没有年轻人那么容易受感染，但是他们衰弱的机体对于外界侵蚀的抵抗力减弱，因为器官的衰退使得免疫力退化。有些医生甚至将老年本身视作一种疾病。罗马尼亚著名老年学家阿斯兰医生最近在意大利进行的演讲当中，依然持这种论调。[1] 我不认同将二

① 发表于 1969 年 10 月。——原注

者混为一谈。疾病是一种偶然。而老年则是生命的必然。可是“又老又残”几乎是同义叠用。“简而言之，老年就是残疾。”佩吉[①]曾经如此写道。萨缪尔·约翰逊曾说：“我的病是哮喘，是腹泻，而更无药可医的是 75 岁。”一位医生问一位戴着眼镜的老妇：“您怎么了，夫人？老花还是近视？”“我老了，大夫。”

老年与疾病之间关联紧密，疾病催人老，高龄者易病，尤其难逃这个年纪所特有的病症。所谓“纯粹的衰老”状态很少见，大部分老年人都身患各种慢性病。

如果选取 100 位老年病人和 100 位年轻病人，后者看病和买药的比例其实更高。另一方面，老年人只占全国人口的 12%，可是在法国医院里他们占病人的 1/3，单日来看则占病人的 1/2，因为他们住院时间长。1955 年的美国，老年人占人口的 1/12，但是占据了医院床位的 1/5。1955 年加利福尼亚州的一项调查显示，看病次数随年龄增长而增加。老年人的就诊次数比全体国民平均多出 50%。老年女性就诊次数是老年男性的 2 倍。住院的病人也大多为女性。女性比男性寿命长，但是在生命过程中，她们患病的时间也长于男性。[②]就美国人口总体而言，老年人得慢性病的概率是其他人的 4 倍。在澳大利亚、荷兰进行的调查也得出类似的结论。

老年人身上最常见的是一些“说不清的病”以及风湿。美国有一个数据表明，老年人的主要疾病有关节炎、风湿、心脏病。另一项研究得出的结果是心脏病、关节炎、风湿、肾炎、高血压、动脉硬化。还有一项研究结果为身体协调性、关节炎、呼吸系统疾病、消化系统疾病、神经系统疾病。里昂医生维尼亚研究了住院老

---

① Charles Péguy（1873—1914），法国诗人、哲学家。

②《美国健康调查报告》表明，在美国，1957 年至 1958 年间，45 岁至 64 岁的人因病无法行动的时间平均为 25 天，65 岁以上的人为 50 天，75 岁以上的人为 72 天。——原注

人，按照得病概率从高到低为心血管病、呼吸系统疾病、精神病、过度消瘦、血管问题、神经问题、癌症[①]、运动机能失调和消化问题。老年人是心身学研究的典型对象，器质性疾病与心理因素紧密相连。

的确，在很多情况下二者密不可分。例如老年人时常发生的所谓意外，往往来自某些行为，既涉及心智，如注意力、感受力，也涉及态度，如冷漠、放弃、不良意愿。另一方面，当然很大程度上可能也是由方向感差、眩晕、肌肉僵硬、骨骼脆弱导致的。因此，在这里有必要指出。据《美国健康调查报告》，过去一年中 33%的男性和 23%的女性曾经有过一次事故导致至少一天行动不便。45 到 55 岁之间，每 10 万人每年会发生 52 次事故。75 岁以上高达 338 次。最常见的是在室内跌倒，严重的可导致死亡。老年人也是交通事故的受害者，因为他们行动不便，视物不清。很多人干脆放弃出门。

也有一些调查，对老年人的状况给出乐观的评估。但是我们需要知晓调查者赋予词语的确切意义。1948 年，谢尔登在美国做的一项调查表明，在 471 名 60 岁以上的人中，只有 29.3%状况低于正常水平，而他们中甚至有很多 80 岁以上者。2.5%的人长期卧床。8.5%常年居家。22%只在很小的范围内活动。46%身体完全正常。24.5%健康状况良好。姑且信之。可是谢尔登所说的“正常”到底是什么意思？40 岁人的那种“正常”吗？恐怕不是。1955 年在谢菲尔德进行的一项调查可以提供更确切的信息。在 476 名 61 岁以上的人中，54.9%的女性和 71.2%的男性依然行动如常。在荷兰，1954 年和 1957 年进行的调查给出了类似的结论。活动力的确意味

---

① 癌症与年龄无直接关系。癌症一般多见于 50 至 80 岁的人身上，这是由致癌因子的作用模式导致的。癌症的致死率高是因为如今医学已能攻克许多其他疾病，但尚未攻克癌症。——原注

着一定程度的健康，但是很多其他原因，如心理的、社会的原因，可以使人在身体变差的情况下依然保持活动能力。

从以上数据可知，同样年龄的人状况千差万别。时间年龄与生物年龄往往并不重合。一个人的外表比体检显示的信息更多。年龄在每个人身上呈现出不同的面貌。美国老年学家霍韦尔说：“老年是一个斜坡。每个人下坡的速度不一样。有人深一脚浅一脚地走下来。有人则快速跌落。”[①] 有一种病叫早衰症，得了这个病的人器官提早衰老。[②] 1968 年 1 月 12 日，在加拿大查塔姆医院里，一名 10 岁的女孩死去了，她的样貌仿佛一位 90 岁的老妪。该名儿童的一个哥哥在 11 岁时死于同样的疾病。德纳尔-图莱医生给我讲述了一个女人在 45 岁时就因器官早衰而死亡。除去这些罕见的情况，衰老过程有可能加速或延缓。原因是多方面的，如健康、遗传、环境、情绪、习惯、生活水平。表现方式也不同，取决于到底哪些功能最先衰退。有的时候是一个持续的过程。另外一些时候，本来面貌正常，甚至看上去比实际年龄年轻的人会突然间苍老。当疾病、压力、亲人死去、巨大的挫折发生的时候，往往并不是器官忽然衰退，而是此前一直掩饰着某些不足的结构撑不住了。实际上在此之前，身体已经在衰老，但被某些已成习性或精心设计的行为掩盖了。而此时，当他不能够再借助这些手段，潜在的衰老便显现出来。精神上的打击体现在器官上，甚至可能导致死亡。有人告诉我一个例子，一名 63 岁的女人保养得当，以极大的勇气忍受了巨大的治疗痛苦。当一个冒失的实习生让她知道自己身患绝症后，她一下老了 20 岁，且病痛加剧。生活中的挫折，比如输了官司之类，

---

① 普鲁斯特写道：“时间的度量在一百个人心中或快或慢。”——原注

② 这种病的存在说明，的确存在某种不知名的衰老因子。如果我们能发现它，也许就能中止或至少大大减缓衰老的进程。——原注

能够让一个 60 岁的人在身体和精神上变得衰老不堪。

如果没有任何此类冲击，健康状态得以保持，那么一个人直到高龄依然能够弥补其丧失的能力。借助可靠的技术，借助对身体的确切了解，一些运动员能够长时间保持体能。特德·梅雷迪思[①] 在 52 岁时依然被选中上场。欧仁·勒诺尔芒[②] 63 岁的时候还表演游泳。博罗特拉[③] 则在 56 岁成为网球世界冠军。

过去，一个人的精神发展和身体发展有可能形成强烈的对比。孟德斯鸠曾经哀叹道："人的状况是多么悲惨。精神上刚刚成熟，身体却开始衰老了！"德拉克鲁瓦在日记中写道："年龄带来精神力量，也带来身体上的衰弱。这种对比总是让我震惊，让我觉得这是自然法则中的一个矛盾。"

医学的发展改变了这一状况。身体能够抵御更多的病痛。只要精神保持平衡和活力，一般来说身体的健康也能够维持。往往是精神垮了，身体才垮。反之而言，如果身体变坏，心智功能也会发生问题。总之，心智依附于身体的改变，就像质量不佳的接收器使得信息传输变慢而且扭曲。大脑不再敏捷，用氧减少。血液中氧气不足，导致记忆力衰退。思考过程减缓。简单的精神活动出现异常。欣快或抑郁之类的情感反应变得更剧烈。我们可以认为老年就是戈尔茨坦[④] 所谈到的脑部遭受创伤之后所谓"模糊的切除"。后者也导致脑细胞丧失。由于脑细胞数量巨大，如果没有特殊需要，那么人还是足以应付。但是如果生命中出现了不平衡，那么灾难就有可能发生。无论如何，智力活动使大脑疲惫。至少从 70 岁开始，工

① James Edwin "Ted" Meredith（1891—1957），美国田径运动员，曾在 1912 年夏季奥运会田径比赛中获得两枚金牌。
② Eugène Lenormand（1891—1974），法国跳水运动员。
③ Jean Borotra（1898—1994），法国网球运动员、政治家。
④ Joseph Leonard Goldstein（1940— ），美国生化学家、遗传学家。

作强度和注意力都会减弱。

老年学研究者对老年的心理研究使用的是同样的方法。他们从外部研究病人，主要从心理测量的角度。在我看来这是最有争议的学科之一。被检查的人处于非自然的人工条件之下，得到的结果都是极为抽象的，完全不同于鲜活的实际情况。事实上，一个人的智力表现取决于整体状况。我们都知道家庭纠纷可能使得一个原本早慧的孩子变得傻乎乎。在后文中，我对老年人心理的研究将根据我之前提到的循环原则，从整体的角度把它与生物学的、存在的、社会的背景联系起来。由于我想给读者准确介绍老年学研究的成就，我在此汇报它们使用的方法，以及它们自认为取得的成果。

1917 年，美国对部队军官候选人进行了精神状况方面的测试，这就是智商测试的源头。之后此类研究迅速发展。1927 年，威洛比将美国军队的测试方法用于斯坦福大学周围的一些家庭。1925 年至 1926 年琼斯和康拉德在新英格兰测试了 1191 人，并将结果公之于众。美国、德国、英国继续进行此类研究。1955 年法国的苏珊娜·帕科研究了铁路系统中的 4000 名员工，包括 20 岁到 55 岁的员工和 12.5 岁到 15.5 岁的学徒。最近，布利埃教授在圣佩丽娜设置了一套智力测试题。项目包括要求受试者在一系列图片中找出错误，在一幅迷宫图画中迅速找到出路，补全未完成的绘画，将相似和不相似的物件归为一类或区分开来，划出同义词并指出它们的细微差别，掌握字母和数字的组合即密码测试，凭记忆画出几何图形，面对信号做出反应，在关于行为和性格的问题上回答是或否，画出镜像图案，诸如此类。人们发现，即时记忆几乎没什么变化。具体记忆（涉及已熟知的一些数字）在 30 岁到 50 岁之间衰退。逻辑记忆亦然。衰退最严重的是建立关联性的能力，比如语言学习。当然，不同的人由于文化程度不同，区别也很明显。在格罗宁根一项 3000

人参加的记忆力测试显示，记忆力随年龄增加而普遍减弱，但就其程度而言，脑力劳动者轻于体力劳动者，高级技术工人轻于初级技术工人，就业者轻于退休人员。

运动反应在25岁时达到速度和精确度的巅峰，35岁开始减弱，45岁之后加速减弱。精神活动的反应速度增长到15岁，15岁到35岁之间保持不变，35岁之后减弱。60岁以上的人在有时间限制的测试中反应不佳，如果不限制时间则可以与其他年龄段的成人表现相同，甚至超出。老年人很难适应新环境。他们对于熟悉的事情很容易适应，但是往往不擅改变。获得一种所谓的新态度对他们来说是困难的。他们是旧习惯的奴隶，缺乏灵活性。“常规”一旦形成便很难摆脱。即使面临完全不适用旧习惯的新情况，他们依然抱住旧习惯不放。重新学习的可能性对他们来说非常有限。适应性在35岁开始下降，尤其是如果不注意锻炼的话，包括观察、抽象、总结、融入、架构的能力都会走下坡路。心算能力、空间组织能力、逻辑推理能力也减弱。词汇方面的结果不一。文化程度低的人60岁之后词汇量减少，但是知识群体的词汇水平持平，甚至有提高。总体而言，已牢固掌握的知识、词汇量、对词汇或数字的即时或延迟记忆，改变都不大。也就是说，个体身上流动性的适应力会衰老，后天养成的那部分机制则不会衰老。

从这些测试和数据中能得出一个重要结论：个体的智力水平越高，其衰退程度就越轻，速度就越慢。如果个体持续锻炼记忆力和智力，就有可能保持原先水平。我后面还会提到这一点，即一个人的智力和记忆一定是与他对生活、对世界、对自己的各种各样的计划相联系的。在这里我先仅限于指出，有些年事已高的人甚至比年轻人还要高效。的确，很多脑力工作是在没有时间限制的情况下完成的。工作、技能、判断力、组织力可以抵消记忆的衰退、疲劳，以及适应能力的不足。不少老年人直到生命的最后一刻依然活跃而清醒。

同时，老年人的心理机能也是脆弱的，因为生理与心理机能相连。精神疾病发生的概率在老年人身上比在年轻人身上高[①]。美国国家心理健康研究所发布的报告显示，每 10 万同龄人群中，15 岁以下的发病率为 2.3 人，25 岁至 34 岁中 76.3 人，35 岁至 54 岁中 93 人，老年人中 236.1 人。在瑞典，700 万居民中有 9000 人患有严格意义上的老年精神病。在美国，1904 年至 1950 年间精神病患者人数增长了 4 倍。精神疾病医疗机构收治的老年人数量则增长了 9 倍，部分原因是人们不再像以前那样羞于求医。在瑞典，25 年来数据都没有变化。

今天的老年人比过去境况有所改善。他们中间长期卧床者更少。对不同年龄群进行比较，我们会发现最老的人有某种反衰退的特质，因为能活得如此长寿的人一开始就格外健康。不过，普遍的原则依然是从某一个时刻起人的衰老程序启动。所谓“美好的老年”“强壮的老年”，意味着老年人在身体和精神上都找到平衡，而不是说其机体、记忆以及适应能力与年轻人毫无二致。当人活到如此年纪，衰老是不可避免、不可逆转的。

衰老的尽头是死亡。但是死亡往往不是衰老，而是疾病的直接后果。叔本华声称见到过极老的人自然而亡，没有特别的原因。德洛尔教授曾讲到有一位百岁老人自己走到医院要求一张床位。她声称自己十分疲劳，要一张床等死。第二天，她果然去世了。可是尸体解剖并没有发现任何器官病变。当然这毕竟是一个特例。所谓的自然死亡——相对于意外死亡而言——其实是由器官衰竭导致。

---

① 在下文谈到老年人的处境时我还会进一步阐述。——原注

人类的最长寿命高于其他哺乳类动物。从能够找到的可信文献中，我只看到一位 105 岁以上的、居于格罗萨村庄的安托万-让·乔瓦尼活到 108 岁。[①] 普遍认为遗传对长寿起着直接或间接的作用，尽管尚未得到证实。还有很多其他因素影响寿命。首先是性别。在所有的物种中雌性寿命均长于雄性。法国女性平均比男性多活 7 年。其他因素，诸如成长条件、饮食、环境、经济状况，也起到作用。

经济状况对老年的影响很大。这一点老年学家在很多研究中均有发现。我前面提到的谢菲尔德的研究表明，健康状况与生活水平密切相关。布利埃教授对布列塔尼农民和渔民所做的研究也证实了这一点。人们爱说乡村比城市更适合安享晚年，事实上所有被调查的对象都比同年龄组中生活优渥的巴黎居民身体要差。[②]

经济因素的作用使我们看到老年学的局限性，因为它只从生物学角度来研究个体。老年学的结论是有益的，没有它们我们无法理解老年。然而老年学又是不够的。在对老年的研究中，它过于抽象。一个人变老总是发生在一个社会中，与社会的性质，以及这个

---

① 该条新闻刊登在 1969 年初的《法兰西晚报》上。安托万-让·乔瓦尼于 1860 年 8 月 1 日出生于法国科西嘉省齐卡沃，一生都居住在格罗萨村庄里。参见附录《百岁老人》。——原注

② 德桑蒂教授 1969 年在马赛针对 17000 名参加社会保险者进行了一项研究，结果显示不同职业的人衰老的速度不一样，以下按衰老程度升序排列：

—小学、中学和技术学校的老师；
—高级干部；
—普通干部；
—医务辅助人员和社会工作者；
—办公室雇员和市镇职员；
—司机、推销员、失业者；
—企业主；
—服务业从业人员；
—工头、技工、专业工人；
—非技术工人。——原注

人在社会中所处的位置密不可分。经济因素本身也不可能脱离社会的、政治的、意识形态的上层建筑而存在。把“生活水平”绝对化也依然过于抽象。在资源相同的条件下，同一个人在一个贫穷的社会里可能被认为是富人，在一个富裕的社会里则可能被认为是穷人。所以，为了理解老年的现实及其意义，我们必须考察不同时期不同地方老年人在社会中所处的地位，在人们心中的形象。我前面说过，这样的考察不可或缺，因为它能使我们一窥如下问题：老年人的状况中有哪些是不可避免的？社会应在何种程度上为此负责？下面的考察将从没有历史的，或者叫作“原始的”社会类型开始。

第二章 民族学论据

没有任何一个人类组织不具备一种文化，哪怕这种文化极为简陋。人借助自己生产的工具所从事的活动构成一种工作，至少一种社会组织的雏形便在工作的基础上建立起来。因此，我们先不要试图想象所谓的*自然*衰老，而是去观察动物界的情形，尽管对于动物来说，“自然”一词也容易引发争议。对于很多物种来说，尤其是那些进化得比较发达的物种，年纪大、有经验的成员享有较高的威望。它们将自己在生存过程中获得的经验传授给其他成员。一名成员在群体中的地位与其年龄成正比，动物学家对此有相当多奇异的发现。比如寒鸦，如果一只幼鸟表现出恐惧，其他成员不会在意。但如果一只成年雄鸟发出警告，那么其他成员会立即飞走。年老有经验的寒鸦教会其他成员识别天敌。耶基斯①的合作者教一只年幼的猩猩使用一个复杂的装置来获得香蕉。幼猩猩的同类成员没有一个试图去模仿。合作者把同样的技能教给一个年老的猩猩，所有其他成员都上前观察并模仿，可见其他成员原则上只模仿位阶较高的成员。

观察与我们最为相近的灵长类尤其有益。在所有的群落中，雄性长者相对于雌性和年轻成员处于统治地位。有时权力掌握在一群雄性手中，群内的雌性由它们分享；有时则只有一名首领，允许其他成员分享。这两种情况下雄性都不会产生攻击性，而且都会自然死亡。然而，还有一种情况，即最老的雄性独占所有的雌性。年轻成员只能偷偷接近后者，一旦暴露将面临严惩。一只50岁的雄猩猩依然强壮，能够在面对猛兽进攻时保护雌性和幼崽。随着年龄和力量增加，年轻的雄性起而反抗。他们窥视首领。后者衰老下去。它的牙齿本是它最有力的武器，逐渐折断、腐烂。当它在与猛兽的搏斗中耗尽气力，或者因自然老去而力竭，后来者看时机已至，其中最年长的便会扑上来，将老者杀死或使其受致命伤。即使仅受轻伤，老者也会感到自己已被征服而心生畏惧。攻击者成为新的首领，老者则离开群体，从此独自生存，或由于觅食困难而日趋衰弱，最后成为野兽的猎物，或患上致命的疾病，变得残疾，丧失生存能力而饿死。当群里其他更年轻的雄性摆脱它的时候，它其实还相当强壮。对于群体来说，它并不是一个累赘，因为它依然活跃，而且考虑到群体所处的自然界资源丰富，迁徙容易，食物的获取不成问题，群体可以说是某种类型的“富裕社会”。那年老的雄性为何有如此遭遇呢？而且其继任者也逃不掉同样的命运。因为它独占雌性且压迫年轻成员。与此形成对比的是，年老的雌猩猩并不会被杀死，群落会一直照顾它们。

我们将会看到，和许多其他物种一样，在人类社会，经验、积累的知识都是老年人的宝贵优势。我们还将看到，老年人往往或多或少突然从群体中被驱逐出去。年龄引发的悲剧并不是性方面的，而是经济上的。与灵长类群落不同，老年人并不是不能战斗的成

① Robert Mearns Yerkes（1876—1956），美国心理学家，一生致力于研究各种动物的智能，尤其是对人类智力与灵长类动物智力的比较研究。

员，而是不能再工作的成员，即“一张闲嘴”。他的境况从来不仅仅取决于生物学因素，文化因素亦参与其中。对于独占雌性的灵长类来说，老年的到来是绝对的不利，使得它被同类支配，面对后者的攻击无法自保，导致突然死亡，或在孤独中缓慢死亡。在人类社会中，老年这一自然害处是嵌于文明之中的，而文明，哪怕不发达的文明，也总有一种“非自然性”（antiphysis），不管其程度深浅，都会深刻地改变老年的意义。在某些社会，我们能够看到有的老年人独占女性，哪怕他们已经丧失身体的力量，而威望使他们免于暴力攻击。

然而，不管在什么样的背景下，生物学因素总会存在。对于每一个人来说，老年都会带来令人恐惧的衰颓。年轻人和成年人所代表的理想的男性女性形象都和老年毫不沾边。老年总是与无能、丑陋、疾病联系在一起，对此人们有种本能的拒斥。看到别的老年人引发的直接反应一定是厌恶。尽管遭到习俗的压抑，这种基本反应依然长存。这便是我们对老年人态度的矛盾的根源，其事例数不胜数。

每个社会都力图存续下去，它褒奖与年轻相关的活力和生殖力，惧怕与老年相关的折损和不育。这是弗雷泽[①]的著作得出的结论。据他所说，首领崇拜存在于很多社会形态中。神明附身于首领并在他死后附身于其继任者。但是如果首领因年龄增长而体弱，神明就无法继续有效保护群体。这就需要在首领衰弱来临之前将其杀死。弗雷泽解释说，这与古代内米人杀死祭司，以及 20 世纪初白尼罗河流域希鲁克人的做法类似。一旦首领出现疾病、虚弱、阳痿

① James George Frazer（1854—1941），英国人类学家、民俗学家，代表作为《金枝》。

的征兆，便会被杀死。[1] 在刚果，部落首领一旦出现健康问题便被处死。如果等他自然死亡，体力的衰竭会导致他身上的神明同他一道死去，世界也将因此消亡。在卡利卡特，国王被处死的时候依然强壮，因而能将一个强壮的灵魂传给继任者。

弗雷泽认为，一些类似的信仰使得斐济群岛以及其他一些地方的老人主动结束自己的生命。他们认为自己能以死去时的年龄一直存在下去，从而避免以老残的状态存留于永恒。

我们可以把这一习俗与丁卡人[2] 所谓的“活埋”联系起来。老人的地位如此重要，以至于人们认为群体的生存取决于老年人。他们能求来降雨，也是制作鱼叉的好手。他们一旦出现衰老的迹象便被活埋，而老人则完全自愿服从。人们认为，如果老人自然死亡，那么群体的生命会随他们熄灭，而不是保留在他们体内。活埋仪式则被认为是群体的重生，是生命的更新。

时间的流逝会带来损耗和衰退。这样的想法在关于重生的神话和仪式中很常见。在所有重复性社会中此类神话和仪式扮演重要角色。所谓重复性社会，也就是远古社会、原始社会，甚至某些较高级的农业社会。其特点为，科技进步几乎不存在，时间的行进不被认为指向未来，而是对青春的远离，因此生命的意义在于重新找回青春。很多神话假定自然与人类生存和延续的力量来自重新获得青

---

① 英国社会人类学家埃文斯·普里查德质疑弗雷泽的阐释。他认为，国家被分为南北两个地区，各有一条王室血脉，国王轮流在两个地区中被选出，他是伟大祖先的象征，汇聚着该国各个古老部分的利益。弑君意味着社会分崩离析。这表示，如果噩运降临该国，人们归咎于国王力量的减弱，因而鼓励另一条血脉上的王子起而攻之。事实上，是灾难导致叛乱，国王惨死。王权代表责任与个人之间的矛盾，由传统的弑君来解决。这一阐释比弗雷泽更复杂，但无法推翻后者。衰弱不一定由老年直接引起，只是用作叛乱的借口，毕竟叛乱在社会组织中总是有可能发生。尽管如此，在这两种阐释中，老年都是不利因素。——原注

② 人口约 90 万，居住在苏丹南部。——原注

春，旧世界被铲除，新世界诞生。巴比伦人便是如此想象。一场大洪水吞噬了人类，从波涛中露出的大地重生出新人。这一神话在《圣经》中也存在。诺亚是亚当的重生，方舟中的动物是伊甸园里的动物的重生，彩虹显示新时代的开启。今天，太平洋沿岸的部落认为一次错误的仪式使大地被淹没了，而他们自己的祖先是灾难的幸存者。由于土地被尼罗河定期的上涨所滋润，埃及人认为植物之神奥西里斯每年都随丰收而死去，又随发芽而复活，全新的生机可以无限次重生。①

很多仪式都曾经或依然以在某种循环中抹去时间的印记为目的，卸下岁月的重负，一切重新开始。古巴比伦人在庆祝新年的仪式上诵读关于创造世界的诗歌。赫梯人上演他们的神明泰舒卜与毒蛇的战斗，他们的神正是通过这一战斗给世界带来秩序和统治。在很多地方人们庆祝一年的最后时刻，焚烧它的造像，然后扑灭火苗，点燃其他火种，开启狂欢，意在引入原初的混沌。古罗马的农神节是对社会规则的颠覆，也是对既有社会秩序的否定，社会和世界解体了，人们对它们进行再造，还其初始的清澄。一年的开始和其后都进行这些庆祝，春天的仪式对应春季天地更新的意义。新君即位往往被认为是新时代的开端。在中国，皇帝登基会启用专门制定的新年号，表明旧秩序消亡，新秩序诞生。日本的神道教也有一个习俗来自更新的观念，那就是神道教的神社需要不时完全推倒重修，其家具和装饰也要全部换新。比如伊势神宫，作为整个宗教的中心，每 20 年便要重建一次。第一次是在持统女天皇治下，后来重修过 59 次，包括通往神宫的宇治桥以及 14 座别宫。神宫和神社

---

① 班巴拉人梦想存在一种黄金时代，人类可免于死亡，他们认为生命是从老年到童年的永恒回归。老人爬上一棵圣树，割开血管，排干血液后从树上下来。年轻人剥下他们的皮，并打他们。老人失去知觉，又变回 7 岁的儿童。——原注

反映着个体与世界之间的血肉联系，重修建筑就是为了不让时间削弱这种联系。弗雷泽所描写的仪式更直接，聚集的人群装出要把老人驱逐出去的样子。在意大利、法国、西班牙，四旬期的第四个周日，人们会表演“锯老妇”，佯装把一名老妇锯为两半。最后一次这样的表演于 1747 年在帕多瓦进行。另一些情况下人们则是烧掉代表老年人的拟像。

从神话的层面上来说，重复性社会惧怕自然的侵蚀和制度的损耗，并试图抵制。这些社会并不致力于走向新的未来，而在于保持对过去的尊崇并按照过往塑造当前。不停举行仪式的做法，正是为了给过去重新注入活力。

当集体面对有血有肉的个体的时候，问题就完全不同了。它需要与后者建立真正的关系。老年是令人厌恶的，需要将其驱逐出去。但是当老年人不表达团体的衰老，也即通常情况下，那就并没有什么先验的理由剪除他们。老年人的身份地位是以实证的形式建立的。年事已高，不再从事生产，使其变成了负担。但是我此前说过，某些社会中成年人在如此决定老年人命运的时候，也给自己选定了未来，这关乎自身的长远利益。有些人对年迈的父母可能有着深厚的感情。另一方面，老年人随着时间的流逝获得了很多长处，可能变得有用。原始人类社会比动物世界更为复杂，对知识也就有更高的需求。而知识当时靠的是口口相传。如果老年人由于记忆力良好而掌握了这种知识，如果他保有关于过去的记忆，就会受到尊敬。再说，由于一只脚已经踏入了坟墓，老人扮演着阴阳界中间人的角色，从而获得令人畏惧的力量。所有这些因素相互作用，决定着他的身份地位。而且我们还应该认识到，在原始社会中，活到 65 岁并不多见，数量很少超过总人口的 3%。通常来讲，50 岁就被认为是老年，甚至是高龄。在本章中我遵从这种社会所认定的老年标准，大部分情况下指的是生理上迈入老年的人。

为了研究他们的状况，我求诸民族学家的著作。主要参考文献是社会人类学实验室慷慨允许我查阅的人类关系区域档案。那里面所包含的信息有的非常老旧，有的不完整，有的不一定可信，因此应谨慎看待。对一个社会进行观察的人其实很少皈依对象社会的价值观。相反，他们都是用自己的文明去感知和判断，从来没有想过人可以脱离自身的标准和习俗。同样，在研究老年的时候，也很少有人对观察到的现象作系统的总结。他们自己其实对这个话题也并没有那么感兴趣，所以往往只是记录了一些杂乱甚至矛盾的事实。我将尝试把关于老年人状况的数据放在特定社会总体框架中考察。我深知一个例子往往有过于偶然的因素，数据亦然，或许说明不了什么问题。但是通过联系和对比，我们还是可能总结出一些有意义的关系。

原始人的生活水平使得他们从事的要么是狩猎采集，要么是驯化，要么是农耕。前两种处于游牧状态，第三种则是定居。也有半游牧，因为饲养需要固定的地点，农耕者则开发森林的不同区域。我对他们的分类将取决于劳作的类型和环境，而不是取决于地理位置。澳大利亚和非洲的采集者之间的相似性要大于非洲内部的采集者和农民之间的相似性。

一个集体所创造的神话和其真正的习俗之间往往有很大的距离。涉及原始社会的老年人，这一点尤其突出。生存状况最悲惨的族群里面，往往有一些神话把老人摆到很高的位置。因纽特人有非常多的传说，讲的是一位老人被神奇地拯救，那些试图密谋摆脱他的人受到了严厉的天谴。一些故事中老人具有强大魔力、发明能力或治愈能力。原始社会经常把神明描绘成健壮的充满智慧的老人。

在因纽特人那里，涅维克女神是一位老妇人，与鬼魂一起生活在水下。有时她拒绝保护猎海豹者，除非萨满祭司前来为她梳理头发。还有的地方，掌握风的是一名老妇。在霍皮人的传说中，一个老年蜘蛛女发明了手工艺。此类例子繁多。但是我们将会看到，实际做法远远没有受到这些传说的影响。

极度的贫困导致短视，人们为眼前而牺牲未来。当气候严酷、条件艰苦、资源不足时，老年人过得像牲畜一般。西伯利亚东北部的雅库特人过着半游牧生活。他们饲养牲口和马匹，经受着严寒酷暑。大部分人一生饱受饥饿之苦。

这样一个初级的文明中，知识和经验起不了什么作用。宗教也几乎不存在，巫术在其中扮演着角色，萨满教因此发展起来。[①] 人们在相对年轻的年纪就接触萨满教，但技能并不随年龄而衰退。在老年人中，只有老年萨满祭司才被尊敬。他们的家庭是父系社会。父亲是牲畜的主人，对子女有绝对的处置权，可以将他们卖掉或杀死。女孩经常被随意处置掉。如果儿子侮辱或不服从父亲，将被剥夺继承权。只要身体依然健壮，父亲便对全家作威作福。但是他身体一旦衰弱了，儿子们就会夺取他的财产，任其自生自灭。由于从小被粗暴对待，孩子对年老的父母没有仁慈之心。有一个雅库特人，别人指责他虐待母亲，他则说："让她哭，让她饿。她可是让我哭过很多回。嫌我吃得多，还总是无缘无故打我。"托斯恰克斯

① 巫术与宗教的界限相当模糊。二者都声称掌握了超自然力量。据法国人类学家马塞尔·莫斯称，宗教只用于维护集体福利，而巫术既有社会维度，也能将超自然力量挪为己用，为个人谋好处，有时带着恶意。据列维-斯特劳斯称，宗教是自然法则的人性化，巫术是人类行为的自然化，这两个成分总是如影随形，只有比例上的差别。所有巫术里都有一点宗教的元素。超自然只对以下这类人存在：将超自然力量归于自己，并将自己身上超人的力量借予自然的人。——原注

基在雅库特人那里过了20年流亡生活。据他所说，老年人被赶出家门，被迫乞讨。或者被儿子们贬为奴隶，遭到殴打，被迫从事繁重的体力劳动。另外一位观察者谢罗谢夫斯基写道：“哪怕是在富裕的家庭我也看到形容枯槁的人，满脸皱纹，半裸甚至全裸，躲在角落里，只在没有陌生人的时候才敢走出来靠近火炉，和小孩子们抢食残汤剩羹。”远亲的命运则更为悲惨，“他们让我们在角落里死于严寒饥饿。不像是人，倒像是牲口”。为了逃脱这种悲惨的命运，他们常常求死，要求自己的孩子拿匕首刺进自己心脏。食物的匮乏，低水平的文明，父系社会的严厉所带来的对家长的憎恶，所有这些都对老年人不利。

生活在今天的日本的阿伊努人，其文化在受到日本文化影响之前，也有类似的风俗。他们的社会相当原始，气候寒冷，食物以生鱼为主，数量不足。他们席地而睡，能使用的工具很少，以猎熊和捕鱼为生。老年人的经验用处不大。他们的宗教是一种粗陋的泛灵论，没有庙宇，没有崇拜仪式。为了表示对神明的尊敬，人们只是把叫作“伊那欧”的柳条摆放起来，权当神圣来崇拜。他们会唱一些歌曲。但是没有庆典，也没有仪式。他们主要甚至唯一的娱乐就是喝酒直到大醉。老年人没有需要传承的传统。母亲对孩子疏于照料。后者青春期一过便对母亲再无依恋。父母老了之后受到同样的冷落。女人一生都被像贱民一样对待。她们辛勤劳作，但是不能参与祈祷。随着年龄的增加，境况愈发悲惨。兰德讲述了自己1893年参观一个茅草房的情形。[①]“走近前，我发现一团白发和两只爪子，与其说是手，不如说更像脚，指甲长到勾起来。地上有些鱼骨。角落里堆放着垃圾。到处散发着恶臭。我在这堆白发下面听到

① 见《与长毛阿伊努独处》。另外，巴彻勒的著作比兰德的更优秀，书中也描绘了类似的情景。——原注

呼吸声。我触碰了一下，将它拨开。随着一声咕哝，两只瘦骨嶙峋的胳膊伸向我，抓住了我的手。她皮包骨头，长发长指甲使她看上去很可怕。她几乎是瞎子、聋子、哑巴。四肢似乎由于风湿而僵硬。身上有麻风病的印记。面目可憎。形象令人厌恶。似乎看一眼都是对自己的侮辱。她的儿子与她生活在同一所房子里。村里人以及她的儿子既没有虐待她，也没有照料她。就拿她当废弃物对待，时不时扔给她一条鱼。”

当贫困达到极致，便成为一项决定因素，窒息了一切情感。玻利维亚森林里的西里奥诺人，新生儿中很多脚有残疾，但他们并不会因此将新生儿杀死，而是很爱自己的孩子。但是这个半游牧部落食物匮乏。他们生活在野蛮的状态，几乎赤裸身体。没有装饰物。没有工具。睡吊床，制造弓箭，但是没有独木舟，只能依靠步行。他们甚至不会取火，只得随身带着火种。他们也没有驯化动物。雨季，他们只能蜷缩在满是灰尘的小屋里。他们种一些植物，但主要吃野菜和野果。旱季捕鱼狩猎。他们没有神话，没有巫术。既不会计数，也不会计时。没有社会组织，也没有政治组织。没有司法。他们为了食物而不停争斗，每个人只顾活命。生活如此艰难，以至于 30 岁开始变老，到 40 岁已经相当衰弱。儿女忽视父母，在分配食物的时候经常将他们忘记。老年人走得慢，会妨碍行进。霍姆伯格①讲道：“有一次集体搬迁之前，我的注意力被一名老妇吸引了。她躺在一个吊床里，病得说不出话来。我问村长她怎么办，村长让我去问她的丈夫，对方说只能让她死在那里。第二天全村出发，甚至没跟她告别。三个星期之后，我又看到了吊床，以及老妇的尸骨。”

---

① Allan R. Holmberg（1909—1966），美国人类学家，曾领导实施秘鲁-康奈尔计划，旨在通过实验性方法探索现代化进程，改进原住民封闭落后的状态。

有的部落状况没有西里奥诺人那么不堪。如芳人，总人口大约127000，住在加蓬河上游。生活极不稳定。他们或多或少受到了白人的教化，处于过渡状态，他们本身的习俗已经失去，不再适合他们，但现代的伦理尚未建立。

很长一段时期，他们都是从征战或者经济活动中获取生活物资。老年人掌握着政治权力。但是远征由年轻人领导。迁徙带来的流动性不利于等级制的稳固，以至于直到今天他们还是一个频繁更换首领的社会。他们分散于数个村庄，并且经常搬迁。目前他们主要的活动是狩猎和捕鱼。还存在着一种定居的农业，种植可可，相对繁荣。部落中最受尊敬的是那些最富足的人。他们的宗教——尽管目前已经很大程度上被基督教所摧毁——建立在对祖先的崇拜之上。他们将祖先的头骨盛放在一个篮子里，谁拥有篮子则拥有权力。有时是代际传承，有时则取决于智力或道德水平。年龄是一项优势，但是比不上能力重要。而且年龄也不能太大。一家之长是有劳动能力的长子。老年父母跟他生活在一起。而且，只要他们还是所谓“真正的男人”和“真正的女人”，便保有某种权威，然而女人从未有过多少权威，她们只是生育机器和劳作机器。一旦老去，那些被认为会巫术的女人会受到人们的惧怕，但这反而可能对她们不利。女人的衰老从丧失生育能力那一刻便早早开始。而男人到50岁左右，孙辈出生在他的屋檐下，他反而到达了人生巅峰。之后，当衰老来临，老年人便丧失了任何威望。芳人认为人生从童年到成熟是一个上升的曲线，之后便下降至最低点，死亡之后再度上升。财富和巫术知识能够弥补年龄的衰老。但是总的来说，老年人被排除在公共生活之外，成为一种边缘的存在，再也不被重视。他们的身体如此残败，受到歧视，以至于死后他们的头骨也不会用于祭祀仪式。没有孩子的老人境况会相当困难，即使皈依了基督教，依然会受到忽视，生活困苦，尤其是寡妇。以前，人们在迁徙的时候将他们遗弃在森林里，现在，整个村庄迁走的时候，常见的做法是把他们留下不管，让他们生活在完全的困顿之中。他们坦然接受自己的命运，据说甚至还能够自嘲。有些人声称自己“活腻了”而自焚。有的时候是他们的继承者结果了他们。

聪加人不是游牧民族。这些属于班图族群的人生活在南非东岸贫瘠的土地上，人口分散。土地属于族长，族长再分配给成员。每个人都是自己所从事的劳动所获的绝对主人，自己的配偶劳动所获也同理，因为很多工作其实是由女人完成的。他们种植玉米、水果、蔬菜，饲养牛羊，狩猎，捕鱼，会制作一些木雕和陶器，民间艺术包括舞蹈和歌唱。他们有丰收的年份，也经历过洪水或蝗灾导致的饥荒。所有人共同进餐。首先吃饭的是丈夫，然后是孩子，最后是女人。原则上残疾者和老年人也分到食物。但是老者被轻视。经济困顿使他们很难得到关爱。孩子从 3 到 14 岁与祖父母生活在一起。但后者对他们不管不问。孩子们总是处在饥饿之中，小偷小摸。男孩的成长要经历严峻的考验。之后，青年男女混住在专门为他们准备的房子里。他们与父母的联系很少，对当初疏于抚养他们的祖父母则心怀怨恨。成年之后他们对老年人态度粗鲁。小孩子不得不与祖父母生活在一起，并不喜欢老年人，他们嘲笑老年人，抢他们的吃食。聪加人几乎没有任何文化传统和社会传统。老年人的记忆没有用处。他们的宗教相当原始。家庭里长子负责祭祀祖先，后者有时会出现在梦里。人们用骨头占卜，向先人请教。老年女性在某些仪式上唱歌跳舞，不乏淫秽色彩。她们不再受有些禁忌的约束。只有她们以及未发育的女孩可以吃为祭祀而杀死的鹿的肉。二者虽然不属于男人这一群体，但是暂时摆脱了对她们性别的歧视。基于这种特殊的情况，老年女性不害怕超自然现象，人们求助于她们为村庄以及战士的武器举行净化仪式。她一直在田里辛勤劳作，然而一旦不再能够从事农活，她就成为负担，因衰弱而被嫌弃。族人的仪式通常由老年男性主持，但他们并不因此获得威望。聪加人中最受尊崇的是最肥胖、最强壮、最富裕的人。为了发财人们往往多娶妻，因为女人才是主要的劳动力。多妻的丈夫食物充足。他为孩子们提供丰盛美食，收容异乡人，以此获得尊敬、荣誉和影响力。但是当他的伴侣死去，他自己满脸皱纹，皮肤干瘪，身体虚弱，陷入贫穷，这时的他便成了废物，一个不堪忍受的负担。正常情况下，孩子不会对长辈有任何的依恋。总的来说，后者的境况是悲惨的，而且他们也为此而抱怨连连。村庄搬迁，老人会被遗弃。发生战争，老人会大量死去。紧急情况下，人们四散逃跑，老人则躲进林子，要么被敌人发现了杀掉，要么死于饥饿。

不过，大部分的社会并不会让老年人像动物一样死去。[①] 人们会为死者举行一场仪式，征得或者做出征得后者同意的样子。比如生活在西伯利亚北部的科里亚克人，他们面临的条件跟雅库特人一样严峻。[②] 唯一的资源就是他们在大草原上放牧的驯鹿。严寒的冬季，长时间的行进使老人筋疲力尽，最终往往体力不支。于是人们便将他们杀死，就像杀死患了绝症的人。科里亚克人视这一切为稀松平常，甚至引以为傲，指出死者身体上被标枪或匕首致命的位置。漫长而复杂的仪式之后，杀戮在全体成员面前进行。

西伯利亚的楚科奇人跟白人商贩有交易往来。楚科奇人中以捕鱼为生的那部分人，获取食物相当困难。他们杀死生来残疾或者看上去难以成活的新生儿。个别老人因在贸易中积攒一小笔财富而获

① 西蒙斯在 1945 年出版的综述著作《原始社会中老年人的角色》中指出，在被研究的 39 个部落中，有 18 个部落出现了忽视和抛弃老人的现象，不仅在游牧民族中如此，在定居社会中也同样。——原注

② 我们对现在生活在西伯利亚的原始部落的状况所知甚少。——原注

得尊敬，其他老年人则是纯粹的负担。生活如此艰难，以至于很容易说服他们选择死亡。在为此专门组织的隆重仪式上，人们分食海豹，喝威士忌，歌唱，打鼓。儿子或者一个年轻的兄弟则偷偷走到老人身后，用海豹骨将其勒死。

在霍皮人、克里克和克罗族印第安人，还有南非的布希曼人中，通行的做法是把老人引到一个茅草房里。房子专门建在距离村子有一定距离的地方，在那里放些必需的水和食物，然后将老人遗弃。因纽特人资源相当匮乏，他们请求老人躺到雪地里等死，或者外出捕鱼时将他们遗弃在浮冰上，或者把他们关进雪屋冻死。格陵兰阿马萨利克[①]的因纽特人，当他们感到自己成为集体的负担时往往选择自寻死路。他们选一个晚上进行公开的忏悔。两到三天之后，他们登上独木舟一去不回。[②]保罗-埃米尔·维克多讲过，有一个残疾老人连独木舟都进不了，便要求人们将他直接抛入海中。在他看来，这是进入另一个世界最短的路线。他的孩子们遵从了。可是由于身上穿着衣服，他漂在水面沉不下去。其中一个女儿对他很有感情，温柔地说道："父亲，把头闷下去。路程会更短。"

在很多社会中，当老年人依然清醒、身体结实的时候，人们会尊敬他们，可是一旦他们变得虚弱，便摆脱他们。在非洲过着半游牧生活的霍屯督人便是如此。每个家庭都有茅屋和畜群。家庭成员之间联系紧密。祖父祖母这样的称谓在亲戚中使用。流传的诗歌和故事表明人们对老年人很尊敬。他们早早衰老，50岁就已不能劳作，需要人供养。他们的经验和知识对集体有用，族群召开的会议征求并重视他们的意见。年龄使他们免于超自然能力的损害。这让

① 今格陵兰塔西拉克。
② 据R. 热桑所述。——原注

他们在社会生活中取得了独特而重要的角色，尤其是主持各种人生阶段的仪式。处于过渡阶段的人，比如刚刚丧偶或大病初愈，这样的人不属于任何一个集体，他既处于危险之中，又对别人构成危险，成为所谓的边缘人“伊诺”（inau）。只有那些经历过生活的各种各样磨炼的人，早已超脱于善恶之外，才能接近“伊诺”并让其重新融入集体。当然，此人必须也曾是“伊诺”：鳏夫引领鳏夫，重病痊愈的人引领康复中的病人。所有老年人都有资格启蒙青少年。因此得益于老年人，集体的团结才得以实现。然而，一旦丧失了能力变得无用，老年人便受到忽视。甚至——起码到上个世纪初情况如此[①]——他们的儿子会要求摆脱他们，而这种要求总是能够得到满足。儿子会邀请全村来赴宴，向老人告别。人们把他扶到牛背上，组成一个送行队伍，把他送到距离稍远的茅屋里，在那里人们丢下他和些许食物。他要么饿死，要么被野兽吃掉。在贫穷的族群里，这种做法尤其盛行，但即使富裕的族群也难免。人们认为老年人，特别是老年女性掌握巫术，因此惧怕他们。

北方奥吉布瓦人生活在温尼伯湖畔，今天已经深受白人文化的影响。但是在20世纪初，他们仍保留着自己的古老习俗。依然强壮的老年人和羸弱的老年人，其社会身份地位存在着惊人的对比。他们生活的地区冬季严寒，但气候适宜，土地肥沃。水稻、蔬菜、水果均有出产。家庭在夏季聚集在一起，以50人到200人为单位，冬季则分散为小团体四处打猎，主要为获取毛皮出售。儿童得到良好的对待，一直到三四岁才断奶，母亲去哪里都带着他们。人们对他们很有爱心，几乎从不打骂。他们生活在完全的自由之中。总的来讲，这个社会里没有互相压榨的现象，人们耐心地照顾病人，不

① 提及这一习俗的叙述早于1900年。——原注

愿意冒犯邻居。当然，部分原因也是互相之间不信任，大家都怕对方使用巫术。宗教的目的尤其是保护自己不受诅咒以及服务于个人利益。

祖父母一般和父母生活在一起，给他们建议。他们中的一人为新生儿取名。他们与孙辈之间有着所谓“开得起玩笑的关系”。老人对孩子平等以待。祖母对孙女们亦是如此。他们互相逗弄，互相帮忙。这并不是说孩子不尊重他们，人们教导孩子尊重所有的老人。老人和成年人共同参加族群会议，后者对前者显示出相当明显的，常以言语表现出来的尊重。某些部落存在研究草药的“医学会”，他们认为有些草药可以带来健康和长寿。老年人将年轻人引进“医学会”，并传授相关知识。人们认为老年人有强大的巫术力量，有可能变得危险。老年人有时扮演祭司的角色，族人从他们中间招募“宣读人”，每天晚上公布第二天的工作计划并给出建议。人们对健康的长寿十分羡慕，认为它来自美德和草药的功能。

当年纪很大、已经完全失能的时候，老人受到的对待随家庭而不同。但是被忽视是常见的，甚至有的年轻人会偷窃他们的食物。人们认为这些老人已经丧失了巫术能力，因而不再怕他们。有时他们被遗弃在村外的茅屋或荒岛上。想解救他们的亲人受到嘲笑和阻止。他们往往宁愿被有尊严地处死。会举行一个庆典，人们抽长管烟斗，唱亡者之歌，载歌载舞之际，儿子用一把战斧将父亲杀死。

民族学家倾向于认为老年人轻易接受死亡的命运，是习俗使然，他们的孩子也没有别的选择。也许这些老人当年也是如此摆脱了自己的父母，老年人甚至觉得为自己举办仪式是一种荣誉。这种乐观的观点到底有几分道理呢？很难说。这方面的资料极其匮乏，我只找到两种。一个是一部优美的日本小说《楢山节考》，取材于真事。作者深泽七郎描述了一位老妇临终的情形。在日本的某些地方，直到近期，有些村庄还是如此贫穷，以至于为了生存下去，人们不得不牺牲老年人，把他们背上“死亡之山”。

阿铃是一位年届七十的老妪，富有献身精神和爱心，儿子辰平非常珍视她。故事的开始阿铃听到有人在唱楢山[1]之歌，歌词说：“三年过去，人就老了三岁。”这是为了让老年人明白“参拜”的日子近了。亡灵节前一天晚上，那些将要所谓“上山”的人将村里曾经“送”过家人的人召集起来。亡灵节是一年中最大的节日，人们吃白米饭——最珍贵的食物，喝米酒。阿铃决定今年“上山”。准备工作都已做好。而且她的儿子也再婚了。也就是说家里会有女人照顾。阿铃身体依然硬朗，仍在田间劳作，牙齿也没有脱落。这甚至使她犯愁：在一个食物不足的村庄里，像她这样的年纪竟然还什么都能吃是一种耻辱。阿铃的一个孙子因此编了一首歌把她叫作“长着三十三颗牙的老太婆”，所有的孩子都跟着唱。她用石头敲掉了两颗，但人们依然嘲笑她。她的长孙结婚了，现在家里有了两位主妇。阿铃感到自己没用了，一心想“上山”。儿子和儿媳听她宣布这一决定时忍不住落泪。节日如期到来。阿铃希望山上会下雪，这意味着她在彼世将被很好地接纳。拂晓时分，阿铃坐在一块木板上，儿子把她背起来。根据习俗，他们悄悄离开村庄，且不再交谈。他们一路上山，快到山顶的时候，可以看到大石下面散落着尸体和尸骨。乌鸦在空中盘旋。至山顶，可见累累人骨。儿子将母亲放在地上，她把从家里拿来的桌布铺在岩石脚下，放一个饭团，坐下来。阿铃一句话不说，只是用手势赶儿子走。儿子哭着远离。下

---

① 这是丢弃老人的地点，意为长满松树之山。——原注

山的时候，雪片开始落下。儿子折返回来，告诉母亲下雪了。山顶上也下起雪来，阿铃全身裹在雪中，诵经祈祷。儿子喊道："下雪了，会有好运。"她再度做手势让儿子离开，后者照办了。儿子深爱母亲，但是他的孝心也只能在社会提供的框架中展开。既然习俗如此，将母亲背到山上就是孝子之该为。

与这样一个符合习俗且得到众神应允的死亡形成反差的，是小说里另外一个角色，同样 70 多岁却没有做好上山准备的阿又。儿子想摆脱他，把他用草绳拴起。楢山节那天，阿又用牙咬断了草绳，以此断绝了父子关系，也断绝了与部族和诸神的关系。他逃跑了，可是又被儿子抓住。第二天，阿铃的儿子辰平从山上下来时，看到从头到脚被捆得结结实实的阿又被儿子像旧口袋一样从悬崖边扔了下去。乌鸦立刻随之飞进山谷。这是一个不名誉的死亡，儿子像罪犯，可是父亲某种程度上也可以说是罪有应得，因为他竟然违背了神意所安排的习俗。

我们想知道阿又这样的反应——恐惧和反抗——是否常见。既然作者深泽七郎给予了这个人物如此重要的篇幅，那么该人物的做派应该就不是例外，而是具有相当的代表性。也许，阿铃富有教化意义的顺从态度才是特例。

还有一份令人震撼的资料，显示老年人经常诅咒他们的悲惨命运，就是纳尔特史诗，很久以前由奥塞梯人所作，之后通过口头文学的传统传给了切尔克斯人。其中有些段落[①] 描写了老年人面对厄运将至时所感受到的焦虑。纳尔特人是传说中奥塞梯人的祖先，将习俗传给了奥塞梯人。根据纳尔特史诗，纳尔特人分为三个大家族，分别住在一座山的山顶、山腰和山脚。住在山顶的是战士，住

① 参见杜梅齐尔《神话与史诗》。——原注

在山脚的是富人，住在山腰的是阿拉加特人，智力超群，身份最为高贵。纳尔特人喜欢聚集起来，进行辩论，讨论公众利益，举行带有宗教性质的宴会。在节日期间会举行一个所谓的“处决老人大会”。从三个家庭里面挑选老年人，把他们毒死或者以重物击打致死。老普林尼和蓬波尼乌斯·梅拉曾经说，北奥塞梯人的近亲斯基泰人有这种杀死老人的习俗。如果在会议上不能说服老年人从岩石上跳入海中，那么人们便把他们强行推下去。纳尔特史诗描绘过一个类似的自愿寻死的情形：“乌理兹马老了，成为纳尔特年轻人的笑柄。他们朝他吐唾沫。拿他的衣服来擦拭他们的箭矢。老人决定寻死。他杀死自己的马，用马皮做了一个口袋，自己钻进去，让人们将袋子抛入海中。”不过通常情况下被杀死的老人并非自愿，他们只是默默忍受一个建立在宗教信仰和权力上的做法。老年人是受尊敬的，扮演着重要的角色，可是当他们到了很老的年纪，据史诗讲，纳尔特人就“把他们绑进摇篮里，像对待孩子一样，还哼唱摇篮曲让他们入睡”。

儿媳向公公唱道：

睡吧，睡吧，我的王子爸爸，
睡吧，睡吧，我的小爸爸，
……如果你不睡，我的小爸爸，
我就让人把你抓到阿莱格人那里。

儿媳向婆婆唱道：

睡吧，睡吧，我的公主，
睡吧，睡吧，我的公主妈妈。

如果你不睡，我的老妈妈，
我就让人把你抓到阿莱格人那里。

婆婆唱道：

不要把我抓到阿莱格人那里，我的好公主！
他们会杀死老人。

以下是在另外一个场景中一名老人与妻子对话。
妻子说：

坏儿媳做坏事！
可不要把你送到阿莱格人那里！
送到阿莱格人那里的
都会被从山上扔下山谷。

丈夫说：

闭上你的嘴！
本来他们还没那么想，你一说他们可能就想起来了。
老念叨的事情就会发生。
如果我能摆脱多好，一次也好！
（对前来抓他的人）将我投入野兽之口吧。

还有一个场景表现的是一对老夫妇最后一次吵嘴。
“处决老人大会”的首领问：“你们中更老的是谁?”“当然是

那个老女人了。”男人咕哝着说。女人再也受不了了，差点摇断摇篮的带子，一边大喝：“让老天惩罚我！哪有像你这样说话的，要被杀死的时候，竟然说我是更老的！如果你们不信，看看！我的牙还没掉光，他的牙掉了两三颗……”

大会查看了二人的牙齿，得出结论丈夫更老。人们把哀叫着的丈夫拖走，给他喝啤酒，然后把他扔进山谷。

今天的奥塞梯人对老人十分尊敬，因此改动了史诗的一些段落，对老年人的谋杀变为蓄意犯罪而不是对古老习俗的尊崇。在表演的中间，一位年轻的英雄会出现，将老人解救。

也有一些族群虽然十分贫穷但并不将老人剪除。把他们与前面的例子对比会很有趣，有助于理解这种不同从何而来。与沿海部落不同，内陆的楚科奇人尊敬老人。和科里亚克人一样，他们也是在北方大草原上放牧驯鹿。他们的生存环境十分严峻，以至于早早就衰老。但身体的衰老并不使他们丧失社会地位。家庭联系是十分紧密的。父亲理事，是畜群的主人，其所有权一直保持到他死亡。为什么他具有这种经济权利？显然，族群认为这种做法对集体有利。要么因为年轻的成年人不想自己有一天被剥夺权利，要么因为人们欣赏这种做法带来的社会稳定。尤其是——而且很可能是——老年人在婚姻财产分配中扮演重要的角色。老人占有畜群或土地，根据习俗由他在女婿和儿子中间施行分配。也就是说，与其说他是所有者，不如说他在法定受益者中担任调停人的角色，因此受益者中任何一个人都不会想到抢夺，不会出现像雅库特人那种粗暴的做法。不管怎样，由于掌握财富，老年人享有威望。所以往往虽然已经十分虚弱，他依然领导着整个集体，决定迁徙路线以及夏季安营的地点。当营地迁徙的时候，老年人坐在雪橇上被拉着走。如果没有雪，年轻人就扛着他们。博戈拉兹[1]说每年春天，一个老人到沃夫拉斯河向北极村子里的商人购买工具。他乱买一通，该买猎刀却买回餐刀。年轻人只是善意地笑笑："老疯子……又能怎样呢？他毕竟老了。"博戈拉兹还提到一位60多岁的老人，跛脚拄拐，依然是畜群和家庭的主人。他每年都前往市场，几乎把所有的钱都花在买烈酒上，但他依然得到尊敬。

在火地岛岸边居住的雅马纳人[2]总数约为3000，是目前所知最为原始的族群之一，他们既没有斧子、没有钓鱼钩，也没有厨具，没有陶器。他们不知道提前储备[3]，所以只能过一天算一天。他们没有游戏、没有仪式、没有真正的宗教，只模糊地信奉一个所谓最高存在，以及萨满的法力。他们养狗，撑独木舟，过着水上迁徙的生活，以狩猎和打鱼为生。他们身体强壮，但是生活极不安稳，几乎总是处于饥饿中，时间都用来觅食。他们以家庭为单位分散居住，在不活动的时候安营扎寨。但是没有一个权威的力量进行统治，也没有司法系统。繁殖力强，这是他们生存的意义所在。他们喜欢孩子，祖父母对孙辈非常疼爱。只有妻子被丈夫抛弃或新生儿有残疾的情况下，才会有杀婴行为，而这些情况很少出现。男孩和女孩都被很好地对待。他们深爱着父母，而且在同一个营地里也坚持和父母生活在同一所茅屋里。即使父母老去，感情依然存在。老年人受到尊敬。食物由所有人共享，老年人最先分到。住的也是屋里最好的位置。人们从不让老人独自行事，总会有一个孩子照应

---

① Vladimir G. Bogoraz（1865—1936），俄国人类学家，以对西伯利亚东北部楚科奇人的研究闻名。

② 我用现在时描述他们，但他们如今已消亡。文中的资料记录于19世纪末。——原注

③ 储备食物表示该文明已达到较高程度，群体能够形成除生存之外的目标。我们看到印加人有庞大的仓库。——原注

着。人们从来不会嘲笑老人，会听取他们的意见。睿智而诚实的老人享有道德影响力。有年老的寡妇成为一家之长，受到所有人遵从。老年人的经验对族群很有用，他们知道如何找到食物，如何完成日常事务。不成文的法令由他们传承并让人们遵守。他们做出榜样，斥责和惩戒行为不端者。

老年人这样的身份地位得益于社会的和谐。雅马纳人适应能力极强。他们喜欢由自己的同类所组成的社会，互相往来，互相帮助，而且乐于接待陌生人。生存的斗争是艰难的，但是没有过分的自私自利。为了减轻将死之人的痛苦，他们也会帮助实施安乐死，但是后者的状况一定已是无药可救，并且要征得所有人的同意。

雅马纳人的观察者没有试图解释为什么他们的习俗如此温和。事实上，这种情况并不是唯一的。阿留申人虽然生存状况也很严酷，却依然善待老年人。原因可能是人们对老年人的经验很看重，以及父母和孩子之间有深厚的感情。阿留申人属蒙古人种，居于阿留申群岛，身体强壮。靠独木舟出行，以打鱼为生，捕食鲸鱼，腌制鱼头。他们不储备物资，虽然食物很少，但还是会浪费。他们很能扛饿，可以几天不吃东西，有了食物由全体共享。他们住在简陋的茅屋里。他们做事缓慢，但是非常灵活，而且似乎不知疲惫。他们记忆力好。能模仿俄罗斯工艺，会下象棋。有些观察者认为他们懒惰，实际上他们只是没有商业社会的价值观，不在意积累财富而已。阿留申人会尊敬富人，因为致富来自技艺的精湛，但是财富本身并不让他们羡慕。女人的首饰是十分贵重的。有时他们会走很远寻找水晶和其他宝石。节日里他们跳舞，演出，举办宴会。他们很少有宗教，但是相信萨满的力量。杀婴行为很少见，他们喜爱孩子，愿意为他们做任何事，把最好的东西给孩子。有人失去了儿子或侄子会悲痛到自杀。孩子也十分依赖父母，会想办法让年迈的父母过得尽量安适。抛弃父母是不名誉的，人们认为应该帮助他们，和他们分享一切，必要时为了他们而牺牲自己的利益。人们尤其依恋母亲，即使她已衰弱不堪。如果善待父母，听他们的意见，就会得到回报，如打鱼丰收，或者活到很大的年纪。而能够活到很大年纪，本身就是为后世树立一个好的榜样。高龄老人承担起对年轻人的教育，在每一个村庄都有一两位老年人教育年轻人。大家恭敬地听他们讲述，哪怕他们啰啰唆唆。老年人负责掌管日历（每天移动标示日子的火柴棒）。老年女性照顾病人，人们给予她们信任。整体上说，经济和亲情之间建立了较好的平衡。自然赋予人足够多的资源，使得父母能够养活孩子并有闲暇照顾他们，反过来，孩子也不会让父母缺吃少穿。

我们迄今所考察的社会只有非常简陋的技术，宗教和巫术基本没有什么位置。当经济活动要求更加丰富的知识，当与自然的斗争变得不那么严酷，能够使人相对与自然保持一定距离的时候，巫术和宗教便发展起来，老年人的角色也因此变得更加复杂，有可能获得较大的权力。最典型的情况是阿兰达人。传教士来到之前，他们已建立了一种真正的老人统治。阿兰达人采取集体狩猎的生存方式，几乎赤裸地生活在澳大利亚的森林中。一般来说，他们食物充足，但也时有生存困难的时期。家庭成员包括一名男性、一位或数位妻子、孩子、狗。崇拜相同图腾的家庭组成部落。如果新生儿的母亲还有另外的孩子要喂养因而无法照料新生儿的话，人们就会把刚出生的孩子杀死。如果是双胞胎也会杀死。[①] 有时候为了养活年龄大但体弱的孩子，会把年龄小的杀死（母亲有时也会参与其中）。

---

① 杀死双胞胎中的一个，或者全部杀死，是广泛流传的习俗。因为人们惧怕反常。——原注

留下来的孩子会受到善待。母亲非常慷慨，从不拒绝孩子吃奶，断奶也很晚。人们让孩子自由成长，直到相当大的年纪才强制他们遵循性方面的禁忌。但是进入成人世界的过程是痛苦的。集体成员中最受尊敬的是那些“白发长者”。这些“将死之人”已经意识模糊，不能从事劳动，但他们被很好地喂食、照顾，身边一直有人，[①] 不过他们不会有任何影响力了。而“头发刚白的长者”则成为中坚力量。他们的经验对于集体的繁荣必不可少。确实，狩猎采集者需要知晓相当多的事情，诸如什么能吃什么不能吃，如何发现薯类，如何找到隐藏的水源，如何去除食物有毒的部分。关键性的一眼、一个动作，只有在长时间的实践中才能获得。如果一些上了年纪的人知晓神圣的传统，如歌唱、神话、仪式、习俗，那么他们的威望会更高。对于原始人来说，知识与巫术密不可分。明白事物的特性可以在使用它们的时候遵循因果关系，发挥它们的神奇效力。另一方面，技术也跟仪式紧密相连，缺少了仪式，技术也不能产生既定的效果。“头发刚白的长者”兼具知识与巫术，二者都随年龄的增长而增加。当他们几乎不能自理的时候，他们的能力达到顶点，成为所谓“严空”（Yenkon）。他们能够让很多人同时得病，人们惧怕他们。他们也不再被饮食的禁忌所困。[②] 事实上，他们似乎脱离了普通人类状况的束缚。威胁着普通人的超自然现象，对他们也不再起作用。普通人因关涉个人和集体共同利益不能做的事情，他们可以毫无顾忌。这种特殊的情况使得老人承担起宗教的角色。年龄让他们临近死亡，也让他们成为现世与彼世最好的中间人。宗教生活是由老年人来领导的，而宗教生活覆盖了社会生活的方方面面。老年人拥有仪式上使用的所有神圣器物。只有他们能去触摸所谓的

① 不过，狩猎和采集仍需要不停移动迁移，所以当老人变成负担后会被遗弃。——原注
② 在许多社会中都能发现这一现象。——原注

“舒兰珈”（Churinga），这是一些神圣的石头，象征着神话中的祖先以及图腾，年代越久远越有价值，因其拉近了现在的集体与过往英雄的距离。老年人主持仪式，在仪式中展示这些石头。年轻人向老年人表达崇高的敬意，仪式中只有当后者问话的时候，前者才可以开口。老年人有责任教育后代，向他们传授歌曲、神话和仪式，同时又需要保守一些秘密。[①] 老年人通过成年仪式对年轻人进行考验，所以年轻人很怕老年人。年轻人的食物被严格限制，以保障老年人的饮食。在某些部落里，为了强壮老年人的身体，年轻人需要把血液给他们。血液从胳膊、手背或指甲下提取，泼洒在老人身上或者让他们喝下。老年人传授知识、主持活动或是歌唱之后会收到食物作为礼物。财富和威望使得他们成为集体的首领。领导者通常由最年长者担任，但是如果他体衰不能视事，那么便只保留名义上的权力，会有一名年纪稍轻的首领逐渐取而代之。他会向年龄相近的人征求意见。即使在那些首领位置按血缘关系传承的部落，首领相对年轻，但是真正的主人依然是年长者。他们调解纠纷，选择新的宿营地，组织庆典。所有活动都必须得到他们的允许。以前他们还曾经利用这种特权来独占女人。所有少女都只属于他们。其动机与其说是性，不如说是出于经济和社会的考虑。女孩一进入青春期就要结婚，而男孩则等待成人。老年男性及其老年配偶会很乐意由一位年轻女子来养活他们。老年女人会说：“老头子应该有个年轻妻子给他取蜂蜜和水。”而年轻男子则难以成家。

技术、巫术和宗教构成了原始社会主要的文化要素。这三个领域密切相连。巫术与技术和宗教都有亲缘关系，后二者有益于族群，巫术的作用则具有两面性。在阿兰达人那里，“头发刚白的长

① 为惩罚与白人一起工作的年轻人，老人拒绝教授他们，导致许多传统失传了。——原注

者”在所有三个领域都占据统治地位。只要他还掌握知识，能够主持宗教仪式，他就是不可或缺的。巫术让他成为尊敬和畏惧的对象。

苏丹的赞德人有着类似的社会结构，只是巫术占统治地位，且老年人统治主要依靠族人的畏惧。他们生活在大草原上，以狩猎、捕鱼、采集和耕种为生。玉米、木薯、甘薯、香蕉是主要的食物来源。猎物也充足。手工业相对发达。他们相信一个叫“莫博里”（Mbori）的神明。但是他们最上心的还是巫术，他们认为每个个体都有一种力量，他们称之为“曼古”（mangu）。这是一种与肝脏相连的物质，随着时间的流逝而增长。就像阿兰达人一样，年纪大的人掌握着知识。巫师是最有权力的，他们比其他人更加无顾忌地使用诅咒的力量，因为死亡的临近使得他们不再那么害怕报复。结果就是集体的领导权掌握在他们手里。人们要求他们为狩猎远征祝福。如果他们进行诅咒，远征就会失败。为了获得他们的善意，人们需要在狩猎后以猎物作为回报。以前，儿子要严遵父命，老人便利用这种情况来独占女人，以至于年轻男人很难娶妻。与白人的接触使这种情况有了一些改变。

毫无疑问，在白人的影响下，年轻人与老一辈在信仰上有了不同。老一辈认为死亡是一个诅咒。普遍认为死亡来临是由于用尽了分配给人在世上的时间，这时只要很少的“曼古”便可以让人死去。有时候，人们认为死亡是神明的意志，人们说“莫博里把他带走了”，生命被比喻成一根木棍，被神明逐渐咬噬直至完全消失。但是往往少不了巫师的介入，这种时候死者的家庭会试图向巫师寻仇。年轻人则将死亡归结于身体的衰落。对于死者，他们会说：“他吃完了自己的那份。”年轻人相信巫术，但是老年人的死亡对他们来说是自然的，不值得大惊小怪。当然他们只会私下里这么说说，在公共场合依然会尽到对死者的义务。

对于大查科地区的印第安人，包括绍拉提人、马塔科人、托巴人来说，巫术扮演着重要的角色。这是一些半游牧民族，靠森林里丰富的果实以及饲养鸵鸟为生。他们所求不多，而且不太会储存，因为他们对未来充满信心，相信食物永不缺乏。族长是一位老年男性，上一任首领死亡之后，由族群里最老的人选举出来。他的权力很大程度是名义上的，他的影响力尤其来自年龄赋予他的神圣光环。由于生存相对较为容易，这些印第安人便让宗教在他们的生活中占据较重要的位置。宗教由老年人来领导，他们不受饮食禁忌的约束，对巫术的惧怕也使得人们忌惮他们，因为他们可以诅咒自己的敌人。人们认为老人死后会变成恶灵。当这些印第安人说看到恶灵的时候，后者几乎总是一个老年人的形象。他们认为这种邪恶的力量会随着年龄的增加而增长。当老人变得虚弱无能，人们就一箭穿心将其射杀，并焚毁尸体，如同僵尸故事所言，完全摧毁肉体才能够阻止他变为幽灵。

知识和巫术的联系，在纳瓦霍印第安人那里也非常显著。有些老年人因此获得了极高的权威。这是一个相当复杂的社会，文化发达，长久的接触使他们受白人的影响很深。[①] 纳瓦霍印第安人住在亚利桑那州西北部一片广大的干旱地域，但灌溉工程和充沛的雨量使得土地相当肥沃。他们有马匹，有畜群，随季节在两三个聚居点之间迁移居住。这是一个相对富足的社会。他们吃面包、肉类，以及从白人那里购买的罐头。他们有美观的服装，镶嵌银饰和绿松石。他们能够冶炼银，织布，绘画。诗歌、歌唱、舞蹈、想象的艺术都非常发达。家庭是母系氏族制，女人受到尊重，妻子拥有的畜

---

① 他们卖给白人手工艺品，并从白人那里购买工业加工产品。——原注

群有时比丈夫更多。祖辈与孙辈关系融洽。母亲的父母尤其关心孩子们的教育。有时从 9 岁或 10 岁开始，孩子便与祖父母生活在一起，照料他们。孙子与老人也有着所谓“开得起玩笑的关系”。他们进行跑步比赛，胜者得一副马鞍。常常是年轻人提出与老年人比赛在雪地里打滚或者跳过一个壕沟。孙子会善意地嘲笑祖父。[①] 祖父母对孩子们的照顾无微不至，不过有时要求他们做的一些事情也会使后者心生不满。

在这样一个文明繁荣的社会，体弱者、残疾者、不适应者都得到照料。人们殷勤地照顾老人，哪怕后者身体与头脑都已衰颓不堪。有时一些已经糊涂了的老人离家流浪，人们会把他们领回家。不过，或许因为不得不尊敬老人，有时人们会找一些渠道来发泄。年轻人和成年人会嘲笑残疾人以及说话不清的人。但他们只敢偷偷这么做，因为害怕报复。毕竟，年龄使得老人从世俗世界到了神圣的领域，被赋予超自然的力量，尤其是男人。曾经有一场针对 222 个巫师的审判，其中 38 位女性都是老妇，184 位男性中有 122 名为老翁。所有这些人物都让人惧怕。哪怕不方便，也没有人敢拒绝款待老年人。但是他们中的很多人并没有什么影响力，而是处于社会边缘。一个年老无知的人并不受到尊敬。人们尊敬的尤其是那些能够保留和传承传统记忆——故事、神话、仪式、歌曲、药方——的歌者。人们把他们看作神圣的人，拥有无穷的力量。他们的记忆使部落得以世世代代延续下去。那些歌曲颇有咒语的作用，能够让老天下雨或晴空万里，还能治愈疾病，预测未来。歌曲的所有权属于会吟唱它们的个人，年轻人想向他们学习就必须赠送礼物，如马匹或钱财。当他们运用自己的知识来服务于某人、某团体或者某部落

① 罗海姆认为，这一习俗来自一般而言儿子对父亲的攻击性。——原注

的时候也会收到礼物。

歌者的声名在其老年达到巅峰，来自两个方面：年岁和知识。他们因此成为族群最富有的人，处于社会上层。

身亡之后，老年人变成一个危险的幽灵。这是所有原始社会共同的信仰，他们认为死者会以幽灵的形式存在，或多或少令人惧怕。大查科地区的印第安人认为死者死去时越老，其死后的恶意越大。纳瓦霍人的信仰则相反，很多观察者都强调了这一点。如果一个人“耗尽一生”之后而逝，也就是说并没有痛苦，仅仅是由于年老，在无人帮助的情况下不再能行走或做任何事情，那么这对于他自己以及他的家庭来说，都是一桩幸事。没有什么比这更令人欣慰的了，因为死者并不会成为一个幽灵，而是转世重生，再长寿死去，由此进入一个无穷尽的循环。他的垂死以及葬礼都不需要伴随惯常的仪式，那些仪式是保护死者的家庭以及部族不受死者灵魂的侵扰。死者的家人自行将其掩埋，就像完成一项家务，也不再遵循惯常的丧仪。这说明在纳瓦霍人以及其他一些原始部落那里，鬼魂的恶意源于怨恨。若怀着遗憾死去，比自己所期望的时间要早，死者就将采取报复。他的恶意尤其会冲着自己的家族而来。纳瓦霍人只能看到与自己亲属关系紧密的鬼魂。如果一个人完成了他在世上的一切而平静地离去，那么他就没有什么仇要报。对纳瓦霍人来说，一个未满月的婴儿死去没有什么可怕的，因为他的年龄尚不足以使他成为一个鬼魂。

希瓦罗人也组成一个繁荣的社会，他们生活在安第斯山脉下的热带雨林里，靠种植作物、打猎和捕鱼为生，男人打猎，女人种地。因土地肥沃，猎物丰富，他们从不缺食物。他们会织布，制作精美的陶器。他们没有政治生活。以家庭为单位散居。他们非常喜欢孩子，只有身体不健康的才会杀掉。老年人受到尊敬。正是得益于他们的经验，动物植物以及药物学知识才得以发展。他们将神话和歌曲传承下去。除了这种睿智，他们还有超自然的力量。尽管身体衰弱下去，这种力量却越老越强。家族中最老的人用自己的名字给孩子起名，通过这种方式将新生儿纳入家庭。老年人为年轻人解梦，并且引导他们进入成年。他们教会年轻人如何制作烟草。年老的男子和女人，不必是祭司也可主持仪式和宗教节日。他们最喜欢的活动是战争。出征的首领往往是一位有相当年纪的男子。有时一些老战士会把敌营年轻的女俘虏带回，与她们发生关系。然而这些女俘虏往往会与年轻男子私通，并因此遭到前者的毒手甚至被打死。希瓦罗人也害怕老人死后报复。如果他们生前受到虐待，那么他们就会转世为一些危险的野兽，如美洲豹、蟒蛇，并来找仇家寻仇。

勒勒人居住于刚果附近的森林和草原。一直到大概 1930 年，老年人的特权是相当大的。勒勒人不如他们的邻居布尚戈人富裕，虽然自然条件相仿，也都从事农业、狩猎、捕鱼、纺织。相较而言，勒勒人土地更贫瘠，旱季更长，但这些不同不足以解释两个部落生活水平的差距。原因还是社会背景。据 20 世纪初观察他们的民族学家所说，勒勒人工作更少，技术相对更加简陋。他们不追求个人成功，因怕别人嫉妒，但更是因为威望并不来自财富的积累，而是来自年龄。分工使得每人能做的事情有限。一夫多妻制之下，老人霸占着女人，让她们为自己干活。女婿也需要为他们干活。而年轻人往往只能分享一个妻子。以区区几件衣服作为交换，老年男性便将女儿送给村里的全体年轻人，所有人就都成了他的女婿。不同年龄之间没有友好合作。年轻人不得与老年人争抢。老年人占据他们所从事的行业，如打鼓、炼铁、雕刻木头。在某个时刻，他会将手艺传给一个年轻人之后隐退，年轻人则成为唯一的传人。

较高的政治职位不会给老年人，但是他们拥有宗教权力，这使他们获得了很多特权。为了保住这些特权，他们竭力使自己成为集体不可或缺的分子。他们保守着仪式以及药方的秘密。族群内只有他们知道各人的欠债数目以及联姻的谈判。这方面的知识对于事务的正常进行必不可少。但同时，他们又需要年轻人，只有年轻人才有足够的力气打猎、捕鱼、为欧洲人搬行李。如果年轻人认为待遇太过不公，他们会威胁要离开。老年人则用不分给妻子、不让参加仪式来惩罚不听话的刺儿头。尽管有这样的冲突，某种平衡依然得以建立，年轻人知道老年人总会死的，到时候他们就可以继承那些寡妇，并且等他们老了也可享有特权。勒勒人似乎以牺牲社会地位来建立一种社会保障，使人人能够安度晚年。到了 1949 年，局势发生了很大变化。年轻人皈依了基督教，受到传教团和政府保护。他们与年轻的女基督徒结婚，并且为欧洲人工作。以年龄划分的阶级几乎消失殆尽。

在提夫人那里，老年人为文化所做的贡献是他们特权的来源。提夫人属于班图族群，在尼日利亚耕种土地，并且养殖，狩猎，采集有用的植物，织布，生产陶器。他们很自由地抚养孩子，孩子大了以后就跟父母一同劳作。他们与祖父母的联系也非常紧密，后者会把他们在宗教和巫术方面的经验传授给后辈。人们认为成年是最好的年龄段，人的“热量”达到了顶点，而年轻人和老年人的身体是冷的。人们说有一些年纪很大的人“活完了他们的身体”（然而，在他们看来阳痿和脱水都跟年老无关，前者被归咎于巫术，后者被认为是一种疾病）。人们尊敬老年人，但是只有那些有知识、有能力的老年人才有影响力，否则不会担任任何职位。人们只是喂养老人，对他们彬彬有礼，但是他们说话并不算数。家庭是父系制，一家之长是年龄最大的男人，前提是他依然保有必要的能力。

族长也是年龄最大的人。条件是一样的，否则只有名义而无实权。那些有判断力，表达清晰，并且熟知族谱关系和仪式的人被看作智者，率领着整个部族。他们“知悉世事”，且掌握着巫术。他们关注土地的肥沃程度，所有的社会活动，如缔约、和平、战争、继承、官司，都与巫术有关，所以都在他们股掌之中。[1] 他们治愈疾病，解决纠纷，维持社会结构。他们与祖先更为接近，在宗教方面扮演重要角色，发布神谕。提夫人崇拜神石。老年女性做饭献给神石。仪式由年老的男女主持。当老年人丧失了体力和能力，他们便从社会生活中退出，仅剩名义上的角色，或者连这也没有了。有的老人还保留着宗教职能。有时一位老人会对生活感到厌倦。他把亲友召集起来，将自己的崇拜物分发给大家，之后自寻死路。

基库尤人因老年人的智慧而尊敬他们，给予他们威望。作为班图人的一支，他们居住在肯尼亚山脚下和山坡上。1948 年总人口超过 100 万。因为他们曾经是欧洲农场主的奴隶，所以与现代文明有较多接触。他们以农业和养殖为生。他们文明的关键，在于建立于家庭集群之上的部落系统，所有人在“大家庭”里共同劳作。他们对于所谓的“年龄组”非常看重。每一组里都是同一年行割礼的男人。年龄越大地位越高。祖辈和孙辈联系紧密，在象征意义上属于同一年龄组。祖母会把孙子叫作“我的丈夫”，祖父会把孙女叫作“我的妻子”。孩子尊敬父母，父母亲对孩子的诅咒被看作最大的厄运，没有任何净化能够将其消除。父母老了之后得到很好的照顾。没有孩子的男人会由邻居的孩子来照顾，他将邻居的孩子视如己出。军事组织掌握在年轻人的手里。老年人管理着公共事务。每一代人掌权 20 年到 30 年之后让位给下一代。为此，要举行一个叫作

---

① 巫术在这里体现出前文莫斯谈到的集体性质。人们认为个体无法挪用巫术为自己谋利。——原注

“伊特维卡”（itwika）的仪式。所谓的一代人包括两个“伊特维卡”之间所有年龄阶段的人。如果一个男人的孩子都行了割礼，妻子已经过了生育的年龄，那么该男子便不再参与管理公共事务，但是他会得到社会等级中最高的地位，在最高委员会中占有一席之地。最高委员会履行最高的宗教职责，进入这个委员会需要一个特殊的仪式。[①] 委员会成员有向神明以及祖先的灵魂奉献祭品的特权。他们负责抹去祭祀中的不洁，诅咒坏人。他们的诅咒是令人惧怕的。他们定下行割礼和“伊特维卡”的日期，也负责主持审判，因为在人们看来，他们已经脱离了激情的束缚，能够客观公正地作出判断。还有一个老年女性最高委员会，职责在于维持风化，惩罚犯罪的年轻人，她们也具有巫术法力。上了年纪的男人和女人在仪式上扮演重要角色。人们把老年人视作“神圣的人”，心态平和，超脱世俗。他们的影响力取决于他们的能力以及他们的财富。通常来说，人们认为他们是睿智的。人们说“一头老公羊不会无缘无故吐口水”，人们还说“老人是不会撒谎的”。老年女性牙齿掉光之后会受到很高的尊敬，人们认为这使她们“充满了智慧”，她们死后尸体会得到隆重的安葬，而不是丢弃给鬣狗。

老年人往往由于他们的记忆而获得特权地位。在中国和泰国高山丛林里生活的苗族人即如此。这些部落发展出高度的文明，但是后来可能因为战争停滞了。家庭是父系制的，男子在 30 岁前不会离开父亲的家。原则上说，一家之主对其他人有生杀大权。事实上父子之间关系很好，遇事协商。他们子女众多，祖父母照顾孙辈，女人、儿童、老年人都被善待。如果他们中间有人因亲人都死去而落单，那么他就会被一个大家庭的族长收留。人们总是会接纳他，

---

① 这与一个社会中所有青少年都要经历的“成人式”不同，它只面向精英。必须达到某个阶段才能成为最高委员会的成员。它并不仅仅是对年龄改变的认可。——原注

尽管他是一个负担。人们认为死者的灵魂会继续生活在房子里保护家人，并转世到新生儿身上。人们尤其因为老人传承传统而尊敬他们。对于古老神话的记忆使他们获得威望。他们是集体的领路人和谏言人。政治决定由年轻人执行，所以他们的赞同是必不可少的，但一般而言老年人的意志会得到遵从。

在曼德人那里，记忆的角色尤为突出。其政治结构来源于遥远的过去。这是一个信奉伊斯兰教的族群，1931 年总人数有 572000[①]，居住在塞拉利昂。父系制家庭，几代人住在同一屋檐下，一家之主是最年长的男子。吃饭的时候他最先开始，并与自己的同龄人分享。所有人分为两个界限分明的等级。高等级由狩猎者和战士的后代组成。他们优先占有土地，这其中包括首领和他们的家庭，最老的被称为"大人"。低等级包括新来的人以及奴隶的后代。上层阶级的土地父子相传，下层阶级则仅仅耕种土地。主人享有家里所有人的服务，包括下田耕作、种植稻米、生产棕榈油、狩猎、打鱼。主人会给他们做衣服。每一个团体的头领都是一位老年人，不一定是最老的，但一定是最有影响力的。可以是女人，如果她已经寡居，或者人品出众的人士。当变老之后，首领就会被一位摄政代替。记忆是等级归属的唯一评判标准。想成为首领的话，必须知晓这里的历史，熟知族谱，熟悉创建者和他们后代的事迹。而且，这一知识必须来自老年人的传授。老年人掌握着传统，所以政治组织依赖老年人。另一方面，曼德人跟他们上两代祖先的灵魂关系亲密，人们把它们叫作"祖父"，认为它们依然参与家庭生活。老年人比族群里的其他人跟祖先的关系更近，因此在二者之间担任中介。家里最老的成员主持对祖先的祭拜，在所有宗教问题上他的建议最受重视。

① 如今可能有 100 万。——原注

在所有领域他的影响力都是巨大的。

在社会组织更发达的族群里，人们不再相信巫术，对口头传统也相对不那么重视，这时老年人的角色有所减弱。比如居住在喜马拉雅山脉的雷布查人。他们通晓文字，信奉藏传佛教，种植茶叶、玉米、大米、高粱，养殖牲畜并打猎。在食物和饮料方面他们的生活水平相当高。家庭是父系制，孩子非常幸福，深爱父母。在家庭内部，年龄很受尊崇。出于尊敬，人们会故意把自己说矮一辈，比如把岳父母叫作祖父祖母，哥哥姐姐叫成爸爸妈妈，把一个人称为老人以显示对他的尊敬。孩子会很好地照顾年老的父母。一个子嗣众多的老人是幸福的。人们赞叹他健康矍铄，视他为“护身符”。人们给他献上礼物，希望能够借此获得他的一些美德。但是没有孩子又没有工作能力的老年人便毫无价值。人们顶多对他客客气气，但会将他看作灾祸。在这方面，对待两性的态度没有区别。在雷布查人中间度过了一段时间的戈勒[①]说人们曾指给他看一位老人，非常虔诚，但是被人瞧不起，因为他不识字，没有孩子，浑身都是伤痕，所有人都嘲笑他，说他还不如死了：“您为什么不死？趁着现在欧洲人在，他们肯定会参加您的葬礼的。”在这个社会里，老年人唯一的优势就在于子女的爱。他们本身不具有任何价值。

迄今我们已经看到了众多例子，老年人有时在社会上层，有时在社会下层。这取决于他们的能力和财富。财富导致不平等的突出例子是泰国：这些佛教徒生活在中国云南和缅甸的边界，他们将人的生命分为四个阶段，每一个阶段都由一个宗教仪式区分开来，叫作“派伊”（Paï）。为了进入最高的层次，一旦孩子成年了就要庆

---

① Geoffrey Gorer（1905—1985），英国社会人类学家。

祝“大派伊”，这是一个耗时很长的仪式，其间有歌唱、舞蹈、游戏、游行、献祭，起码持续三天，耗资不菲，只有富人承担得起。只要有钱，“大派伊”可以举行不止一次而是好多次，而他们的威望也会因此增长。单纯的年龄增长并不能给人带来社会地位，但是一个人如果因为庆祝了12次“大派伊”而破产，反而会得到尊敬。他会得到“帕嘉”（Paga）的名号。这并不能带来政治或经济权利，但是把钱财花在仪式上使其达到了社会等级的顶峰。

在一些富足而平衡的社会里，年龄既不是一个不利因素，也不是威望的源泉。我们下面将会看到三个非常不同的例子。

库纳人总数约25000，生活在巴拿马沿岸，以及大西洋中的岛屿上。那里气候温和，尽管海啸有时会将村子摧毁。他们在原始森林里靠独木舟活动，天生身体强壮，很多人能活到100岁。他们在村子里群居，合作劳动。女人在家里和田间劳作。男人打鱼，狩猎，砍伐。农获颇丰，有玉米、香蕉、椰子，并被用来进行交易。女人掌握钱财。男人买来机动船只。女人和孩子穿着艳丽的服装。男子着装欧式。他们都外表整洁，经常洗澡。房屋和街道也很整洁。文化相当发达，有歌曲、计数系统。首领和萨满掌握不外传的密语。书写文字雏形已备。宗教相当简单，人们仅止于崇拜天神以及与身体健康相联系的神灵。萨满和巫医护卫着族人的健康。家以夫妻为单位，婚后丈夫住到女方家，但是一家之长为最年长的那位姐妹的丈夫。他们儿女众多，由于身体好，上了年纪甚至年龄很大的人依然过着活跃的生活。老年女性掌管家庭内部的事务，从事椰子交易。老年男性负责宗教事务。但他们并不因此获得特殊的威望。年龄本身如果没有智慧和经验的加持，并没有特别的价值。一家之长往往年事已高，只要还能主事便得到遵从。族长要主持集会，所以人们要求他有一定的学识，而年龄并不是决定性因素。总的来说，老年人与年轻人的状况是一样的，并不构成什么问题。

印加人历史悠久。一个世纪的工夫，他们征服旋又失去了一个帝国。他们的文明是重复性的，有赖口口相传。在古老的文明中，印加文明是人们所知较多的。老年人在印加社会的地位是值得研究的课题。

印加人有一些相当残酷的习俗，但也有非常完备的技术和发达的社会组织。男人把很多时间用来打仗，他们虐待俘虏。印加人耕种有方，在高山上开垦出梯田，用鸟粪做肥料。他们种植土豆、玉米、谷物，栽培多种作物。他们驯化美洲驼和羊驼，畜群繁多；建有很大的粮仓来储存粮食；开采金银铅汞；完成了很多庞大的水利工程，如运河、水库、水坝。六条大的干线在国土上纵横。水上架起吊桥。修筑了宏伟的建筑：村庄、宫殿、庙宇。手工业非常发达，尤其是金银器锻造。经济生活活跃。农民们在集市上交换产品。土地分为三份，一份献给太阳，一份献给印加王，最后一份属于上等阶层，交由农民耕种。

印加文明最突出的一点在于实现了充分就业。从 5 岁起，所有人都必须“有用”。男人被分成 10 个等级，女人被分成另外 10 个等级。9 个等级都是按年龄来划分的，最后一个等级是残疾人。每个等级都有特定要完成的任务，以此来尽力服务于集体。最受尊敬的等级是战士，年龄在 25 岁到 50 岁之间。他们为国王和王公效力，其中一些会被派往矿场。他们大概 35 岁结婚。女人 33 岁结婚，25 岁之前要遵从父母，帮他们做事，服侍酋长。从 9 岁开始，小女孩和少女要在家里帮忙织布，照顾牲畜。

年龄大并不能使人免于劳动。过了 50 岁，男人不需再服兵役，也不会被派重活，但还需要在首领的家里以及田间劳作。他们在自己家里依然保持权威。50 岁以上的女人为整个族群织布做衣，为富裕的女性做看护、烧饭等。80岁之后，老年人聋了，除了吃饭睡觉做不了太多，但人们依然利用他们生产绳索、毯子，看家，饲养兔子、鸭子，捡树叶和干草。女人织布，看管房屋，帮忙照看孩子，继续服侍富裕的女人，监管年轻的女仆。如果她们有地，那么她们就什么都不缺，否则就需要接受别人的施舍。男人也是一样，人们提供给他们食物和衣服，照看他们的羊群，生病时照料他们。一般来讲，人们对老年人的态度兼具惧怕与尊崇。他们可以提意见，教授知识，树立榜样，劝人向善，帮助祭祀。他们看护年轻女人，有权鞭打不听话的男孩女孩。

巴厘岛人不能被认为是原始人，在好几个世纪里，他们都曾具有高度的文明。这一文明由于岛屿遗世独立而得以保留，没有受到外界的影响。荷兰人通过当地贵族对农村人口进行过间接统治，但是并没有改变他们的社会结构和生活方式。巴厘岛人既不会读，也不会写，古老的文化借由口头传承保留到今天。因此我们姑且把他们归入没有历史的社会。

巴厘岛人水稻种植技术高超，很少有其他民族能够媲美。他们拥有高品质的牲畜和家禽。水果、蔬菜以及土地的出产种类繁多，产量丰富。他们经常举办大型集市售卖。村庄修建和维护得很好。手工业、音乐、诗歌、舞蹈、戏剧都相当发达。贵族自成一体，普通人非常尊敬他们。每一个村子都像一个小小的共和国，由一个委员会管理，委员会成员包括所有已婚并有自己的房屋和土地的男子。首领一般是选出来的，也可能世袭。他们是神灵在人间的代表，控制着土地、房屋、社会生活的全部。个体与集体的联系非常紧密。个体所能遭受的最大惩罚便是被驱逐。他们非常好客，互相之间彬彬有礼。他们非常聪明，体态优雅。他们自己非常清楚这一点，举手投足稳重而协调。他们尽力扮演好自己在社会中的角色，不论是儿童、少年、女人、成年人、老年人。

儿童被父母和祖父母宠爱。年龄受到尊敬，尽管并不能带来任何法力。委员会成员随着年龄的增长进阶。每个月，村里的老年人都会聚集在一起，举办宴会，与他们的神明共饮。神明与人关系很近，并且乐意来拜访。巴厘岛人的宗教由来自印度、中国、爪哇岛的因素混合而成，属于泛灵论。他们崇拜太阳、月亮、水，以及所有能带来多产的要素。崇拜以稻米为对象建立起来。他们相信鬼魂的存在，认为鬼魂对活着的人有不良的企图和能力。

人们说，从前在巴厘岛深山上的一个村庄里，人们将老人献祭并吃掉。有一段时期，村里老人一个不剩，传统也中断了。人们想建一个大厅来举行会议，然而树木砍下之后，没有人能够认出哪头是上哪头是下，而弄错方向是要引发灾难的。这时一个年轻人说，如果不再吃老年人，他就可以解决这个问题。人们向他做出保证，他这才领出自己偷偷藏起来的祖父，教大家如何分辨树冠与树根。

村民否认此习俗的存在。不管怎样，在巴厘岛老年人现在都是受到尊重的，很大程度上是由于他们生活富裕，因此得以逃脱老年的窘迫状况。他们长期处于良好的健康状态。背不驼，也没有变得笨拙，身体控制自如，保有年轻时的灵活。60岁以上甚至更老的女人依然身材苗条，头顶沉重的水罐或重达40磅到50磅的果篮。他们不停止劳作，除非身体已经有严重的残疾。他们认为无所事事对身体和精神都是有害的，而且有可能成为超自然力量的打击目标。甚至女人的活动还会随着年龄增长而增加，常常见到60多岁的女人依然操持着整个家庭，亲力亲为大多数家务。老年男性不太干活，他们高谈阔论，嚼着槟榔。但是他们有其他繁重的事务，如领导村委会。他们是医生，爱讲故事，给年轻人传授诗歌、艺术。有时候他们还要把鸭子赶到田里去。他们在宗教仪式上扮演重要角色。有些年纪非常大的老年男性和女性是出色的舞者，会进入一种迷狂的状态，口出神谕。他们的角色非常重要，是女是男无所谓，因为随着年龄的增长，男女之间的区别趋于消失。人们在所有的事情上都征求他们的意见。当他们变得很老不能自理的时候，人们就把他们叫作祖父祖母。等到他们没有牙了，人们就把他们看作小孩子，认为他们很快就将以新生儿的方式重新投胎。这时他们丧失了影响力，但是依然会被很好地喂养和对待。即使非常虚弱，老年人也依然能够担任庙宇的祭司，只是需要年轻的助手协助，但他的功能仅是名义上的。

人们似乎并不害怕老人，但是有一位叫蓝伽的女巫专吃小孩子，一些巫术表演展现其形象为一名面目可憎的老年女性，双乳塌垂，披散的白发直达脚面。女巫由一位老年男性扮演，高龄使他不会受到蓝伽的恶灵的伤害。

涉及老年人境况，有一个民族学家视为极为重要的因素，那就是社会组织。然而我手头所掌握的材料完全反映不出这一因素。有的族群只是部落，是没有什么结构的松散团体。然而当氏族或部落在一个地点定居下来，也就意味着成为农业社会，那么往往就有必要精确区分血缘关系，以便确定继承权，缔结婚姻，以及建立个人之间的关系。血缘指向祖先，由祖先确立，且是对祖先的延续。祖先并没有被遗忘在过去。集体以家庭、氏族、部落的方式存在，是土地的主人，而集体不仅包括活着的人，还包括死去的人。集体的权利神秘性地构筑于死者的权利之上，集体将自己视作他们的继任者。有时人们认为祖先在一个新生儿身上获得重生，如此一来，新的一代便复活了老的一代。祖先崇拜并非存在于所有血统传承的社会里，但毕竟相当普遍。祖先是一个怀有善意的鬼魂，它住在自己后代的屋檐下，只要后代对它表示该有的尊敬，它就会显示出善意。老年人主持仪式和献祭，来向祖先致敬。由于老年人离祖先更近并且很快也将位列其中，所以人们给予他们神圣的地位。族脉在老人身上传承，也正是通过老人，族群支脉之间的关系才得以确立。老人因而是秩序的象征和创建者。在这样的社会，老年人的形象非常清晰，地位也获得公开承认。而在仅仅是松散结合的社会，如我们现代工业社会，老年人的身份随境况而定，在不同的族群之间、同一个族群内部都处于变化之中。

我们看到，老年人在原始社会的地位不应该被简单化。并不是在所有的地方人们都会“抛弃老弱”。也不应该将他们的境况想象成田园牧歌。造成老年人境况的因素我们之前已经指出过，现在需要进一步分析它们的角色以及它们之间的关系。

一眼就能看出，老年人的生存机会在富裕社会要大于在贫穷社会，在定居社会要大于在游牧社会。定居社会只有一个照料的问题，而游牧社会还有另外一个更为难办的交通运输问题。即使他们有一定的经济基础，也是得益于不停迁徙。老年人往往由于跟不上而被遗弃。在农业社会，同样的富裕程度便足以让老人吃饱饭。然而经济因素并不一定是决定性的。通常情况下取决于社会所做出的选择，而选择会受到其他状况的影响。楚科奇人尽管生存条件恶劣，但迁徙的时候，会组织起来把老年人带上。作为对比，另外一些农业社会，尽管条件算不上最差，却冷漠地对老年人不闻不问，任由其饿死。

我们可能以为在条件差的社会里巫术和宗教的介入使老年人获益。事实并非如此。正是由于生活在困顿之中，这样的社会发展不出宗教文化。巫术并不是“对事物的认知”，而是一些粗俗做法的集合，掌握在萨满手中。后者年纪大，受尊重，可是老年本身并不带来巫术法力。有时，宗教是存在的，但仅仅是认可和神圣化了基本生存所需的习俗。群体依此制定对自己的生存有必要的规则，并给予它们意识形态上的正当性。我们在纳尔特人那里看到此类例子。《楢山节考》中阿铃认为自己遵从了神明的意志。

儿女对父母的爱是对老年人更加有效的保护。罗海姆曾经强调年轻人与老年人的感情纽带的重要作用。我们知道，一个孩子小时候如何被对待，对他的个性发展是多么重要。如果他在食物、保护、温情方面非常匮乏，那么他就将在怨恨、恐惧，甚至仇恨之中成长，成人之后跟其他人的关系就会具有攻击性。年老的父母不能养活自己的时候，他会置之不理。与之相反，当父母很好地喂养以及宠爱他们的孩子，孩子会成长为幸福、开明、有善意的人。他们会发展出利他的思想，尤其会对长辈有感情，认定自己对长辈有责任并履行这些责任。在我研究的所有例子中——远远超出了我在上文中列举出来的，我只找到了一个例子，小时候幸福的孩子，成年后对老年父母非常无情，那就是奥吉布瓦人。而其他如雅库特人、阿伊努人，他们忽视儿童，儿童长大之后也非常野蛮地对待老年人。雅马纳人、阿留申人生活在类似的情况下，但是他们将孩子当个宝，而孩子长大之后则会尊重老年人。后者往往是一个恶性循环的受害者。由于物资过于匮乏，成年人很难好好喂养孩子，所以就会忽视他们。必须指出，孝心的表现方式往往是由习俗和宗教决定的。有些情况下，一丝不苟地履行处死父母的仪式，恰恰是表达对他们的尊敬和爱的方式。

如果还有工作的力气，那么老年人可以寄希望于活下去。但是如果他们吃得不好，受不到照料，在劳作中毁坏了身体，就早早丧失自理能力。这也容易形成恶性循环，后果对他们来说是不幸的。

在贫穷的集体中老年人很难有足够的财产养活自己。在以打猎和采集为主要活动的社会里，富足是不存在的，他们甚至都不储存食物。在放牧和农耕的社会里，食物往往属于集体。一个人劳动所得，以及他妻子的劳动所得，并不属于他自己。如果他的妻子死了，或者不能工作了，他自己也不能工作，而习俗又不允许他从事女性的活动的话，他便处于完全的困顿之中。有时，一家之主是牲畜的主人和土地的主人，但是当他的气力开始减弱，他的继承者就会剥夺他的财产，甚至将其除掉以取而代之。我们只看到两个例子，年纪很大的人依然可以保住财产，那就是内陆的楚科奇人，还有海边少数与白人交易的楚科奇人。

我们可以得出结论，当资源匮乏的时候，农业和游牧社会最常见的应对方式就是牺牲老年人。

老年人承受命运的方式，我们并不了解。提供信息的人和社会学家倾向于说他们是愉快赴死的。然而我提到的一些文学作品不禁让人对此产生疑问。

当一个社会具备某种基础性的安全保障，我们可以先验地假定它是善待老年人的，因为这符合成年人对自己未来利益的安排。这时情况的发展并不构成一个恶性循环，而是向着有利的方向。孩子被善待，将来又会善待他们的父母。合适的食物和卫生条件保护个体不会过早地陷入衰老。文化得以发展，而文化的发展使老年人能够获得较大的影响力。巫术是一个思想系统，接近于一种学问。

原始人承认所谓的“巫术天职”往往存在于一些特定人群，如残疾人、罪犯等，也包括老年人。但是老年人的不可或缺主要因为他们的记忆。这一事实体现在我所记录的巴厘岛的传说中。如果没有传统的传承，族群就无法进行他们的活动。这些活动不仅仅需要由成年人重新发明出技术，而且需要遵循某些仪式，但这些仪式并不存在于当前的任何活动之中，而是只有老年人才知晓的、过往的行事方式。人们用树干建房，但是使用方法不当会引发灾难。如果人们不知道引领弓箭飞向目标的咒语，就不能有效地把它射出去。老年人掌握着这些秘密。他们非常谨慎地传授知识。我们看到在勒勒人那里，老年人保证部落需要他们的方式是尽可能晚地传授他们的知识。

尽管不可或缺，老年人有的时候也是危险的，因为他可以使用巫术知识来为自己谋利。这一两面性还引发了其他后果。由于接近死亡，他与超自然世界接近。在这一点上原始人的想法犹豫不决。除了发生在很小的孩子身上，死亡对他们来说从来不是自然的事情，即使是在很大的岁数，死亡也是巫术的结果。[①] 然而，他们也知道老人离死亡总是不远的，以至于会把老人叫作“濒死之人”。这样的老人已经摆脱了人类的状况，只是一个再苟活几天的鬼魂，而且对其他鬼魂具有免疫力。与已经死去的祖先的关系也具有这样一种两面性。在很多社会里，祖先对后代抱有好意，而在所有社会里，死者都是以鬼魂的形象出现，受到人们惧怕。几乎在所有地方，鬼魂都被认为是造成个人以及氏族的不幸的原因。鬼魂的存在时长不定，或短或长，最终消散，不留任何痕迹。但是只要它存在，就必须通过仪式祭祀与之言和，至少保护族人不受其伤害。在它构成威胁的情况下，比如从一个团体到另一个团体，从一个年纪到另一个年纪，或由于没有遵守仪式而变得不洁，那么只有老年人才能够驱除幽灵。老人从世俗世界穿越到神圣世界，这意味着他有跟鬼魂相似的能力，他自己也将很快与鬼魂为伍。

这样，对老年人的尊敬同时也引来对他们的恐惧。在有的社

① 除了在纳瓦霍人那里，高龄老人“用尽了生命”。——原注

会，巫术更接近于妖术而不是科学，那么鬼魂就非常令人恐惧。恐惧感处于压倒性地位，使得老年人获得很高的地位，甚至完全统治年轻人。但是对于那些头发刚白的人和很老的人态度是不同的。长寿令人尊敬，说明一个人充满智慧地生活因而堪为表率。既然能够战胜自然和超自然的考验，那么此人一定具有某种特别的法力。然而，当老年来临的时候，很多人认为这种法力就与其他能力一样减弱了，人们不再惧怕。还有人正相反，认为法力随着年龄有增无减。在这里，两种态度都是可能的。尽管还活着，很快成为鬼魂的前景让人如此惧怕，以至于老年人哪怕已经失能，还是被毕恭毕敬地对待。另一种情况就是人们急于终止他一天比一天危险的情形，便把他杀死，并销毁他的尸体。在波利尼西亚的特罗布里恩群岛以及日本的某些地方，到达一定年龄的老年人会被成年人吃掉。这样成年人就获得了老年人的智慧，并且还能阻止后者变为能力过于强大的巫师甚至神祇。

作为祭司或主持仪式者，老年人是没有两面性的。他的角色是正面的，无比崇高。这也是得益于他的记忆，使他能够胜任这一角色。仪式、舞蹈、歌唱对于崇拜是必需的。正是由于他的参与，才能一直传下去。他把这些知识教授给其他人，但他本人更是这些任务的指定执行人。而他之所以能够担任这个角色，其原因我们已经看到了，因为他是超自然世界与眼前世界的中介。

作为传统的拥有者和中间人，以及面对超自然力量的守护者，老年人保障着族群超越时间和当下的凝聚力。往往是他通过给新生儿取名把他们纳入集体。当族群有一个复杂的政治组织，往往是他维持着体系的运行，只有他有家族谱系的记忆，能够给每一位个体或者每一个家庭应有的位置。

老年人基于他们对传统的知识而做出贡献，使得他们不仅受到尊敬，而且在物质上得到回报。人们会用礼物来感谢他们。向新手传授秘密之后获得的贵重礼物是个人财富最有保障的来源。只有在较为富裕的、文化发达的社会，有很高威望的人才会有这种待遇。

然而在更加发达的社会，老年人的影响反而减弱。此类社会不惧鬼魂，甚至不信巫术。他们不再惧怕所谓“濒死之人”。老年人在族群中的价值急剧下降，因为技术与巫术脱钩了，尤其在那些掌握文字的社会。

当一个社会处于和谐的平衡之中，会给予老人与他们的能力相称的工作，并给他们一个体面的位置，但并不会因此给老人任何特权。

老年对男性和女性来说具有不同的意义和不同的后果。女性由于老年获得一个特殊的好处。在绝经之后，女性不再被性化，变得如同青春期前的女孩子，同时也和她们一样不再有饮食的禁忌。之前由于月经的所谓不洁强加于她们的一些禁忌现在都移除了。她们可以参与舞蹈，喝酒，抽烟，坐在男人身旁。一些有利于老年男性的因素使她们也连带受益。尤其是在那些母系社会，她们的文化、宗教、社会、政治角色非常重要。在其他社会，她们的经验有一定价值。人们认为她们有某些超自然的力量，这给她们带来威望，但也有可能带来坏处。通常来讲她们的地位低于男性。人们对她们更不重视，更易遗弃她们。

在很多社会，老年男性和女性与孩子的关系非常紧密。哺乳的婴儿和失能的老人有类似之处。纳尔特人的史诗讲到把老年人绑在摇篮里。婴儿刚刚走出灵薄狱的磨砺，老年人则即将投身其中。在纳瓦霍人看来，婴儿生命刚刚开始，老人生命趋于结束，二者都会毫无怨恨地死去，并且不会变成鬼魂。从实践上说，他们都是无用的嘴，碍事的累赘。很多贫困的族群，尤其是游牧民族，同时有杀婴儿和杀老人的行为。或者只有后者，但不会出现只有前者没有后者的情况，因为儿童代表未来，比已成为纯粹废物的老年人有优先权。二者都是寄生虫，匮乏时还构成竞争关系。孩子会盗取老年人的食物。然而，如果老年人有威望，某些严格的饮食禁忌使得老年人可享有大部分食物。孙辈与祖辈的联系往往较为紧密。他们在象征意义上属于同一个年龄阶层。孙辈的教育被交给了老年人，前者在生活中服务于后者。孩子身上寄托着未来的希望。老年人根植于过去，是知识的占有者。老年人需要培养继承者，靠继承者的记忆把知识传递下去。通过祖先崇拜来使女性受孕，以她们为依托获得重生。正是这样一种联系跨越时间，维系了族群的团结。从实践上来说，摆脱了成年人工作的老年人有时间照顾年轻人，年轻人也有闲暇完成祖辈所要求的服务。这种互助行为有时以游戏的方式进行。老年人行动不便而且有的时候处于社会边缘，很多禁忌解除了，孩子和老人可以不必像成年人那样一本正经。他们互开玩笑，参与游戏，互相挑战。

原始社会的老年人的确是“他者”，尽管这个词有其两面性。女性亦是“他者”，在男性神话中，她既是偶像，又被鄙视。同样地，尽管原因或方式不同，在这种社会里，老年人既是下等人，又是上等人。由于不能自理，没有用，他还是一个中间人，一个巫师、祭司。他既受制于人性，又超脱人性，经常是二者兼而有之。

像在所有社会一样，这些态度以独特而偶然的方式被经历。老年人的命运很大程度上取决于他们的能力、他们的威望以及他们所拥有的财富。有特权的人待遇不同于普通人。根据族群和家庭的不同，境遇也不同。理论和实践并不总是一致的。人们有时在私下嘲笑老年人，但公开场合还是会对他们尽到礼数。当然，更常见的是相反的情况。人们只是表面上尊敬他们，实际上让他们自生自灭。

需要指出的最要紧的一条是，老年人的地位不是他们自己挣得的，而是社会给予的。我在《第二性》中指出，女人从她们的巫术中获得的崇高威望，实际上是男性的恩赐。这一说法也同样适用于老年人和成年人的关系。老年人的威望是建立在别人对他们的惧怕和尊敬之上。一旦成年人突破了这一心态，老年人便不再有任何王牌。这在与白人接触多的情况下经常发生。赞德人、阿兰达人不再独占女性。有些年轻人，例如非洲的卢奥族，本来在村庄里照顾老年人，现在他们去城市寻找工作。年轻的勒勒人通过皈依基督教和为欧洲人工作摆脱了老年人的束缚。

有些地方老年人继续享有威望，是因为族群认为需要通过他们传承传统。老年人的命运是族群根据自己的资源和利益决定的，虽然老年人认为自己是最强的，事实上他们只是接受安排给他们的命运。[①]

尽管相当简略，我的研究已经表明在何种程度上，老年人的境况取决于社会环境。人所承受的生理法则带来不可避免的经济后果：老人必然会失去生产力。可是衰老多多少少会随着集体资源的多寡而变化。在有些社会，老年从 40 岁就开始，有的则从 80 岁才开始。另一方面，当一个社会相对富裕的时候，老年人的境遇会有多种可能性，或者被视作棘手的负担，或者其他成员一定程度上牺牲自己的利益确保老年人的福祉，二者区别何其巨大。受到影响的不仅是老人的经济状况，还有别人所承认的他的价值。他可能被很好地对待，但同时又被人看不上；也可能被很好地对待，同时又受

① 西蒙斯似乎提出过相反的看法，但事实并非如此。他指出，一些老年人在确立了社会地位后，比其他人更成功地利用它为己所用，他们拼命工作，努力让自己有用等。但老年人的社会地位总是由整个族群确立的。——原注

尊敬或惧怕。给予他什么样的地位，取决于族群追求怎样的结果。我在前面说过，“衰颓”这个词相对于想要接近或远离的目标才有其意义。如果族群只是寻求过一日算一日，那么成为一张闲嘴便是衰颓。如果族群希望通过与先辈的神秘联结而在精神上存续下去，那么它就会将老年人视为自己的代表，因为老年人既属于过去也属于彼世。无论身体状况如何不堪，老年人都会被看作处于此生的顶点。这一顶点往往位于头发刚白的时期，完全的失能才会被认为是衰颓。但也不总是如此。

老年的意义和价值取决于整个社会的价值体系，以及人赋予存在什么样的意义。反过来说，一个社会对待老年人的态度明白无误地揭示其真正的原则和目的，尽管这种态度往往是被刻意掩盖的。

原始人对于老年人造成的问题所提出的实际解决方法多种多样。有的将他们杀死，有的让他们自生自灭，有的给他们最低生活所需，有的让他们善终，甚至给他们至高的荣誉和满足。我们将看到，所谓的文明人对待老人的方式也大致相同，明目张胆的谋杀被禁止，却可能以其他面目存在。

第三章　历史社会中的老年

研究历史上不同时期的老年人状况不是一件易事。我们目前所掌握的材料很少谈论这方面的问题，老年人往往被并入成年人范畴谈论。神话传说、文学、肖像展现出的老年形象，随着时间和地点而变化，但他们与事实到底是何种关系？很难判断。这形象是不确定的、模糊的、自相矛盾的。需要指出的是，从各种迹象来看，“老年”一词有两种非常不同的意义。首先它是一种社会分类，不同条件下被赋予不同的价值。同时，它又是每一个个体独特的命运。第一种是立法者、道德家的观点，第二种是诗人的视角，二者往往处于激烈的对立之中。道德家和诗人总是属于特权阶层，因此他们的话要大打折扣。他们总是讲述不完整的真相，且常撒谎。然而，诗人由于率性而更坦诚，充满意识形态的人则依据自身阶级的利益造出关于老年的概念。

还有一点需要立即指出：写作一部老年的历史是不可能的。历史意味着某种循环性。导致结果的原因会被结果所改变。在如此的因果链中产生的贯穿历史的一致性具备某个确定的意义。严格意义上，我们可以说有一个女人的历史。因为女人是男人之间冲突的象征和冲突之所在，比如在女人自己的家庭和她丈夫的家庭之间的冲突。在人类的发展史上女人从未成为主体，不过至少是借口和动力，她的状况演进充满变数但总具有意义。老年人则从未作为一个社会分类被放入历史之中考虑。[①] 当老年人保有一定的活力，他融于集体之中，和其他人没有区别。他是一名成年男性，只是年岁大而已。当他丧失了自己的能力，便以他者的面目出现，以比女人更甚的方式成为一个纯粹的客体。女人对社会有用，而他一无所用，既无交换价值，也不从事再生产和生产，成为完全的负担。我们此前看到，老人的地位是被赋予的，不会自行演化。人们曾说所谓的黑人问题其实是白人问题，所谓的女性问题其实是男性问题，然而是女性争取平等，黑人反抗压迫。老年人没有任何武器，他们的问题是有劳动能力的成年人的问题，后者根据自身的利益、实践和意识形态来决定到底给老年人何种角色。

即使是在比我们前面考察过的更为复杂的社会里，老年人的角色也可能非常重要，这时成年人会借助年轻人的好胜心来对付老年人。老一辈人不想被剥夺自己获得的权力，如果有人想从他手中抢去的话，他会行使权力尝试保留它。神话传说、历史文献、文学作品中都能找到此类争斗的痕迹。无一例外，老年人最后总是被征服，因为他们是弱势的少数，他们的力量只能来自利用他们的多数。

所谓老年人的权力问题只出现于统治阶级内部。一直到 19 世纪，从来没有人提到过所谓“贫穷的老年人”。这类人数量很少，因为能活到很老的往往都是特权阶级，贫穷的老年人不在视野之中，历史或文学都将他们彻底遗忘。很大程度上老年问题只是在特权阶级内部才被提了出来。

另外一个显而易见的事实：老年问题是一个男性问题。从个人

---

① 当然，作为个体，女人和老年人都扮演了活跃的角色。——原注

经验的角度，老年同样涉及女性，甚至程度更深，因为女性活得更长。然而对这个问题的研究基本上只关注男性。这首先是因为男性在法规、传说和书籍中表达自己，但尤其是因为只有男性才对权力的争夺感兴趣，如同猴群中，年轻的猴子夺取年老公猴的权力，后者会被杀掉，而年老的母猴则不会被杀。

有历史的社会都被男人所统治。年轻或年老的女性在私人生活中有可能争夺权威，但在公共生活中，她们的地位是一样的，永远低一等。作为对比，男性的状况随时间而改变。年轻男子成年之后变为公民，而成年人变为老人。男性所组成的年龄分层其边界本来是模糊的，由社会画出精确的边界，就像现在退休年龄的设定。从一个年龄段到另一个年龄段，地位上可能是一次擢升也可能是一种下降。

民族学和生物学都表明，老年人给集体带来的积极因素就是他们的记忆和经验，在重复性的事物中二者能大大增强执行和判断能力。老年人所缺少的是力量和健康、适应新事物的能力，尤其是发明创造的能力。我们可以先验地假定，在组织良好、重复性强的社会里，成年人倚重老年人。在分化严重的社会、动荡或革命的年代，年轻人便会占据主导地位。老年人在家庭生活中的角色则反映国家给予他们的地位。考察老年人在不同历史时期的状况可证实这样一种基本结论。

在下文中，我将限于研究西方社会。唯一的例外是中国，因为老年人被赋予特殊的地位。

没有任何一个国家像中国那样，在如此长的世纪之中，保持稳定的文明以及严格的等级制。这是一个水利社会①，要求中央集权

---

① 指以水利为中心延伸出来的区域性社会关系体系。

和权威。鉴于其地理和经济条件，其人口不求发展，只求生存。行政管理则满足于维持既存的一切。政府由文人组成，他们的资历和责任随着年龄而增长，职位最高的自然是最年长的人，一如在家庭内部。孔子曾经严格规定上下尊卑的关系，将微观世界与集体相类比，而微观世界的基础单位即家庭。所有家庭成员都必须遵从最年长的男子，后者的道德权威不容挑战，因为中国的文化要求的更多是经验而非蛮力。道德习俗在家庭中一以贯之：妻子必须遵从丈夫，且没有任何手段来反对他；父亲对子女有生杀大权，有时会杀死刚出生的女儿，或者之后卖她们为奴；儿子必须遵从父亲；弟弟必须遵从兄长。婚姻是安排好的，结婚之前双方年轻人从未见过面，夫妻听命于男方长辈。父权的威严并不随年龄的增长而减少。被残酷压制的女人也从年龄增长中获益：年老之后，她的身份地位比年轻男女都要高。她对于孙辈的教育有发言权，她对他们相当严厉。她会在儿媳身上报复当年从婆婆那里受到的压迫。对老年人的尊敬会延伸到家庭界限之外，拓展到所有的老年人。老年人有时为了获得别人的尊重，会声称自己比实际年龄更老。50 岁是一个男人生命中的重要关口。而在 70 岁之后，要放下所有事务，准备迎接死亡的到来。他把家庭的管理交给长子，但权威仍在。家人崇敬他，不久他也将位居被祭祀的祖先之列。人们怀着服从或绝望接受祖先的权威，这一点在文学尤其是古代戏剧中表现出来，年轻人无法摆脱老年人的权威，除非自杀，尤其对年轻女人而言。孔子在道德上为此做辩护，将老年等同于智慧："吾十有五而志于学，三十而立，四十而不惑，五十而知天命，六十而耳顺，七十而从心所欲不逾矩。"

事实上高龄老人很少见，生活条件并不利于长寿。对于道家来说，长寿本身就是一项美德。老子认为 60 岁的时候人可通过入定解脱肉体变为圣人。在中国的新道家看来，人生的最高目的是长寿，追求所谓“长生”。道家所有祖师都提到这一点。长寿似乎成了全民追求的目标，通过修行和入定达到圣人的境界，连死亡都无需惧怕。圣人不会死，实现对生命的绝对拥有。老年因而也就成了生命的最高形式。人们想象，只要生命足够长，终会达至顶峰。庄子的“千岁厌世，去而上仙”便是这古老信仰的反映。

中国文学中，时有年轻人抱怨自己是压迫的受害者，但老年从未被指责为祸害。而在西方，第一篇讨论老年的文章语调灰暗。公元前2500年，埃及哲学家、诗人普塔霍特普说：

“老年人的结局多么悲惨啊！他每天衰弱下去，视力退化，耳朵变聋，力量减弱。他的心再无休息。他的嘴不再讲话，他的智力衰退，今日记不起昨日的事。他浑身骨头疼痛，以前轻松能做的事情现在做起来很困难。味觉也消失了。老年真是人所遭受的最大的不幸，鼻子堵住了，什么也闻不到。”

此类对于老年所带来的缺陷的罗列，我们在不同年代一次次看到，有必要指出其普遍性。老年的意义和价值随着不同的社会而不同，但是作为一个跨越历史的事实，它在不同的时代激起了非常相似的反应。从机体上来说，老年毫无疑义是衰弱，大部分人对此心怀恐惧。埃及人已经怀着战胜老年的渴望。一个羊皮纸卷上写着：“老年人如何返老还童之卷首。”书中给出的建议包括食用从幼兽身上提取的腺体。返老还童的梦想直到今天依然存在。

犹太人以尊敬老年人而著称。从9世纪起《圣经》里收集的文字中，很难说几分是神话，几分是现实。犹太人从口头传统以及当时的状况中获得灵感。那个时期希伯来人定居在巴勒斯坦，游牧民族过上农耕的生活。古老的部落文明、家庭、父系社会都经历了演变。存在不同的阶级，富人担任法官、行政官员、商人、放贷人。神圣典籍的作者怀念过去，将他们希望同代人也能认可的价值投射到过去。尽管能看到古代母系氏族社会的一些遗存，他们依然描绘了一个父系社会。享有高寿的祖先被视为上帝的选民兼代言人，他们认为长寿是对美德的最高奖赏。《申命记》中上帝说："你们若留意谨守遵行我所吩咐这一切的诫命……使你们和你们子孙的日子，在耶和华向你们列祖起誓应许给他们的地上得以增多，如天覆地的日子那样多。"[①]《箴言》中写道："敬畏耶和华使人日子加多。但恶人的年岁必被减少。"[②]"白发是荣耀的冠冕，在公义的道上，必能得着。"[③]老年是被上帝祝福的，老年人赢得服从和尊敬。《利未记》中写道："在白发的人面前，你要站起来，也要尊敬老人。"[④]上帝要求孩子尊重他们的父亲和母亲。《申命记》说，如果一个儿子拒绝服从父亲而且不听劝，父亲就要将他带到城市里的长老那里，"本城的众人就要用石头将他打死"。[⑤]我们想知道这样的惩罚是否真的施行过？能肯定的一点是，既然被写下来了，说明希伯来儿童一定没有中国儿童顺从。希伯来社会组织远没有那么严密，个人主义有更大的空间，老人扮演一定的政治角色。据《民数记》，耶和华曾经对摩西说："你从以色列的长老中招聚七十个人……他们就和你同当这管百姓的重任，免得你独自担当。"[⑥]我们不知这种治理方式是否真的存在过。《圣经》还说，罗波安因为没

① 出自《圣经·旧约·申命记》11：13—22。
② 出自《圣经·旧约·箴言》10：27。
③ 出自《圣经·旧约·箴言》16：31。
④ 出自《圣经·旧约·利未记》19：32。
⑤ 出自《圣经·旧约·申命记》21：21。
⑥ 出自《圣经·旧约·民数记》11：16—17。

有听从老人的意见善待以色列而被惩罚，被压迫的部落脱离了大卫的家族。也许提到这些传统是为了维持此类习俗。在巴勒斯坦，就像所有先进农业社会一样，老年人在公共生活中担任重要角色。只要身体和精神尚健旺，家庭里最老的男性就会是一家之长。约瑟夫斯[①]提到在安条克大帝（前223—前182）治下由贵族阶层的大祭司主持的元老院，也就是犹太教公会。犹太教公会似乎一直到公元前最后几个世纪才出现，有70名成员，包括祭司的首领（已经卸任）、24个祭司类别的代表、律法家、部落里的老年人。他们组成最高法庭，制定颁布法令，处理与罗马占领者的关系。涉及宗教的事务都由他们来管理，也就是几乎所有的事务。因此老年人的角色很重要。但是人们认为一个完美的法官既不应太年轻，也不应太老。

《圣经》里只有一个例子不是把老年人与美德而是与罪恶联系起来，一个相当晚近才出现的段落，大约公元前167年至前164年，那就是《但以理书》，讲的是著名的苏珊娜与两位老人的故事。[②]这两位老人是家里主人所尊敬的法官，他们却看上主人妻子的美貌。一天下午，他们躲在花园里偷看女主人洗澡。求爱遭到拒绝的他们为了报复便声称看到女主人与一个青年男性私通。人们相信了他们，判苏珊娜死刑。年轻的但以理拯救了她，他分别审问两位法官，发现他们供词相悖，二人被判死刑。[③]也许这个时期一些富有的老年人身居高位，备受尊崇，却滥用权力，人们因此心怀怨恨。

谜一样的《传道书》，年月不详，显然是汇集而成的作品，与其他犹太思想颇为不同。我之前指出过，社会对老年人的态度和诗

---

① Titus Flavius Josephus（37—100），犹太高级祭司、军事将领。
② 新教的《圣经》中删除了这一章节，想必是因为清教徒对老年人非常尊重。——原注
③《圣经·旧约·但以理书》第13章。——原注

人的自发反应形成强烈的反差，这里就有一个生动的例子。该书列举的人的不幸包括了老年，对老年衰老的描述非常残酷，如果我们参考犹太阐释学家莫里斯·贺斯特罗的注解：

“你趁着年幼，衰败的日子尚未来到，就是你说，我毫无喜乐的那些年日未曾临近之先，当记念造你的主。不要等到日头、光明、月亮、星宿变为黑暗，雨后云彩返回（视力减退，智力消亡）；看守房屋的（手臂）发颤，有力的（双腿）屈身，推磨的（牙齿）稀少就止息；从窗户（眼睛）往外看的都昏暗，街门关闭（消化不良），推磨的响声微小（耳聋），雀鸟一叫，人就起来（睡眠不好，清晨醒来），歌唱的女子也都衰微（说话不清）。人怕高处（登高气喘），路上有惊慌；杏树开花（头发变白）。蚂蚱成为重担（性能力减弱）……银链折断（脊柱弯曲），金罐破裂，瓶子在泉边损坏，水轮在井口破烂（肝脏和肾脏出问题）……”①

其他古代民族对老年人的态度，我们所知甚少。虽然绝不应把传说等同于真正的习俗，但资料太过匮乏，我们必须考察神话故事。它们中的大部分是从代际矛盾的角度来看待老年的。我们目前所知最古老的文明是苏美尔和阿卡德文明。在他们眼里，一开始只存在着水神阿普苏和海神提亚玛特。这对夫妇生出了姆蒙（意为海浪之患）。后来又生拉姆、伊哈姆。二者结合，生出天神安沙尔和地神基沙尔。这二者又生出了安努、马尔杜克、埃阿，以及其他的掌管地上以及阴间的诸神。这些年轻人的活力搅动了年老的阿普苏的安宁。阿普苏向提亚玛特抱怨，于是二人密谋除掉后代。但是埃阿把阿普苏和姆蒙抓获，提亚玛特便生出巨大的蟒蛇以及一些妖

① 出自《圣经·旧约·传道书》12：1—6。

怪，然后让和自己结盟的诸神中一个叫作甘谷的当首领。另外阵营的神则将马尔杜克作为他们的国王。马尔杜克在战争中挑战并杀死了提亚玛特。马尔杜克重组世界并创造了人。[①] 此间过程与拉斯沙玛斯出土的泥板讲述的腓尼基人的传说相似。比布鲁斯的斐洛在公元一世纪末将这些传说记载下来：克洛诺斯是如何打残自己的父亲埃皮杰奥斯，后者后来更名为乌拉诺斯。

这样的模式存在于很多宗教中。创世之初，唯一的神独居天边，遥远而抽象，与人没有关系，人也不崇拜他。后来神降下人间，来到具体的神祇中间，与世界发生直接的关系，人通过献祭、祈祷和仪式来崇拜神。有意义的是，这样的一个转变是经由父子传承完成的，由后代来统领世界，老一辈则遭到放逐。

在希腊人那里，乌拉诺斯也不是一个抽象的存在。他以一个繁衍能力强的形象出现，但又是一个背离了天性、充满破坏性的父亲。这里代际之间发生了冲突，最终是年轻一代取胜。这个传说受到腓尼基人传说的影响。我们想知道它对应的是何种历史事实。希腊的历史和文学中有颇多年轻人与老年人、儿子与父亲的对立。在这些神话形成的年代，是否存在这种现象？我们是否应该假定老年人曾经有过威望，后来被剥夺了？还是说年轻人掌握实权之后，重提并丰富了这些传说，以此来为自己辩护？我们无从知道哪种假设更有可能，只能满足于分析我们手头所掌握的神话和历史资料。

根据赫西俄德的说法，一开始是混沌，后来有了盖亚和厄洛斯。盖亚“生出了一个和自己一样大的孩子，可以将她自己全部包裹起来，名叫乌拉诺斯”。从他们的结合中产生了第二代人，也就

① 这一情节可能象征从母系社会向父系社会的过渡。——原注

是乌拉尼德斯，包括十二名男女泰坦，三个独眼巨人，还有三个巨人，每人长着100个胳膊和50个脑袋。盖亚憎恨乌拉诺斯无限的生殖力。乌拉诺斯讨厌自己的孩子，一生出来便把他们藏在盖亚的胸膛里，也就是说埋进地里。盖亚奋起反抗，创造了铁这一坚硬锋利的金属，用它做了一把刀，要求儿子们去阉割父亲。只有克洛诺斯遵从，拿刀阉割了乌拉诺斯。祖先乌拉诺斯因此被希腊人描绘为一个滥生后代的丑恶暴君。他的儿子克洛诺斯夺取他的权力之后与自己的妹妹瑞亚结合，生了很多孩子。可能因为自己对父亲曾经的作为，克洛诺斯不信任自己的孩子，仇视他们，甚至将他们吞噬。瑞亚把自己的最后一个孩子宙斯藏了起来，递给克洛诺斯的是襁褓裹着的一块石头。长大之后，宙斯攻击父亲，让他把之前吃下的孩子吐出来。他向克洛诺斯的兄弟们，也就是泰坦宣战，并得到百臂人的帮助。经过极为激烈的交战，泰坦最终倒下。

被阉割的乌拉诺斯的血液依然使盖亚受孕，生出了巨人，即克洛诺斯的兄弟，和他属于同一代。他们起而反抗宙斯。品达是第一个讲述这场大战的诗人，宙斯获胜，还征服了提丰。

这些神话事件有很多种版本，有意思的是，其共同点在于神明越老越恶毒和变态，或者说暴虐得越来越让人不能容忍，最后导致底层反抗，将他们推翻。从此以后，几乎所有统治着世界的神都变成了年轻人。例外是冥河船夫卡戎，希腊人把他想象成一个丑恶的或者无精打采的老人。还有几个海神，“海上老人”涅柔斯是蓬托斯和盖亚的儿子，善良寡语。他的兄弟福耳库斯是荷马所称的“指挥波涛的老人”。还有乌拉诺斯和特提斯的儿子“海上老人”普洛透斯。还有名为“格内”的三个悍妇，共用一颗牙和一只眼。

古希腊人对老年的态度还散见于其他比较罕见的神话传说中。

费莱蒙和鲍西丝的传说讲述了一对老年夫妇，热情好客，老年生活幸福，忠贞的爱情让他们死后化身交缠的橡树而不朽。他们的美德得到了回报，长寿代表对抗死亡的胜利。当然，这胜利是脆弱的，因为需要宙斯亲自介入，创造奇迹，让他们永生。忒雷西阿斯的传说在年龄、失明和内心的光明之间建立起后世常见的关系。由于得罪了赫拉，忒雷西阿斯变成了盲人，作为补偿，宙斯给了他预知的能力，对所有问题都能给出准确无误的回答。希腊人不正是将年老的荷马想象为盲人吗？诗人和预言家一样，外部世界干扰越小，灵感越充沛。最能说明问题的是提托诺斯和埃宋的神话。前者说明对希腊人而言老年比死亡更加可怕。厄俄斯为丈夫求得了不死，但是她忘记寻求让他永远年轻。虽然她喂他琼浆玉液，但他还是衰老了，孤独可怜，消瘦下去，变得如此干瘪，诸神不忍，将他变成了蝉。在埃宋的故事里，埃宋在死亡的边缘被自己的儿媳美狄亚施法术救了回来，体现了人类对于永远年轻的古老梦想。这个故事和提托诺斯的故事相呼应，说明没有青春的不死毫无意义，青春永驻才是人最大的幸福。希腊人有好几处“不老泉”，最有名的是纳夫普利翁附近的卡拉杜丝泉。

古希腊老年人的状况如何？直到相当晚近的时期，人们还是会杀死畸形或身体有其他毛病的孩子，而且不限于斯巴达。但没有证据表明老年人会被除掉。从语义学来看，远古时期荣誉的概念是与老年人联系在一起的。指称年老的词语如 géra 和 gérôn 也同样指代年龄特权、年龄优先权以及代表身份。让迈尔[1]在研究古希腊文化遗迹的《古风时代的青年男女雕像》中得出了同样的结论，即古代

---

① Henri Jeanmaire（1884—1960），法国历史学家。

体制将荣誉概念赋予老年。在英雄时期，城邦的首领（国王）会由一个老年人组成的委员会来辅佐，尽管据荷马所说，委员会只有咨询性的作用。国王有时还把司法的职能交给该委员会，这个权力他们有时行使得并不好，他们的错误甚至导致天灾。

荷马认为老年是与智慧相连的，在最高顾问涅斯托耳身上得到了体现。年龄给予了他经验、口才和权威。然而他身体孱弱，而且也不是他给希腊人带来了胜利。只有壮年人才能想出比所有传统战术更为有效的计谋。奥德修斯远胜过涅斯托耳，也远胜过把王位让给自己的父亲拉厄耳忒斯。同样的，普里阿摩斯也被赫克托耳的光芒所掩盖。因此可以得出结论，在希腊的封建时期，老年人的角色是荣誉性的，缺乏效率。奥德修斯以力量驱逐了觊觎王位者，衰弱的拉厄耳忒斯却只能默默忍受。研究中世纪的时候，我们还将看到这一点。当所有权无法由稳定的制度保证而只能依赖于武力，老年人只能靠边站，体制要靠年轻人维持，权力由年轻人掌握。另一方面，荷马也嘲笑特洛伊的老年神祇，提到“老年这被诅咒的门槛”。在一个据说是荷马所作的颂歌里，阿芙洛狄忒说：“神也厌恶老年。”

公元前7世纪，对新世界的殖民带来了经济上的革命。不动产不再是财富的唯一来源，工业、商业、货币也加入进来。贵族阶层发生了改变，原本处于他们下面的手工业者、独立从业者也发家致富了。城邦变为由财阀统治。王权被废除，只剩名义上存在。城邦很小，人口不多，五千到一万公民，再加上没有政治权利的奴隶和外邦人。随着富人更富，穷人更穷，阶级斗争逐渐激化，城邦的结构形式不断变化。不管是寡头政治，暴君统治还是民主制，城邦总是有一个委员会作为首脑。有意思的是，寡头统治中，委员会总是由老年人组成。寡头统治必然是专断保守的，因为小部分富人要独占权力。委员会成员年纪都很大，且是终身制。在以弗所、克罗托内、克里特、克尼多以及其他很多地方都是如此。伊利斯委员会有90名成员，科林斯大约80名成员。寡头占据着重要的法官职位，不给年轻人机会，出于维持现有秩序的目的，他们忌惮年轻人的野心和创新精神。

因此，在很多古代城邦里，老年代表拥有某种资格。但是从个体角度来说，老人并不一定受待见，这一点在诗歌中体现出来。

瑞士历史学家布克哈特说："在希腊人对于人间生活的抱怨中，老年占据着特殊的地位。"公元前630年，在以生活奢侈和享乐著称的爱奥尼亚，科洛封的祭司弥涅墨斯曾经表达了同胞的感受。他歌唱欢愉、青春、爱情，憎恶老年："如果没有金色的阿芙洛狄忒，还谈得上什么生活？什么乐趣？"他怜悯提托诺斯："不幸的人！神加诸他无尽的痛苦。"他不停地说自己宁愿死也不愿老去。"就像鲜花盛开的季节阳光下疯长的叶子，我们享受青春的花朵只有短短一瞬。黑色的命运女神旋即将我们包围，一位带来痛苦的老年，一位带来死亡。青春果实很快腐烂了，就像短短的时日。时候一到，活着就比死了还可怕。当曾经俊美的人不再年轻，他的孩子和朋友也会怜悯他。""当青春远去，与其活着，不如死亡。因为太多的不幸占据了人心：家庭破碎、贫穷、儿女死亡、残疾，宙斯给每一个人都降临了太多的不幸。""一旦到达痛苦的老年，人变丑，变得无用。忧虑再也不离开他的心。阳光也不能给他带来任何慰藉。孩子们不喜欢他，女人们嫌弃他。这就是宙斯所给予的充满痛苦的老年。"他不希望自己活到太老："愿我无病无痛，在60岁遇到命运女神和死亡。"萨索斯岛的祭司阿尔基洛克开启了一个在后来的世纪被反复咏唱的主题，那就是徒劳的爱慕者。[①] 他向追求对象描绘

① 他盛赞一位显赫人物的女儿奈欧布德的美貌，希望娶她为妻，但婚事受到后者父亲的反对。——原注

未来的厄运："你的皮肤将变得暗淡。可怜的老年让它遍布沟壑。"麦加拉的泰奥格尼斯悲叹道："不幸的我！不幸！哦，青春！哦，改变了一切的老年！老年来临，青春溜走。"像弥涅墨斯一样，阿那克里翁也是爱奥尼亚人。他在公元前 6 世纪歌唱爱情、享乐、美酒、女人。衰老就是失去一切使生活变得美好的东西。他痛苦地描绘镜中自己的影像——头发干枯，鬓角斑斑，牙齿残缺，哀叹死亡临近。品达的乐观更像按部就班的学院腔。终其一生，品达都是一个机会主义者。作为底比斯人，他在萨拉米斯战役时鼓吹合作，后来又歌唱祖国的解放。他富有，出名，自视甚高，当然更想引发别人的羡慕而非怜悯。他声称高龄给他带来平静的满足，他感谢诸神给了他荣誉和财富。

我们已经看到，诗人认为老年是人生里的一场个人冒险，意识形态者则认为老年是一个社会分类。梭伦因此而拒绝弥涅墨斯对老年的悲观看法，他回答对方说，活到 80 岁是令人向往的："我在变老中学习不辍。"这是因为他的价值体系非常不一样。情欲和享受非其所好，梭伦的关注点是政治。他宣称自己在贵族和雇工阶级之间调停。事实上，他更倾向于贵族统治。就像所有的保守派一样，他想倚助于老年人，在城邦里为他们留出有利的位置。

在有特权的人那里，老年人的状况与财产所有权相连。当财产不依赖于武力而是被法律和制度有效保障，那么财产所有人是谁就不那么重要了，他被异化为自己的财产，人们对他的尊重其实是对财产的尊重。人们并不会考虑他的能力，而是他的权利。所以他是否衰老、愚笨，甚至失能都无关紧要。财产通常随时间逐渐累积，因而占据着社会等级高位的自然就不是年轻人而是老年人。在建立了稳定制度的希腊城邦里便是如此。对雅典贵族来说，财产所有人的利益和老年人的利益是一回事。

我们知道斯巴达人敬老。军事阶层——他们被叫作“平等者”，尽管在他们内部财富的不平等极为显著——由希洛人和边民这些非公民供养。这是一个很大的群体，成年人一直到60岁都过着军旅生活，无论男女都服从严苛的纪律。60岁之后，尽管不再受军队的管束，他们也要维持曾经遵守的秩序。所有剥削者阶层都希望维持现状，尤其是大资产者。因此，这样一个剥削压迫严重、阶层固化的寡头社会很大程度上将权力交给那些既是最老又是最富的人就很自然了。在他们中间选取28个人组成委员会。5名较年轻的法官担任监察官召集会议，对整个委员会有一定的控制力，但是权力依然掌握在28个人的委员会手中。老年人肩负培养年轻人的任务，给他们灌输敬老思想。

在雅典，梭伦的法律将权力都交到老年人手里。公共事务由一个年迈的前执政官组成的委员会来处理。只要政体由贵族和保守派把持，老一辈就保有特权。但是当克里斯提尼建立起民主制，他们便失去了这些特权。他们起而自卫，修昔底德和伊索克拉底笔下都有代际争论的相关文字。老人保留了一些权利。当孩子被指责对父母做了不恰当的事情，比如不给予必要的照顾、殴打，甚至伤害，此类案件的裁决必须交给60岁以上的法官。阐释法律的工作也必须要达到60岁才能担任。另一方面，人们承认老年男性和女性具有超自然的力量，他们有时会在人们的梦中出现，揭示真相或者提出有益的建议。有时人们给他们讲述自己的梦境或听到的预言，让他们来诠释。然而，他们的权威毕竟削弱了很多，而且在私人生活中人们对他们并不表示多少尊重。色诺芬抱怨道：“雅典人什么时候能像斯巴达人那样尊重他们的老人？雅典人鄙视老年人，从自己的父亲开始。”西塞罗在《论老年》一书中讲到，一个年老的雅典人观看比赛迟到了，他的同胞拒绝给他让位子，反倒是斯巴达议员们站起来让他得以落座。此景令全场鼓掌。一个斯巴达人说道："看来雅典人不是不知道怎么做，只是不愿做而已。"这样一种态度的确令人困惑。那么文学中又是如何描绘的？

悲剧并不准确反映习俗。出于美学的原因，所有主要人物都会被赋予超人性的一面，因此老人在悲剧中是伟大和崇高的。不过，与对他们惯常的歌颂相比，他们自己在剧中表露的悲哀显得更加真诚一些：

我们年老的、不能服役的身体，
被远征军抛下，
我们留守，拐棍儿
支撑着我们孩子般的些许气力。
因为孩子心脏冒出的汁液
同老人一样，没有战斗精神。而老人是什么？
他的枝叶干瘪了，
他三条腿走路，
不比孩子更健壮，
像白日梦一般，飘忽着。

埃斯库罗斯《阿伽门农》的领唱者这么说。在《波斯人》一剧中，老年人充满焦虑地谈论他们的白胡子。索福克勒斯写道："人老了，理智便熄灭了。行动变得无用。担忧也是白担忧。"但是他也令人赞叹地展示了这样的状况能够多么崇高。《俄狄浦斯在科罗诺斯》一剧中，89 岁的主人公来到生命的尽头。尽管他是一个流浪汉，非常悲惨，双目失明：

请怜悯可怜的俄狄浦斯的灵魂，
因为这衰老的身躯不再是他。
我的身体已经不能独自行走，
如果没有人搀扶的话。

他依然保有激情、愤怒、对儿子们的憎恶和对女儿的温柔：

哪怕在将死之时，
有你们在身边，我也不会过于不幸。

然而，在世俗的意义上，他已经只是自己的一个影子。他不知道自己已经变成了一个神圣的人物。他一登上舞台，观众便是这样看他的。这出悲剧的美就在于俄狄浦斯表面的惨状和他自己所不知道的、神所赋予的超人特性所形成的对比。接纳他的土地因而得到神的眷顾，拯救者在最荣耀的时刻死去。老年的两面性就这样被非常好地表现出来：它是不幸的源泉，令人怜悯，然而希腊人认为在有些人身上它又承载着神圣的一面。

欧里庇得斯对生活采取悲观态度，对老年的看法也是灰暗的。在《阿尔刻提斯》一剧中，阿德墨托斯尖刻地指责他的父亲："听老人自己说，他们巴不得死去，年龄让他们痛苦，他们说活得够长了。不过说说罢了！死亡一旦真的临近，没有一个想走的。年龄也不再是沉重的问题了。"

在《赫卡柏》中，年老的王后让其他女俘搀扶着：

过来，我的女儿们。把这老妇带回住处。
过来接应我，背着我，帮助我，搀扶我这把老骨头。

而我，以你弯曲的手臂为杖，
我的步伐也不这么慢了。

在《特洛伊妇女》中，赫卡柏诅咒自己的失能，叫自己“没用的胡蜂”。但是与俄狄浦斯一样，她也有神圣的特性。身体的缺陷和不幸让她超人性的一面更加凸显。

在《伊翁》一剧中，年老的奴隶抱怨自己走路困难。《腓尼基妇女》中伊俄卡斯达步履蹒跚，欧里庇得斯借她之口捍卫老年：

并不是老年的一切都让人鄙视。
厄忒俄克勒斯，我的儿子，经验是宝贵的，
比年轻人更加智慧。

她确实给了很多好建议，虽然未被采纳。

但是欧里庇得斯对于老年的看法终究还是悲观的。合唱团低吟：“我们这些老朽，不过是一群牲畜，徒有外形。我们如梦中的影像一样游荡。我们自认为睿智，其实已经不通事理。”

在悲剧中，老年人是主体，被展示成“自为”的存在。欧里庇得斯之后50年，随着阿里斯托芬而兴盛的喜剧把老年人视为客体。雅典观众一面继续感动于俄狄浦斯和赫卡柏的伟大，一面对着可笑的老年人形象忍俊不禁。

阿里斯托芬在喜剧中加入政治和道德主题。当时雅典的统治者克勒翁很有蛊惑力，他抗衡上层阶级的影响，对外好斗。阿里斯托芬尊敬贵族，尊崇古老传统，他厌恶克勒翁及其引入城邦的所有创新，诸如结党、告发、诉讼、战争以及哲学。他的剧情着眼于控诉时代的弊病，老年人在其中只担任次要角色，他对老年人物的态度因此而多变。

作为一个保守主义者，他要求对老年人给予尊重。在《阿卡奈人》中，他并不掩饰老年人的衰颓，但依然支持老年人，反对年轻人。鉴于老年人对共和国做出的贡献，他们理应受到尊重。他借老年人之口说道："我们这些老年人未被同胞善待。我们在海战中付出，非但没从你们那里得到与此相应的回报，反而落得悲惨的命运。这样的年纪，我们还被你们拖去法庭，任由那些尖酸的演讲家肆意嘲笑。我们耳聋声颤，一文不值。我们在石桌前面什么也看不到，公平遥不可及。"年轻律师穷追猛打，处处设陷，让他们难以释怀。

然而，在其他剧作中，阿里斯托芬也会嘲笑他们，拿年龄当笑料。在《云》中，有一个老年人向苏格拉底学习诡辩以逃避债务。观众嘲笑诡辩者，也嘲笑这样一个过于愚钝、什么也学不会的学生。他让儿子代替自己去请教苏格拉底，儿子利用所学打了父亲，还用话术证明自己打得有理。阿里斯托芬在这里开启了一个后世常见的主题，那就是被嘲笑和殴打的老年人。

在《马蜂》中，阿里斯托芬攻击了一个他视为灾害的制度——诉讼。政府认为富裕、有势力的公民都是可疑的，往往对他们提起数不尽的诉讼。法官从全体公民中征选。克勒翁将审理案件的酬劳定为三个银币。雅典富人对这点所获不感兴趣，拒绝担任法官，所以法官往往是一些小人物，判决体现着下层阶级的心理。阿里斯托芬的立场与上层一致，很憎恶这制度，他希望能够停止养活数千名无用的法官，而法官经常是老年人，因为年轻人忙于其他事情。

剧情开头，雅典统治者克勒翁鼓动没有财产的老者去审判拉刻斯，说他贪污和买卖官职。克勒翁和老年人形成事实上的联盟。菲罗克勒翁[①]不在他们之列，因为他被儿子布得吕克勒翁[②]关在家里出不来。后来，菲罗克勒翁逃了出来，大力赞扬了一番法庭，不过赞词实际上是作者的反讽。他的儿子则做出反击，说服了陪审员，但未能说服老父亲，后者依然前去参加审判。儿子重新将父亲关了起来，让他去审判一条狗，后来又尝试让他散心，比父亲富裕的他将父亲带到宴会上。老人酒后出丑，殴打奴隶，把一名赤身裸体的舞女带回家狎戏，跳了一整夜荒谬的舞蹈。在该剧中，代表理智的是年轻人，陪审员则被塑造为受克勒翁摆布的丑角。

《吕西斯忒拉忒》中也是如此，这是一个反战作品。阿里斯托芬希望雅典能够跟斯巴达媾和，克勒翁却继续敌对行动。阿里斯托芬想象着全城所有的女人都把自己关进城里以结束战争。赞同克勒翁的老年人企图重新占领城市。好战使他们形象丑恶而且表现可笑。性无能的他们调戏女人，反被后者嘲弄。在《普鲁特斯》一剧中，阿里斯托芬也把他们讽刺了一番。

观众为什么鼓掌？因为他们是生活在雅典周边的小地主，喜欢看到城里人出丑，而且对克勒翁的诡辩术抱有敌意。雅典的老年人传统上受人尊敬，有一定权威，但是在观众眼中，他们由于跟克勒翁合作而成为罪人，为其赢得诉讼，支持他的好战。在两部剧中，老年人都以可笑的父亲的形象出现。可能儿子苦于必须遵从一家之长，因而也乐于看到父亲被嘲笑。

阿里斯托芬还攻击老年人的淫欲之心。这是一个在很多世纪里经久不衰的话题，喜剧尤甚。为什么成年人对此特别厌恶？是因为老年人还有能力做爱？还是因为不能了？在第一种情况下，他因财

---

① 意为“喜爱克勒翁者”。——原注
② 意为“厌恶克勒翁者”。——原注

富和威望而成为一个可怕的竞争者。而且他伤害了成年人的自恋，这种自恋几乎总是性爱的成分之一，甚至像买春。性行为的发生如果不是由于年轻、活力、相互的吸引，它便成为一个纯粹的动物行为，投入老年人怀抱的女人事实上贬损了年轻的追求者。力比多旺盛、器官却失能的老年人尤其引起壮年男子的愤怒，因为他体现了哪怕是最有男子气概的那些人也不能避免的恐惧妄想。精神分析认为，阉割恐惧从未真正消失。性无能的老年人会让男人感受到孩提时期就时时感到的威胁。换句话说，成年男性从未摆脱性能力方面的焦虑。他厌恶去想象有一天他依然怀有欲望却无法满足。在老年人身上，他憎恨的是自己的将来，于是试图通过谑笑驱散这一恐惧。看着舞台上可笑的人物，他可以轻易地说，自己永远不会变成这个样子。

阿里斯托芬的戏剧中很少有老年女性的形象，且面目模糊。只有几个拉皮条的。还有就是《公民大会妇女》里三个老年女性为一位年轻美男子争风吃醋。

在阿里斯托芬一百年之后获得观众青睐的米南德对老年人也毫不留情。在他看来，人最好还是不要活到太老："活得太长的人在死的时候兴味索然。老年是痛苦的。他不能自理。兜兜转转，敌意环伺。人们密谋反对他。若未能及时死去，便没得好死。"①

他也觉得一位老年人还有性生活是令人悲伤的。"没有什么比一位痴情的老人更不幸的了。他想要的能力已经弃他而去，原因不是别的，就是时间。这怎能不让他不幸?"

在他那里，老年作为一个有害的力量，从外部损害个体。这也将成为一个常见的主题。"老年，你是人类的敌人。你夺走所有美

① 残篇。——原注

丽的外表。你把肢体的美丽变为沉重，把迅捷变为缓慢。”

“漫长的生命是一件苦差。哦，沉重的老年！对于世人来说，你没有半点可取之处。你只带来痛苦。可是我们都期望活到高寿，我们努力活得老。”

米南德的喜剧以片段或通过泰伦提乌斯的转述传世，剧中有相当多的老年人形象。在《萨摩斯女子》中，作者探讨代际的问题。正面英雄的形象是得墨阿斯。一个和善慷慨的老年人，爱着他的儿子，忧伤地看着自己对儿子的期望逐渐破灭。但是，尽管遭受一系列挫折，他依然保持了平和的心态。与此相反，尼克拉托斯这个人物是后来恶毒吝啬又粗野的老年人的鼻祖。在泰伦提乌斯继承并发展的剧作《自责者》中，也有一对类似的老年夫妇。《割发》这部剧中，年迈的帕塔克斯与得墨阿斯有几分相似，他是一位智者，心地善良，温和敏感。但是在《神灵凭附的女子》中有一位阴郁的老年人克拉同。而在《公断》这部剧中，有一位吝啬、粗鲁、令人厌恶的老人斯弥克里涅斯。在米南德那里，可笑的让人难以忍受的老人形象比阿里斯托芬剧中的更加极端，而且大受欢迎，但是他的观点并不僵化，他认为老年人也可以充满智慧和良善。

柏拉图和亚里士多德对老年进行思考，得出了相反的结论。柏拉图的结论与他的政治选择联系紧密，当他写作《理想国》的时候，经验使他对寡头政治、暴君专制深恶痛绝。他严厉批评了世人、政治习俗、雅典民主制度的所谓公共精神，他认为这是无政府主义的，并将其根源归咎于平等主义，认为雅典对个人能力缺乏足够的尊重。他认为斯巴达的体制优秀，但同时又哀叹斯巴达在选择法官的时候用的不是最具智慧的人，而是那些经过战争锻炼的人。在柏拉图看来，理想的城邦国家要保证人的幸福，但幸福是美德，而美德来自对真理的知识，只有从洞穴中走出来的人，已经深思过“理念”，才够格被指定来进行治理。他们的教育从青少年时代开始，50 岁结出最丰硕的果实。从这个年龄起，哲学家便掌握了真理，能够成为城邦的守护者。柏拉图所期望的“胜任者”的统治，同时也是一个老年统治。他的哲学使得他能够完全承担个人身体上的衰退。确实，在他看来，人的真理存在于不死的灵魂之中，与理念相联。身体不过是一个幌子。与灵魂结合的身体，柏拉图起先只看到桎梏，后来他认为，灵魂可以按照需要来利用身体，但并不需要身体。年龄的增长并不会损耗灵魂。甚至当身体的欲求和活力减弱之时，灵魂反而更加自由。柏拉图写作《理想国》的时候还是相对年轻的。他借克法洛斯之口赞颂了老年：“随着其他的也即身体的乐趣减少，我在精神方面的需要和乐趣倒增加了。”苏格拉底说，与老年人接触能够受到教育。克法洛斯说，当老年人在一起的时候，大多数人会遗憾年轻时的享乐不再，并且抱怨亲人对他们不敬。克法洛斯提到，索福克勒斯谈论爱欲的时候曾说：“我是怀着极大的满足逃离的，就好像摆脱一个极为野蛮疯狂的主人。”克法洛斯赞成下面的话：“老年使得我们身上生出无尽的平和感和解放感。”谈到老年人的性欲，这里所表达出的灵性观念和喜剧作者的作品形成了鲜明的对比：随着性能力的减退，力比多也消失了。得益于这样的和谐，老年人享有那些依然被本能所折磨的人所不可能达到的平和。尽管驳斥它的说法也很多，这样的思想却一直流传到我们的时代，因为它使人放心，它排除了那种令人不快和担心的欲望旺盛的老年人形象。

如此确立老年的价值之后，柏拉图做出结论：“老年人应该指挥，年轻人负责执行。”但是，他又给价值标准增加年龄的尺度。在《理想国》中，监督所有法官的监察官年龄必须在 50 岁到 75 岁之间。法律守护者的角色非常重要，必须由50岁到70岁的人来担任。60岁以上的人不再参加宴会的歌唱和饮酒，但是他们在场主持，防止狂欢过度，对歌曲所反映的道德话题发表意见。

80岁的时候，柏拉图在《法律篇》中详细地谈论老年问题。他好几次强调孩子对年老父母的责任。孩子应该毕恭毕敬地对父母讲话，把财富和自身都用于服务父母。人们应该祭祀死去的祖先，在世的老人即将来的祖先，因此也是神圣的："作为我们的崇拜对象，没有比被老年所累的父亲或祖父、母亲或祖母更加神圣的了。"

亚里士多德的哲学得出了非常不同的结论。在他看来，灵魂并不是纯粹的智性，动物也有灵魂。灵魂与身体密不可分，人的存在是二者的结合，灵魂是身体的形式，那些影响着身体的痛苦影响的是个体的全部。身体必须完好无损，老年才能幸福。《修辞学》说："一个幸福的老年可以行动迟缓，但不能有残疾。这取决于先天体质的优势，但具有偶然性。"在《尼各马可伦理学》中，亚里士多德承认智者能够坦然忍受生活的各种考验，但是身体健康和物质富足对精神的福祉仍是必需的。他认为人一直到50岁都在成长进步。必须达到一定的年龄才能做到所谓"明智"，让人行事得宜。此时人积累了足够的经验，此类知识难以交流，不是抽象的，只能在生活中获得。但是，接下来身体的衰颓就会导致整个人的衰颓。在《修辞学》中，亚里士多德将年轻描绘得格外美好，温暖热情，慷慨大度。而老年在所有的点上似乎都是其反面。"因为他们活了很多年头，受骗多，犯错多。世事往往不堪，他们什么都不全信，什么都不做满。"他们犹豫不决，胆小怕事。另一方面，"他们性格很差，也就是说认定事情只会越来越糟。基于自己的不信任，他们遇事总往坏处想。生活经历让他们什么都不信任"。情感方面他们也不温不火，爱憎不分明。生活的侮辱让他们小里小气。他们毫不慷慨，而是自私、胆小、冷漠。他们脸皮厚，已不在意他人的看法。“他们生活在回忆而不是期许之中。”他们唠唠叨叨，抓住过去不放。他们的脾性易怒，但又毫无力量。他们看上去有节制，因为他们已经没有欲望，只有利益。就是为了利益他们才活着，而不是为了美。他们容易有怜悯心，并不是因为灵魂的伟大，而是因为软弱。他们成天只会抱怨，再也不会笑。

这一描述不仅仅来自一个先验的论点，而是来自广泛而中肯的观察。在这一描述中，最有意思的是经验并不是进步的因素，而是退步的因素。老年人在漫长的生命中不断犯错，这使他并不优于年轻人，因为后者反而没有积累那么多错误。

《政治学》中亚里士多德批评斯巴达的统治机构。“对重要决定享有终身权力，这是值得商榷的制度。因为智力和身体一样会老。而老年人所受的教育，使得立法者也不得不对他们的德行产生怀疑。”亚里士多德指责他们经常徇私，破坏公共利益。他建议仅让老年人主持祭祀，只听取他们睿智的建议和正直的宣判。

对于老年的看法使亚里士多德认为应该让老年人远离权力，因为他在他们身上看到的是能力退化的个体。另一方面，亚里士多德的政治主张与柏拉图非常不同。他将警察力量而非知识分子放在城邦的领导地位。理想的状况是全体公民都具有高度美德，每个人轮流来执政，也轮流被统治。但这显然是无法实现的空想。亚里士多德认为，考虑到现实，最好的体制是将民主制和一定的寡头政治相结合。维持秩序的荣耀属于具有军事才能的中产阶层。军人应该是年轻或壮年男子，城邦的警察力量当然不能从老年人中征招。这既有心理上的原因，也符合亚里士多德把老年人排除在治理之外的观念。

希腊人对老年人较为负面的看法在公元1世纪普鲁塔克笔下再次出现。活到了80岁的他有切身体验。这位哲学家、道德家在晚年变得非常虔诚，成为德尔菲神庙的祭司。普鲁塔克是通常所称的中期柏拉图主义的代表性人物。但与柏拉图式的乐观主义相比，他更接近亚里士多德的严厉态度。他将老年比喻为忧伤的秋季①：“难道老年不像秋季吗？一年将要完成它的循环。湿润尚未来到，炎热已离去或减弱了。它是寒冷和干旱的符号，使身体容易生病。可叹灵魂为何也要追随身体，一样不适？精神趋于僵固粗鄙，预知能力窒息暗淡，就像蒙上雾尘的镜子？”

这一悲观主义一直延伸到公元2世纪的琉善②。在一首讽刺短诗中他这样说一位老年女性：“你可以染头发，但染不了你的年迈。你无法去除脸颊上的皱纹。脂粉不可能把赫卡柏变为海伦。”在《冥间的对话》中，他像欧里庇得斯一样惊讶于老年人对生命的执着。有两三次他为老年人描画的形象颇为无情：“一个老迈的人。只剩三颗牙，苟延残喘，靠四个奴隶的搀扶才能行走。鼻子不停流涕，眼睛糊满眼屎。对所有的享乐他都没有反应。他只是行尸走肉，年轻人的笑料。”

再一次，不幸的残疾的老年人半死不活的样子所引发的不是怜悯也不是惧怕，而是嘲笑。我们已经看到了为什么。

希腊的器物图案与文学表现一致。公元前5世纪的瓮上，有赫拉克勒斯与老年搏斗的场景。后者被描画为一个瘦弱的侏儒，或者一个长满了皱纹、几乎秃顶的人。还有的时候是一位身材非常高大、长头发有胡子的人，跪在赫拉克勒斯面前乞求。公元前4世

---

① 这令人吃惊，因为对古人来说秋天是丰收的季节（Pomifer automnus）。——原注

② 琉善属于古代世界。作为怀疑论者，他嬉笑怒骂，毫不虔信，对基督教只有嘲讽。——原注

纪，德米特里雕了一个丑恶老妇利西马科斯的形象。

罗马的历史清楚地表明，在老年人的状况和社会的稳定之间存在着紧密的关联。很有可能，古代罗马人有溺毙老年人的做法，因为有“送去桥上”（ad pontem）的说法，而元老院议员有“桥人”（depontani）之称。就像在几乎所有社会里一样，精英阶层的老年人和普罗大众里的老年人命运对比强烈。不管怎样，后来当罗马的“家父”（pater familias）仍随自己高兴遗弃新生儿时，谋害老年人性命的做法已经成为过去。我上面讲到，当私有财产受法律保障，老年人作为财产的主人是很受尊敬的。这种情况发生在罗马的体制已经牢固建立之后。财产形式多样。一个罗马贵族的财富首先是土地，外加出租的房产，还可能以财务公司股东的身份参与税务征收和工程建设。骑士们组成放高利贷的金融贵族。经商也是一条致富路。在这些领域一生致力于管理和积累财富的人晚年身家往往颇为可观。富人中不乏老年人，财富给他们带来威望。

权力首先掌握在这些人手中。元老院由富裕的地主组成，他们已经处于自己法官生涯的末期。一直到公元前 2 世纪，罗马共和国是强大团结而又保守的。一切井然有序，富人拥有的特权相当可观。当时实行的寡头统治优待老年人，因为老年人的保守倾向与统治者相一致。元老院的特权无所不包，统领罗马的外交，指挥军事力量。每一位军官由元老院内部挑选出的副官来辅佐。元老院管理财政，裁决严重的罪行，如叛国和渎职。只有相当高龄的人才能当上高级职位。严格的晋阶体系杜绝了快速升迁的可能。另一方面，老年人的选票比其他公民权重更高。罗马以百人团为单位来投票，资深成员百人团只需少得多的人数便可获得与年轻百人团同等价值的选票。因此，法律上的多数跟人数的多寡并不相符，老年人占便宜。

这样的政治状况得以建立的意识形态根植于农业经济。农民不信任新鲜事物。罗马人最看重的美德是“稳定持久”。“祖宗之法”（mos majorum）具有法律的效力，体现的是古代的智慧。祖先依然存在于家庭之中，祖先的亡魂从地狱回归的那几日，需要向他们奉献祭品使他们安生。人们服从他们的方式就是遵守传统。而稳定是由所谓的“尽责”（pietas）来保证的，也就是一个公民对国家、对法官，尤其是对自己的父亲的尽责。

历史学家面临一道难题：这样一个传统社会看上去是如此追求不变，却在几个世纪的时间内征服了全世界。战士并不组成一个种姓，他们没有特权。然而罗马的帝国式扩张没有停止发展，哪怕是在元老院的领导下。这该如何解释？

历史学家的回答是不确定的。在共和国末期，对外征服造成物质和精神上的无政府主义，反过来又促进了对外征服。但是，这样的循环是如何开始的？人们把它归结于多种原因——农业社会民众的贪婪、对安全的追求、所谓罗马的骄傲、致富的欲望、个人的野心，等等。可以肯定的是，军事征服为经济扩张开辟了道路。战利品、战争赔偿、贡赋都极大增长了罗马的财富。令人惊奇的是，与亚历山大大帝的征服相比，罗马的征服是缓慢的，甚至可以说非常缓慢。除了在共和国末期之外，征服并不是由某些社会和政治地位非常显赫的人完成的。哪怕战功再显赫的将领也只是共和国的公仆。作为一项集体成就，征服由元老院，也就是在老年人的领导下，颇有章法地持续进行，从来没有打破既有秩序的稳定，在很多个世纪里，没有对秩序造成威胁。

老年人的特权状况也反映在家庭之中。“家父”几乎无限的权力同时施行于人和物，尽可杀戮、致残、买卖。他的权力只能随着死亡或者人格减等（capitis deminutio）而消失，后者指极端情况下公民的民事权利被剥夺。打了父亲的儿子会被认为是一个怪物，不再属于人类社会。人们会宣判他“牺牲”（sacer），也就是说，世界将他抛弃并处死。一个年轻人想要结婚，父亲的允许是必不可少的。如果祖父健在的话，祖父的允许也是必需的，以此表明一家之主依然保有权威。

虽然理论上有权这么做，但是父亲将儿子卖为奴隶的事情变得越来越稀少了。习俗限制了他行使自己的权威。女主人在罗马的家庭里也有相当的影响①，而这一分工对孩子是有利的。文学在这方面的表现模棱两可。要是老年人像在中国一样有权力并受到尊敬，就难以想象普劳图斯在舞台上嘲弄老年人会大获成功。阿特拉笑剧②从希腊人那里借用了可笑的老年人形象，他的新名字是卡苏阿尔和帕普斯。普劳图斯给了他一个重要的角色，总是把他塑造成一个吝啬的父亲，处处和儿子过不去。就像阿里斯托芬笔下欲望强烈的老人一样，与儿子竞争，利用自己的财富和肮脏手段把儿子心仪的女人抢到手。比如他会把女人买下，许配给一个奴隶，然后新婚之夜自己取代新郎官。但是总会有一个聪明的奴隶去帮助儿子，让父亲阴谋落空，原形毕露。他的妻子总是丑陋刻薄，会痛斥他。他成为家人和邻居的笑料。这就是《赶驴》一剧的剧情：得迈涅图斯是一个不知羞耻的元老，他被妻子侮辱，被奴隶鄙视，被儿子抛弃，被妓女嘲弄。在《卡西娜》一剧中，斯塔林诺浑身喷满香水来取悦一位年轻女子，她也是儿子的心上人。他以为上了她的床，事实上人们却把床上的人换成了一名男子。这也是《商人》一剧的主题。在《巴克基斯姐妹》一剧中，两位老年人试图从交际花手中挽

① 由于同时属于自己父亲和丈夫的家族，她从二者都可获得接济。从自己父亲那里得到的嫁妆给予她经济上的完全独立。她留在家里，指挥奴隶劳作，负责教育孩子。——原注

② 罗马早期戏剧的一种形式，以古意大利乡村生活为题材。

救儿子，却导致自己的堕落。

即使老年人正直可亲，年龄也足以使他们成为嘲笑的对象。在《埃皮狄库斯》中，两个老年人既不淫邪也不坏，然而喜剧性依然来自他们被一个狡猾的奴隶骗了钱。《凶宅》中人们津津有味地看着提罗庇德被他那不务正业的儿子的奴隶欺骗。

普劳图斯也塑造了为数众多的引人好感的老年人形象。《一坛金子》中，欧克利奥尽管格外吝啬，但是在剧终显示出慈爱宽容的父亲形象。一个年龄相仿的朋友不要嫁妆娶了他的女儿。在《普修多卢斯》《缆绳》《三块钱一天》《布匿人》这几部剧中，舞台上的老年人都微笑满面，聪明善良。最成功的老年形象出现在《吹牛的军人》一剧中，那里面的恶人是中年军官。与之相反，佩里普勒克托墨努斯是一位智者，机智，快乐，对年轻人有善意，心态年轻，懂得享受生活。他帮助女主角的爱慕者保护女主角不被吹牛军官侵害。他微笑着描绘自我，指出的都是老年需要警惕的问题："在餐桌上我不会对公共事务发牢骚来让人心烦。吃饭的时候我不会把手伸进不是我的女人的裙子里。我不会去动邻居的盘子或者他们面前的酒杯。在宴席上，我不会喝多了与人争吵。"在普劳图斯的戏剧中他是唯一保持独身的老人，庆幸自己无妻无子。他笔下只有一个老年人抱怨自己的年龄，在《孪生兄弟》一剧中说："年岁就像个劣质商品，让你背弯腰驼，带来太多的烦恼和痛苦！"

老年女性的角色不多，往往是尖酸刻薄的妻子，或多或少被包养的老年交际花，几乎无足轻重。毕竟，普劳图斯批判的对象是"家父"。他的权力让年轻人苦不堪言——他掌管财政大权，处置他们的命运，因而年轻人乐得看到他的形象被嘲笑。年轻人和成年人都不想被老年人统治。《赶驴》中的得迈涅图斯不仅是一位父亲，还是一名上了年纪的元老。作为纵欲而又可笑的暴君的对立面，普劳图斯树立了可亲的老年人形象，以说明老年本身是令人尊敬的，但如果为了满足欲念而滥用权威的话，就不再配得到尊重。即使有时为儿子们说话，普劳图斯也是有所保留的，做儿子的往往是放浪、唯利是图的自私之辈。

文化品位更高的泰伦提乌斯对代际冲突的处理更加严肃和细致。《安德罗斯女子》一剧灵感来自米南德，老年人角色引人好感，不过流于平淡。《自责者》中的形象鲜明起来。两个主角年过六十，富有而有权威。粗暴偏激的墨涅得穆斯阻挠儿子的婚事，后者远赴亚洲从军去了。绝望的父亲出于后悔成了“自己的行刑者”，被繁重的劳动压垮。也与儿子有矛盾的克利尼亚是一个假哲学家。满嘴空泛的大词①，迫害比自己强的妻子，还被奴隶欺骗。克利尼亚的儿子，一个小混混，抱怨道：“对于年轻人来说，父亲真是可恶的法官！他们希望我们从小就是老头。”直到剧作的最后，墨涅得穆斯的无私、慷慨，他对儿子的爱也没有减弱分毫，哪怕以为被儿子搞得破了产——当然是虚惊一场，他依然为儿子担忧。

《两兄弟》一剧中有一对类似的夫妻。得墨亚有两个儿子，他把其中一个给了自己未婚的兄弟弥克奥。后者大度善良，热爱年轻人，理解年轻人，他的养子也非常崇拜他，所有人都喜欢他。而得墨亚对人对己一样严苛，以至于他的儿子也起来反抗他。最后，他总算明白了，做了深刻的改变：“我也想让我的孩子爱我。”在《福尔弥昂》一剧中，男主角的父亲得弥福是个专断易怒的人。当他知道儿子瞒着自己结了婚，他大发雷霆，想强迫儿子退婚。

泰伦提乌斯比普劳图斯更爱说教，他教导父亲如何行事才能让孩子以及他们自己幸福。他并不是嘲弄老年人，而是让他们警惕起

① 他说“我是人，世间一切于我都不陌生”，实际上他想打探邻居的家事，他过分的好奇心让邻居愕然。——原注

来。他的剧作让我们得出的结论是，年轻人颇不耐烦地忍受老年人的权威，而这权威也受到公共舆论的压力，并不是为所欲为。

我们惊讶地看到，随着寡头统治的削弱，老年人的特权也减弱，直至崩溃。从格拉古兄弟开始就不再有稳定的多数执政，只有联盟所形成的多数。农业改革① 以及意大利改革② 的失败宣判了共和体制的死刑。罗马的征伐最终带来政治和社会的解体。动荡的年代里，权力从元老院渐渐转移到军人也就是年轻人手中。法官们不再需要委员会的背书。一旦个人权力确立，元老院的影响便日趋减弱了。皇帝是一位年轻人，在几乎完全没有元老院的参与下独自主政。元老院的政治和行政职能被剥夺。约 271 年，伽利埃努斯治下，元老院丧失了财政权和铸币权。同时"家父"的权力也受到了约束。对人的权力不再和对物的权力等同。对人行使生杀大权被看成谋杀。被主人丢弃的年老或残疾的奴隶得到解放，成为自由人。

西塞罗的《论老年》需要在这样的背景下理解。身为元老院一员的作者当时已 63 岁。他写作了这样一篇为老年的辩护，意在证明长期以来被动摇的元老院的权威应该重新加强。在他写作的年代，贵族和富人只忙于寻欢作乐和实现他们自己的野心，但是在公开场合，他们戴着面具，假惺惺装作尊重公共价值。西塞罗正是要强调这些价值。自从元老院开始衰落，斯多葛主义被引入了罗马，但是被曲解至面目全非。元老院却据此提出了保守的意识形态：世界是和谐的，天然的就是好的，整体中的每一个元素都要安于老天为其安排的位置，也即满足于现状，让特权阶层安然享受他们的特权。《论老年》中不乏这类思想的回声。

---

① 试图在罗马公民内部分配土地。——原注
② 试图给意大利人公民权，把土地分给他们。——原注

西塞罗承认："极度贫穷的老年是无法忍受的，哪怕对一个智者来说。"他这里谈论的"贫穷"与元老们可毫不沾边。西塞罗只是试图表明年龄不会让老人丧失资格，反而增强他们的能力。为了达到这个目的，西塞罗借大加图之口发声，后者在 80 岁的时候依然神志清醒。大加图认为老年人名声不好是出于成见，而他就是要打破这类成见。

人们说老年人不事生产，这是错误的。伟大事业的完成靠"建议、权威、睿智，这些优点，老年人远未失去，相反，它们恰恰是老年人所具备的"。"摧毁国家的从来都是年轻人，拯救和重建国家的从来都是老年人。"大加图不承认老年人的衰颓："只要他坚持运用和充实他的才智，老年人就会保持才思敏捷。"为证实这一说法，西塞罗援引的例子包括索福克勒斯、荷马、赫西俄德、西摩尼得斯、伊索克拉底、高尔吉亚、毕达哥拉斯、德谟克利特、柏拉图和很多其他人。他反驳凯基利乌斯[①]的论调，后者说："老年最令人叹息的事情，是他们感觉到这个年纪的自己对年轻人来说如此可厌。"

再者，人们说老年人缺乏力气。然而身体的力量算不上什么。哀叹自己的胳膊"已经死了"的米隆只招来蔑视。"即使一个人虚弱无力，如果他能够教给人们智慧和美德，那么我依然认为他是幸运的。"80 多岁依然年轻有活力的大加图这样说。的确有些老人身体很差，可年轻人身体很差的也不少。"被称为'第二童年'的痴愚老年，并不是所有老年人的宿命，只会出现在天生精神就不振的人身上。"

西塞罗重拾《理想国》中的老话题。人们说老年人品尝不到

① 古希腊喜剧作家，卒于公元前 166 年。他曾写道："老年啊，哪怕你什么灾祸也没带来，你的降临本身就是祸事一桩。"——原注

乐趣，这岂不正意味着他从激情和罪恶中解脱了？此乃最令人羡慕的特权。为了弥补性愉悦的缺失，大加图建议老年人从美食、交谈、学习、文学、农事中寻乐。他的说法貌似有理：“当我们不能做的事情是我们本来就丧失了兴趣的，那么这种所谓的剥夺便不再是一种痛苦。”然而相较于欲望得不到满足，使欲望熄灭的摧残对人打击更大。彻底丧失一种感官能力，比不再能够满足它更让人痛苦。

西塞罗将亚里士多德的真知灼见抛诸脑后，声称人们归咎于老年人的缺点并不是年龄带来的，而是性格的原因，如同《两兄弟》中的一对老年人，一个非常有魅力，另一个则令人厌恶。西塞罗因此得出带有说教意味的结论：充满美德的生活自然带来令人喜爱和幸福的老年。

西塞罗的论点甚至发展到荒谬不经：死亡降临到年轻人和老年人身上的几率是一样的，证据就是老年人非常少。再说，死亡也没什么可怕。“一切天然的都应该被认为是好的。”既然老年和死亡一样自然，依据斯多葛主义直接得出结论即可，又何必洋洋洒洒写这篇文章呢？

一百年之后，塞内加在《致鲁基里乌斯书信集》中出于相似的理由支持西塞罗的观点，但其论述简短得多。作为当时最富有的人之一，塞内加被克劳狄乌斯皇帝流放，又被梅萨利娜召回，成为尼禄的教师。尼禄登基之后，他利用自己的影响恢复了元老院的权威，以对抗阿格里皮娜。他参与了瓜分布里塔尼库斯的财产，成为执政官，运用所有的手段来实行自己的政策。他是阿格里皮娜刺杀事件的同谋。公元 62 年他要求退休，尼禄不准。尼禄把塞内加留在身边作为元老院观点的代表。塞内加继续担任人质的角色[①]，但

① 直到因牵涉皮索谋反事件而被赐死。——原注

是减少了活动，经常在家闭门不出。61 岁的时候他写了《书信集》。他提倡斯多葛主义，但是以我前面提到的改变了的形式。基于利己的乐观主义和倾向于元老院的政治态度，他认为老年是好的，就像所有自然的东西一样，而且不会带来任何的衰颓："让我们热情迎接老年，好好珍视它。只要我们利用得当，它便充满甜蜜。果子在将要落下的时候滋味最佳。这是令人沉醉的时期，人们缓慢柔和地滑下岁月的斜坡。甚至可以说，它取代了欢愉，让我们不再受困于欲望。"（《书信集》第 12 篇）《书信集》第 20 篇又说："灵魂依然葱绿，且因为无需再与身体纠缠而充分绽放。"

我们看到梭伦、柏拉图、西塞罗、塞内加为何写下对老年的赞美之词。几个世纪里，一代又一代特权阶层对此津津乐道，声称在其中看到了真理。学者的客观观点则很不同。老普林尼写下以下文字的时候，认为自己只是在陈述事实，不带感情色彩："生命的短暂是自然最大的善行。感官迟钝，肢体沉重，视觉、听觉、腿脚、牙齿还有消化系统都先我们而亡。"

相较而言，诗人要比道德家真诚，因为他们并不期望从自己的诗句中获利。当贺拉斯和奥维德创作的时候，西塞罗已逝，塞内加尚未出生。年纪尚轻的诗人们并未将老年看作一个普遍的状态，而是看作个体的冒险。他们咏唱了老年引发的苦涩。贺拉斯重拾爱奥尼亚诗人所喜爱的主题，歌颂美酒、女人、欢乐。而老年让这些使生活甜蜜的事物消失殆尽。他谈论"毫无生机的老年"，写道："悲哀的老年来到了，赶走了疯魔的爱和轻易来临的睡眠。"他描绘四季的轮回，从欢乐的春天到寒冷的冬天，得出结论："季节至少在更迭中重生，而我们，一旦来到虔诚的埃涅阿斯、托里斯、安古斯的长眠之处，我们就只是灰烬与尘埃。"

奥维德属于那种在时间和老年中看到毁灭性力量的人："时间，

强大的毁灭者；而你，充满嫉妒心的老年，你们俩毁掉了所有。你们的牙齿缓慢啃食，将所有事物在缓慢的死亡中耗尽。”

说到描写老年的丑陋，没有人比尤维纳利斯更激进。在第十首讽刺诗中，他提醒人们不要鲁莽许愿，比如希望自己活得长久：

“什么样的一系列痛苦——那是何种的痛苦啊！——漫长的老年会遇不到？首先是变形的面孔，丑陋且面目全非。脸上不是皮肤而是皮料。这下垂的脸颊，这皱纹，仿佛泰拜尔盖密林里老母猴嘴边的骚挠印记。老年人都是这副模样。他们声音颤，四肢抖。光秃秃的脑壳上没有头发。鼻子像小孩子一样拖着鼻涕。为了嚼碎面包，可怜的老年人只能用掉光了牙的牙龈。他是如此拖累妻子、孩子以及他自己，他甚至会让一个骗取遗产的柯素人厌恶。麻木的上颌让他不再能像从前那样品到美酒和菜肴的滋味。爱欲的滋味他早记不起……他们这个肩疼，那个腰疼，那个腿疼。双目失明的羡慕独眼龙……神志不再清醒。长寿的代价，是持续不断地送走身边人，接连穿起丧服，处于无尽的悲伤之中。”

生理的衰败，肢体的残缺，没有什么能抚慰老年悲惨的图景。尤维纳利斯因此得出了一个前人从未表达过的结论：变老就是目睹我们珍爱的人死去，就是被判陷于悼念和悲哀。①

拉丁诗人非常强烈地控诉老年女性的丑恶。在《长短句集》中，贺拉斯厌恶地描绘一位痴情的老妇，对女巫康迪娅也怀有敌意。老年女性外表丑陋：“你的牙是黑的。老年将你的前额犁满了皱纹……你松弛的胸像一匹老马低垂的奶子。”她气味难闻：“她松软无力的四肢散发出可怕的味道。”《哀怨集》中，奥维德提到被爱的女人将来的容颜，语调忧郁但依然残酷。② 他对佩丽拉说：“这

---

① 这些诗句启发了维克多·雨果。很多作家也探讨过这个主题。——原注
② 这个主题我们在古希腊诗人那里见到过。——原注

迷人的线条将会由于岁月的折磨而改变。时光让它憔悴，额头会爬满皱纹。无情的老年一步一步、无声息地前进，将美貌猎杀。人们会说她曾经那么美。而你将会厌恶自己，诅咒镜子不忠。”他对女巫迪普萨丝的描绘更加无情，她是一个老皮条妇，干着“玷污纯洁爱情”的勾当。普罗佩提乌斯抨击的阿康提斯也是一个令人厌恶的皮条妇：“透过她的老皮能数出骨头来。带血的痰从她齿缝里露出。”马提亚尔在《警句诗集》中抨击所有老年人，尤其是女人。“维杜斯提亚，见过三百个执政官的你，现时只有三根头发、四颗牙……”“泰伊丝比一罐漂白土还要难闻。比一罐腐烂的盐水还臭。”在男人眼中，女性只是欲望的对象，一旦她们变老变丑，就失去了在社会上的位置。她们变成怪物，只能激起人们的反感甚至惧怕。就像在一些原始社会里那样，从人类的类别中跌落的她们具有了超自然的特性，成了女巫，有着危险的能力。

尽管有这些抨击，讽刺的对象更多还是男人，毕竟是他们掌握着权威和财富。阅读希腊和拉丁作者证实了我在本章开头所言，他们的作品中没有给那些失去社会作用的老年人留下位置。[①]被质疑的是老年一代所持有的权力。成熟男人对他们的态度是有两面性的。人们倚重他们来维护对自己阶级有利的秩序，对老人的尊重出于对财富权的尊重。体制赋予老年人的地位令他们艳羡，而在日常生活中，他们又讨厌因此而获益的那些个体。

希腊悲剧给老年人罩上一层几乎超自然的光环。罗马人则不同。在二者那里，喜剧作家和讽刺诗人都致力于揭露老年人的经济和政治特权与他们衰退的外表之间的强烈对比。作者们——以及读

① 在欧里庇得斯的《伊翁》一剧中，有一名老奴隶，将女主角克瑞乌萨养大成人，被她视为父亲。他的身上体现了家的延续性。他是克瑞乌萨的密友、顾问、计划执行人。他不算是一个完整的角色，他的重要性全来自他为之献身的公主，而没有个体的存在。——原注

者们——气愤于这些衰残之人掌握着辩论、审判、统管公共事务和家庭的权力。在《普鲁特斯》中，去议会决定共和国命运的老年人连迈腿走路都困难。

年轻人对于老年人年老失能却未在社会层面受到约束感到不满。凯基利乌斯声称年轻人讨厌老年人。琉善说他们是“年轻人的笑料”。无疑，年轻人是在艳羡、怨念和仇恨中承受着老年人的权威。尤维纳利斯的激烈只能证明他的话反映的是民众的普遍想法。西塞罗谈论人们对于老年的一些所谓的“偏见”，但也不得不承认，总体上人们是厌恶老年的。老年人在喜剧作家和他们的观众眼中是可笑的。诗人认为，老年是一种破坏性力量，令他们感到惧怕。道德学家出于政治原因维护老年。亚里士多德无此顾虑，因此描画出了一幅灰暗的图景。

两个事件标志着古代世界的结束：蛮族入侵和基督教的胜利。在蛮族那里，老年人状况如何？相关资料阙如。在他们的神话传说中我们能够找到关于代际斗争的资料，最终是年轻人获胜。斯堪的纳维亚半岛即如此。据冰岛诗歌和民间故事所说，宇宙在开始时是一个巨大的冰块。从冰中生出一位巨人，尤弥尔。当他沉睡的时候，一男一女两个巨人从他的左腋窝下诞生。冰块还生出了一头母牛，当它舔着霜块的时候便生出了布利，布利的儿子叫包尔。包尔与贝斯特拉，也就是尤弥尔所生出的那对巨人的女儿结合，从他们的结合中产生出三个神，奥丁、威利和菲。这三个神将尤弥尔杀死，但巨人们也都溺死在血泊中，只有贝格尔米尔和妻子逃了出去，创造并统治世界。

日耳曼人的神话谈到所谓“诸神的黄昏”，以此肯定了年轻的优势。在长期统治世界之后，一场大战发生，一边是强大的奥丁和其他老人，一边是新神。新神获胜，其他神都死了。宇宙被毁灭，大地陷了下去。之后，世界又重新出现。老太阳的儿子新太阳升起，大地从洪水中再度浮现。洪水中幸存的几个人生出了新的人类。即使是神，也有岁月迫使他们让位的时刻。斯拉夫人的第一个神是天神斯瓦洛格，他和平地将权力转交给儿子太阳和火。

关于被罗马征服的人以及作为入侵者的蛮族，历史留给我们的资料很少。恺撒说高卢人把求死的病人和老人杀掉。普罗科皮厄斯说赫鲁利人有同样的做法。蛮族大部分是长期征战的部落，活着就是为了打仗，也许可以说，阿米亚努斯·玛凯利努斯描述阿兰人的论断也适合于他们："死于年老或者事故是可耻的，会遭到无情羞辱。"在这样的社会里老年人想必数量不会太多，且被人蔑视。不难想象，这些征战部族一旦定居下来，生活会是困难的。日耳曼人看重家庭的团结，这就意味着"吃闲饭的嘴"要被养起来。但有一个精确的事实表明人的价值随年龄而缩减，那就是杀害自由人之后所要赔偿的金额数目。6世纪的时候，西哥特人的规定如下：

1岁儿童60币
15岁到20岁男子150币
20岁到50岁男子300币
50岁到65岁男子200币
65岁以上男子100币
15岁到40岁女子250币
40岁到60岁女子200币

勃艮第的法律规定价格如下：20岁到50岁300币；50岁到65岁200币；65岁以上150币。《萨利克法典》则对所有年龄男性作出一样的赔偿金额规定。

旧世界终结的另外一个标志是基督教的胜利。基督教首先成功扎根于罗马帝国内部，继而在蛮族中扩展，之后成为西方的意识形态。它有没有软化习俗，尤其是有没有改善老年人的状况？我们对此持怀疑态度。基督教仅仅是在放弃了原初的博爱和互助理想之后才得以广泛传播。3 世纪的时候，入世思想便已经在基督徒中蔓延。这个新宗教对业已存在的习俗几乎没有任何影响。347 年它促使罗马禁止杀婴，但并没有发展到禁止遗弃婴童的地步。它并不禁止奴隶制。基督教通过适应不同民族的习俗来获得接受。日耳曼人的习俗对其渗透尤深。教士首领在精神力量上是退步的，因为对圣徒的崇拜重新激发了异教的迷信。

在实践层面，基督教被皈依它的民众的习俗侵蚀，在意识形态方面继承了古代的思想，不过后者有个渐进过程。一开始基督教与希腊罗马古典主义没有任何关系，它所面向的是最卑微最没文化的群体。但是从 3 世纪开始，教会开始片断地、改造地吸收古典文化。我们已看到，除了个别例外，古典文化对老年的态度相当负面。我们在一个集大成者——塞维利亚的圣依西多禄[①]那里找到痕迹。1556 年出版的百科全书《万物根源》收集了后期罗马帝国作家的很多作品。圣依西多禄将人的一生比照每周的七天分为七个年龄段。青年是从 35 岁一直到 40 岁或 50 岁。然后便是老年。“这个年龄之后，老年来临了。有的人活到 70 岁。有的在死前还有无尽的岁月。”在圣依西多禄看来，“老年”被如此称呼，是因为人变得衰微，判断力不如以前，唠唠叨叨。

在有一点上教会带来了积极的变化，4 世纪起建立的收容所和

① 560 年生于卡塔赫纳，636 年去世。——原注

医院，在罗马、亚历山大，都承担起了收容孤儿和病人的职能。教会认为施舍是一项义务，并时时提醒其必要性。老年人无疑从这些慈善活动中受益，虽然他们从未被特别提到。

英国人所称的“黑暗年代”的中世纪早期，其末期是一个充满了破坏和混乱的时期。“到处都是空无一人的城市，在烈火中焚毁的修道院，无人照看的田地。到处都是强者凌辱弱者，人类就像在海中的大鱼吃小鱼，”这是909年兰斯省主教们的哀叹。9世纪和10世纪也充满类似的感怀。物质生活比古代时期更加艰难。技术退步。精英解体。城市人口骤减。社会乡村化。中产阶层消失。田间的劳作非常辛苦，老年人无法参与。在这个年代，人们也看不到宗教改善生活的希望。基督教重新强调“十诫”传统，提倡尊重父母，但是实际上对家庭的崇拜在一个崇尚苦修和出世的世界并没有位置。“抛下你的父母，跟随我来。”耶稣基督说。少部分基督徒逃离了世俗，实行独身，去往沙漠或隐遁于修道院。其他人则安于习俗，对他们来说宗教信仰更在于外在形式，教士与俗人通过虔诚便可以救赎生活中的罪行。人们相信魔鬼和巫术的力量，遵循基于迷信的性禁忌和饮食禁忌。世俗法庭甚至宗教法庭都可能采用神明审判。

在罗马帝国后期和中世纪早期，老年人几乎被完全排除于公共生活之外。年轻人领导着世界。社会分裂混乱，威胁重重，战火延绵，统治天下的是武力的偶然而非稳定的建制。有经验的人没有什么地位。7世纪的时候，以79岁高龄被西哥特人选为国王的钦达斯温德使王权重获威望。查理曼大帝一直统治到72岁。这是我所知的为数不多的特例。甚至在这个时代连教皇也往往是年轻人。格列高利一世，世界教会第一位真正的首领，590年当选教皇，时年50，卒于64岁。他已经是相对年老的。一直到8世纪，教皇都很年轻且出身良好，只因贫穷且是孤儿才被安排入了教会。之后，教皇所拥有的物质财富和极大的权力使得贵族开始觊觎，9世纪和10世纪他们强行给教会指派年轻人做教皇，往往时间不长便被赶下去，每个教皇的任期往往不到3年。在60年间，也就是所谓“娼妇政治”的时期，教廷甚至被女人把持。后来又出现将年纪很大的主教任命为教皇的事情。不过也有年少者，如若望十二世16岁，本笃九世12岁，格列高利五世23岁成为教皇。然而无论年老还是年轻，他们都只是权力极大的贵族的提线木偶。

得益于成功的经济扩张，约公元1000年，文明总算从黑暗中破茧而出。脱胎于8世纪臣属关系的封建社会诞生了。老年人在其中的角色更加边缘化，毕竟采邑需要武力保卫。封臣对领主要尽军事义务。“他必须有武器，有马匹，除非年事过高，他必须从军征伐，参与审判和会议。”[①]领主与下属的关系一直到死亡才终结，老龄失能并不会终止关系，但是骑士本人基本上就被放弃了。对采邑的继承权在10世纪的法国已经出现。到了一定时候儿子被授予盔甲和兵器，保护采邑，并服务于领主。当需要拿起武器捍卫家族荣誉的时候，也需要他挺身而出。社会分成三个等级：祈祷的人、打仗的人、劳作的人。战事被置于工作，甚至是祈祷之上。活跃的战士，处于盛年的成年人占据着舞台的中央。

当时的文学反映了这种社会状况。武功歌的主角都是成年人，甚至是很年轻的人。在爱情传奇中没有变老一说，主角都活到很长寿，却毫不见老。《亚瑟王之死》中，国王已经百岁有余，兰斯洛、桂妮薇尔、高文等人物年龄算起来在60岁到80岁之间，行事作风俨然壮年人。今天所谓的“黑色系列”小说以及漫画也是类似情

① 加泰罗尼亚的做法。——原注

况，将年龄抽象化。主角们到处冒险，时间可以长达一个世纪，样貌却是一成不变的青春洋溢。

早期中世纪文学对老年人不感兴趣。只有一个例外就是查理曼大帝。在他活着的时候，身边的人尤其是阿尔琴和安吉尔伯特便致力于为他创造传奇。阿尔琴将他比喻为狮子，受到大地、海洋、群鸟、所有的动物，甚至星辰欢呼的人。他称查理曼大帝为“创世以来未见之人物”，将其与施洗约翰相提并论。安吉尔伯特描绘查理曼大帝出征时“头戴金色头盔，身着闪闪铠甲。骑上高马，比同伴高出整整一头”。他以大卫自居自称。查理曼大帝的神奇事迹连枯燥无味的《法兰克国王编年史》也有收录。他一过世就被基督教奉为神话。德国人将他视为圣人。在法国，加洛林王朝继续衰落，他的形象却因此而更加理想化，其中当然不乏宣传的推动。他死后 70 年，圣加尔的教士写下了他的传记，教化的意图使其内容过于天真。897 年斯波莱托的一个文本将他描绘成“令人生畏的查理”。他的眼睛能够放射闪电，令周遭的人昏厥过去。他的睿智使得他能够解决一切谜题，然而文中又说他嘻嘻哈哈，喜欢捉弄周围的人。打趣的言辞和行为伴随着丰富的表情和动作，诸如不受控制地大笑、搓耳朵或揉鼻子，让他显得很滑稽。

10 世纪的时候，在修道院里写出的很多故事展现查理曼大帝不知疲倦地打击异教徒。11 世纪《帝王功勋》以及很多其他系列的武功歌中，他以一个精神矍铄、白须飘逸的老者形象出现，被身边环绕的人以近乎宗教的热情崇拜着。《查理曼大帝传》中他高大健壮，白发白须，两眼有神，一直活到 200 岁。然而他还有另外一个不那么光彩的形象，背后反映的是反王权的贵族的态度。在 12 世纪的《耶路撒冷朝圣》中，皇帝是一个“善妒”的人。有的武功歌中，主角是一位领主，而查理曼大帝集合了加洛林王朝数位君主的形象，他偏颇，虚弱，任性，听信弄臣的谗言，最后受到惩罚。

年老体弱的父亲将权力传给儿子的做法在11世纪的西班牙产生了一些故事，以《熙德之歌》为名传世。最早的版本写作于15世纪末，但源头可上溯到熙德所生活的时代。他是一个小贵族，效忠于桑乔二世以及阿方索六世。失宠之后，被后者在1081年流放。他成了一个冒险家，征服了巴伦西亚，击退了摩尔人的第二次进攻，从而拯救了西班牙。《熙德之歌》的开头，唐迭戈·莱内兹因为使祖先蒙羞而惭愧。他与洛扎诺伯爵的猎兔狗争夺一只兔子。后者是国王的第一顾问和最好的将军。伯爵侮辱了他，为维护荣誉他必须报复，然而“他知道自己无力报复。他太老了，已经举不起剑。为此他夜不能寐，茶饭不思”。办法只有一个，那就是让四个儿子帮他洗刷耻辱。唐迭戈一个个召见他们，用自己的右手拉住他们的右手。“因为荣誉受到冒犯，尽管年岁已高，须发已白，他已冷的血和已锈的神经再度变得有力。”老人握得如此用力，以至于三个儿子都呻吟着说“够了”。只有小儿子比瓦尔的罗德里戈·迪亚兹气愤地跳了起来，大叫：“要不是因为您是我的父亲，我早不客气了!”喜极而泣的父亲要儿子为自己报仇。熙德去挑战伯爵，砍下了他的头颅。由于这一壮举，父亲将权力移交给他，对他说：“坐在这里，桌子的上手。取得敌人头颅的人，就是我家里的主人。”

这个故事广受欢迎，充分体现封建社会贵族之间的关系，无论老幼。好的骑士骨骼发达，四肢健壮，擅长运动。他身形俊美，胃口好，喜欢打仗，打猎。武功歌称颂的品质是勇猛慷慨。人们崇拜的主人公总是不计报酬地付出，为领主抛洒热血。他保卫孤寡，救助弱者，挑战对手。同时他也挥霍自己的钱财。一位编年史作者曾经讲述一个神奇的浪费比赛，一个骑士在耕好的地里种下银币。另外一个则“出于斗气吹牛”把自己的30匹马烧死。颂扬这些价值——英雄主义，慷慨无私——也就是颂扬年轻。它们完全没有办法存在于血已冷、神经已锈的老年人身上。

在平民中间，文明的严酷也让老年人难以从事任何工作。当时的商人都是风尘仆仆，“脚底沾泥”。行商的车队“马鞍上挂着剑”，以防不测。很多市民可以说是“武功高强”。上了年纪，身体衰颓，便只得退隐。

在农村，如果父亲不放权，年轻人会起而反抗。纠纷经常发生，儿子往往会离开父亲的家。但是在欧洲大多数国家，尤其是英国，儿子会取代父亲成为一家之主。到了一定的年龄，体衰到无法下田劳作，父亲就会把土地让给长子。得到产业之后，长子便娶妻，儿媳取代婆婆，老夫妇移居到专门为他们准备的房间，在爱尔兰人们称之为“西边的房”。失去财产权的父亲往往会被继承者虐待。李尔王的故事在中世纪的英国非常流行，就是因为此类现象很常见。德国的格林兄弟所收集的故事中也有类似情节。已经没有家庭或者家人不愿再养活的老人会由领主或修道院收养。教士开设医务室收容病人以及贫民。在城市里有行会帮助失去工作能力的会员。行会的主要职能是消除竞争，经常还设有一个宗教性质的互助会，来满足那些因生病或去世而产生的需要。但是总体上讲这些救助是非常不够的。老年人往往被迫行乞。因为没有更好的解决办法，老人乞讨的现象比其他年代都更加被容忍。

因此，从上层到下层，老年人的状况都是非常不利的。不管是贵族还是农民，力气都是最重要的，体力衰微则无立足之地。青年是非常重要的年龄类别，年轻人学习并且需要被接纳。年轻的贵族在受封仪式上获得骑士称号。年轻的农民在乡村仪式中经受各种考验，比如在圣约翰节从火堆上跳过去。老年作为一个年龄类别是不存在的。

当社会在困难中挣扎的时候，考虑儿童的命运也是一件奢侈的事情。社会不把精力放在很可能要夭折的幼儿身上，只对那些战胜了疾病的青年感兴趣，他们代表未来。没有所谓的童年。一旦离开母亲的怀抱，孩子就被当作年轻的成年人对待。要么去学习军事，要么从事农业劳动。武功歌中常提到“童年”，但是我们不应误解，那里说的是非常年轻的男孩的战功，可是他们已经被视作成年人。一直到 13 或 14 世纪，也就是资产阶级出现的时候，都是只有成年人才会被看重。

在这一时期，年轻人继续领导世界，除了 12 世纪时弗里德里希一世一直统治到 68 岁，神圣罗马帝国的最高首领一直是壮年人。1073 年，格列高利七世作为教皇重新夺回了权威。教皇也经常是年轻人，为了与帝国做斗争，教皇必须富有活力、勇气和决断。当然，他们中间也有老人，策肋定三世 85 岁才当教皇，不过英诺森三世 37 岁便登上教皇之位。

唯一的例外是威尼斯总督，以老人居多。威尼斯从属于拜占庭，成为其所谓“谦卑的公爵”。后者权力逐渐增强，开始由人民选举，后来变成世袭，成为专制政体，一直到 11 世纪初。总督和贵族不合，不乏流血冲突。得益于继承和商业而积累了大量财富的贵族势力越来越大，致力于按照贵族共和国的模式限制大公的权力。1031 年的法律废除了世袭制。总督变为由选举产生，不是由人民，而是由贵族来选，当选者宣誓效忠于贵族。从 12 世纪中叶起，他就不能决定战争或和平，也不能在没有四十人议会同意的情况下缔约。他不再管理财政、任命法官和公共事务官。有的时候他可以统领军事行动和指挥舰队。到了 12 世纪末期，84 岁当选总督的丹多洛双目失明，因攻克君士坦丁堡而威名远扬。[①] 但他不过是贵族

① 他在 96 岁时拒绝担任东罗马帝国的皇帝，并在 97 岁卒于总督任上。——原注

阶层的服务者。再后来总督的角色变为纯粹装饰性的。他头衔众多，身着华服，很有排场地代表共和国，尤其是在外国使节的眼中，但是他已经没有任何权力，仅仅是共和国仆人中“第一的，最被监视的，最服从的”那个。这个位子老年人最适合不过。年岁使他虚弱，他早已习惯循规蹈矩，比之年轻人，他可轻易放弃采取主动，仅仅满足于外表的华丽。另一方面，在一个财富受法律保障的社会，拥有财富增加了老年的威望，这就是威尼斯的情况，给老年荣誉是因为把老年人置于荣誉的顶端有利可图。尽管年事已高，马里诺·法利埃罗依然在 1354 年企图密谋对抗贵族。① 但总体上是总督听命于贵族的体制，除了 14 世纪安德烈·丹多洛 36 岁当选以外，总督都是老人，完全没有统治权。

年轻人的突出地位，尤其是权力的父传子，就像熙德的传说所证实的那样，深刻影响了中世纪占统治地位的意识形态——基督教。从教会早期开始，在普通民众以及神学家中间，这一新宗教的中心人物便是耶稣基督。三位一体很难理解。人们把注意力放到父亲、儿子和他们的关系上，继而由儿子取代了父亲。在使徒时代，基督教尤其是关于耶稣的宗教。人们并未完全忘记父亲的角色，但是更常向儿子祈祷。教会是“基督的身体”。存在于圣体中被人们所领的是他的肉和他的血。弥撒、祝圣的仪式都是基于耶稣而定义的。道德守则也来自他的教化。地下墓地的壁画表现的是耶稣，形象有好牧者、下到地狱的俄耳甫斯、羔羊、凤凰、鱼（希腊语“鱼”的写法形成包含耶稣名字的藏头诗首字母组合）。人们把耶稣画成一个面颊无须的金发男子。教堂里代表他的图案有磨盘、压

① 时年 76 岁，后被斩首。——原注

榨机、葡萄藤、葡萄串、狮子、鹰、独角兽。

从 11 世纪开始，圣子相较于圣父的优势地位越来越明确。教堂的三角楣上雕刻的是耶稣。12 世纪，耶稣以呈显在荣耀中的形象出现，是万王之王。13 世纪，他的形象愈发人性化，人们开始描绘孩提的耶稣形象，尤其是十字架上头顶荆冠的形象。画家们描绘耶稣生命的各个阶段。因他死于盛年，本来没有年龄的永恒，也即上帝，从此被描绘为老年人的形象。人们把上帝想象成族长的模样，上帝对此似乎是认可的，因为他把权力给予了族长们。上帝被或多或少地推到过去，世界的起源，遥远的天边，成为“主”“天上堡垒的主人”，就像城堡中的封建领主那样远离世人。上帝的形象常见于绘图版《圣经》，以及供民众膜拜的图像。他总是长着白胡子。但直到相当晚近的时期，才有严谨的画家开始表现他，并且数量很少。[①] 更多的时候，画家们止于让掩映的云彩中露出白胡子以及一只既是祝福又是威胁的手。也有雕像表现三位一体，上帝以长着胡子的老者形象出现，扶着自己的儿子。所有这些形象，不论是雕刻还是绘画，都指向一个演变过程，那就是在面向大众的表现中，父亲的中心位置越来越被儿子所取代。[②]

12 和 13 世纪的文学能给我们提供什么关于老年的信息？相当

---

① 就我所知，佛罗伦萨的马萨乔就这么做了，米开朗琪罗在西斯廷教堂的穹顶上将他（如同他创作的摩西形象一样）画成既有白胡子，又肌肉发达的模样，因为他是无上万能的创造者。提香、丁托列托、费拉拉的一位画家，还有罗马的菲利皮诺·利皮和德国的克拉纳赫也画过他，在克拉纳赫的《伊甸园》中上帝是个留着胡子的老年人，身形挺直，精力充沛，拉斐尔将他画为在燃烧的灌木丛中显现于摩西面前。科西莫·罗塞利和其他两三位画家则让他出现在云端，将十诫的石板交到摩西手中。——原注

② 有意思的是，在东方，人类的拯救者佛祖经历了人生的各个阶段，只有到最后的老年阶段时才臻于完美，他于 80 岁去世。西方拯救者在 30 岁到 33 岁之间完成任务，然后去世。我们在前面也已见到在古代神话中老神祇总会被处于盛年的年轻神祇所取代。——原注

少。就像在之前的几个世纪，文学依然对老年缺乏兴趣，偶尔提到老年的教士们也持负面态度。1150 年，60 岁的奥尔良的于格，作为歌唱美酒和爱情的行吟教士，所谓“格里亚派”的先驱，便在颂扬人生的乐趣之后，哀叹它的衰落：

在同辈人中
我曾富有和受宠，
而年老的我
已蜷曲羸弱。

15 世纪《万物根源》这本书总结了中世纪的流行思想：“老年的最后一部分在拉丁语中叫 senies，在法语中叫 vieillesse。老年人咳多，痰多，排泄物多，直到他归于尘归于土。”

1265 年菲利普·德·诺瓦拉谈论人的四个年龄段，每个阶段包含 20 年。“老年人的生活只是劳作和痛苦”，他的结论是 80 岁以后人只希望死亡。中世纪喜欢在不同的地域之间建立联系，还用四个时间对应四种元素和四个季节，后来又在日历上将月份与年龄对应起来。13 世纪有一首诗在 14 和 15 世纪多次重印：

九月份之后的那个月，
人们称为十月。
他在六十岁终结。
当他变老变秃，
他便要记起
时光将他领向死亡。

我前面说过，基督教并没有同化依然保留异教根底的平民思想，后者在民间信仰中显现。德国民间信仰的精髓被格林童话所收集，老年人有时候是经验丰富、知晓很多宝贵秘密的人，但大多数形象是令人怜悯的。

格林童话中有个故事以一种相当奇特的方式演绎了年龄。上帝将所有人和动物的寿命最高定在 30 岁。驴、狗、猴子分别要求给自己减去 18 岁、12 岁和 10 岁，因为 30 岁对它们来说太老了。人则没有动物那么智慧。嘲笑自称理性的人是民间故事最喜爱的主题之一。由于人并不理解长寿付出的代价是身体的虚弱，他要求给自己延长寿命，于是他得到了驴的 18 年、狗的 12 年和猴子的 10 年，有了 70 岁的寿命。前 30 年是他自己的。他很快就度过了。然后便是驴的 18 年，他肩上扛着沉重的负担，给石磨背去麦子养活其他人。然后是狗的 12 年，咕哝着从一个角落流落到另一个角落，因为他已经没有牙齿来咀嚼。最后剩下猴子的 10 年，他的脑子已经不清醒了，变得滑稽，做一些奇奇怪怪的事情，成为孩子们取笑的对象。因此，人的老年比动物更加漫长，也更加痛苦。而责任全在人自己，是他的贪婪导致如此。

在这些故事中，老年女性总是不祥之人。身为女性已让她显得可疑，人们会发现，行善事的老妇的外表只是一个伪装，她其实是一名年轻貌美的仙女。真正的老年女性，像在拉丁诗人笔下一样，都是吃人的女妖，恶毒而危险的女巫。中世纪对女性的仇视在文学中我们碰到的所有老年女性形象中展现出来，比如韵文讽刺诗，尤其是《陷害好女人的坏女人》以及《玫瑰传奇》中的老妪。我们看到在乡村和城镇，为了将老年从社会中去除，人们会象征性地驱赶或者杀死老年女性。在鲁西永地区，一个老年女性的纸人用来象征四旬期，她有七只脚，代表四旬期的七个星期。人们在复活节那天将纸人焚烧掉。

必须指出，无论男女，极为高龄的老人是少见的，普通民众中几乎没有。鉴于当时的生活条件，农民能活到 30 岁就相当可观。13 世纪的韵文讽刺诗赞扬一处不老泉的功效时说：“再也没有白发的老男人，没有头发稀少灰白的老女人，哪怕他们已经 30 岁。”

无论是中世纪还是古代时期，活到老年依然是人们的心愿，返老还童始终令人向往。一部中世纪的作品《亚历山大之歌》描述了一个神奇的湖泊，跳进去便能返老还童。在《曼德维尔游记》中，约翰·曼德维尔讲述了一处隐藏在印度丛林中的青春之泉。不过这一类的传说主要靠口头流传。在写下来的文本中这个主题从未占据中心，往往是以一个能够让人年轻的护身符的形式出现，如水果、空气羊皮袋、长生不老剂。人们想象叫阿瓦隆的所谓生命之岛，那里的人不老或不死。在《佩塞福雷传奇》里，所有主要人物都在壮年的时候被送到了阿瓦隆岛，之后一两代人都保持年轻。后来，他们回到布列塔尼王国死去。一旦双脚踏上故土，他们便恢复到假如一直在人世间生活的话该达到的年龄和样貌。

在对老年的表现方面，正如在其他很多方面一样，中世纪的人物图像要比文学更加丰富。当时文盲率很高，画像比文字更能打动普通人。我们已经看到，在造型艺术中有充足的证据表明天父被圣子取代。造型艺术经常表现老年人。教堂的走廊里有长着胡子的老年人雕像，如《启示录》中的老年人[①]、令人尊敬的先知或圣人。作为虔信者的形象，隐修士经常被表现为瘦骨嶙峋，长着长胡子的

① 在《圣经·新约·启示录》中，有 24 个穿白袍戴金冠的老年人环绕着耶稣，一般认为他们代表了黄道带的 24 个符号。在巴比伦，它们是由 24 个老人来表现，因为他们主管一天的 24 个小时从而体现了时间。受《启示录》手抄本启发，雕塑家经常创作这些老年人的形象。人们把他们看作有智慧的顾问。——原注

老人。年龄的主题第一次出现是在8世纪阿拉伯的一个壁画中，后来12世纪在帕尔玛的圣洗堂的柱头上出现同样的图景：老年人被描绘成一个在铁犁边休息的农业工人。在推崇老年人的威尼斯的总督宫殿，以及帕多瓦隐修教堂的壁画上，老年人的形象是坐在炉火旁、书桌前的长着胡子的学者。但是中世纪创造的最流行、后来最大行其道的一个形象，远没有如此平和，那就是“时间老人”，他长着翅膀，瘦骨嶙峋，手持镰刀。时间与老人两个概念的重合相当自然，因为老年的确是年岁的堆积。但是欧文·潘诺夫斯基的《图像学研究》说，这样一种关系并非一直存在。在古代，时间被表现为两个系列的形象，第一个系列强调的是它的迅速，即卡伊洛斯，代表机会、人生或人类历史的转折点，其形象是一个正在迅速逃离的人。或者是一个脆弱的平衡，预示着某种改变马上就要到来。比如坐在轮子上的命运之神，从11世纪就与机会之神相混同。第二个系列是强调他的丰富，即艾翁，主要的创世之神，具有无穷的生殖力。时间是在不停流逝，但流逝的同时也在创造。古代人指出了时间的双重性。毕达哥拉斯学派的巴宏在奥林匹亚听到对时间的赞颂：“人们在时间中学习，在时间中回忆。”巴宏则反驳说，人们也正是在时间中忘记，所以时间应该是无知之王。之前我们也看到诗人提到时间的破坏性。古希腊诗歌经常谈论“白发时光”。但是古代表现时间的造型艺术不会让人想到衰退和破坏。

普鲁塔克第一个指出，希腊语里“时间”（Chronos）这个词，和克洛诺斯（Kronos）这个最可怕的神之间有某种联系。普鲁塔克干脆认为吞噬自己孩子的克洛诺斯就是时间。新柏拉图主义者接受这一类比，但是赋予了时间一个乐观的阐释。在新柏拉图主义者看来，克洛诺斯是努斯（Nous）、宇宙思想、“万物之父”、“老而睿智的建设者”。克洛诺斯的形象总是手持镰刀，这是当时的农业工具，是多产的象征。

在中世纪，这一形象被颠覆了。人们转而认为时间是衰颓的原因。宏观世界与微观世界一样要经历六个年龄段[①]，就像一周的六天。人和世界的最后一段被认为是末日黄昏。这种思想在神学家那里有体现，像霍诺里厄斯·奥古斯托杜南西斯，或者托马斯·阿奎纳。面对罗马帝国后期的乱象，早期基督徒认为“世界正在老去”。这一思想传给了后人，体现在 11 世纪的《圣阿莱克西行述》的开头：

> 那时岁月静好，如今再无；
> 又老又弱，一切都在衰退，
> 事情变坏，行善无门。

在 12 世纪封建时代的版本中我们读到：

> 古人的时代是好的。
> 变化了，价值不再。
> 再不似先人那样
> ……人生脆弱，时日无多。

同样的思想在 13 世纪的版本中进一步发展：

> 我深知末日已临近。

① 也有时分为七个或四个年龄段。——原注

12 世纪，弗莱辛的奥托在《编年史》中写道："我们看到世界衰颓，可以说在咽下老年的最后一口气。"同时代《花之书》[①] 里的彩画也展现这一思想。圣诺伯特甚至认为他那一代人将要看到世界末日。

13 世纪，圣维克托的休格写道："世界末日到了，万物已抵宇宙尽头。"同时代的普罗万的吉奥说世界因衰老而缩小，人也萎缩了，全变成了孩童和侏儒。我们在格里亚派那里也看到同样的思想。《卡米纳·布拉那》中写道："年轻人再也不想学习。科学在衰落。整个世界颠倒了。瞎子引领着瞎子……一切都偏离了正轨。"但丁借祖先卡恰圭达之口哀叹城市和家庭的衰落：世界变小，"时间对其任意裁剪，就如挥向外套的剪刀"。能在这种衰老中看到优点的人很少。夏特尔的贝尔纳说："我们是站在巨人肩膀上的侏儒，可是我们比他们看得更远。"但这种乐观无人响应。从中世纪望向未来，看不到令人鼓舞的景象，很多人认为那会是敌基督的世界。这一概念在《启示录》中提出，8 世纪一位叫皮埃尔的教士发明了敌基督的形象，10 世纪由阿德森进一步发展，11 世纪阿尔布安又在西方语境中融入 4 世纪提布尔女祭司所做的预言。敌基督的形象经由宗教剧在西方广为人知。与之对立的形象也诞生了，那就是"公义的主"，人世间的弥赛亚，他将在千年来临之际在世上建立幸福的统治。但是这种信仰并不广泛。中世纪的人认为，由于原罪，人类天生不幸，且不幸只能随着时间加重。由于这种令人灰心的思想，社会的统治者得过且过，没有明确的政治擘画。无人期望历史能向好的方向发展。中世纪所怀的希望是没有时间性的，人必须超脱尘世才能得救，时间仅仅是将世界带入衰落、带入将至的终结。

---

① 圣奥梅尔的教士朗贝尔纂集的百科全书。——原注

这样的背景解释了时间的形象在占星学家影响下的演变。土星，最远最慢的一颗行星，其罗马名字是克洛诺斯，人们认为它非常寒冷干燥，将它与贫乏、老年和死亡联系起来。在占星术的作品中，土星总是以一个无精打采、苦于病痛的老者形象出现，手里拿着一把镰刀，或一把锨、一把锹、一根棍，并且拄着拐以示虚弱。他有一条木腿，或者是被阉割的（传说是宙斯所为）。中世纪的画像学在它的身上体现了被阉割的男人、被吞吃的儿童的主题。土星被认为是最有恶意的星球，因此形象总是令人厌恶的。另一方面，从 11 世纪开始，死神就被表现为手持小镰刀的形象。[①] 时间侵蚀生命，便与死亡紧密相连。克洛诺斯也就因此与时间之神合二为一。所以彼得拉克的插图绘者便借用了土星的形象，以显示时间的破坏性。它长着翅膀，拿着沙漏，身体虚弱。从此这个形象便成为最常见的。15 世纪大量出现“死神的胜利”图画。死神是一个骷髅，手拿镰刀和沙漏。时间也拿着镰刀，此时的镰刀已经不再象征多产，而是收割生命，就像命运女神斩断岁月的丝线。

中世纪末期，生活条件依然艰苦，长寿相当罕见。1380 年，查理五世 42 岁去世之际已有“老年智者”的名声。随着社会发展，从 13 世纪开始，尤其是 14 世纪，城市生活复兴。对金钱的追求不再像从前那样被教会打压，后来甚至合法化。重商主义被推崇，在威尼斯，在比萨，贵族自己开始从事商业。其他地方，贵族往往置身其外，因为从事买卖有失身份。但是资产阶级繁荣起来。大商人、大银行家通过购买土地和联姻获得贵族头衔，形成了一个新的贵族阶级，所谓城市贵族。从此所有权建立的基础是合同而非体

---

① 见《福音书》乌塔手抄本。在公元 1195 年之前的贡佩尔特版《圣经》中，死神则手持大镰刀。

力。为抵御风险而大量储存商品或者货币成为店主的典型行为。这样的一个变化在富裕的阶级中改变了老年人的地位。财富的积累让他们有势力，人们更能照顾他们了。当时存在着两种意识形态。一个是宗教唯灵论的，一个是悲观和唯物主义的。但丁的《飨宴》属于第一种，他讨论老年，将人的生命轨迹与天上的彩虹相比，顶点之后便会下滑，而顶点处于 35 岁，之后人就缓慢衰落了，45 岁到 70 岁是老年，再以后是高龄老年。睿智的人会平和地走到终点。但丁将高龄老人比喻为看到陆地后缓缓降下船帆、驶入港湾的航行者。人生的真理在于来世，现世生命只是一次短暂的旅行，他应平和地接受其终结。

平和地到达港湾，对于教士和虔诚的人来说，这就是老年人应该致力做到的。生命的最后阶段应该是一个用来准备死亡的时间。此时期“死亡的艺术”大行其道。热尔松[①] 写作了一本小书，告诉老年人如何准备死亡。他向他们建议——也许因为作者自己双目已盲——专门找一个人念读虔诚的书，以将注意力从世俗的事情转移开去。整个欧洲有很多类似的作品出现。从 1400 年开始在德国数量极多。人们还教老年人如何立遗嘱，主张有财产的人把其中一部分留给修道院和收容所。

对于一个虔诚的基督徒来说，老年是确保获得救赎的时间，但是老年并不被认为具有特别的价值。14 和 15 世纪耶稣越来越成为唯一的崇拜对象。14 世纪相当悲惨，战争、黑死病、饥荒、人口过剩，各种考验将其重创，西方把所有的希望都寄托在救赎者耶稣的身上，从此他不再以万王之王的形象出现，而是以救赎者的形象被崇拜。圣父和圣灵的光芒被遮盖了。弥撒不再是一个求助于天父上

---

① Jean de Gerson（1363—1429），法国神学家、传教士、学者。

帝的仪式，而是对耶稣受难的呈现。人们热衷于领圣体，崇拜受难圣物。十字架的生产大大发展起来。耶稣圣像画和“拜苦路”渐成风气。在孤独和焦虑中等待受刑的“悲怜的基督”画像和雕塑渐多。同时对圣母马利亚的崇拜也发展起来。在 15 世纪初期，圣母领报的主题重兴，产生极多数量的图像。之前很少出现的孩提的耶稣和神圣家庭像发展起来，对耶稣生命的表现使得童年、少年以及成年都获得了神圣的地位。老年则被遗忘了。

另一方面，在宫廷以及城市贵族中间，世俗文学发展起来，以其写实主义色彩讽刺社会所有阶层，包括女人和她们的丈夫、僧侣、士兵、商人、平民。它只给老年人很少的位置，但是就像我们之前在普劳图斯笔下看到的那样，意大利的薄伽丘、英国的乔叟都讽刺企图利用钱财霸占美丽女子的富裕老年人。

在薄伽丘的故事①里，有一个年迈的比萨法官，娶了年轻美貌的巴托洛梅娅。新婚之夜他好不容易才履行了夫妻义务，第二天早上疲惫不堪。于是他发明了一个方法来逃避，每天都指着日历对妻子说，当天是一个著名圣人的节日，应禁欲以示尊敬。这使得他每月只能勉强行房一次。有一天，夫妇坐船游玩，被强盗劫持，强盗夜夜求欢，哪有日历一说。等丈夫找到她的时候，她拒绝回家。老法官因此死去，全城都嘲笑他。

在《坎特伯雷故事》里，乔叟讲了一个老商人佟月（意为“一月”）的故事，有钱的他娶到年方二十的美丽的伍悦（意为“五月”）。新婚之夜他吞下大量药剂，整晚雄风不减：

他忙活一夜直到天光，

① 被拉封丹的《故事诗》重新演绎，这是唯一一个有老年人形象的故事。——原注

然后他喝了一碗，
他从床上坐起，
之后放声歌唱，
搂住妻子百般温存。
他像充满激情的马驹，
又像叽叽喳喳的喜鹊。
他脖子上松弛的皮肤
随着歌声和晃动颤抖。
但老天知道伍悦怎么想，
当她看到他坐在那里，
衬衣，睡帽，瘦颈子，
那话儿如一粒鹰嘴豆，
叫她如何欣赏？

之后不久伍悦便在相当可笑的情况下与一名年轻英俊的仆人私通。正像我之前指出来的，老年人的性欲令人反胃，不管他怎么做。薄伽丘嘲笑老年人性无能，乔叟让老年人借助药物，然而他的丑陋可笑使得肉体之爱变为令人反感之举。

在带有现实色彩的悲观主义之外，中世纪还有一种理想主义的悲观。我是在14和15世纪贝利萨留的形象中发现这一点的。[①] 之后他的形象进一步流行。这位将军荣耀显赫，从哥特人手中征服了意大利，后来又拒绝王位。然而拯救了拜占庭的他后来还是失宠了，因为在562年参与反对当时已经80岁的查士丁尼一世，他被囚禁

① 16世纪时常会提到他，法国17世纪的剧作家让·德·罗特鲁受他形象的启发，写了一部悲剧，这也启发了法国18世纪的历史学家马蒙泰尔写了一本著名的书，还有无数的隐喻和比较，许多画作也表现他的形象。——原注

在自己的宫殿，财产被没收。审判于563年进行。根据狄奥法内斯于8世纪成书的《编年史》中收录的同时期的资料，他被证明无罪，重获自由和财产。11世纪谬误颇多的《君士坦丁堡旧事》一书的无名作者则说他被刺瞎了双眼，以乞讨为生。很多人没有采纳后一种版本，但是13世纪生活在君士坦丁堡的语法学家，以博学而著称的约翰·策策斯却采纳了。在他的笔下，年迈失明的博里塞在宫殿门外乞讨："给贝利萨留一枚铜钱吧。"刺瞎双眼的惩罚在拜占庭流行，但是没有证据表明贝利萨留受到了这种惩罚。那为什么这个形象还是流传下来了？

我们可以首先思考它是如何广泛传播的，以至于所有文艺复兴时期的作者都采纳了这种说法。不应忘记，中世纪所有传言大流行都遵循相似路径。尽管交通不是那么便利，人口的流动性依然很大。商人和朝圣者将或真或假的故事从世界的一头传到另一头。行吟诗人收集这些故事，且与教会人员交往频繁。因此博学知识和民间知识不是完全对立的，二者互相渗透。最后，在13和14世纪，很多人已经能够识字。新奇的事件无论有几分可信都传得很快很广。

更为有意义的问题，是这个传说为何会成功。其中的原因或许是在中世纪人们极易接受悲观的看法。贝利萨留以典型的方式代表了老年的悲惨：残疾，不能自理，被动，尤其是他人的铁石心肠和不知感恩将他置于悲惨的境地。从宗教的角度来讲，这个悲剧性的经历是有教益的。被抬上荣誉巅峰，又跌入尘埃，正印证了《圣经》所言的"虚空的虚空"[①]：在这个世界上没有什么是绝对有把握的，人能完全信任的只有上帝。

---

① 出自《圣经·旧约·传道书》1：2。

在中世纪，就像在古代一样，老年与失明之间存在着神秘的联系，失明象征着太长的生命将老年人流放，使他们与其他人隔绝。孤独使他们不凡，给予他们精神上锐利的洞察力。另外一方面，神话也坚实地根植于现实，当时还不能对白内障施行手术，因此的确有很多老人失明。

15 世纪的法国延续之前几个世纪的悲观主义。人们依然认为世界在衰落中。热尔松将它比喻为一个满嘴胡话的老人，脑子被各种奇思妄想充斥。欧斯塔什·德尚[①]将它看作一个回到了孩子状态的老人：

胆小，羸弱，
老迈，善妒，含混，
我只看到疯狂……
真的，末日临近了……
一切都太糟糕……

死亡的想法比任何时候都更多被提及。所谓的“死亡之舞”越来越常见和骇人。人们描绘尸体极可怕的细节。传道者将之与年轻的优雅相对比，试图说明人只是一个判了缓刑的死人，外表的美是幻象。克吕尼的奥东[②]以罕见的激烈描写身体所隐藏的不堪，将身体称为“一袋大便”。作者们时刻提醒身体必然的衰老，毫不留情地描绘那种悲惨的景象。老人不再被视为他者，而是自己。但人

① Eustache Deschamps（1344？—1404），法国中世纪诗人。他的诗歌以独有的音调，记录了对亲历的个人和集体事件的道德反思和讥讽，批评社会现实。
② Odon de Cluny（878—942），克吕尼修道院院长，改革了修道院生活。

们只是从外表来描绘，唯一的目的是将其排除于年轻和美之外。诗人们满足于重复陈词滥调。欧斯塔什·德尚在老年中只看到病痛和引人嫌恶，如灵魂和身体的衰颓、可笑、丑陋。在他看来女人从30岁开始衰老，男人从50岁开始。到了60岁就只有等死了。奥利维耶·德·拉玛什[①]对一位年轻美人的暗淡预言了无新意：

这温柔的眼神，这悦目的眸子。
想想吧，它们终将失去光芒……
您的美丽将变为丑陋，
您的健康将变为恶疾。

老年女性始终是厌恶和取笑的对象。巴约大教堂的南方塔楼上镌刻着一首当时关于伊莎贝尔·德·杜夫尔的诗。作者哀叹只能安葬一名而不能安葬一百名老年女性：

复活节的第四天，
我们埋葬了在此安息的老妇，
我们很遗憾没能在此埋葬，
已是行尸走肉的百名老妇。

维庸的诗作《制盔俏女郎的追悔》也依循了这一传统，哀叹老年在一个女人身上所留下的痕迹。尽管前例众多，维庸的光芒将它们悉数盖过。平庸文学的空洞词汇所隐藏的真相被维庸写出。

维庸喜爱女性的身体："女人的身体多么的温柔……"

① Olivier de la Marche（1425—1502），勃艮第编年史作者、诗人。

在《遗言集》中，他很不愿意想象女人的身体在尘土里腐烂，对此很是厌恶，宁愿看到它“充满生机升入天堂”。他不无忧愁地对一个不在乎他的美丽女子预告未来的衰老：

那一天会来到，您这绽放的花朵
会干瘪，变黄，枯萎。
……我会变老。您会变丑，失色。

在《制盔俏女郎的追悔》中，一个温柔的比喻减轻了描写的无情。他深爱自己的母亲。“我是一个女人，贫穷而衰老。”可能正是由于这样，他不是从外部冷冰冰地看待有一天会老去的美丽的女主人公，而是让她发声。诗人有可能理解了只有女性自己意识到这种衰落的时候，它才是可怕的。

我看着全裸的身体，
变化如此之大，
贫穷，干瘪，瘦削，弱小，
我几乎充满了愤怒。

在一个诗人热衷描写老年人却几乎从来不仔细看他们的时代，维庸的描绘因其精确而令人震惊：

耷拉着的耳朵长满长毛，
脸庞褪色，面如死灰，
皱缩的下巴，坠皮的嘴唇，
人类美貌结局在此。

这不是一个比喻，而是一个奇特的精确的画像。它关系到我们每个人。这个干瘪的老女人身上体现的是整个人类的状况。老年并不是留给别人的，它窥伺着我们，就像窥伺着维庸笔下年轻貌美的女子，诗人预见到她的遗憾，她是我们共同的命运。维庸的诗正是因其先知先觉激起我们如此共鸣。

16 世纪，乡村文明还是重复性的、保守的。但是资本主义萌芽在意大利城邦继续发展，在其他城市也相继出现商业、工业、金融活动。新的繁荣使得科学、文学、艺术、技术也兴盛起来，各种思潮百家争鸣。文艺复兴延续了中世纪的传统，依然担忧敌基督以及末日审判。[①] 但同时产生了关于人的新思想，强调和谐。人文主义借鉴吸收了古代文化，试图将古代文化与福音连接起来。人们想在基督教中注入对生活和美的热爱。伊拉斯谟尤其将此视为己任，致力于"道德和文明的教诲"。

伊拉斯谟的《讲稿》专门提到老年人，描写了一个模范老年人。66 岁，既没有皱纹，也没有白发，不戴眼镜，气色极好。其他人因为生活腐化或不加节制，看上去像是他的父亲。意大利威尼斯贵族科尔纳罗也阐释了这一主题，在《论节制而规律的生活》一书中拿自己做例子，说明充满智慧的生活会带来幸福的老年。事实上这两部作品都旨在颂扬德行，它在生命的最后阶段会回报给人健康与平和。

文学上，这个时代对老年的态度并不比之前更好。中世纪看不上弱者，嫌恶老年人。文艺复兴赞美人体的美，对女性之美更是推崇备至。如此一来，老年人的丑便更加令人难以容忍。老年女性从

---

① 德国有一种"敌基督游戏"，大家写敌基督的生平故事。传教士宣告敌基督的降临。西尼奥雷利在意大利奥尔维耶托城的壁画即受此启发。——原注

来没有像这个时期一样被恶毒攻击。中世纪对女人的仇视在 16 世纪继续。古代时期的影响，特别是贺拉斯的影响起了很大作用。彼特拉克主义的泛滥导致了讽刺诗和滑稽诗的流行。所有这些原因都可以用来解释为什么老年女性的主题出现如此频繁及其特征。

探讨这个主题的作家受罗哈斯[①]的影响特别深，后者 1492 年的剧作《塞莱斯蒂娜》描绘了他那个时代的西班牙社会。有史以来第一次，一个老年女性成为女主角。传统上老妇往往是淫媒，可是这个角色与之前的舞台形象都截然不同，她年轻时是个妓女，出于爱好继续当老鸨，她追求私利，工于心计，生性淫荡，还会点巫术，事事占据主动。总而言之，所有古代以来加诸女人的恶都集中在她身上。然而尽管她诡计多端，在该剧的最后依然被严厉地惩罚。法国戏剧从中得到启发，诸如若代尔、奥代·德·杜尔内布、拉利韦等也塑造了类似的老皮条客和老交际花的形象，但是模仿效果一般。

伊拉斯谟也表现出对老年女性的成见。他反对在这个年纪依然想着爱情，认为不体面。道德家这么想倒也不足为奇，可是无缘无故的恶意描写出自一个人文主义者笔下毕竟让人震惊。他写道："残败的妇女，如行尸走肉，难闻的骨头架子，她们到处散发着坟墓的味道。可她们嘴上在喊'没有什么比生活更甜蜜的了'……她们一会儿晃动着干瘪的令人反胃的乳房，一会儿用颤抖的声音叽叽咕咕企图唤起情人的欲望。"此番陈词滥调倒也有一个新鲜的主题，那就是老年女性引起别人厌恶的外表和她们自己对生活的兴趣之间形成的对比。[②]伊拉斯谟抱怨女人的这种态度，可若是一个男人年

---

① Fernando de Rojas（1470—1541），西班牙作家，后文提到的《塞莱斯蒂娜》经常被搬上舞台，对西班牙文化艺术产生重大影响。塞莱斯蒂娜这个名字在西班牙语中已经成为"老鸨"的同义词。

② 这也是贝克特在《啊，美好的日子》中的主题，不过他的观点完全不同。——原注

纪很大而依然热爱生活，人们却予以赞扬。

面对一个想被爱的老年女性，马罗[①]的反应也是厌恶：

> 满脸皱纹的老太婆，
> 你想听我为什么不爱你吗？

然后他长时间地解释，谈论老女人“丑陋的奶子”，将她描画得令人厌恶。他叫一个巫婆“丑恶的老女人”。德波特[②]在《对变老的女人之鄙视》中说：

> 令人反胃的模样。
> ……你还以为激起了我的灵感。

人们毫不犹豫地侮辱老年女性，拿她跟年轻女子对比。多比涅[③]拿心上人美丽的头发和一位丑陋的老年女性“有头癣的假发”说事。

杜贝莱[④]为什么要在《老女人和年轻女人的爱》中重提这些主题？他此前不久出版并大获成功的彼特拉克风格的诗集《橄榄集》，对女人和爱情充满溢美之词。因此他对老年女性恶言相向，让我们尤为惊讶：

> 看吧，哦老丑货，

① Clément Marot（1496—1544），法国文艺复兴时期诗人。
② Philippe Desportes（1546—1606），法国宫廷诗人。
③ Théodore-Agrippa d'Aubigné（1552—1630），法国诗人，胡格诺派上尉。
④ Joachim du Bellay（1522—1560），法国诗人，1547 年撰写的七星诗社宣言《保卫和发扬法兰西语》，主张模仿古人，丰富法语和改革诗歌。

这个世界的耻辱。
如果我没弄错的话，
她不过才十五岁。

第一个原因是文学上的。他有可能对彼特拉克在法国过于流行——他本人就是积极推动者——而感到不快，因此想反其道而行之。在意大利居住的时候，他可能看到过诗人们写给陪媪的诗句并受到了影响。甚或她们其中一位没能成就他的好事，令他心怀怨恨。陪媪的角色在诗人眼中是暧昧可憎的，有时指责她们拉皮条，有时又嫌她们阻碍爱情。

人们对老年女性的攻击尤其针对年轻时做妓女的那些。若她们还向往爱情，会被视作无耻；若她们恪守道德，人们又会说她们虚伪。杜贝莱的一首诗以冷酷写实的笔调描画一位罗马交际花，她讲述自己的人生、魅力的消失、贫穷以及疾病：

老年
只给我留下了腰间的结石，
腿脚的痛风和手上的疥疮。

杜贝莱则毫不客气地回应：

你是巫婆，老鸨。
你既虚伪，又假虔诚。

诗人们对老妓女如此怀恨在心，是否有性方面的原因？我们可以如此猜想。应该指出，痴情的老年人不论男女都令人反感。可是涉及男性时，受指责的是拿钱买春的富人。对于女性的攻击却瞄准了最下层，那些出卖自己肉体的人。容易理解第一种人所激起的反感，可是老妓女成为攻击目标就比较费解了。也许能通过挫折感来解释。

就像在古代以及在民间传说中，老女人往往等同于巫女。拉伯雷描写庞祖斯特的女卜者便是一个老女人，“身材走样，衣着破烂，吃得差，没有牙，皮包骨，弓着腰，满身疥疮，无精打采”。

最后，老女人还被比作死亡。西古尼乌斯[①]写道：

> 呼吸着的木乃伊
> 透明的皮下
> 解剖学看得一清二楚。
>
> 死亡的鲜明图画。生活的死亡图像。
> 没有颜色的尸体，坟墓中的尸体。
> 从土地中掘出的骨架，其上站着乌鸦……

在16世纪，听到另外一种丧钟是很难的。皮埃尔·勒卢瓦耶写了一首诗说明爱恋一位老年女性是多么可耻。然后又写了另外一首，竟然怀着某种温情描绘老年。

> 苹果一般的老年，
> 甜蜜又健康。

① 拉丁古文学家，出生于意大利摩德纳。——原注

表皮起了皱的苹果是最好的，就像皱巴巴的老妇。弗朗索瓦·于洛对比“没有牙的可恶的不幸的老女人”与“荣誉的老妪”。

> 优雅和身形之美
> 仿如年轻女人
> 老妇被人们所看重的
> 只有优雅和美德。

这里要将好德行的老贵妇与行为不端或贫穷的老妪区别开来。至于真正捍卫老年女性的作家，只有《妇女传》的作者布朗托姆。他认为老年女性依然享受爱情是正常的，他说有一些女人 70 多岁依然美丽且是被爱慕的对象。

当老年女性被诗人排斥的时候，老年男性则在喜剧舞台上被嘲弄。我们已经在阿里斯托芬和普劳图斯那里看到，戏剧拒绝将老人塑造成正面的形象，总是把他当作他者，一个纯粹的客体。观众通过笑来不认同他。意大利的即兴喜剧延续从罗马帝国后期一直到中世纪的传统，给可笑的老年人重要的角色。公元 3 世纪，尤利乌斯·波吕克斯在《类编》中拟出一个名单，列举在喜剧和悲剧中所运用的面具。祖父的面具有两个，“第一个更老，脑袋完全剃光了头发，眉毛平滑，长着长胡子，两颊瘦削，眼睛低垂，皮肤白皙，表情愉快；第二个更瘦，眼神犀利悲伤，皮肤略苍白，留长胡子，头发棕红，两耳紧贴头颅”。另一对面具，波吕克斯将他们放在另一个类别：“老年男性头顶上一圈白发，鹰钩鼻，长脸，右眉毛向上挑起。另一个有扇形的长胡子，头顶上一圈头发，胡须浓密，眉毛不扬起，眼神平和。”

波吕克斯指出了老年女性的三个面具：一个是心慈体胖的老妇；一个是“母狼”，也就是说淫媒，塌鼻子，上下各两颗臼齿；还有一个是一心想着嫁人的姘妇。

即兴喜剧包括两种类型的老人，潘塔隆内和医生。潘塔隆内更重要。他是一位退休商人。在剧中有时富有时穷，有时是一家之主，有时单身，但永远吝啬。就像《一坛金子》中的厄里克翁。而且他还是一个痴情汉。1577 年的一个浮雕把他表现为一个瘦削的老人，尖胡子，巨大的阳具勃起，这是潘塔隆内形象的重要特征。但同时，他又生头癣，患有痛风和黏膜炎。他企图用金钱来引诱自己看上的年轻女人。他被自己的孩子和仆人捉弄。如果有老婆的话，他被戴绿帽子，并且被女人欺骗。他自认为很有智慧，到处给人建议，夸夸其谈，还声称参与国家大事。他是如此令人厌烦，乃至于要打他一顿才能让他闭嘴。据流传的图像，演员们强调他的老迈与偶尔的灵活之间的对比。在意大利不同的地区，这个人物有不同的名字：庞克拉斯、卡桑德拉、扎诺比奥等。在法国，他则在戈蒂埃-加吉尔和雅克曼·雅多的剧作中出现。

另外一位老年人则是医生。这是一个学究的形象。他加入各种学会。老年人不仅仅占据所有财富，而且——这一点我们之前还没有碰到过——还声称掌握各种知识。这只能令他更可笑，因为这位医生非常无知，总犯严重的错误，整日张冠李戴地引用古希腊和拉丁的名人名言。人们把他叫作巴罗阿尔多，意思是愚蠢的人。他也是潘塔隆内的朋友，而且跟后者一样，既吝啬又爱献殷勤，人人都嘲笑他。

我们只碰到一个老年女性的形象，那就是拉皮条的女人或媒人，丧失了吸引力并且也没有任何权力的老年女性，既非主体也非客体，完全无足轻重。妻子的形象则是中年女子，意义主要在于作为伴侣，见证或者反对他们年老丈夫的荒唐行为。积攒了一笔个人钱财的妓女不依附于任何人，一旦老去，依靠自己的经验来达到自己的目的，也就是致富。她是一个自力更生的个体，一个主体，但是她不太能引起人们的兴趣，因为她只是一个工具性的刻板形象。

成年男子也是相当传统的形象。即兴喜剧并不能真的告诉我们当时社会的习俗，因为它情节老套，变化很少。各种不同的“面具”都是从传统继承下来的，角色的基本形象都已程式化。

16 世纪的马基雅维利的《克利齐娅》一剧没有多少新意，只是抄袭了普劳图斯。主人公尼科马科已经 70 岁，没剩几颗牙。他爱慕着克利齐娅，决定把她许配给自己的男仆，然后再将其霸占。他为新婚之夜做准备，喝下春药。但是后来他人财两空并懊悔不已。主题依然是老年人应有的体面和为爱欲所困之间的对比。他的妻子描绘他本是理想的男人，可惜迷上了克利齐娅，痛心于他的蜕变：“他曾是一个体面、严肃、保守的人，把时间用来做正经事。早起，听弥撒，买东西，然后处理事务……晚饭后他和儿子谈话，给他合理的建议。这种规律的生活是家里所有人的榜样……可是自从他迷上了那女子，他不理事务，田地荒芜了，买卖败落了。他总是无缘无故大喊大叫。如果您跟他讲话，他要么不回答，要么答非所问。”

剧中穿插有歌曲，其中一首唱道：“年轻人的爱情越是优雅，在那些年岁凋谢的人身上便越令人厌恶。还痴情着的老年人，你们难道就没有别的事好做吗？还是把情情爱爱之事让给精力充沛的年轻人吧。”

卢赞特的剧作相对而言具有一定的独创性，常常在舞台上表现冲突。作者安杰洛·贝奥尔科因在自己剧中扮演主角而以角色的名字传世。对作者我们所知甚少，只知他是帕多瓦一个医生的私生子，在父亲的家里被养大，后来成为贵族科尔纳罗的好朋友，受其庇护。他的《演讲》站在农民、穷人和被压迫者一边。这种同情贯穿于他所有的作品。他并不是把一些僵化的形象搬上舞台，即使卢赞特这个人物形象也是多变的。《田园牧歌》一剧则相当公式化。老牧羊人米勒修爱上了一位森林女神，哀叹自己的疯狂，被拒绝后失去了理智，以至于人们以为他死了："可怜的情人，你怎到了如此田地？这把年纪不理智，做出如此不堪之事？"

但是总的来讲卢赞特的灵感还是来自同时代人尤其农民的习俗以及语言。他自己较年轻，便攻击老年人，因为老年人的财富允许他们压迫穷人。《牧牛女》一剧模仿的是《赶驴》。剧中老普拉西多并不危害任何人，所以他的形象被颇为宽容地描绘。他就像得迈涅图斯，但有他自己的优点。他爱他的儿子，当他受骗之后，妻子也原谅了他。作为对比，另外一个《安科尼特》的主人公，一个发了财的 80 多岁的威尼斯老人则被无情挖苦。[①] 他信奉犬儒主义，生活腐化，各种残疾，非常可笑。他吝啬而又好色，想用金钱博取交际花多里娅的好感。他自不量力，以为自己真被爱上了，结果被仆人所骗。

在《乡村对话之二》中卢赞特将对痴情老者的挖苦推到新的高度。没有另外一个作家写实的笔触描摹得如此丑恶。老人把一名年轻女人从她的丈夫比洛拉那里夺走。女方看上老人的钱，同意了，但是她抱怨说："他病恹恹的，整晚都在咳嗽，像腐烂的母羊。他从来不睡，时刻想抱我，吻我……""是啊，"比洛拉答道，"他就像一堆粪肥那样难闻。他身上散发的死亡的味道，千里外就能闻

① 卢赞特是贵族科尔纳罗的好友，因此他嘲笑暴发户也许不是偶然。——原注

到。他的屁股那么脏，简直要从另外一头出来了，是吧!”最后，按照喜剧的传统程式，比洛拉把老人打了一顿，夺回了自己的妻子。

卢赞特在《皮欧瓦那》一剧中通过老杜拉之口说出对老年的恶感：“年轻就像一丛花朵盛开的灌木，所有的鸟儿都跑来歌唱，老年就像一条瘦狗，苍蝇扑上来咬噬它的耳朵。”“一切关于老年的事物都会更加不幸。老年，说真的，就像污臭汇聚的水塘，没有任何流动，就像死亡。你希望一个人不幸吗？那就对他说，祝你活到老。”

为什么16世纪如此激烈地攻击老年人？父亲已经远远没有像在古罗马的“家父”那样的权威。因此攻击对象不是父亲，而是与年轻人竞争的富有老年人。与之前的年代相比，16世纪文学中并没有更多底层老年人的形象。另外需要看到贵族也非抨击对象。人们承认他们的权力和财富乃神意。人们也不抗议社会既有的等级制。激起人们怨恨的是新富人，完成了地位跃升的资产阶级。如果生意兴隆，那么他在生命最后阶段就会拥有相当的财富。在努力工作才能生存的成年人和往往身无分文的年轻人看来，这样的垄断不公平，引发了带着恨意的嫉妒心理。人们将这种成功归结于吝啬。如果老年人再利用金钱去收买年轻女子，这行径越发不可容忍，年轻人会感到性挫折。于是人们便要复仇，要让他们为自己的“罪恶”感到恶心。通过无情扭曲他们的形象并加以讪笑，作家和观众结成了联盟，如此便可解释为何潘塔隆内形象如此众多且大受欢迎。

除了这些将老年男性和老年女性表现为客体的作品之外，还有一小部分作品让他们折射普遍的人类状况。雅克·伊维尔在《春天》里用一个舞蹈歌曲举例。人们劝年轻人好好利用美好的日子，因为老年在窥伺着他们，而老年只能带来悲伤和遗憾：

哀伤与嫉妒
喜欢白头发。
甜蜜的幻想
没有如此
严酷的牢房。

疯狂的年轻
从此只能等待。
因为飞跑的年龄
永远不回来。

然后火苗化成灰
遗憾在灰下盖。

在《夏天》中，布瓦斯诺一如之前的普鲁塔克，将老年比作秋天，但不代表丰产成熟，而是干涸不育。布瓦斯诺将其作为自身命运的组成部分看待：

“如果我们怀着好奇之心看待自然给予人生的全部时间，我们会看到，最开始和树木一样郁郁葱葱，和草原一样点缀着五色斑驳的各种花朵，何其赏心悦目，远胜后来的成熟期。这装饰慢慢变坏腐烂，果实失去晶亮的光彩，千种颜色的草开始枯黄。我敢说有判断力的人都承认最好的季节是那给予我们强健的体魄、让我们做事敏捷的季节。意识不到这点会大吃苦头。”

老年在龙萨的作品中占据重要地位。受到古代以及同时代的影响，他也怀着厌恶描写老年妓女的衰败。他的妓女是一个“失色的形象”“牙齿残缺发黑”“糊着眼屎”“流着鼻涕”。他钟爱的主题是青春易逝，被老去时的悲哀和丑陋取而代之。

采摘吧，采摘您的年轻。
就像这朵花
老年会使您的美貌暗淡。

同时他也用非常个人化的悲伤语调谈论自己的老年。他在人生的后期才达到荣誉的顶点，写出了最好的作品。他反抗岁月的沉重，承受了早衰的痛苦。年轻时他相貌英俊，有吸引力，是一个合格的骑士，38 岁时一场大病让他样貌大变，骤然衰老，成了个白发无牙的老人。他抱怨消化不良、循环不好、失眠、发烧：

我的年轻时光已经过去。
我的力气已经没有了。
我牙齿发黑，头发花白，
神经衰弱，身体冰冷，
血管里不是血而是红锈水。

他走不出悲愤的心态，因为他依然有活动和情爱的欲望。关节炎和痛风使他不能运动，他变得易怒，离群索居，似乎被“敌人土星”所影响，他自己就生于这个星象之下，土星使他“胆小，多疑，哀伤，犹豫”。

他认为自己是被星宿诅咒的。年轻的时候，他相信人文主义的胜利，后来却不得不经历了希望的幻灭：法国被内战所摧残，圣巴托罗缪惨案那年他48岁。当他写下以下诗句的时候，他是真诚的：

人真正的财富在于青葱岁月。
剩下的日子便只是冬天了。

多比涅吟唱老年的甜蜜的时候也是真诚的。他也将老年比喻为冬天，但他认为这是平和的休憩，不是毫无生机的寒冷。[①] 他的一生动荡多舛。经历征战，受伤，入狱。曾攻城略地，又被迫交还。他曾经极度疲惫，也有过巨大的失望。他所爱的第一个妻子先他而去。70岁时他还想加入新教徒的行列保卫拉罗谢尔，被拒绝后，他便与新婚不久的爱妻勒妮·布拉马基回到自己的克莱斯特城堡生活。她50岁，很有修养，对他充满激情。他在这里过着惬意的文化乡绅的生活，接待外国名人的拜访。在生命的冬天，他生活在平和的港湾，作诗以赞：

乐趣少了，痛苦也少了。
夜莺不歌唱，海妖也息声。
我们不摘果，也不采花。
不再希望，也就不再失望。
冬天享受一切。幸福的老年
是使用，而非耕耘的季节。

尽管感情真诚，但是龙萨和多比涅都没有逃脱陈词滥调。那个时代唯一彻底摆脱了套话的作家是蒙田。他基于自己的经验叩问老

---

① 在《悲剧》中，他写下著名的诗句“秋天开放的玫瑰胜过其他季节”，说明年轻并不是他认为的最高价值。——原注

年，以一种此前从未有过的方式。而他的深刻在于用直接和严格的目光审视一个此前人们试图掩盖的现实。古代虽然称颂老年，却丑化老年人的形象。蒙田则既不嘲笑也不吹捧老人，只想表述事实。个人而言，他并不觉得老年使他更加丰富。他以自己的经历反驳柏拉图和西塞罗的道德乐观主义，以及所谓老年使人睿智的说法。蒙田在 35 岁的时候回顾自己 30 岁之前的生活："从个人来说可以肯定的是，从 30 岁开始我自己的头脑和身体都没有前进，而是倒退了。或许有人能很好地利用时间，让知识和经验随着年岁增长。但是活力、敏捷、意志以及其他一些更加重要而关键的品质还是退化了。"

他还说："我已经衰老了一段时间了，不过丝毫没有变得更加睿智。现在的我跟不久以后的我将会判若两人，至于哪一个更好一些，我实在说不上来。如果我们能够不断改进的话，变老倒确实会是一件好事，然而我们只是像个醉汉，踉踉跄跄，头晕目眩，身体残弱，或者像芦草被风吹得左摇右晃。"

在较晚成书的《随笔集》第三卷里，蒙田依然认为年轻时代优于他当下所处的老年。他认定自己只有衰退而没有进步。"说起来，我很不喜欢年龄所带来的时不时的后悔。我不同意某些人所说的感激年老让他们不再受欲望的摆布。我不会心甘情愿地认为乐趣被剥夺是一件好事……老了以后我们欲求减弱，餍足感时刻伴随。但我看不到这里有任何的自觉性。悲痛和虚弱让我们懦弱和多病。我努力思考和观察，发现我的理智跟自己年少轻佻的时候并无二致，甚至老了之后变弱变差了。我并不觉得退出战斗的它具有更多的价值。除了它自己我没见它判断其他事情，也没见它有新的顿悟。

"……倘若我沦落到宁要年老体弱的悲惨和不幸，不要年轻的健康与活力，那么我会感到羞惭。倘若人们不是根据我曾经怎样，只看我现在不能怎样来评价我，我会不服气。我的智慧在两个时期是一样的，但年轻时它更有成就，更优雅，开心，单纯；现在的它是滞塞的，抱怨的，吃力的……

“我们把不好的脾气和对现实的厌恶称作智慧。然而实际上我们并未远离恶习，只是换了恶习，而且在我看来还变得更坏……几乎没有，或者说非常少的人在变老时不发出酸味霉味。人的身心同时成长，同时衰落。”

我佩服蒙田将安慰人的陈词滥调抛诸脑后，拒绝视残缺为进步，拒绝把年岁的增加等同为成长。但是有一个奇特的矛盾，他自己似乎没有注意到，对我们读者则再明显不过：随着作者年龄的演进，《随笔集》变成了一个越来越丰富、越来越私密、越来越有独创性和深刻性的书。这些犀利的、摆脱了幻想的关于老年的文字，作者在 30 岁的时候是绝对写不出来的。正是在他感到自己身体衰弱的时候，他到达了笔力最强的时刻。当然，如果没有对自己的严格要求，他也达不到这种伟大的程度。自满叫人懈怠，老去的蒙田避开了这个陷阱。如果说他不断进步，那是因为他对世界、对个人的批判越来越强。而读者则一边看着蒙田进步，一边还要赞同他的批判，殊为不易。

从文艺复兴时期的图像学来判断，对老年人的态度是不确定的，就像在中世纪，有一些图像反映的是流行形象。但是还有一种文人绘画，艺术家注重的是个人思想的表现。他们在何种程度上受到时代的影响？

在流行画方面，将不同年龄与一年中的不同时刻进行对比成为一种惯例。当时的日历每个月都用一个家庭场景来表现。11 月份的图画上面父亲又老又病。12 月他已经垂死。还有一些画记录所谓年龄的“度数”，一直到 19 世纪还很常见。人的生命被表现为先上坡，到顶之后再下坡。画面上楼梯通向一个平台，其上是一个 50 岁的男人或一对 50 岁的夫妻。从左边开始，地上放着一个摇篮。然后是儿童、少年、年轻人、成年人上楼。右边正在下楼梯的分别是 60 岁、70 岁、80 岁和 90 岁的男人。百岁老人则躺在床上，在右面楼梯底端的地下，与左边的新生儿平齐。所有人物穿的都是他们那个时代的衣服。楼梯下面是手持镰刀的死神。画面中的人百岁才离世颇令人惊奇，毕竟活到百岁太少见了，当时就更少。实际上这些图画并不是照实描绘人的一生，而是意在展示一个模板。其悲观主义来自基督教。人注定要走令人悲伤的下坡路，因此在最志得意满的时候也应该想到将来的救赎。①

一生不同的年龄段这一主题启发了画家。他们一般会用一个三人组来表现：年轻人、中年人、老年人。在提香的画作《音乐会》中，老年人长着胡子，头顶光秃，但看上去依然健壮。②

另外一个流行的主题是“不老泉”，多见于 15 世纪。其中一幅画上，老年妇女跳到一个池子里，等她们再出来已返老还童，投入年轻美男的怀抱。16 世纪的时候这一神话依然流行，1512 年庞塞德莱昂③开启了寻找不老泉的远征，这一趟将“发现”佛罗里达。

---

① 伴随这些画的文字证实了这个说法。其中一幅作于 17 世纪初，题为《世界大阶梯》，画最上面有两个框，写着：

> 哦，这楼梯是一条
> 人人必走的路，时时刻刻
> 人的命运履于其上。

> 恶人的人生
> 下通深渊……
> 善者的人生
> 上至天堂。

一个垂死的老妇人身边有两个小天使。——原注

② 一个世纪之后，画家范戴克也是如此表现。——原注

③ Juan Ponce de León（1460 或 1474—1521），西班牙军人、探险家、殖民者，波多黎各首任都统，佛罗里达的发现者。

很多当时的雕刻和绘画有相似的主题。有一幅非常有名的出自小克拉纳赫[①]之手。画面中间一个大池子，人裸浴其中。左边，老人被车拉或肩扛来。右边，他们从水里出来，欢快而愉悦。男男女女在草原上跳舞嬉戏。

文艺复兴时期的画像有不少以老年人为主角。根据场景的不同人物形象差别很大。当时富裕而有名望的老人对他们的年龄非常自豪，在意大利很多人重拾传统，他们请有名的雕塑家罗塞利诺、米诺·达·菲耶索莱等人按照自己喜欢的模样给自己塑半身像。教皇们让拉斐尔、提香为自己画像。威尼斯的大公和贵族请丁托列托为自己画像。画像中他们有着造型优美的白胡子和从容的神态。在受古代和《圣经》启发的画像中，老年人的形象经常被理想化。但画家也往往愿意选取没那么有教育意义的主题，如醉醺醺的诺亚、可笑而醉酒的塞勒涅、罗得和他的女儿们。最后这个主题曾经被丢勒、圭尔奇诺、丁托列托等人描绘。卢卡斯·范·莱登的笔法尤其淫邪，他笔下的很多老年人都是非常可笑的形象。淫邪的老年人也在很多其他形象中出现，比如描绘苏珊娜洗澡的画作。还有画家表现老年的丑恶。丢勒的《博士围绕的基督》中两位老人面庞和善，但还有一位面目可憎。范·雷梅尔斯维勒的《收税员》中，更丑的那位是一个很老的人。吉兰达约的名作《老人和孙子》的写实主义到了无情的地步。[②]

丑陋老妇的主题也出现。乔尔乔内名为《时间》的素描展现了被岁月摧残的女性的形象。丑陋有时到了夸张的地步。巴尔东画的一些女巫瘦骨嶙峋，形象可怕，就像是从西古尼乌斯或马罗的诗

---

① Lucas Cranach（1472—1553），德国画家，自 1505 年起在维滕贝格任萨克森公爵的宫廷画家。

② 这幅画的残酷尤其是因为不是根据活着的模特，而是比照死尸画的。——原注

作里面跑出来的人物。昆汀·马赛斯是伊拉斯谟的朋友，同时期的人说他画了“可怕的老男人和老女人”。最有名的是《丑陋的公爵夫人》，珠光宝气更显其丑，袒胸露乳不忍直视，面孔像动物一般骇人。同样的人物出现在画家文策斯劳斯·霍拉尔的《突尼斯国王与王后》中，其中的男子形象不佳，但并不引人注目，而女性的形象则是《丑陋的公爵夫人》的翻版。

最伟大的艺术家总是塑造他们的时代而不只是在作品中反映时代。弗兰斯·哈尔斯到达艺术的顶点时也已经相当高龄。他所绘制的《摄政》，尤其是《女摄政》，完全没有公式化。他对老年既不拔高也不贬低，他只是想在画作中表现出面孔的真实。达·芬奇和伦勃朗也是如此。他们画了不少老年人。达·芬奇的素描有时到了夸张的地步，但他对所有年龄一视同仁，有些老年人被他给予了非常的美感。伦勃朗从 30 岁就开始画老年人，他生命里最后的画作之一就包括令人赞叹的《失明的荷马》。他完全不考虑迎合时代，只求画出心中所见。

一旦脱离了大众的趣味而注重个体的表现，图像学在很大程度上便丧失了见证时代的功能。从这个角度上来讲，它的研究价值减少了，而与之相比文学的价值则增加了。之后我将不太有机会再以绘画为参照。

从古埃及到文艺复兴，我们看到，老年的主题几乎都是以刻板的形式表现的。同样的对比，同样的形容词。老年是生命的冬天。白发白须让人想到雪和冰。白色被认为是冰冷的，常被拿来与红色和绿色相对比，前者如火而热情，后者如植物、春天、年轻。这些陈词滥调一直延续着，部分是因为老年人承受着一成不变的生理命运。同时也是因为老年人不是历史的推动者，人们对他们不感兴趣，不愿意花工夫研究他们的真相。社会上甚至有默契要置他们于不顾。不管是称赞还是贬低，文学都在陈词滥调之中将老年隐藏，而不是揭示。相对于青年和壮年来说，文学将老年看作陪衬。老年人已经不再是人，而是人的终极，处于人类境况的边缘。人们已经认不出他，也无法在他身上认出自己。[①]

17 世纪早期有一个显著的例外。通过写作《李尔王》，莎士比亚在一个老年人身上展示了人类的命运。为什么？他是如何做到的？

在他的十四行诗中，莎士比亚愤慨地揭露了时间的残酷。他把人的存在类比于一年或一天的流逝，或二者兼有。而老年人则是令人伤心的衰退：

在我身上你或许会看见秋天，
当黄叶，或尽脱，或只三三两两
挂在瑟缩的枯枝上索索抖颤——
荒废的歌坛，那里百鸟曾合唱。
在我身上你或许会看见暮霭，
它在日落后向西方徐徐消退：
黑夜，死的化身，渐渐把它赶开，
严静的安息笼住纷纭的万类。

因为不舍昼夜的时光把盛夏
带到狰狞的冬天，去把它结果。
生机被严霜窒息，绿叶又全下。
白雪掩盖了美，满目是赤裸裸。

① 除了维庸、蒙田和其他极少数例外。——原注

别让冬天嶙峋的手抹掉
你的夏天，在你未经提炼之前……

当普照万物的太阳从东方
抬起了火红的头。下界的眼睛
都对他出生的景象表示敬仰……
但当他向耄年拖着尘倦的车轮，
从绝顶颤巍巍地离开了白天。
众目便一起从他下沉的足印
移开它们那原来恭顺的视线。

时光戳破了青春颊上的光艳，
在美的前额挖下深陷的战壕，
自然的至珍都被它肆意狂喊，
一切挺立的都难逃它的镰刀；
　　可是我的诗未来将屹立千古，
　　歌颂你的美德，不管它多残酷！

凶暴时光的残酷利刃……

当我眼见前代的富丽和豪华
被时光的手毫不留情地磨灭。[1]

尽管不乏尖刻的真诚，这些诗句加诸老年的依然是古典的刻板

[1] 分别出自莎士比亚十四行诗第73、5、6、7、60、63、64首，引自梁宗岱译文。

印象。它是冬天，是黄昏，所有年轻的好处都要被埋葬。人只能通过天才变得不朽才能将其征服。

莎士比亚对老年投去毫不留情的目光，《罗密欧与朱丽叶》[①] 中说："年纪老的人，大多像死人一般，手脚滞钝，呼唤不灵，慢腾腾地没有一点精神。"在《皆大欢喜》中又说：

精瘦、趿着拖鞋的老叟，
鼻上架着眼镜，腰边悬着钱袋；
他那年轻时候节省下来的长袜子
套在他跛瘸的小腿上显得异常宽大；
他那浪浪的男子的口音又变成了孩子似的尖声，
像是吹着风笛和勺子，
终结着这段古怪多事的历史的最后一场，
是孩提时代的再现，全然的遗忘，
没有牙齿，没有眼睛，没有口味，没有一切。[②③]

在他的悲剧中有几个伟大的形象给了老年人，如《理查二世》中的冈特的约翰，《理查三世》中非凡的王后玛格丽特。不过都是一些次要人物，在壮年主角身边代表老一代。

《李尔王》是《俄狄浦斯在科罗诺斯》之外唯一一部以老年人为主角的杰作。老年在这里不再是人类状况的尽头，而是其真相。正是在老年的基础上才可以理解人以及他在尘世的经历。[④]

---

① 支持年轻人与其他年龄的人斗争的剧作。——原注
② 引自许渊冲译文。
③ 发表于1599年。——原注
④ 15世纪的宣教者认为老年属于人类境况的一部分，但这只是为了贬低老年，而从来没把老年人看作主体。——原注

作为盎格鲁-撒克逊民间传说，李尔王的源头非常久远。我已经说过为什么中世纪英国的习俗使其深入人心。莎士比亚有可能受到1594年上演的历史剧《李尔》的启发，还借用锡德尼的《阿卡迪亚》中帕夫拉戈尼亚国王的故事，设计了格洛斯特和他的两个儿子的情节。但是莎士比亚的剧作远远超出了原型，通过老年人的悲剧，展现了我们人类存在的悲惨和荒谬。在戏剧的开头，李尔王不是疯子，但是在他身上老年表现得像疯狂一样。他对现实失去把握，稀里糊涂地决定把王国分给女儿们。为了考验女儿们对他的感情，愚蠢地要求她们用语言来表达。作为国王他早已习惯最浮夸的奉承，轻易被谄媚之词所欺骗，相信了大女儿和二女儿的甜言蜜语。三女儿考狄利娅拒绝这种哄老小孩的游戏，结果被短视、固执又专断的父亲剥夺了继承权。两个虚伪的女儿对他的评价无情而清醒，大女儿高纳里尔表示："从他的老迈中，我们不仅要忍受长久以来的缺点，还有年老体衰脾气不好所带来的异想天开。"

类似地，格洛斯特稀里糊涂，儿子埃德加明明很爱他，他却以为儿子忘恩负义，去信任叛徒埃德蒙。这说明莎士比亚在老年人身上看到的不是睿智，而是失智。被女儿恶意抛弃的李尔王被迫像俄狄浦斯一样在险恶的自然中流浪。老人成了一个被隔离、被流放的人。格洛斯特被刺瞎了双眼，一如荷马、俄狄浦斯和贝利萨留。失明代表的残缺是老年人逃不过的际遇。但李尔王尤甚。他丧失了理智，失去了一切，成为被悲惨抛弃的人的象征。在剧作的开头，他就像所有莎士比亚的主角一样被一个执念——野心、嫉妒、怨恨——推到疯狂的境地，导致黑暗的结局。作者对人物的外部描写与麦克白和奥赛罗一样严厉，但是当一无所有、进退失据的李尔看到自己境遇的真相，莎士比亚将自己投射到人物的身上，借他之口，一边撕扯着衣服，一边喊道："人难道就是这样，寒碜赤裸的两脚动物，就像现在的你？来，拿掉借来的表象！来，让我们去除身外物，就在此时此地！”他想打破让人从属于金钱和名望而掩盖了人性的旧秩序。他隐约看到一个新秩序，在那里个体从零开始，从童年的赤裸开始。但太晚了。他陷入疯狂，偶尔闪现的清醒令他眩晕，对他已经没什么用，因为这超出了他自身的能力，他已没有时间让生活去顺应。古代和中世纪都给疯子以一种神圣性和预见的能力，而老年经常把人引向疯狂，这两个传统上互相矛盾的形象有时便在老年人身上结合，一个是令人尊敬的睿智老者，一个是老年疯子。李尔王既有满嘴胡话的一面，又有受神启的一面。当他达到崇高的顶点，也就是他要解体的时刻。最后他终于看清了，三女儿考狄利娅也回到身边，然而他抱住的只是女儿的尸体。他自己除了死亡也没有别的结局。科特不无道理地将该剧与贝克特的《终局》进行对比[①]。这是老年的悲剧，向我们揭示了徒劳的激情何其荒谬。如果说存在的结局是这样一种无力，在它的映照之下，整个人生不过只是一个悲惨的旅程而已。

人们经常探讨莎士比亚是出于何种原因写作了《李尔王》，在一个老人的身上表现人的普遍性。也许他是被英国城市和乡间老年人的悲惨状况所触动。都铎王朝治下，庄园制度解体，城市里失业严重，乞讨盛行，虽然后者在除爱德华六世之外的时期都是被明令禁止的。流浪老人的悲惨——被剥夺到一无所有，四处漂泊——给了莎士比亚创造李尔王的灵感，这种可能固然不能排除，不过我们要知道，莎士比亚笔下的主人公并不像高乃依和拉辛的人物那样努力追寻生存意义。他只是被盲目的激情所驱使，这激情使他的生活变成了“由一个白痴讲述的充满噪声和愤怒的独白”。从老年人的

① 参见科特的《莎士比亚，我们的同代人》。——原注

角度考虑，他已经与将来隔断，成为纯粹的被现实所限定的被动，这一荒谬性便更加凸显。因此，描绘过人成为野心、嫉妒、怨恨的奴隶之后，莎士比亚又选择描绘他被年龄宿命所压倒的状况，也是顺理成章的。然而，想成就事业的个人并不情愿承认我们人类状况的阴暗面，这也是为什么在莎士比亚的伟大剧作中《李尔王》总体来讲是最不受欢迎和最不被理解的一部。

17 世纪，权力大多掌握在年轻人手里。君主中唯一的例外是路易十四，即便年事已高且被老迈的曼特农夫人所控制，他依然积极参与执政。从特兰托会议开始教皇往往也由老年人担任。教会稳定下来，罗马教廷从此与教会相等同，虽然仍有力量试图分庭抗礼。有赖于教会的组织，尤其耶稣会、神学家、常设驿站系统带来的便利促进了教廷大使网络的发展，教廷扩大了影响。反宗教改革使教皇们获得了相当的威望，也要求他们品格高尚。相对老的年龄给他们带来神圣的色彩，人们因此期待他们更加有德行。一个 40 岁的年轻教皇让人担心他会抛出什么令人尴尬的创举。70 岁或 75 岁才当选的话，人们就会觉得——尽管有时候希望会落空——他将恪守人们为他所选择的形象，不会偏离既定的道路。特兰托会议之后的 12 任教皇从当选年龄看，53 岁和 55 岁各一名，60 岁三名，64 岁两名，70 岁四名，77 岁一名。再后来，教皇和枢机团成员几乎全部都是高龄当选。

17 世纪的法国对老年人来说依然严酷。社会是威权的，绝对专制的。成年人管理社会，没有位置给那些与他们不同类的人，也就是老年人和儿童。当时平均寿命 20 岁到 25 岁。一半的婴儿 1 岁之前夭折。大部分成年人寿命在 30 岁到 40 岁之间。由于工作强度大、营养不良，卫生条件差，人的身体早早损坏。30 岁的农妇便已呈满脸皱纹、身形佝偻的老态。就算国王、贵族、资产阶级也往往在48岁到56岁之间离世。人们在17岁或18岁进入公共生活，早早得到提拔。40多岁就被叫作老头。当时的人们认定36岁的拉法耶特夫人不可能与50岁的拉罗什富科相好。① 50岁的人在上流社会没有位置：随宫廷出游，在城市间公干，参与体育运动，都太过累人，50岁一到人们会返回封地或者加入修会。人们尊敬富有的人，如地主、首长、官员，并不仅仅因为年龄，而是记忆和经验能够给某些上了年纪的人增加威望。如拉布吕耶尔所言，“一个曾经在宫廷生活过的老人，如果头脑还清醒，记忆还可靠，那就是无价之宝”。徒有年岁不会被另眼相看。

对农民和手工业者来说，家庭赡养继续存在。教会帮助穷人，但程度相当有限，毕竟生活太过艰苦，总逃不过饥馑、领主对农民的剥削、大老板对工人的压榨。

儿童的状况跟老年人一样艰难。文艺复兴时期人们对儿童感兴趣，尝试使他们免于成人世界的污浊。可是生活太过艰苦，在他们身上花不了太多心思。17世纪，孩子远离社会长大，养育方式严苛。一直到20岁，人们会殴打仆人和小学生，不分阶级。儿童被贬低到社会最底层。文学也将他们遗忘。拉封丹指出：“这个年龄是无情的。”拉布吕耶尔把孩子描绘成小恶魔并总结说：“他们不能承受一点苦处，但是喜欢给别人带来痛苦。”博絮埃甚至说：“儿童的生活与兽类无异。”此外再没别的作家提到他们。在长大的过程中，儿童继续受到父辈的压制。中世纪他们从14岁便可以自由，16世纪和17世纪则规定21岁才算成年。从1557年开始，儿子需

① 然而，尼依·德·朗克洛在55岁（非传说中的80岁）时还有不止一个情人。布永公爵在1611年66岁时得子蒂雷纳，塞内特尔先生在1654年结婚时80岁，埃斯特雷元帅在大约1663年结婚时96岁，他们两个人都娶了年轻的妻子。曼特农夫人在70岁时向忏悔神父抱怨说她还得常和老国王上床。——原注

要得到父亲的同意才能结婚，而在此之前，他是可以自行决定的。17 世纪，父亲有权剥夺儿子的继承权，让第三方得利，而此前是不可能的。

在 17 世纪初，仇视女性的传统依然产生对老年女性的恶毒攻击。这方面最过分的是西班牙诗人和小说家克维多。这位出身贵族的天主教作家毫不留情地丑化整个人类的形象。① 他笔下所有的人物都是毫无生机的玩偶，有时候如恶魔一般，极个别时候美得超出常人，但大部分时候都是丑陋的。克维多喜欢描绘身体的退化如何使人变得连动物都不如。而他的厌恶尤其以女人为对象。在他的眼中，年轻女人是“有滋味的恶魔”。即使非常美丽，克维多也不会放过她，女性特征本身在他眼里就是令人厌恶的。他将丑陋的女人比作死亡。但是最让他念念不忘的是老女人。他讽刺她们的年龄：“她比油灯大 6000 岁。要把她的年龄从一头数到另一头，需要以千为单位。”她是丑陋的，满脸皱纹，令人厌恶。嘴里没有一颗牙。原本该是臼齿的地方只有洞。鼻子已经伸到了下巴。呼气难闻。这是一袋子骨头，一个具象化了的死亡。额上的皱纹就像“时光碾过的车辙和走过的脚步”，然而——这是克维多作品中常出现的主题——她却不顾一切证据，声称自己年轻：“你用曾祖的下颌牙牙学语，把襁褓叫作你的裙子。”他尤其攻击女巫师、女家庭教师和陪媪。后者是老年最经典的体现：“鼻子与下巴交谈。二者马上就要接起来，像爪子一般。”本来她们的职责是保护年轻女孩，事实上却把她们教坏了。克维多之后的两个多世纪，西班牙文学继续“假陪媪真淫媒”的主题。

---

① 我们知道西班牙天主教将人类境况描写得非常灰暗，在克维多的作品中，以及一些画作中，有尸体被蛆虫啃噬的场面。——原注

17 世纪初在法国，除古典主义之外，一种怪诞诙谐风格的文学发展了起来，喜欢塑造丑陋的形象。圣阿芒在老年女性身上看到“死亡的生活景象”。他热衷于嘲讽老年女性的年龄：“您曾经照看襁褓中的梅露欣的祖父。”[①] 他描写一位老年的妓女：

佩雷特脸色像灰土那样白，
嘴里的味道
比老膏药还要冲。

马蒂兰·雷尼耶在大获成功的剧作《玛赛特》里塑造了一个后来变成了虔信者的老淫媒的形象。他还刻画了另外三个老女人，都形如骷髅。泰奥菲尔·德·维奥笔下，老年女性肥胖而矮小，但形象同样可恶：

下巴底下是另一个下巴，
再往下，低垂的胸脯，
胸脯下面是肚子在，
肚子下面则是膝盖。

由此可见，接替彼特拉克式修辞的是一个依然传统的反修辞，在 17 世纪上半期逐渐减弱。只有一位诗人为女人的老年辩护，就是梅纳尔。当然，他也不能免俗地描绘过一位丑陋的老妇“没牙的嘴发出臭气，连猫闻到都要打喷嚏”。[②] 但是他也曾写过很美的《献

---

① 参见马提亚尔，第 127 页。另见西古尼乌斯：“您讲话比阿玛迪斯还老声老气。”——原注

② 我们注意到，从古代到 16、17 世纪一直都有一种刻板的观念，就是老人会发出恶臭，尤其是老妇人。但这大概率不符合事实，尤其因为涉及的人物通常来自富裕阶层。应该不过是修辞手段。——原注

给美丽老妇的颂歌》，吟唱老年女性的优雅。他对自己的爱人说，尽管她已白发苍苍，自己仍像她之前满头金发时那样珍视她：

从年少时就跟随你的美貌
在你老去之时也不愿离开。

这在文学上是前所未见的口气，后来也很少有应和者。

男人的老去引起的讽刺挖苦就少得多，但是罗特鲁在《姐妹》中对一个50岁的男人的描绘也相当刻薄：

世间所有人都会以为
他是土星或大洪水时期的人。
他用三条腿走路，其中两条有痛风，
每一步都因年老而踉踉跄跄。
要不断地搀住他，或是扶起他。

相较于之前的时代，当时的文学给予了老年人更大的价值。高乃依所塑造的唐迭戈和贺拉斯是颇有尊严的老人形象。

从现实中获取的灵感促使高乃依重拾吉伦·德·卡斯特罗在《熙德的青春》中处理过的主题。国家的创建尚未完成，个人主义和封建伦理观继续存在。领主与附庸的关系没有被割断，大领主依然有众多附庸，全家为领主服务，对领主的义务要比对国王的服从更加重要。高乃依希望的是在王权与贵族之间建立一种平衡，他承认君主身上所体现的法律，试图将对法律的尊重与慷慨、“尚武”这些古典价值相调和。和吉伦·德·卡斯特罗的《熙德的青春》一样，这是一个代际矛盾引发的戏剧冲突，包括两个方面。伯爵正值盛年，相对于他现在的强健，唐迭戈代表的过去已经失能：“您曾经骁勇，而我现在无敌。”这里我们要注意到他完全没有考虑唐迭戈之前的功绩，他对老年没有任何尊敬可言。过去已逝，现在才是赢家，这恰是唐迭戈所不能容忍的：

> 难道我活了这么久就是为了受这样的侮辱？
> 难道我在征战中白了头，
> 只是为了看到一天之内这么多桂树被折？

老年本来应该是忠诚服务一生之后的顶点，现在却因为体力的衰弱而荣耀尽失。唯一的救赎希望在儿子身上。父子一体，因为都延续着家族血脉。虽然一开始话题有所偏离，罗德里戈很快完成认同，以捍卫父亲的荣誉、祖先的荣誉、他自己的荣誉。但是如果说他顺畅接受了父亲所代表的封建道德观，作为个人他对唐迭戈讲话的口气未免粗鲁：“他姓甚名谁？别在无用的话上浪费时间。”不管是成熟的男人还是年轻人，都没有显示对老年的尊重。罗德里戈通过为父亲报仇而取代了父亲。作为摩尔人的征服者、王国的支柱，他就是英雄。国王感叹道：

> 罗德里戈现在是我唯一的依靠，
> 是卡斯蒂利亚的支柱，令摩尔人闻风丧胆。

尽管失了“活跃”人的身份，唐迭戈的角色依然重要。他是儿子睿智的建议者。是他劝儿子不要绝望，是他把儿子派到对抗摩尔人的前线争取重获国王的恩宠。是他让国王保证，在惩罚罗德里戈之前慎重考虑一番，使得罗德里戈得以靠战功取得荣誉。最后，罗德里戈和施曼娜在各自完成对家族的义务之后，服从了国王的安排。高乃依实现了理想的情形：贵族和王权在一个老贵族的调停下达成和解。

老年的贺拉斯也担任了调停人的角色。他是罗马秩序的维护者，正如唐迭戈是封建秩序的维护者。最大的区别在于罗马秩序没有个人主义的位置。当悲剧开始的时候，权力交接平稳，符合制度，儿子们奔赴战场，父辈置身战斗之外没什么可羞耻的。他坦然接受自己生命的意义和荣誉已经不掌握在自己手里而在后辈手里这一事实。如果儿子们背叛罗马，那么他会为罗马和自己而悲痛，他会觉得这关乎自身。实际上，在罗马和他自己之间没有距离，他是罗马的价值的体现，这给他近乎神圣的光芒。这一超自然威望使得他儿子杀了卡米也未受惩罚。他要求的公正是连世俗立法者也需要遵从的绝对公正。

高乃依不仅承认老年人在社会上的地位——至少在理想上承认，而且肯定老去的个体对爱情的追求。在这一点上我们看到，在他之前，17 世纪是不大情愿的。高乃依爱上杜巴克夫人时已年过 50，当时来说已经相当老了。他给对方写了好几首名诗：

我知道，我头发花白。
我知道，岁月使得那些出生好的人也没有了优点。
……如果在最好的岁月里我曾经尚可让人忍受，
我爱了太久以至于无法被爱，
布满皱纹的额头上黄色的皱褶
给最好的恭维抹上悲伤的魅力。

侯爵夫人，如果我的面孔
有些老相，

请记住，到我这个年龄，
您也好不到哪儿去。

时间喜欢冒犯
最好的事物，
也将让您的玫瑰暗淡，
就像它皱了我的前额。
……
在这个新的群聚
我能有些许信用，
您美到何种程度
需要我来认证。

还有杜巴克夫人去世之后诗人发表的：

我老了，美丽的伊西斯。这不治之症
一天天加重，每个小时都折磨我。
只有死亡能够治愈。但如果
它每天都让我更不适合做您的追求者，
我从我的衰落中收获果实，
见到您我不再有情思忧烦。

通过塞多留这个人物，高乃依描画了爱恋中的老者。他描写主人公身体的衰老，白发下面“额头满是发黄的皱纹”[①]，一个胆怯

① 与献给杜巴克夫人的诗句相同。——原注

颤抖的爱慕者形象：

在我的年纪。爱情是如此不合适。
我甚至在自己的爱人面前也将它隐藏。

高乃依在66岁写作的《普尔喀丽娅》分析老年爱慕者的感情。像塞多留一样，马尔蒂安指责自己的感情：

爱情在我这年纪的人是不可原谅的。
我们审视自己，觉得自己可鄙，
我们自恨。我们不敢揭示，
可是，隐藏比受其折磨还要痛苦。
……
装作若无其事，依然被嫉妒折磨。
……想到年轻的时代
我们窘迫的灵魂感到苦涩。
……往日不可追。必须承认
回味让我们心有不甘。
……我的灵魂之火无精打采，
唯有嫉妒让我意识到
爱上一个可爱的人多么痛苦。
对手众多，我是最不可爱的那个。

忠诚而低调的马尔蒂安把自己对女王的爱隐藏起来，敦促她与另一个人结婚。是女王最终向他提议缔结名义上的婚姻。很多老绅士能够在这个人物身上看到自己的影子。丰特奈尔认为高乃依在做自我描绘。格拉蒙元帅祝贺诗人，说还从来没有人把一个老年爱恋者的形象搬上舞台，他很高兴高乃依这么做了，而且如果自己是人物的原型，那他荣幸万分。高乃依对老人的宽容之心可以从他对社会的乐观态度来解释。虽然他不顾出身反对资产阶级，但他推崇国家与贵族的结合，并希望这种结合能够长久。①

我们在圣埃夫勒蒙那里看到相似的观点。他也是高乃依的崇拜者，很多观点与高乃依一致。晚年因反对马扎然而流亡伦敦，过着平静的老年生活，以读书和写作度日，尤其享受交谈的乐趣。他推崇蒙田的教诲，不认为年龄一定能带来智慧。“我确实是没有了罪恶的想法，不过我不知这到底是因为我的身体变虚弱，还是我的精神比以前更加智慧所以懂得节制了。在我现在这个年龄，并不是那么容易搞清楚我们不再感受到的激情是熄灭了还是被降服了。”他和伊壁鸠鲁一样，认为所谓幸福在于避免不幸。由于身体好，他能够享受心神的安宁而且为此感到满足。但他认为，年龄也有其令人悲伤之处。他长期与尼侬·德·朗克洛通信，他为自己可能见不到对方几次了而感到悲伤：“在我这个年纪最令人不快的是希望消失了，而希望是最柔和的激情，最能让我们生活得快乐。”对他来说友谊一直非常重要，他觉得友谊和爱情无需分辨得那么泾渭分明。在他看来，爱情应该被理智所约束，也就是说建立在尊重之上，那么它就不会变成激情，不会让人痛苦。这是一种人们可以感到骄傲的感情，哪怕上了年纪。他说，老人也有权利去爱，当然要像马尔蒂安一样不求回报。80 岁的时候，他温柔地爱着好友马扎然公爵夫人。她去世之后，他又同样非常低调地爱上了拉佩林侯爵夫人。

① 几乎同一时间，拉辛写作《米特里达特》。老国王强迫一个不爱他、他却很迷恋的女人与自己结婚。但拉辛关注的是国王作为暴君，而不是作为一个老年人的一面。相对于我们所关心的问题，此剧没有太多信息能让我们获知当时的人的看法。——原注

“您大可不必对老年人的爱情感到惊奇。因为可笑的并不是动情，而是声称自己还可以吸引人……老年人最大的乐趣是活下去，而恋爱最能让他们确认自己活着……我爱故我在。这想法让我们充满活力，让我们回忆起年轻时候的欲望，甚至想象自己依然年轻。”在关于友谊的论述中，他赞同塞内特尔和埃斯特雷元帅老年才缔结婚姻，他说所罗门为他们做出了榜样。他认为老年人比之前更容易陷入爱河。他在1663年[①]写道：“我们刚开始变老就厌弃自己，这种情绪在我们身上偷偷蔓延。我们的灵魂缺少自爱，一旦有机会便充满了对别人的爱。”这一颇具新意的提法不无道理：老年人自恋心理受到打击，遇到诱惑毫无抵抗之力。[②]

我们看到，老年人的形象比之前的处理更加细致。他人性依旧，保有人的各种各样的情感。在高乃依和圣埃夫勒蒙那里，爱情是柏拉图式的，为当时的社会所接受，将贵族与资产阶级区别开来。已婚的克莱芙王妃为保持贞节而压抑情愫令人感动，为什么类似的事情发生在老年人身上就一定是丑闻？17世纪的态度更宽松，80多岁的老者再婚，指责者有，但祝福者也有。

莫里哀的戏剧又落入了传统的窠臼。他的老年主题没有任何创新性，只是追随古代以及意大利作者笔下的老年人形象，多疑而愚蠢，吝啬而轻信，善于指责而又心胸狭窄。这是一个取笑的对象，而且他完全不自知，反而自命不凡。莫里哀对老年的态度比泰伦提乌斯，甚至比普劳图斯更苛刻。在他的剧作中，只有一位令人有好感的老年人。在受《两兄弟》启发的《丈夫学堂》中，斯嘎纳赖勒是一位善妒又专制的老头，40多岁。大他20岁的哥哥阿利斯特则开明，智慧，形象讲究又不过度。他想娶的女人也爱他，而斯嘎

① 当时他49岁。——原注
② 这个问题我们后面还会探讨。——原注

纳赖勒却被自己追求的女人骗了钱。这里我们必须指出一个常见的错误。莫里哀所有的人物并不都是40多岁。阿尔诺耳弗的确是43岁，但是在《逼婚》中斯嘎纳赖勒已经53岁，对一个年轻女子产生非分之想，并因此受到了惩罚。《司卡班的诡计》中皆隆特年龄很大。阿尔巴贡60多岁，比《一坛金子》的主人公更加可恶，不仅嗜钱如命，而且是一个专制任性的父亲，还是可笑的追求者。莫里哀搬上舞台的父亲与儿子之间的争斗是否反映了现实？因为这些剧作往往是模仿之作而非独创，所以不宜把它们看作当时社会风俗的反映。

为了与英格兰触目惊心的贫困做斗争，1603年女王伊丽莎白一世在统治的末期颁布《济贫法》。政府通过堂区教堂将穷人管起来，向居民征税以获取足够的资金。那些被认为有劳动能力的人被集中到“济贫院”[①]去工作。孩子被租给农民或手工业者。失能的人和老年人被送去收容所。济贫院里的劳动是极其艰苦的。教堂只援助他们所辖教区的失能者，不管外来人，更不管大量的流浪者。

17世纪头40年里很多慈善机构建立起来，如收容所和医院，以轻贫纾困。宗教鼓吹对贫穷的尊重，要求富人布施。但是随着清教徒掌权，意识形态发生了变革。小业主、手工业者，尤其是商人，他们与国王特许的垄断进行过艰苦的斗争，因此强烈要求商业自由，并认为只有共和国才能保证这种自由。当时的法国具备有效的层级结构，能够将资产阶级和政府协调起来又不至于动摇政府。而在行政功能不全的英国，被压榨的资产阶级与王权之间爆发冲突，王权被挫败。中产阶级提出以荷兰为榜样大力发展经济。清教

① Work-house，这个词出现于1652年，但相应机构的建立与《济贫法》颁布同时。——原注

主义试图让基督教适应由竞争主导的工商业社会，强调“不劳动者不得食”这样一个概念。所有的讲道者都强调劳动是一种义务，因为资产阶级认为是懒惰和酗酒阻止了进步。“再没有比懒惰更坏的状况了，”1632年，伊丽莎白·乔斯林写道，“上帝会认为他是一个废物，不能服务于自己，而极端的贫穷也让他在这个世界上被人鄙夷。”宗教和道德上的最高美德就是把生意经营好。最好的祈祷方式就是工作。工作是一件圣事，而获得利润则是被上帝选中的证明。穷人被征税，因为社会拒绝鼓励得过且过、懒惰等恶习。乞讨被认为是不道德的。与其白白施舍，人们宁愿把钱财拿去放债。

穷苦的老人遭罪。资产阶级则给予老年价值。我们看到在中世纪，家庭并没有被理想化。但在清教徒的大本营，也即中产阶级那里被理想化，祖父是象征，受到尊敬。早在16世纪，父母就要求他们的孩子绝对服从。婚姻是包办的，甚至发生过5岁男孩和3岁女孩的婚配。在伊丽莎白一世时期的戏剧中，我们看到年轻人为婚姻自由而斗争。这个时期的清教徒中，权威的原则被更加明确、更加严格地遵守。1606年英格兰教会采纳了一个叫博丹[①]的法国人的建议：父亲对孩子应该握有生杀大权。当时他的作品刚刚被翻译成英语。君主对他的臣民来说应该像一个父亲。清教徒对此表示赞同，认为一家之长对于家庭成员也应该像一国之君之于臣民。当时有很多布道词大谈应该把家庭管理交给老年人。由于不再被激情所困——至少人们是这么声称的，老人能够所谓自然地禁欲，而这正是清教徒想让人们过的生活。老人因此成为效仿的楷模。再者，既然成功是上帝眷顾的标志，那长寿便也成为德行的证明。由于所有这些原因，清教徒对老人是尊敬的。清教徒掌权的时候便想把他们

① Jean Bodin（1530—1596），法国政治思想家、法学家，近代西方主权学说的开创者。

的道德标准加诸全国。他们关闭了戏院，对他们来说，那是让人堕落的地方。

复辟王朝对此进行了激烈的调整。戏院重新开放，成为一件大事。破天荒头一遭，女性角色由女演员扮演。30 年间，在舞台上写作的作家、给他们鼓掌的观众，都属于相对保守的群体。这些贵族将清教徒所宣扬的资产阶级价值观踩在脚下。他们的戏剧冷酷自私，以各种形式嘲弄美德，尤其大肆嘲讽老年。

在伊丽莎白一世时期的戏剧中，年轻人为自由而斗争，对老年人则善意和讽刺夹杂。17 世纪末期，出现了大量表现代际矛盾的戏剧。其中最有名的是康格里夫[①]的《以爱还爱》。一对年轻人，瓦伦丁和安吉莉卡，一个有个丑恶的父亲，一个有个丑恶的舅舅。福塞特[②]这个人物“没有文化，阴郁，迷信，声称会占星术、看手相”，不停发出学究式的预言。年轻的妻子与人私通，外甥女对他直言真相，令他出丑。桑普森的角色是一个不负责任的父亲，为了惩罚瓦伦丁的挥霍，他想逼迫他把继承权让给弟弟本，一个刚从外面回来的海员，并说只有这样才会替他还债。瓦伦丁债务到期，必须还清才能迎娶安吉莉卡，因此只得答应。其间他与父亲发生了激烈的争吵，指责父亲吝啬，硬心肠。而父亲则以难以置信的傲慢说道：“难道我不能为所欲为吗？难道你不是我的奴隶吗？难道不是我生了你们吗？难道你是自行来到这个世界上的不成？不是我这个做家长的合法权威把你们带到世界上的吗？”最过分的是他竟然想与安吉莉卡结婚。后者假装答应，后来又灵活脱身，既让老头给瓦伦丁还了债，又保住了继承权。最后，安吉莉卡当面嘲笑：“我从

---

① William Congreve（1670—1729），英国剧作家、演员。他是英国风俗喜剧的杰出作家和优秀代表。

② Foresight，意为“预见未来”。——原注

来也没有停止爱你的儿子，以及恨你记仇的本性……你的缺点比他的优点还多。一想到我要幸福地生活在他身边，并且让他幸福，我就怀着同样的愉悦看着你被惩罚。”瓦伦丁也应和着，乐见父亲的狼狈。这样的剧情在很多戏中存在，年轻人的优势在前四幕建立，最后一幕获得最终的胜利。对“苦难年龄”的敌视到达之前所没有过的程度。做儿子和女儿的不惮于大声疾呼，反抗清教徒所强加的一切道德和社会价值。

18 世纪，由于卫生条件改善，整个欧洲的人口都增长了，并且年轻化。在法国科曼日地区维尔纳夫-德里维尔进行的一个调查显示，1745 年之后年轻人的死亡从每年 15 人到 20 人减至 3 人到 4 人。同时，物质条件的进步延长了人的生命。从 1749 年起，之前很少见的 80 岁甚至百岁老人多了起来。但是，这一进步往往只在上层阶级发生。1754 年一位英国作家谈到法国农民时说：“这是一个 40 岁之前就开始死去的人种，因为没有办法从劳累中恢复。”1793 年一位在欧洲旅游的英国人写道：“虽然吃得太好让他们生病，缺乏活动，以及恶习缠身，他们① 还是比下层阶级多活了十年。因为后者被工作、贫困、疲劳折磨得未老先衰。贫穷使得他们得不到生存必需品。”被剥削者就算活到相对老的年纪，往往也已经失能。从 14 世纪起，在中欧便出现了互助性的保险机构，在法国这些组织是地下的，生存得相当艰难。《勒沙普里埃法》将其禁止，连同所有职业性组织。而且互助会的资金也远远不够。老年人如果没有家人照顾，唯一能指望的只剩教会了。

在英国，名为“友谊社”的互助保险组织也发展起来。18 世

① 指富人。——原注

纪下半叶感伤主义影响了整个欧洲的思想，使得人们为贫困动容。人们逐渐理解，责任应该由社会肩负起来，而不是失能的人本身。1782 年的法律给了本堂教会对穷人税的征收权和使用权。国家似乎承认所有人都有生存的权利。[1] 1785 年在斯宾汉姆兰召开会议的法官确认，如果一个人不能通过工作养活自己，那么社会应当保证他的基本生存。社会救助朝这个方向改革，残疾人、老年人的状况略有改善。另一方面工人结社多起来，与老板进行斗争，同时也预防失业和疾病。

在上层社会，老年人得益于风俗的宽松。由于技术进步，在法国以及整个欧洲，物质生活舒适了些，不那么劳累。比如旅行不再是一个令人疲惫的活动。社会生活更加复杂。需要智力和经验，对体力要求更少。萨克斯将军尽管患有痛风，依然取得了丰特努瓦战役的胜利。人的活跃期变长了，60 多岁的人依然能够参与社会生活，他们去剧院、沙龙。就像在前一个世纪一样，良好的记忆使他们成为受欢迎的交往对象。年轻人目瞪口呆地听着 90 多岁的丰特奈尔讲述往事，当他说“我在拉法耶特夫人家里看到塞维涅夫人进来”，人们有种和鬼魂讲话的奇妙感觉。老年男性迎娶比他们年轻得多的女人也不再过分令人惊奇，马蒙特尔[2]、马里沃[3]都是如此。上升的资产阶级为自己创造出一个意识形态，让老年人受到褒奖。

尤其在英国，技术的进步带来了工业、金融业、商业的发展。新的阶级有钱有势，自我意识强烈并打造了一个适合自己的道德体

① 然而，当时工厂和作坊依然对童工残酷压榨。——原注

② Jean-François Marmontel（1723—1799），法国作家、历史学家、哲学家、百科全书派作者。

③ Pierre Marivaux（1688—1763），法国剧作家、小说家。1743 年当选为法兰西学士院院士。

系。在伦敦，从17世纪末起，大量涌现协会、集会、咖啡馆，后者多至3000余家，热烈的讨论催生出“新人”的形象。斯梯尔[1]和艾迪生[2]堪称其教父，二人办的《闲谈者》和《旁观者》杂志致力于改造以前的人，推出一个此前未见过的形象，以商人为最杰出的代表。他是人类的朋友，他是一个冒险者，世纪的英雄，但他是一个和平的英雄，他的拐杖代替了剑。他不喜炫耀，生活简单，不热衷于奢华的外表，而注重实用性。他不喜欢上流社会的繁文缛节，过着隐退的生活，往往居于乡下。他把道德置于艺术之上。这一变化引发了戏剧的巨变。17世纪末开始了一场对道德的宣扬，针对的是之前把持戏剧的一小撮人。清教徒的严厉已经是遥远的过去，人们不再觉得有必要刻意鼓励宽松，然而流行作家的大胆最后还是让公众舆论觉得过界了。牧师、记者、小册子作者塞利尔的一篇檄文引起共鸣，虽然这无碍于两年之后康格里夫的《如此世道》大获成功，但之后他就封笔了。戏剧变得充满道德说教和感伤主义，人物不外乎年老忠诚的仆人、互相珍惜的父子，总之全员好人。[3]

同样的趋势也在法国蔓延开来。在这里，“新人”的代表是哲学家，提倡世俗道德和人道主义。最有力的宣传者并且追随者最多的是狄德罗。事实上18世纪的法国阴云密布，事件频仍，一直不能免于混乱和冲突，最后导致爆发革命。文学对人的描绘非常严厉甚至带着恶意，如普雷沃、马里沃、拉克洛、萨德。资产阶级则表现出乐观主义，认为自己是人类最完美的化身并动情地赞颂：人的本性是好的，所有的人都是兄弟，每个人都应该尊重他人的自由和观点。人出于对自身的爱，要像爱自己一样爱邻人，这成为道德的

---

① Richard Steele（1672—1729），英国作家。1715年被封为勋爵。

② Joseph Addison（1672—1719），英国文学评论家。

③ 代表性作品如斯梯尔的《慎重的情侣》，上演于1722年。——原注

基本概念。“他人”的概念也扩大了。18 世纪人们对时间和空间的概念进行了探索。这个时候不再只是有教养的成年人的统治，人们开始对所谓“野蛮人”感兴趣。卢梭提醒成年人，他们也曾经是孩子，应该在孩子身上认出自己。母亲开始母乳喂养。从 18 世纪初便有人反对鞭打儿童，并于 1767 年彻底禁止。儿童在家庭中的位置越来越重要。成年人意识到自己终有一天会成为老年人。老年人甚至获得了一定的重要性，因为他们象征着家庭的团结和延续。家庭通过财富的传承积累财富，它是资本主义的基石。资产阶级的个人主义繁荣。即使老了，一家之主依然是他的财产的所有者并享有经济上的威望，他引发了人们情感上的尊敬。事实上，整个 18 世纪都是“敏感的”，人们用心来寻找真相。人们热衷于歌颂道德，各种说教故事盛行，被叫作“关于人性的论述”。人们用同情的心看待弱者如小孩子和老年人。马蒙特尔的乡村童年故事，感动了同时代的人。他谈到慈祥的祖母“80 岁依然康健，偎火小酌，回忆旧日的时光”。格勒兹[①]表现老年人的画作激起人们的温情。老年增加了伏尔泰的威望，人们尊他作“菲尔奈的长者”。1789 年 7 月到 1790 年 7 月，在所有的联盟节上老年人都被推崇，由他们来主持仪式。[②] 1793 年 8 月 10 日的庆典上，86 位老年人扛着 86 个省份的旗帜出场。

这种情感主义产生了实际的结果，“善行”得到鼓励。这个词由圣皮埃尔神甫发明，用一个世俗的词汇代替宗教性的慈善。乞讨的问题被广泛讨论。报纸辟出专栏报道“人之善举”。1788 年出版

---

① Jean-Baptiste Greuze（1725—1805），法国画家，擅长风俗画和肖像。

② 米什莱写道：“鲁昂的联盟节集结了 60 个城市的国民自卫军。为了让一个老年人来主持这次联盟节，甚至跑到莱桑德利找来一位 85 岁的马耳他骑士。在圣昂代奥勒带领所有人宣誓的荣誉落在了两名分别是 93 岁和 94 岁的老人身上……到处都是老年人带领民众，坐在首座。”——原注

的合集《法国慈善》中，慈善机构的名单就占了整整两册。女人尤其乐意寻求和给予帮助。梅尔西埃[①] 描写他们照顾“80 多岁的老人、天生的失明者、产妇等等”。1786 年慈善协会宣称援助了 814 名不幸的人，包括老人、盲人和产妇。

事实上，从事慈善尤其是一个保证个人幸福的方式。通过让别人幸福来使自己幸福是一个不衰的主题。而保证自己的幸福是资产阶级致力追求的主要目标之一：试图通过培育家庭和友谊的关系，行善施德，得到平凡的快乐。幸福被认为是一种休憩，应避免极端，止于温和的激情。老年被想象为一个幸福的年龄，甚至堪称典范，因为老年人不再被狂热的激情所困扰，平和而睿智，无欲无求好过耽于享受。一个平衡的生命应在安宁和满足中结束。

布丰便持这种观点：“能健康起床的每一天，在我不都是享受吗？我的一天和您的一样充实，一样饱满。如果我的行动、我的胃口、我的欲望都和睿智的大自然相顺应，我不就跟您一样睿智和幸福吗？令老疯子怀恋抱恨的过去，在我则唤起幸福的回忆、温馨的场景、珍贵的影像，跟您所爱的东西不是一样珍贵吗？”

不过达朗贝尔对此提出质疑：“人们赞颂友谊和老年，可是对青年和爱情完全没必要多此一举。”狄德罗指出：“人们褒奖老年，却不喜欢它。”后者的作品中有一些正面的老年形象比如他的父亲。雷蒂夫·德·拉布勒托纳[②] 所作《我父亲的一生》获得了巨大的成功。他不乏夸张地描写了“可敬的老人”形象，赞颂家庭生活的美德和甜蜜。然而就是在那个时期，家庭开始解体，大部分法国人已开始怀念过去。他还描写了乡间生活的魅力，颇为吸引当时的资产

---

① Louis-Sébastien Mercier（1740—1814），法国启蒙运动作家，著有小说、戏剧、随笔、文学评论和新闻报道。

② Nicolas Restif de La Bretonne（1734—1806），法国作家。

阶级。他对父亲临终的描述体现了流行的“感伤”文风：“全村所有的老人都来了，哭泣着站满病人的房间。”

17 世纪末和 18 世纪法国戏剧中也可见老年人形象的演变。德图什[①]的《三场婚礼》描绘了奥伦特，一个专断吝啬的形象，爱钱财胜于爱子女，并且想把基于利益的婚姻强加给他们。《忘恩负义》《没有预见到的障碍》中，父亲都是令人难以忍受的专断者。但是在《犹豫不决的人》中皮朗特很爱自己的儿子，容忍他的奇思怪想。在格拉菲尼夫人的《塞尼》中，多里马尔是一个有魅力的老人，对自己抚养的外甥们非常尽心。他稍有些专断，过于自信，以至于犯了一些错误，但是最终他的善良远远超出了他的缺点。其中一个人物在大团圆的结局总结道：“善良是最宝贵的美德，哪怕过度的善良让人上当。”

博马舍在他的戏剧中对老年人的塑造可谓细腻，有时让人出其不意。作于 35 岁的《欧也妮》没有获得任何成功。主人公哈特利男爵是一位年轻女孩的父亲。博马舍这样描绘这位威尔士老绅士：“男爵公平正派，始终如一。可是一旦被强烈的激情占据，他便燃烧起来，真诚的、火热的、令人意想不到的事情便从这烈焰迸发出来。”[②]这是第一次让人在一位老年人身上看到内在的激情，其爆发会让周遭的人猝不及防。博马舍一开始设想的是一个布列塔尼乡绅，喜爱打猎，急躁而难以相处。“一点儿小事情就会让他做出最激烈的决定，总想摆平一切，却总是搞砸一切。总之是一个吵吵嚷嚷、非常不理智的人。”更接近喜剧中常见的老年人形象。不知博马舍后来为何改变了这种形象，但是，他对老年人的善意在三年之后上演的《两个朋友》中再次表现出来。剧中的父亲是一个“敏

---

① Destouches（1680—1754），原名菲利普·内里科，法国喜剧演员、剧作家。
② 见博马舍《试论严肃戏剧》。——原注

感的哲学家”，是剧中最引人好感的人。他有智慧，为别人着想，慷慨，是他挽救了整个局面。《塞维利亚的理发师》风格一新，但恋爱中的老年人则属刻板形象，巴托洛非常像莫里哀笔下的老头们。[①]《费加罗的婚礼》中则没有任何老年人。在他生命的最后阶段，1792 年上演的《有罪的母亲》未获成功。博马舍对于老年采取了符合时代潮流的说教式的安抚态度。该剧前言说到阿尔马维瓦伯爵：“看到本剧《有罪的母亲》中此人的老态，您是否和我们一样相信，只要不是天生恶魔，当激情年岁过去，人最后总会变好，尤其品尝到为人父的幸福之后？”剧中伯爵也说：“哦，孩子们！到了一定年龄，诚实的人会互相原谅他们犯下的过错和他们之前的弱点。曾将他们撕裂的暴风雨般的激情已过，取而代之的温柔的依恋之情将人们联系在一起。”

1799 年有一个叫布伊的人将一部剧作献给 66 岁的莱佩神甫。前言中写道：“什么都逃脱不了他的洞察力……天才和善良……温和而不做作的虔诚……对自然的认知。”凡此种种都是道德家所梦想的老年人的优点。

19 世纪初众多的情节剧便是由此条线索发展而来。老年人都是次要角色，但他们很有威严，令人感动。有时他们会犯错，但会以心灵的高贵来救赎。所以在拉马特里尔的《匪首罗贝尔》中，罗贝尔的父亲不明智地偏爱另一个儿子，却被后者关进了塔楼，是罗贝尔救了他。老人像一个伟大的殉道者。1801 年皮克塞雷古尔的《一妻二夫》中，老年维尔纳双目失明，具有最高的美德。对荣誉毫不动摇的坚持，使他显得专断而无情。他以为女儿有罪，便诅咒她，不听她辩解，固执地沉浸在怨恨之中。但是，当他终于得知真

① 但他更狡黠，更不易上当受骗，剧情因此而更加精彩。——原注

相，他选择了原谅，周围的每个人都感动落泪。一个人物总结道：“一个愿意原谅的父亲是神的旨意最完美的体现。”1821 年皮克塞雷古尔在《瓦伦蒂娜》中表现同样的主题。阿尔伯特也是一个盲人，对自己的女儿非常狠心，最后与她和解。无私和坚定给予他崇高的形象，令人不得不敬仰。

一个新的主题出现了——忠心耿耿的老仆人。封建社会领主与附庸的关系意味着在原则上后者对前者绝对的奉献。处于上升期的资产阶级梦想能重新点燃这样一种关系以有利于自身。在柯策布[①]的《厌世与忏悔》中，老人托比的淡定和甘于认命让其他人物感动落泪。年老又贫穷的他满足于活在世间的谦卑幸福。1806 年盖尼埃所作《了不起的盲人》，主要人物之一是老年的奥贝尔托，对失明的王子极为忠心。他有勇气，有尊严，是美德的化身。

皮克塞雷古尔的作品中有很多忠心老仆的形象。

这些质量欠佳的作品更能说明问题：它们迎合观众的要求，反映观众的幻想。他在自己阶级之内尊敬老年人，而在这之外赞赏他们，但前提是这些老年人体现出对统治他们的阶层无条件的忠诚。年老的穷人就这样羞怯地进入了文学。他们并不是因为本身让人感兴趣，而是因为与封建领主的关系，他们的命运掌握在领主手中。[②]

我们在意大利戏剧中看到了同样的演变。16 世纪的时候，潘塔隆内是一个精神矍铄但令人厌恶的老者。17 世纪末情况有了改变。1699 年，佩鲁齐提到他时说：“这是一个衰老不堪的老年人，

---

① August Friedrich Ferdinand Kotzebue（1761—1819），德国剧作家。曾任维也纳、彼得堡等地的剧院院长，主编过多种文学和政治刊物。

② 欧里庇得斯的《伊翁》即如此。——原注

却想模仿年轻人。”1728 年，利科博尼却说他是“一个好的一家之主，荣誉感强，说话极其谨慎，对待儿女非常严厉”。他“外表粗暴”，不再吝啬但是非常节俭，而且尽管有这些优点，他依然被欺骗。

这一变化在哥尔多尼[①]的戏剧中最令人震惊。它描写的是威尼斯的风俗，在那里资产阶级地位上升，资产阶级的价值受到赞颂。从 16 世纪起，威尼斯的海上领先地位减弱。土耳其帝国、西班牙、拉古萨都与之展开竞争。威尼斯变成了一个重要的工业港口，生产高级羊毛呢。但是贵族认为这样的工作有失身份。他们在乡村置地，渐渐远离了商业。18 世纪贵族依然把持着政治权力，但是他们仅仅是靠着商人阶层在城市里积攒的财富而存在。理想的人是诚实、节俭、勤奋的。这些美德对于城市、对于他的家庭和他自己都比贵族名号有用。贵族过着奢靡的生活，而商人则体现了理智和正直，他的道德标准主要建立在家庭关系之上，这就是哥尔多尼所属的资产阶级的价值观。

传统上说，潘塔隆内是一个商人。创作之初，哥尔多尼模仿即兴喜剧，塑造了一个符合传统套路的人物。《扫兴》是一部相当个人化的作品，老年人形象不那么讨喜。哥尔多尼一共搬上舞台四个潘塔隆内式的人物。四个都愤世嫉俗，专断，吝啬，自私。他们观念陈旧，敌视年轻人，压制家庭成员。他们不允许女人和孩子出门、玩耍、打扮。有一个想把女儿许配给另一个的儿子，却不让年轻人在婚礼前见面，后者靠他们母亲的帮助才得以相见。

哥尔多尼在戏剧创作中越来越重视描绘他眼中的威尼斯社会。潘塔隆内式人物也越来越接近理想的商人。他不再是一个老年人，

---

① Carlo Goldoni（1707—1793），意大利喜剧家，从资产阶级民主立场出发，在许多剧本中对封建贵族进行了尖锐嘲讽。

而变为中年人，善于理财，生活规律，并且能够给出中肯的建议，作者经常把他作为自己的代言人。他最成功的剧作之一《好心的暴脾气》对父亲角色带了些许嘲讽，但依然给予了尊重。吉伦特是一个粗野专断，难以相处的人，他从不听人劝，没有征求自己侄女安吉莉卡的意见就想把她许配给自己的一位老朋友。但是，吉伦特又是一个慷慨的人，长期接济自己仆人的家庭，同意替外甥还债。最后他终于明白应该让安吉莉卡自己决定自己的感情，并同意她与年轻的心上人结婚。

我们看到乔叟以来富裕老商人形象的演变过程。之后好几个世纪，他的财富都是羡妒的对象，人们认为他享有特权是不公平的，通过嘲笑他来进行报复。但是到了 18 世纪，人们对经济活动更加了解，理解了商人对社会究竟做出了什么贡献。清教徒率先倡导实用主义，商人的作用被承认，人们在他身上看到各种优点，对年老的商人尤其尊敬，因为财富佐证了他的智慧和良德。

18 世纪的作者也像其他时期一样，摆脱不了时代的影响。得益于当时注重个人主义和创新的氛围，新思想频现，一大批作家展现出独创性。斯威夫特尤其值得一提，他所塑造的老年形象其残酷性前所未有。当时他 55 岁，在写作《格列佛游记》第三卷，处于人生中的困难时期，与范妮莎的关系接近破裂。他在之前完成的第四卷中对人类进行了辛辣的嘲讽，体现在耶胡这个形象上面。“我憎恨和厌恶被称为‘人’的动物。”他后来在写给蒲柏的信中说。他厌恶女性，几年后写了著名的诗《女更衣室》，其主题是“塞莉娅大便”。老年在人们的心目中，尤其在说辞中是人生最高贵最完美的阶段，这种说法只能引起斯威夫特的愤怒。他自己当时也一把年纪，身体不好。对他来说，自己的老年是一个体力和精神急剧下降的时期，对此他似乎早有预料。如果他当时没有被幻想所困扰，因而带着恐惧去猜想自己的未来，他对长生不死之人的描写不会如此生动，后者实际上就是些很老的老年人而已。在生命的尽头，斯威夫特变成了自己笔下的斯特鲁布鲁格人，这绝非偶然。

当格列佛知道拉格奈格人出生的时候额头上就有一个印记，表示他们将永远不死，他感到非常惊奇。在他想象中，这些幸运地逃脱了死亡的恐惧的人学识渊博，衣食无忧，整日谈论着高尚的问题。格列佛说如果自己是他们的一员，他会去与腐败做斗争，去完成伟大的发现。而他的对话者则说，其他所有地方的老年人都想继续活下去，唯有此处例外，因为他们自己未来的命运就在眼前。“这种不死的生命是荒谬的，毫无道理，”他对我说，“因为它设想着永远年轻，健康，充满活力……可实际上这绝非享受永远的春天、幸福和健康，反而是要忍受老年的悲惨没完没了的折磨。”事实上，斯特鲁布鲁格人在 30 岁就开始忧郁，且与日俱增，一直到 80 岁。然后他们的命运就是“他们身上不仅有着别的老人身上所有的愚蠢举止和体弱多病，而且还有更多的、因为永不死亡的可怕前景而带给他们的种种毛病。他们不仅固执、乖戾、贪婪、多疑、自负、饶舌，而且毫无人情味和友爱精神，感情到孙子辈就不再往下延伸。他们只剩两种情感：妒忌和被迫压制的欲望。他们嫉妒年轻人的放荡不羁，以及其他老年人的死亡……他们的记忆一片空白，只剩青年和中年，况且也模模糊糊了……他们中最幸福的似乎要数那些已变得年老昏聩的人，他们倒能得到些许怜悯和帮助，因为他们少了许多别人身上所有的种种恶习”。活过 80 岁在法律上被视作已过世。如果夫妻双方都是斯特鲁布鲁格人，婚姻即告解除。他们靠微薄的津贴生活。到了 90 岁，牙齿和头发全掉了，也失去了一切口味，“聊天时很多词都说不出了”，“由于记性太差也无法阅读”。由于语言一直在发展变化，他们搞不懂了，因而“身在本国却与异邦人没什么两样”。

最后这个想法是全新的。在这之前，尤其是在中世纪，时间被认为是循环的，老年人在一个不变的宇宙中衰颓。到了 18 世纪，资产阶级相信进步，这使得斯威夫特认为老年人处于重复和停滞，而身外的世界在变化之中不停更新。由于跟不上变化，老年人落在后面，被孤立，被圈在原地，所有事物都离他远去。① 与年轻世代的交流变得不可能。老年因此并不仅仅是衰落，而且在斯威夫特看来，还是流放般的孤独。

说到不死的老年人，这是爱奥尼亚诗人弥涅墨斯所悲悯的提托诺斯的不幸命运。人从未要求不死。如我之前所言，人们想要的是不老泉。歌德的《浮士德》中一个主题是返老还童，然而这一主题在此前关于浮士德的古老传说和马洛的剧作中并不存在。浮士德是一位饱学之士，后来拥有了魔法，因为追求知识而丧失了灵魂。歌德的作品首先是知识的悲剧以及人的有限性的悲剧。但是年龄的概念也起了很大的作用，年老的浮士德不能从学问中找到幸福、自豪，并为之陶醉。科学依然是敞开的，他依然可以继续学习，但是他成了自身极限的牺牲品：求知的欲望在他身上熄灭了，他不再有活下去的理由。为了找到理由，他需要重新体验欢愉、爱情、沉醉这些青春的特征。他寄希望于梅菲斯托费勒斯还给他年轻岁月之后自己不会纵情享乐到想让时间停止的地步。但是毕竟这个挑战只有当他真的重新尝到这些乐趣才有意义。因此，歌德将老年设想为一

① 尼侬·德·朗克洛在一封信中提及，老年人孤单地置身于一个不再属于他的世纪。这主题常出现在作家笔下，尤其是夏多布里昂，我稍后会详细讨论。不过这是第一次有人公开提出这个主题，并且相当有力度。——原注

个抽象的、冰冷的、令人失望的年龄。他开始写作《浮士德》时只有25岁，1807年完成时48岁。尽管没有老年的经验，他已经感受到人类的有限性。如果说他一直想像蛇一样能够蜕皮，那是因为他时不时感到皮囊太旧，施展不开。问题并不在于保持年轻，而是能够重回年轻。就像在人生冒险中，走入死胡同之后，可以从头再来一次，而不是戛然而止。

19世纪，欧洲发生了的变革给老年人的状况和社会对老年人的看法都带来了巨大的影响。首先要注意到的事实是，所有国家都出现了人口的急剧增长。欧洲人在1800年有1.87亿，到1850年增长到2.66亿，1870年达到3亿。由此产生的结果是，至少在某些社会阶层，老人的数量增加了。这一成就与科技进步相连。真正的知识代替了原先关于老年的种种传说。而这些知识也使得人们能够照顾和治愈老年人。从此，他们人数如此众多，文学不能再忽视他们。法国、英国、俄国的小说家试图给社会画出完整的画像，他们不仅描摹有特权的老年人，也塑造下层阶级的老年人。后者在这之前，除了个别无足轻重的例外，还从未受到作家关注。

这并不是说情况对所有老年人都非常有利了，远非如此。我们将会看到，正相反，他们中的很多人会成为这个世纪经济发展的牺牲品。

人口增长与三个紧密联系的现象相关，即工业革命、农村人口流失导致的城市化，以及无产阶级这个新阶级的产生和发展。

在英国，乡村人口的流失是随着圈地运动而产生的。这一运动将数量众多的农民变得非常贫穷。19世纪初，社会救助法律导致农民收入减少，不得不离开乡村。1846年《自由贸易法》通过，工商业的英国最终战胜了农业的英国。

在法国，18 世纪末出现了严重的农村人口流失。城市人口之前占总人口的 10%，现在占到了 20%，总人数达到 550 万。农民子弟尤其来到小城市成为商人、职员、政府官员，社会地位上升。19 世纪初这种趋势有所减退。从 1800 年到 1851 年，城市人口增长了 350 万，由于总人口也在增长，城市人口占全国人口的比重为 25%。税负减轻使农民收入增加，但是这种增加又被人口的增长所抵消。1840 年到 1850 年，农村已经不足以养活人，因此从 1850 年到 1865 年，大量人口再次拥出农村。之后的时期，由于工业生产的集中化，本来能够给农民提供重要收入的农村工业严重衰退。科技的进步使得穷人种地更加困难，无法与在农业中引入了资本主义方式的地主竞争。除此之外，从 1880 年开始，交通运输方式的进步使得美国能够向法国出口小麦。这导致了一场严重的经济危机，农村人口流失加剧。1881 年全国已经有 1/3 的人口集中在城市。19 世纪末，是工业给农民子弟提供了糊口的途径，他们壮大着无产阶级的队伍。

这些变化都不利于老年人。不管是法国还是英国，19 世纪下半叶老年人的状态都是前所未有的悲惨。劳动者的权益得不到保护。男女老少都被无情地剥削。上了年纪之后工人就无法承受高劳动强度。工业革命是以人力的巨大消耗为代价的。在美国，从 1880 年到 1900 年，泰勒主义造成了巨大的生命损失，所有工人都会过早死亡，而那些活下来的人，一旦年龄大了不能再工作，便陷入悲惨境地。法国的互助保险组织在复辟时期开始被允许，1835 年得到承认，1850 年到 1852 年在一个严密监视的政体下又被取缔。1898 年 4 月 1 日第三共和国的法律给了它们完全的合法性。但即使在最好的情况下，涉及老年这么沉重的负担，其提供的资源也是远远不够的。英国的互助组织“友谊会”情况类似。当时萨伊[1]向人们提倡：“与其生孩子，不如多存钱。”对工人如此说教是找错了对象。在法国和英国无家可归的贫穷老年人大量出现。

在法国乡村，在家庭中得到照料依然常见。如果之前持家的老人身体依然强健，或者依然有足够的财富来维持他的田产，那么他就会通过继续工作或者雇用帮工，保持对孩子的权威。在农村，父权制的家庭继续存在。老年人对家里的管理有时候依然是专制的。但是这种情况往往只出现在经济宽裕的农民那里，因而比较罕见。1815年的农业依然相当原始，进步缓慢，收成低到只能勉强生存。老人无法再继续耕作他们的土地，也没有攒到足够的钱财来雇用外国劳力，因此只能听任子女摆布。后者也生活在贫困的边缘，养活不了多余的嘴，有时便将老人遗弃在收容院。1804年蒙特里夏尔收容院的院长气愤地说：“来这里的老人本该把属于他们的所有东西都带来，可是那些不肖子孙把老人丢弃在大厅之前恨不能把他们的衣服都扒光带走。”[2]通常情况下，他们会把父母留在家里，可是中世纪李尔王的故事中的情形也一直在延续。当父亲不能再下地劳动的时候便把土地交到孩子们的手中，而后者让他饿肚子，虐待他。在《阿瓦隆省与塔恩省农民纪事》中鲁韦拉·德·屈萨克写道：“再没有什么比儿女忘记对老年父母的职责更常见的，虽然父母给了他们生命。老人如果不谨慎地在没有书面文件的前提下就交出了自己的财产，或者立的是不可撤销的遗嘱，那么他们就会看到自己被鄙视，经常缺吃少穿。”

很多小说都处理过这一主题，想必是受到现实的启发。特里耶

---

① Jean-Baptiste Say（1767—1832），继F.魁奈之后，法国经济自由主义的主要代表者，亚当·斯密学说的解释者和宣传者。

② 见拉布鲁耶神甫的《蒙特里夏尔研究》。——原注

1885 年写作的《厄赛布·隆巴尔》中，父亲死后女儿指责长兄曾将其囚禁。“他来我们家，是因为你给他吃腐烂的土豆。”“而你呢？大冬天让他死在草垫子上。”另一部小说，费夫尔和德普雷的《钟楼附近》，取材于奥布省鲁夫尔农民的故事，老博努尔被自己的孩子虐待：“他就这样自生自灭。被打，被侮辱，只有烂土豆可吃。像猪一样。”最后老人自缢身亡。麦兹鲁瓦的《盲人》中，外甥们让老舅舅去乞讨。“如果他回来囊中空空，他们就打他一顿，每个人都指责他，哪怕最小的也对他进行无情的嘲讽，把碗从他手中夺走，要诡计捉弄他。”有一天他倒毙在路上。莫泊桑《阿马布尔老爹》描写了一个鳏夫父亲悲伤而沉默的一生。他耳聋，近乎失能。儿子违背他的意愿，跟一个和他人有个孩子的女人结了婚。生活对老人来说越来越艰难。儿子死去。儿媳对公公还说得过去，但是她又再婚了。老人自缢。

法律竭力保护老年人不被他们的后代虐待和轻视，以法律条文替代惯常的做法。如果父亲将财产分给在世的孩子，那么作为回报他应该得到一笔养老金，其数额要当着公证人的面定下。如果他的孩子拒绝支付，他可以去法庭起诉。原则上他不再依附于家庭的意志。但不幸的是，法律所给予的这种保障，往往要他付出很大的代价。以前子女为他花最少的钱以节省一个模糊的利益。可是现在他们的利益变得精确了，可以衡量了，那就是不得不付的养老金。如此一来子女便有了强烈的动机让他消失，因为这是逃脱法律规定的义务最简单的办法。我们无法知道杀害老年父母的事件——以暴力或剥夺的方式——在哪一个世纪是最多的。其中大部分都被湮没在农村不为人知。但是在 19 世纪确实相当常见，以至于公众舆论也听到了风声并为此担忧。这是否说明人们对老年农民的命运更加关心？还是说此类犯罪数量众多并且不再需要掩人耳目？仅凭现有资料无法下结论。

可以肯定的是，被剥夺的老年父亲经历的危险经常被暴露出来。1874 年博纳梅尔在《农民史》中写道："他满心厌倦，对所有人和他自己来说都是累赘。在自己孩子那里也是陌生人。生命的最后时日在不同的家庭中辗转。最后总算死了……他必须快一些，因为等在暗处的贪婪已按捺不住杀心。"博纳梅尔说有时候老人还没有真正咽气就被埋了。"茅草屋檐下，嗜睡被叫作死亡，因为根据迪皮伊的话，[①]家里并不总是有两个房间，人们急着继承。"他讲了四个弑亲的例子，全部发生在 1855 年一年之中。[②]这一罪行是如此普遍和广为人知，尽管有时细节不明，政府仍于 1866 年到 1870 年对法国农村展开正式调查，1877 年保罗・蒂罗写报告进行了总结。蒂罗以政府的名义宣称，不建议老人生前分配自己的财产。他言辞激烈地提醒老年人被剥夺财产之后的悲惨，提到那些"加速老年人死亡的罪行，子女分到财产之后产生的义务成为对犯罪的鼓励。一家之主一旦把财产交出去便丧失了所有的权威。他会被看不起，被自己的孩子排斥，被家庭抛弃。在孩子之间被赶来赶去，虽然有所谓的年金和住所，但是他往往得不到"。

谢维尔在 1885 年 8 月 5 日《时报》上的一篇文章里，强调了

---

① 见《会话词典》的"埋葬"词条。——原注

② 在曼恩-卢瓦尔省，有个名叫居约马尔的农民杀了岳母，后者把财产都给了他，而他每年需付她 20 法郎和 12 斗黑麦（《宪报》1855 年 2 月 12 日）。

在临近利布尔讷的让萨克镇，有个 60 岁男子杀了他 80 岁的母亲。为了不再付养老金，他在她喉咙上刺了两刀（《快报》1855 年 3 月 20 日）。

在拉菲尔泰苏茹瓦尔，有天晚上在一条小径上一个农夫用棍子打昏了岳父，因为他需付后者 800 法郎的年金。一个女孩听见喊叫声，揭发了这个农夫，他承认了罪行（《快报》1855 年 7 月 29 日）。

讷穆尔农民皮埃尔・贝松打昏了他的父亲，因为后者的遗嘱里有些条款对他弟弟比较有利。

我再举一个在 1886 年引起轰动的例子。在卢瓦尔-谢尔省的吕诺市，托马夫妇活活烧死了托马太太的母亲。——原注

老年父母的悲惨遭遇：随时被训斥，挨饿，被赶去乞讨。祖辈疼爱孙辈，但后者“长大就与他拉开距离”，和其他人没有二致。这位记者说，赶紧把老人打发了的诱惑是巨大的，因为养着他们太费钱了。

在《土地》中，左拉就讲述了这样一个悲惨的故事。他为此查阅了大量资料。有人将小说比作《李尔王》，[①] 左拉的笔记中确实也提到了《李尔王》。虽然相隔几个世纪，莎士比亚和左拉的确描述了一个类似的情形。小说开头，老富安把孩子们召集到公证人那里。他已经没有力气再耕种，因此要把财产分给孩子们，后者就父亲提出的年金激烈地争吵推脱：“老两口的生活被事无巨细地挖掘、晾晒，摆出来一项一项地讨论：面包、蔬菜、肉类……不再劳作的人就得知道节省。”最后数目总算定下了。老人一开始继续和妻子住在家里。孩子只给他原先说定的年金的一小部分。老人和小儿子蒲多爆发了激烈的争吵，老伴儿过于激动，当场死亡。后来他们说服老人卖掉房子去女儿家住。女儿则斤斤计较地克扣他。和李尔王一样，他到各个子女家里轮流去住，非常不幸。几年过去了。小儿子蒲多把他引到自己家里，企图偷他的积蓄，并且粗暴地对待他。在一次争吵中，父亲抬起手做出一个威胁的手势，在之前这是会吓到儿子的，可是现在，后者顺势抓住他抬起的手一推，让他跌到椅子上。就像被打败的大猩猩，他感到自己彻底被征服了。随着体力的丧失，他也丧失了自己全部的权威。法律所提供的保护完全不能使他免于暴力。蒲多成功偷走了他的积蓄。父子之间的冲突发展到如此地步，以至于一天晚上，像李尔王那样，老人跑出去在风雨中游荡到清晨。老富安目睹儿子儿媳犯下的一桩罪行，加上他们受不

① 特别见勒古伊，1957 年《比较文学期刊》。这两部作品最大的差别在于老富安并不是人类普遍境况的体现。——原注

了再养着他，夫妻二人便将老父掐死，然后把他的垫子点燃，伪装成一场事故。医生没有仔细看便下了掩埋的许可。

《时报》中提到的祖孙关系在小说中有所表现。有一段时期富安对孙子的感情成为他的安慰，而孩子也给予回报。但那一天还是来了：放学时老人来接孩子，孩子拒绝跟随，且和同学一起嘲笑他。

鉴于19世纪人们对被剥削的老年人的命运有了一定程度的了解，不同阶级老年人之间的差别比其他任何年代都更加鲜明。老年工人陷入贫穷和流浪，老年农民被像牲畜一样对待，这些贫穷的老年人处在社会最底层。而上层阶级的老年人占据社会顶端。对比是如此强烈，以至于让人感到他们分属两个物种。经济和社会的改变对一类人非常不利，对另一类人却非常有利。

复辟期间从国外返回的流亡者建立了19世纪初一个真正的老年政治。前流亡贵族重新买的往往是他们在革命之前的产业，到1830年，一半的前贵族地产又回到先前主人的手中。这个土地贵族阶层人数不多，但是他们在资产阶级中有非常多的客户。他们聚集在国王的周围，设法通过了一项选举法，以不动产为衡量标准，这样他们就获得了政治上的绝对优势。当时全国有9万名选民，也就是说在100名法国成年人中只有一个人有选举权，而有被选举权的公民更是只有区区8000名。这些前流亡贵族都非常年迈，导致了这样一种病态的局面。小册子作者法齐1829年控诉道："我们把法国缩小到7000人到8000人，他们有关节炎、痛风、瘫痪。他们神志不清，只想休息。"他有力地批判这样一个"奇怪的法律，只允许老年人来代表国民"。1830年之后，老年人的这种特权在贵族院继续保持。塔列朗在1835年对基佐说："昨天我去贵族院。我们总共 6 个人，80 岁以下的一个没有。”

与此同时，上层资产阶级通过剥削工人和相当数量的农民，以及放高利贷，进一步致富。得益于经济上的统治地位，他们从土地贵族那里夺取了政治权利。在路易-菲利普时期，治理国家的是工业家、银行家、大商人，以及高级官员、律师、教授。因为财富的积累需要时间，他们中大部分都上了年纪。因此这同样是一种老人政治。夏尔·迪潘说一半以上的选民都超过 55 岁。据他所说，5.4 万名自由派选民背后是 2800 万公民，4.6 万名右派选民的支持者则是 300 万老年人。数字不一定准确，但反映的情况属实。这是一个财阀统治，大部分富人都是老年人。公司都是家庭式的，公司的领导往往也是家中最年长者。经济的驱动力不再是利息，而是投资所产生的利润。家庭成员被共同的利益捆绑在一起，集中体现在长者的身上。

从 1848 年起，银行、工业掌握了政治权力。工业革命这时才完成，铁路、纺织、冶金、矿业、制糖等都获得了大发展，银行的作用越来越大。这样一个动荡的社会中，最受看重的人物是“企业家”。创新是最不可或缺的品质。通常儿子比父亲更加大胆，会说服父亲为工厂购入新机器，使用新技术。另一方面，家庭式资本主义被股份制公司所替代。老年人丧失了经济威望，普选制又使他丧失了政治特权。1871 年，国民议会有很多出身农村的老年人：400 名保王党，200 名共和党，50 名其他党派。第一个集团中老年人最多。

总的来说，在法国和整个西方，代际问题对于资产阶级来说基本上不存在了。各个年龄层之间形成了一种平衡。面对所谓的“危险阶级”，不同年龄的人团结起来。在小资产阶级中间，儿子往往占据比父亲更高的社会阶层。父亲会以儿子的成功为傲，阶层晋升消弭了怨恨。另一方面，新的社会要求年轻人和老年人进行合作。由于它的复杂性，经验和知识的积累有助于社会的存在和进步。在很多领域，年龄成为一项资质。年轻人富有闯劲，具有创新能力。但是他们经常觉得有必要站在一个令人放心的老年人背后，后者具有名义上的权力，代表公司，但实际上公司的运行则交给更年轻的合伙人。

如果说老年人以保护人的身份出现，这是因为当时的资产阶级意识形态非常看重他。在法国以及维多利亚时期的英国，崇尚的品德是清教徒倡导过的，即道德上的严格与经济上的成功相伴。节俭是必要的，因为要把挣来的利润重新投资。长久以来的传统将老年人视为天然就没有了欲望，所以能够节俭。把资本的积累视为万灵药的经济思维被不恰当地扩展到心理领域。人们觉得不停的积累总是好事，那么积累年月也能实现利润，实现价值，而这份价值为 19 世纪的资产阶级所看重，那就是经验。在当时被看作绝对真理的经验主义证实了这样的观点：人越老，积累经验越多，知识和智慧就越多，因此，一个人通常在生命的尽头达到巅峰。

在城市里，家庭不再是父权制的。从 18 世纪末期开始，岗位增多，社会生活越来越能够提供给年轻夫妻独立的可能。但是传统的家庭生活对于资产阶级来说依然是珍贵的，对老一辈的尊敬使理想传统延续下去。尽管现代资本主义完全发展壮大之后，老人的影响降低了，社会舆论往往还是要求表现出这种尊敬，让老人晚年过得体面。

家庭的演变也改变了孙辈与祖辈的关系，二者由对立走向联合。祖父不再是家庭最高领导，那么他越过父母变成了孙子们的同谋。反之亦然，孙辈在他身上找到了一个宽容的伙伴。①

---

① 我们已经看到，虽然形式不同，但在很多原始部落之中，祖父母和孙辈之间的关系也很重要。——原注

一些成年作家不满给予老年人的社会重要性。拉梅内[①]非常激烈地攻击了老年。36 岁时他写道："我从未见过没有被年龄影响到神志的老年人。老实承认自己是这种情况的少而又少。"还有："这世上老年人是什么呢？是行走的坟墓。人们见到都躲开。凑上去的人不过想看看墓志铭。"[②]狄更斯激烈反对把童年和老年相比较的惯常做法。他谈到老年的时候说道："我们把它称作一种童年状态。可是，这只是对童年的可怜模仿，就像死亡是对睡眠的模仿。孩子的眼睛绽放的光芒和生命力，老年人可有半点？……把孩子和重新变为孩子的老人放在一起，你们应该为这种虚荣感到羞愧。把童年之名给这样一个可怕痉挛的模仿，是在诋毁人生幸福的开端。"

这样的论调是比较少见的。还有一些作家，他们的视角非常不同，他们思考老年并做出较为平衡的论断。当然，与 18 世纪的作家一样，他们对老年的兴趣仅限于自己的阶级。我举几个最具代表性的例子。

叔本华在《人生的智慧》第六章"人生的各个阶段"中，以自己的哲学理论考察了人的一生不同的时刻。我们都知道，他秉持的是绝对的悲观主义。人类这个物种唯一的机会在于抛却活下去的欲望并且不再繁衍，整个堕入虚无。人欲望越强就离智慧越远，尤其青年时期。儿童则处于特殊的地位，因为他观察力很强。他有一种美学的态度使自己与世界保持一定的距离，他 sub specie aetemitatis[③]看事物，对本质有一种直觉。这也是为什么人长大了会缅怀童年。童年是幸福的，因为它是表征而不是意志。年轻人则相反，他渴望活下去，

---

① Félicité de La Mennais（1782—1854），法国天主教教士、神学家、作家、哲学家、政治家。

② 拉梅内对人类境况的整体评价是消沉和负面的。36 岁的他正处于抑郁期。作为一个记仇心重的人，他可能对某些老年人一直抱有怨恨。——原注

③ 拉丁文，在永恒的相下。

他追求幸福却找不到幸福，因为追求某物本身就意味着已丧失。渐渐地，他有了理智，理解了幸福是虚幻的，苦难是真实的，他只求脱离苦难。年轻从智力上来说是丰富多产的。知识和创造都来自年轻。智力在35岁达到顶点。然而人生活在幻觉和错误之中，性本能则让人处于无害的癫狂。

从40岁开始，人变得忧郁，这是因为虽然激情和野心仍在，但是人先前的幻觉开始破灭，看到了之前没意识到的生命尽头的死亡。人生最幸福的就是衰老来临之前的那几年，当然前提是身体健康且有足够的财力来弥补体力的不足。“老而贫穷是大不幸。”如果前面两点满足了，那么老年“可以是能够承受的一个人生阶段”。时间开始过得飞快，以至于都来不及烦恼。激情平息了，热血冷却了。不再被性本能困扰，个体找回了理智。“我们多多少少会觉得世上一切事物皆虚无。”发现这一真理给了我们心智上的平静，而后者是“幸福的条件和本质”。“年轻人认为可以在世界上征服任何奇迹，只要知道奇迹在哪里，老年人则对《传道书》深信不疑：凡事都是虚空。现在他知道所有的果子都是空的，哪怕金玉其外。人只有在到了相当老的年纪才会真的完全达到贺拉斯 nil admirari[①] 的境界。要做到这点需要真诚而坚定地相信所有的事情都是虚空，所有的排场奢华都是过眼云烟。他已经完全不再有幻想。”正是得益于这样的清醒，人身上所具有的优点在他年老的时候能够发挥最好的作用。可惜大部分人都不过机械重复，日渐僵化，变成了 caput mortuum[②]。老年的好处是帮助人们承受死亡。90岁以后人往往无疾而终。

叔本华之所以看重老年，是因为他的悲观主义。他认为老年的

① 拉丁文，对什么都不再感到惊讶。
② 拉丁文，骷髅。

本质在于看透了一切，这使得他有“一种阴郁的色彩”。但是他的优点在于活下去的欲望几乎消失了。老年人回到了童年时期的静观态度。如果说生活是一个不幸，死亡胜于活着，那么半死亡状态的老年就胜于幻想尚存的年龄段。叔本华对老年的所谓欣赏完全是从消极的意义讲的：“实际上，老年要比年轻的时候生活担子轻。”

斯维钦娜夫人[①]关于老年的思考相当犀利。她指出老年人的尊严和人们对他的贬低形成了对比。“老年人是过去的主人，同时也是预见未来的人。”又说：“多奇怪，老年招来的不是厌恶而是鄙视。”她非常正确地指出：“再没有比老年更加让人产生矛盾想法的了：年轻人认为这是一个鬼魂，不相信其存在；对于体力充沛的壮年人来说，这是一个令人恐惧的稻草人。然而所有人又都希望它来到，尽可能去适应它带来的诸多不便。”

她还说：“年轻并不把老年当作一个必要的恶，也并不像接受死亡一样接受它。年轻人难以想象有朝一日以这样屈辱的代价去延长生命，甘愿躲过老年并以此为豪。”

斯维钦娜夫人承认老年对人是一个艰难的考验，并进行了可怕的描绘。然而也正是这份残酷使得老年人接近上帝，“如果我们考虑人的自然状态，年轻是真正的，也可能是唯一的美好时光……宗教则是自然的完全对立面”。“老年对外部世界近乎失明……不再许的愿望，不再有的冲动都归还给上帝，上帝则让老年人的内心世界更加丰富。”她很遗憾耶稣活得不够长，以至于老年未能神圣化。

叔本华和斯维钦娜夫人对老年的思考很有创见。但是陈词滥调的生命力惊人。爱默生一篇谈论老年的短文可证。爱默生的思想非

---

① 俄国人，皈依天主教，定居巴黎。蒙塔朗贝尔伯爵、拉科代尔、迪庞卢都是她沙龙的常客。她晚年凄凉，亲人亡故，疾病缠身。法卢将她对老年的思考收录为一卷随笔。——原注

常符合美国资产阶级的意识形态。他在晚年将自己一直提倡的乐观主义发展到极致。内战对他触动很大，他选择卸甲归田，不去面对可怕的重建时代。内战之前他曾相信自己生活在最好的世界和最好的年代。如今虚弱衰老的他歌颂人生最后时刻的好处和甜蜜。像西塞罗一样，他承认："流行观点认为，老年并不可耻，只是极为不便。"然后他不遗余力地反驳这种观点。他谈到历史上令人尊敬的老人，但是他并没有去追究他们最后的时日是否幸福，只是把熙德、丹多洛、米开朗琪罗、伽利略等堆砌在一起。他说，老年人是幸福的，因为他逃过了很多危险，并且非常高兴再没有什么可怕的，整个人生都在身后，别人也夺不走。爱默生对自己的地位和名声无疑是满意的，可是看不出有什么理由能够让他推而广之。他接着说，正是因为这样，成功已经没有意义了。没有必要再去完成什么，这时候人可以消沉而不受惩罚。第三个论据重复第二个：人已经证明了自己，已经展示了自己的能力，那么就可以躺在过去的成就上睡大觉。再没有怀疑，没有担心。这里爱默生的乐观主义和叔本华的悲观主义奇特地靠近了：由于年迈，人停止了行动，甚至停止了思考，可以说不再活着。解脱带来了平静。最后爱默生说老年人获得了经验。这一想法符合资产阶级的观念，他们认为年头的堆积一定带来知识。

1880年[①]，德国的雅各布·格林发表了一段著名的关于老年的评论，最后总结道："我认为已经充分证明，老年不仅仅表示男性精力的衰落，它还带来自己独特的能力，这能力按其自身规律和状况而充分发展。这份安详、平和，在老年之前不可能存在，有其特殊的效果。"格林的话对应着那个时代的社会有机体论。每个年龄

① 疑为1860年。

都有其机制和特性，老人不是一个年纪大到丧失了雄性能力的成年人，他不应被描绘为一个缺失，而应该从正面的角度看待，是个人与世界之间多种平衡状态中的一种而已。

从没有一个作家像维克多·雨果那样对老年如此上心，给予如此赞颂。为什么？只有深入他个人生活的细节才能理解原因。能够肯定的是，老年是他最钟爱的幻想之一。年轻时，他把自己想象为一个魔术师、一个预言家，高高统治在荣耀的天空。然而传统上威望和最高权威是赋予老年的。他大概预感到了老年将会是自己命运最高光的时刻。在他擅用的对照命题中，最常见衰败的身体和崇高的灵魂的对比，而老年是最好的体现之一。衰弱的身体和不屈的心灵所形成的对比带有浪漫主义色彩。40岁不到的时候，雨果依据红胡子归来的传说创作的《卫戍官》一剧就塑造了令人印象深刻的老年人形象。年龄摧残了他们的身体，却更凸显他们简朴的崇高。该剧运用了同时代的一些套路，强调了老年的孤独、与社会的远离。老雅各布“离群索居，好几个月不说话”。红胡子逃到一个山洞里陷入昏睡，“他的昏睡令人惧怕又惊奇”。胡须代表着长寿。“以前金黄的胡须，现在已经雪白，长到把石桌绕三圈。”后来在《世纪传说》中他以史诗的笔调描画老年形象。其中最伟大的英雄是埃维拉德努斯。他的一生完美无瑕，战功赫赫。年龄没对他有什么影响：

> 他笑对年岁……
> 尽管已经老迈，他来自伟大的部族。
> 最弱的鸟显然不是长胡子的那头鹰。
> 年龄又怎样？他依然奋战。他从巴勒斯坦来。
> 他一点都不疲惫。年岁猛烈攻击，他顽强抵抗。

这些诗句似乎预示了未来：雨果在向时间宣战，并宣布自己为胜利者。埃维拉德努斯一个人就把合伙对付他的两个年轻人——德国皇帝和波兰国王——杀死了。雨果以传说的名义赋予老迈的主人公年轻人的优点，给了他巨人般的力量和优雅风度。匪徒为了抢劫而下药迷昏了马欧夫人，当她醒来时，他吻她的手："夫人，您睡得还好吗?"

《悲惨世界》是雨果在50岁至60岁之间写作的。马吕斯的祖父一生对家人严苛，当他以为自己的孙子死了的那一刻，他发现自己是深爱着孙子的。后者的康复让他欣喜若狂："布满皱纹的脸添加了优雅，变得让人喜爱。绽放的老年抹上了一层光环。"他同意了马吕斯和珂赛特的婚礼。这个时候的冉阿让也老了。他的一生崇高而悲壮，80岁依旧如此。与埃维拉德努斯一样勇武的冉阿让，依然能够背着昏迷的马吕斯穿过巴黎下水道。他的道德力量更加惊人，敢于向马吕斯承认自己是一个苦刑犯，然后逐渐退出唯一珍爱的珂赛特的生活。最后马吕斯认出了他就是自己的救命恩人，在年轻人的爱意环绕中离世的冉阿让达到了人生的巅峰。

《波阿斯入睡》作于雨果57岁时。即将步入老年的他将老年描绘得非常神圣：

> 他的胡子像是四月的溪流那样泛着银光……
> ……年轻人英俊，老年人伟大。
> ……年轻人的眼中是火焰，
> 老年人的眼中是光芒。

在这里精神性——伟大、光芒——定义着老者形象。"像是四月的溪流"这一比喻使老人变得年轻。波阿斯也保持了性的吸引力，因为路得“袒露着胸脯”扑在他脚下，希望唤起他的欲望。

《做祖父的艺术》与其说是赞扬童年，不如说是老年的颂歌。雨果通过自己的形象来歌颂老年，这点我们在后面还会谈到。他描绘了祖父与孙辈亲密的关系，而当时的社会也对此持鼓励态度。在《悲惨世界》中，他已经充满感情地提到过年老的冉阿让和年幼的珂赛特这一对：“人老之后觉得所有的小孩子都是自己的孙辈。”在著名的《让娜在黑屋子里被罚吃干的面包》里，他描写了孙女和爷爷之间的互爱，与成年人的冷酷形成对比。祖孙二人都处于社会边缘，雨果认为他们之间的联系更加深厚。在古希腊悲剧中，儿童和老人因为无能弱小而相似。在很多原始人那里这种相似更趋强烈。人们把刚来到人世没多久的孩子和很快就要离开人世的老人归为一类。二者都处于一个过渡状态中，这一状态使得他们可以不必遵循很多禁忌。雨果用不同的语言——诗的语言——表达了同样的思想。当他说自己“重新发明了孩子”，他固然是在自夸，毕竟儿童在 18 世纪开始被关注，在 19 世纪的文学和艺术中已经有了相当的地位。但是不可否认，童年与老年的相似性，在他之前还没有人如此贴切地表现出来。在雨果看来，孩子尚未进入人类的状况，老年人已经超然其上，二者因此心灵相通。成年人斤斤计较的道德与理智对他们不适用。天真和智慧使得他们更贴近于世界的奥秘，更贴近上帝。

> 让娜说着话，说着她所不懂的事情。
> ……上帝这和蔼的祖父，惊喜地倾听。

在孩子身旁，老年人又找到了童年。谈到马吕斯的祖父，雨果说绽放的老年抹上了“一层光环”。他又说：“是的，成为祖父也就是走入光环之中。”

我们看到，老年农民唯一的希望往往是他们的孙子，直到有一天后者也开始像成年人一般行事。《做祖父的艺术》的成功就在于给一个社会事实以神话的价值和深度。

老人–儿童的组合感动了大众。狄更斯的《老古玩店》大获成功。故事讲述了感情深厚的祖孙俩在英格兰流浪的故事。尼尔的祖父被不幸的生活消磨了意志，因赌博而破产，偷窃尼尔的钱去赌，甚至策划抢劫。尽管误入歧途，他对尼尔的爱以及尼尔对他的感情深深打动了读者。尼尔死去，祖父在她的墓前度日并咽气。埃克多・马洛的《苦儿流浪记》中也有一对类似的祖孙。一个弃儿与维塔利一起流浪。后者是著名演唱家，落魄后在社会颠沛流离，徘徊在死亡的边缘。

从总体上来说，19 世纪文学以一种更加现实主义的态度看待老年。所描写的往往是上层阶级的老年人，如贵族、大资产阶级、大地主、工业家，但是对被剥削阶级的老年人也不乏兴趣。下属对领主的封建所属关系令资产阶级向往。福楼拜的《包法利夫人》以及《一颗简单的心》描绘了整个一生都献给主人的仆人形象。但大部分时候，老人被认为是他们自己故事的主人公。在巴尔扎克、左拉、狄更斯以及俄国小说家那里从来看不到老年工人。无产阶级中间确实很少有人能活到那种年纪。但是我们已经看到，老年农民为数众多。小说也研究了年龄对不同社会阶层所造成的影响，如军人、职员、店主等。它们提供了丰富资料，我研究老年人的个人经历时会用到。19 世纪不少老年作家都涉及这个问题，主动谈论自己的老年。夏多布里昂关于老年的文字成就了他最华美的篇章之一。这些难得的个人内容能够帮助我们理解老年人如何看待他们的状况。

20世纪，社会的城市化继续推进，导致父权家庭的消失，不过后者在法国农村地区依然存在了很长时间。尚松[①]在《公正者的罪行》中描写了一个这样的家庭。老阿纳尔，被人们称为“顾问”，广受敬重，是公正者的化身，管理着赛文地区一片广大富饶的区域。他在家里是绝对的主宰。他的一个孙女有智力缺陷，被一个哥哥搞大了肚子。公正者让家人将新生儿杀死埋掉，家人遵从了。在今天的法国，这样的家庭已不再存在。但是在某些国家依然可见，不久前南斯拉夫的农村还有类似的事情发生。在意大利南部、西西里岛、希腊南部，父亲可以为家族名誉将女儿处死。法律上禁止的做法，习俗却是允许的。在科西嘉岛、撒丁岛，儿子会服从年老的父亲。

农民的境况稍有改进。技术文明或多或少地打破了务农者被孤立的状态。失能的老年人被抛弃甚至杀害的做法也比19世纪更为罕见了。但是在地中海一些地区父权最强的地方，有的时候当老人身体撑不下去了，人们会帮他了结，像古代某些原始部落的情形一样，他的死对终于摆脱专制压迫的后代来说是大大的解脱。在一些极度贫困的地区，多养一张嘴确实是一项沉重的负担。当然，这些都是例外，在法国常常是不堪再忍受父亲权威的儿子离家去城里工作。[②]

总的来说，工业化的进步导致家庭不断解体。半个世纪以来工业发达国家中出现相当可观的人口老龄化现象，迫使社会替代家庭

① André Chamson（1900—1983），法国作家，1956年当选为法兰西学士院院士，1959年成为法国档案馆馆长。

② 莫里亚克在1969年秋天的一则记录中，提到了老农民的艰难处境：“我记得在我们田庄里干活的一位老佃农，他的孩子强迫他劳作到气力的极限，等他实在坚持不住而停下时，他们谴责他白吃白喝……说他没出力。他则哼哼唧唧地表示赞同，呼唤死亡快到来。”——原注

的作用，设立了关于养老的政策，我们将在后面讨论。

在统治阶级内部，19 世纪形成的经验与创新之间的平衡得以维持。激烈的政治运动风起云涌，几乎总是由年轻人领导，如意大利法西斯主义和纳粹主义崛起，又如俄国革命、中国革命、古巴革命、阿尔及利亚独立。而在稳定守旧的社会，老年人占据重要位置。有时他们唯一的功能是当代表，如法国总统。[①] 但也有一些老年人担任了活跃的角色，梯也尔 1873 年上台时已 76 岁，克列孟梭 1917 年掌权的时候已 77 岁，丘吉尔 81 岁才下台，而阿登纳是 87 岁。还有一些人，领导国家革命成功之后一直工作到老，如斯大林、毛泽东、胡志明。今天，发展中国家的领导人往往是年轻的，只有海尔·塞拉西皇帝例外，他只比戴高乐年轻一岁。其他国家的领导人也往往上了年纪，戴高乐、佛朗哥、铁托、萨拉查。[②] 但他们有更年轻的人辅佐。在法国，部长的平均年龄往往不大，1968 年国民议会议员的平均年龄是 55 岁，参议员 63 岁。在国家和政党内部，老年人和壮年人分享权力，年轻人一般来说影响力较小。

有一个要紧的事实我后面将会详细探讨，这里先提一下，那就是老年的威望减少了很多，原因在于经验不再被看重。今天的技术专家社会不太觉得知识会随年龄而增长，而是相反，认为知识会随年龄而老化。因此年龄反而带来劣势，与年轻相关的价值则被看重。

鉴于我们目前掌握的关于老人现状的资料已很充足，文学所能提供的信息是次要的，且本来也不多。普鲁斯特作品的主题是失去和寻回时间的经历，对于老年谈论得很多很精彩，但他算是一个例

① 再列举其他几位法国总统的情况。儒勒·格雷维在 1887 年卸任时 80 岁。勒内·科蒂在 1958 年辞职时 77 岁。保罗·杜美在 1932 年被暗杀时 75 岁。法利埃在 1913 年完成任期时 72 岁。麦克马洪在 1879 年下台时 71 岁。——原注

② 写于 1968 年。——原注

外。纪德的《伪币制造者》中拉贝鲁斯老人这样说道："书里面为什么这么少讲到老年人呢？我认为是因为老年人不能够再写书说他们自己的事，而年轻人写书的时候是想不到老年人的。老年人不再让任何人感兴趣。"的确，如果探讨人物的主体性的话，老年人不是一个好的小说主角。他已经完结，固定，没有什么盼头，没有什么希望，对他来说事情已经做完了，他已被死亡所占据，他身上发生的事情都不重要了。另外一方面，小说家可以认同一个比自己更年轻的人，因为自己已经经历了笔下人物的年龄。可是对老年人他只能从外部去认识，因此往往给予老年人次要的角色，对他们的描画也往往简略且按部就班。20 世纪继承了之前几个时期的陈词滥调。随着时间的行进，在社会、心理和生物学的意义上，老年的概念越来越丰富。但是一些旧观念依然存在，虽然它们自相矛盾，但人们早已习惯重复来重复去，不以为意。于是我们看到，老年既是硕果累累的秋天，又是了无生机、冰封雪冻的冬天；既是美丽的傍晚，又是凄惨的黄昏。"和善的老年人"和"咳嗽的老年人"形象并存。在我们这个时代有一个概念越说越玄，就是所谓对年龄的不在乎。蒙泰朗向来对人对事一副保持距离的高傲态度。他把这种态度套在自己创作的人物——《死去的王后》中的老国王——身上，评论说他"缓慢脱离人的状况"。他认为费兰特清醒的冷漠是极其可贵的：

"对我来说一切都是重复。陈词滥调。我整天重新做我已经做的事情，可是还不如之前做得好。我的成功和失败今天给予我的是同一种滋味。在我看来，人与人之间也没什么区别。事物一个一个都抛弃了我。"

"我的智力之弓已经松掉了。对着我自己写的东西我会问：'这是谁写的？'我之前理解的东西现在已经理解不了了。之前学过的已经忘了。我正在死去。在我看来，一切都等待去做，我就像自己还 20 岁一样。”

“我还应该努力让人们相信。我能够感受到事物。虽说我什么也感觉不到了。世界与我擦身而去。”

“在我的年龄，人已经不再有照顾别人的欲望。今天再大的事儿我都只一句‘随他去吧’就打发了。”

瓦扬[①] 的小说《律令》的主人公唐塞萨雷，72 岁，是一位很受尊敬的业主。他喜爱阅读，收藏古董，还写书，关于他在意大利住过的一个地方，曾是古希腊城邦。身体依然强健，是当地最好的猎人，善讨女人欢心，村里的少女都被他猎获，身边女人不断，其中一个跟他长期同居。可是，很长时间以来，他已经学会了对一切都不感兴趣。折磨自己的继承人已经不让他感到有趣，因为他知道人的奴性是无限的。表面上看，他的生活跟之前没有什么不同。他睡在埃尔维身边，可是不与她交谈也几乎不碰她。他打猎，可是“他的目光不再闪亮”。他讲话，但是“他的话语响在一个没有回声的世界”。他把玩自己的古董，但是不再记笔记。他已经没有爱，没有恨，没有欲望。和那些无所事事成天抱着胳膊站在村子广场的“闲人”没有区别。尽管还年轻，作为作者的瓦扬似乎已经提前感受到这种“无兴趣”，他认为对个体来说这是“优点”。

尤为值得一提的是所谓“荒诞戏剧”中老年的独特地位。在尤内斯库的《椅子》中，我们看到一对老夫妇沉浸在对过去的回忆中，回忆被美化、扭曲。他们竭力想唤醒过去。他们举办了一场招待会，但是没有一个人来，他们佯装接待看不见的客人，让他们就坐，在他们中间讲话，凑近他们。空椅子渐渐占满舞台。这样的荒

---

① Roger Vaillant（1907—1965），法国小说家、剧作家、记者、评论家。

谬将现实中所谓耀眼的晚会、上流社会的聚会衬托得非常可笑。最后二人从窗子里跳了出去，因为就在他们发现生活失去了意义的同时，意识到生活从不曾有过任何意义。

贝克特的作品中能够看到类似的对存在的批判，其实现途径是展示生命最后阶段的颓态。《终局》里，一对老年夫妇一边从一个个垃圾箱中翻拣，一边谈论过去的幸福和爱情。这样的设计构成了对所有爱情和幸福的批判。《最后一盘录音带》和《啊，美好的日子》里面，被无情处理的主题是记忆的耗尽，也就是说我们身后的整个生活。记忆以无序、残缺、废败的方式出现，就像陌生人。似乎什么都没有发生过。从这样的空白中诞生出的当下，只能是一种自生自灭。最可笑的是在解体过程中，人们却执着于一个观念，即变老是学习的过程、进步的过程。而事实上变老是“慢慢跌入永恒的生活，同时记起……所有平庸的不幸……就像……从来没有发生过”[①]。

小说《莫洛依》的主人公在开始时就已老迈，之后愈发衰老。一条腿僵硬。失去了一半的脚趾。一开始尽管残疾，他还是能够骑自行车活动，后来就不行了。他拖着脚，拄着拐，最后只能爬行。在这样一个解体过程中，他主要的活动就在于唤醒自己的回忆，可是回忆也渐渐消散。它们模糊不清，前后不一致，有可能是虚假的。生活仅仅是我们所拥有的回忆。而回忆什么都不是。这样的一个虚空占据着时间，时间不停地向前走，尽管不知去向哪里。我们不停地动。但是在这样一个没有目的地的旅行中，我们又是原地不动的。在老年的对照之下我们发现，生活的真相是在我们光鲜的外表下所掩盖的老年。老年在尤内斯库和贝克特那里并不是人类境遇

① 出自《坠落》。省略号为原文所有。——原注

的极端状况，而是像《李尔王》中揭开的面具之下人类状况的真实面目。他们并非对老年人本身感兴趣，只是用它来表达自己对人类的看法。

正如之前所说，我们在这一章里并没有描画出老年的历史。我们仅仅描绘了历史上不同社会对老年的态度以及对老年形象的塑造。所有已知的文明都表现出剥削阶级与被剥削阶级对立的特性。那么老年这个词也对应着两种非常不同的现实。这要看我们所考察的是前者还是后者。我们的研究要意识到，迄今对老年所有的思考、作品、见证都反映了上层阶级的处境。只有他们能发出声音，而且一直到 19 世纪，他们只谈论自己。因此，我们有必要简要回顾这些有特权的人的情况。

他们是少部分人，不从事生产。他们的命运取决于绝大部分从事生产的人的利益。当后者希望成员之间避免无政府状态的对立，维持已经建立的秩序，那么就需要挑选中间人、裁判或者不同团体的代表，来使所有人都能达成一致。这时候老年人就被选出来。[①]有时他们掌握着真正的权力，有时则像计算中的虚数：对于运算不可或缺，但一旦结果出来就被抹去。在等级制严格而且不断自我重复的中国，在斯巴达和希腊的寡头政治中，以及在公元前 2 世纪之前的罗马，老年人一直很有权力。而在变化的、扩张的和革命的年代，老年人则没有发挥任何政治作用。在所有权被制度化的年代，统治阶级尊重有产者，把他们当作被资产所异化了的人。年龄不再是一个取消资格的因素。一生积累了不动产、商品或者金钱的老年人如果富裕的话就会在公共和私人生活中具有举足轻重的地位。

---

① 在原始部落，他们常常担任调停人的角色。——原注

统治阶级的意识形态着力为自己的行为辩护。当它被老年人所统治或影响的时候就会给老年以价值。哲学家、作家都把老年的概念与美德联系起来，赞颂老年所具有的经验。老年成为生命的“完成”，包含该词的两种意义：既是生命的结束，又是生命成就的顶点。任何一个积攒了很多年生命的人都是一个活着的典范，身上浓缩了存在之精华。因此人们赞颂老年本身。老年成为获得某些荣誉和称号的必要条件。举办所谓“庆典”的意义就是向老年致敬。在德国尤其常见，音乐家或哲学家 70 岁和 80 岁的生日都会举行盛大的庆典。

但是，哪怕良好的社会秩序要求年轻一代承认老年人的政治和经济权威，前者往往也是以不耐烦的心情来忍受的。年轻人对于自己将来身体会衰老心怀惧怕，因此就攻击老年人，嘲笑他们。① 由于年岁而得益的善良老人和小气干瘪的老年人形成了对比，二者都是经久不衰的形象。后者好比提托诺斯和提布尔的女祭司，被掏空了实质之后，只是一个缩小和残缺的人。

另一方面，虽然没有人提到，但是被剥削的老年人的状况往往深刻影响特权阶层的观念。对此我们只有一些模糊的信息。似乎从中世纪一直到 18 世纪，他们人数很少，因为在乡村和城市，劳动者都早早死去。活下来的往往成为家庭的负担，后者太穷，无力养活他们，便求助于公共慈善机构、城堡里的贵族、修道院。在有些年代，甚至这样的援助也不可得，比如资本主义在清教的英国诞生之际，以及后来 19 世纪工业革命期间，他们的命运变得更加悲惨。社会并没有直接剥削他们，因为他们毕竟没有劳动力可以出卖了。可是他们同样是剥削的受害者。在他们的青年和壮年时期，统治阶

① 原始社会中也存在这种两面性。——原注

级仅止于给他们维持生存所需的酬劳，一旦在工作中累坏了身体，他们便被抛弃，两手空空。

因一无所用而成为累赘，他们的命运就和在原始社会中无异了。这时主要取决于家庭的态度。出于爱心，或者担心舆论的谴责，有些家庭会善待他们或者起码保证他们的基本生活。不过大部分时候是忽视他们，把他们抛弃在收容所，赶出家门，甚至偷偷将他们除掉。

统治阶级对这一切采取了不闻不问的态度，帮助老年贫困者的努力亦少得可怜。从 19 世纪开始老年贫困者就大量增加，使得统治阶级不能无视他们的存在。为了给自己野蛮的忽视辩护，需要贬斥老年人的价值。与其说是代际矛盾，不如说是阶级矛盾，使得“老年”的概念具有了复杂的意涵。

第四章　当今社会中的老年

所有人都知道今天老年人的状况触目惊心。在深入考察之前，我们要先尝试理解为什么社会如此轻易地做出这种取舍。总的来说，任何滥用、丑闻、悲剧只要不妨碍其平衡，社会就睁一只眼闭一只眼。相较于老人，受救济的儿童、少年犯、残疾人的命运也没有得到更多的关心。但是涉及老年人，它的漠然还是先验地更加令人震惊。社会每一个成员都应该意识到这关系到自己的未来。几乎每个人都同某些老年人有紧密的个人联系。如何解释这种态度呢?统治阶级把低下的地位强加给老年人，但所有就业人员也都是同谋。在私人生活中，儿女和孙辈也没有努力去改善老人的状况。就让我们来看看，通常情况下，成年人和年轻人对老年人的态度究竟如何。

社会是一个“去整体化”的整体。它的成员呈分散状态，但成员之间存在双向的关系。人们互相理解，并不是因为他们都是抽象的人，而是通过他们活动的多样性。萨特说：“理解的基础是任何事情都具有的原则上的同谋性。每一个目的一旦被申明，就从所有人类目的的有机的单一性中脱离开来。”[①] 相互性意味着：第一，他者是实现超越的方式；第二，我承认他是行动者，同时我把他作为客体嵌入我的整体计划之中；第三，在我向着我的目标前进的运动中，我承认他朝向他自己的目标前进；第四，通过我把他作为完成自己目标的客体工具的行为，我发现我是他完成他自己目标的客体和工具。在这样一个关系中，每个人都从对方那里攫取真实的一个侧面，并向对方指出其限度。知识分子面对一个体力劳动者时，便是这样认识自己。

相互性要求的主要是我从自己的目的论的维度，去把握对方的目的论的维度。在人格解体的病理性情况下，病人跟他自己的目的已经不再有联系，其他人对他来说像是一个陌生物种的代表。成年人与老年人的关系则是相反的。老年人除了个别例外，不再做任何事情。所以他是被一种存在所定义，而不是被一种行动所定义。时间带他走向一个终点——死亡，但不是他的终点，不是某计划的终点。这就是为什么工作的人会把老人看作一个“陌生的物种”，不会与老人产生认同。我之前说过，老年激起一种生理性的厌恶，出于自我保护，人们将它抛出身外。但这种抛离之所以针对老年人，是因为“任何事情都具备的原则上的同谋性”在这里不起作用了。

老年人的状况与儿童在一定程度上是对称的，成年人对后者也没有建立相互性。“对他的年龄来说太不寻常了”这种说法人们同时会用在孩子和老人身上，这不是偶然的。“不寻常”也就是说他们还没有或者不再是“人”，却有人的行为。我们看到在一些原始社会，老人和孩子属于同一个类别，而且在历史上成年人对二者的态度往往是相似的。区别在于，孩子有一天会成为工作者，因此社会要在他身上投资，以保证自己的未来，而老年人在社会眼中，只不过是一个判了缓刑的死者。

---

①《辩证理性批判》。——原注

非相互性还不足以从正面去定义成年人与老年人的关系。它还取决于孩子与父母的关系，尤其是儿子通过母亲与父亲所建立的关系，因为我们生活在一个男人占统治地位的世界。老年对男性尤其成问题。

按照弗洛伊德的说法，它的特点是模糊性。[①] 儿子尊敬父亲，崇拜父亲，希望和父亲认同甚至取代他。而后一种愿望产生了仇恨和惧怕。神话里的英雄总是反抗父亲并且最终将其杀掉。在现实中，弑父仅仅是象征性的。父亲的形象威望尽失，儿子与他言和，但这种言和只是在儿子取代了父亲的位置之后才完成的。根据弗洛伊德的说法，基督教中也有这么一种和解，最终结果为耶稣基督取天父而代之。只要这一对立存在，就没有相互性。对立在儿子的身上是活生生的，以进攻性和怨恨的形式存在，在父亲的身上却一般不显现。也许基于性的怨恨提供了一个框架，在这个框架中发展出年轻人对老年人的单向关系。老年人对年轻人即便有怨恨，也仅仅是次要的反应。杀死父亲需先从心理上贬低其价值，为了做到这一点，就要不再看重老年。

成年人对老年人的态度有两面性。一方面，在某种程度上他遵从正式的道德，我们已经看到，几个世纪以来形成的道德规范叫他尊敬老年人。同时，将老年人作为低级的人对待，说服老年人意识到自己的衰老，对他是有好处的。因此他尽力让自己的父亲感觉到不足、笨拙，这样老人就会把事务交给他来打理，不再给他提意见，安于被动的角色。如果公众舆论迫使他照料年迈的父母，他就听凭自己的高兴来处置，他越认为父母已经不能独自管理事务，就越肆无忌惮。

---

① 参见《图腾与禁忌》《摩西与一神教》。——原注

成年人对于依附于自己的老年人所施行的专制是以一种阴险的方式进行的。他往往并不敢直截了当地给老人下命令，因为他没有权利让老人服从自己。他避免与老人正面冲撞，而是通过操纵。他当然声称是为老人好。全家都成为他的同谋。人们消耗老人的耐力，给老人献殷勤让他无所适从，用嘲讽的善意对待他，学着小孩子的口气同他讲话，甚至在他头顶上互相使眼色，常口出伤人的言辞。如果劝说和耍手段都不能让他让步，那么人们就毫不犹豫地对他撒谎或者用强。比如人们会说服他暂时住进一个养老院，然后将其扔在那里不管。同样是经济上依附于一个成年男子，女人或青少年比老年人更能够保护自己。妻子伺候他，包括床上和家务。少年成人之后可以找他算旧账。可是老年人只能走向衰退和死亡，什么用也没有。作为纯粹碍事的、无用的客体，人们所希望的就是忽略他们这个群体。

这样一个冲突涉及的利益不仅仅是实际生活上的，也是道德上的。人们期望老年人符合社会给他们安排的形象。人们给老年人强加了穿衣打扮、行事体面、外表受人尊敬的标准。在性的领域对他们的压制尤甚。《少年》[①] 一书中，老公爵索科尔斯基考虑再婚，他的家人紧紧地看住他，其中当然有利益牵涉，但也是因为怕出丑。人们威胁要把他送到疯人院，最后还是把他关了起来，以至于他为此身亡。我知道本世纪资产阶级家庭上演过一些类似的悲剧。

女儿对于母亲经常有一种怨恨，这种态度与儿子对父亲相类似。问题较少的是女儿对父亲的感情和儿子对母亲的感情。当喜爱的家长变老，儿女可能会好好照顾。不过如果他们结了婚，配偶的影响往往会限制他们的慷慨。

---

① 陀思妥耶夫斯基所著。——原注

如果成年人与老年人没有个人的联结，前者会对后者持带着厌恶的蔑视态度。我们已经看到，之前几个世纪的喜剧作家对这种感情进行了表现。老年人对年轻人来说像是一个夸张变形。年轻人喜欢以丑化老年人取乐，通过笑声将自己与他切割。有的时候这样的取笑达到了虐待狂的地步。我曾在纽约著名的包厘夜总会看到80多岁的老妇一边唱歌跳舞，一边掀起裙子，观众乐不可支。这大笑到底意味什么？

今天，成年人出于另外的原因对老年人感兴趣，那就是将其作为剥削对象。美国尤甚，但法国其实也一样，城市甚至乡村也建起诊所、疗养院，向有条件的老人收取尽可能多的费用，提供的条件和服务却往往质量低下。[①]

在极端的情况下老年人受矛盾的身份所累，注定是输家。比如在集中营，他们是第一批牺牲品，已丧失工作能力的他们得不到任何生存机会。而在越战中，美国人对他们的“审问”和对成年人一样野蛮，理由是在提供情报方面他们和其他人能力一样。

年轻人和青少年与老年人的关系与其说反映的是与他们父亲的关系，不如说是与他们祖父的关系。从19世纪开始，老人与孙辈之间便有了相互的感情。年轻人被成年人所激怒，在他们看来老年人和自己一样是受压迫的。在捷克斯洛伐克，从1968年1月开始，年轻人组织了一场维护老年人的运动。某些年轻女人表现出来的对老年人的偏好可以解释为对祖父形象的喜爱。但是年轻男子没有恋老癖，有人出于病理性原因会在性伴侣身上寻找母亲的角色，但不会寻找祖母的角色。不过如果祖父母对家庭是个负担，年轻人会认

① 见附录《谁来照顾老年人?》。——原注

为牺牲自己来延长他们的生命是不公平的。在一部残酷而又充满魅力的西班牙电影《轮椅》中，年轻女孩急切地等待着祖父的死亡，因为她觊觎后者所居的房间。这种怨恨往往延伸到针对所有的老年人。年轻人嫉妒老年人的经济或社会特权，认为应该抛弃他们。年轻人没有成年人那么虚伪，所以会更直接地表现出来。

很多小孩子珍视他们的祖父母，[①] 人们教导他们尊重老年人。可是老年人如果属于下层阶级，孩子就倾向于取笑他们，在这个衰老、奇怪的成年人身上报复整个成年社会对自己的压迫。记得在格里埃尔，我和妹妹跟着我的堂兄妹嘲笑他们的老教师。由于他们社会地位低下，大人也就任由我们这么做。鲍里斯·维昂的《揪心》描写了一个老人市场，贫穷的老年人被明码标价，家长们买来给孩子取乐。作家的想象距离现实并不遥远。

索维[②] 说过："当今社会的现象有一项最无可置疑，其发展走向最稳定，最能够提前很长时间预防，后果可能最严重，那就是人口的老龄化。"

自从古代时候起，人的预期寿命就一直在增长。罗马人平均寿命 18 岁，17 世纪达到了 25 岁。父亲过世的时候，"一般的儿子" 14 岁。（后来达到 55 岁或 60 岁。）100 个儿童中 25 人会在 1 岁之前死亡，25 人在 20 岁前死亡，25 人在 20 岁至 45 岁之间死亡，只有十几人能够活到 60 岁。80 多岁的人是罕见的，往往会被传说夸大为百岁老人。人们会认为他是一个贤者，而他所在的部落也会骄傲地将他展示。18 世纪法国人预期寿命为 30 岁。在相当长的世纪里

---

① 见《私生女》中维奥莱特·勒杜克对祖母菲德琳娜怀有的爱。我在后文还会详细分析孙辈与祖辈的关系。——原注

② Alfred Sauvy（1898—1990），法国人口学家、人类学家、历史学家。

60 岁以上人口的比例变化不大，始终在 8.8%左右。法国人口的老龄化开始于 18 世纪末，其他国家则稍晚。1851 年，法国 60 岁以上的人占总人口的 10%。现在大约占 18%，也就是 940 万，其中一半左右在乡村。也就是说，从 18 世纪到现在，老年人占人口的比例翻倍。1969 年 10 月法国有 65 岁以上老人 630 万，占人口的 12%，其中女性占 3/5。[①] 1967 年 9 月的一份报告指出，共同市场国家[②] 65 岁以上人口的比例，从 1930 年的 7.6%上升到 1962 年的 10.6%；斯堪的纳维亚国家、英国和爱尔兰从 7.8%上升到 11.5%。美国 65 岁以上人口有 1600 万，占总人口 9%，这个数据在 1850 年和 1900 年分别为 2.5%和 4.1%。本世纪以来，法国 80 岁以上的人口增长了一倍，现有 100 万，其中 2/3 为女人。目前的预测是老龄化将一直持续到 1980 年。到时候，法国 60 岁以上的人将占总人口的 19%，65 岁以上占 14%。人们认为由于出生率从 1946 年以来一直增长，到 1980 年情况将稳定下来。除了东德——过去 20 年人口的大量流失一定程度上掏空了这个国家的年轻人，人口老龄化最严重的将是法国和瑞典。原因都是一样的：新生儿死亡率的降低和出生率的降低。前者在一个世纪中从 40%降到 2.2%。这提升了人均预期寿命：法国达到男性 68 岁，女性 75 岁；美国男性 71 岁，女性 77 岁。事实上，成年之后的男性比起他们的祖辈来并没有增加太多寿命。1805 年一个 50 岁的法国人还可以指望再活 18 年，现在则是 22 年。人口的老龄化并不意味着生命延长了非常多，但是老年人所占的比例会高很多。这种变化对年轻人所占比例是不利的，成年人所占比例则基本稳定。按照索维的说法，就如同总人口围绕一个中轴发生了变化，年轻人被老年人所代替。几乎所有西方国家都产生了这种

① 先前有一项人口统计显示 65 岁以上的人中有 200 万男人和 330 万女人。——原注
② 指法国、联邦德国、意大利、荷兰、比利时和卢森堡六国。

现象，与之相伴的是总人口的增加（除了爱尔兰人口是减少的）。

发展中国家则相反，人口年轻。它们中的很多新生儿死亡率依然很高。就算是那些死亡率降下来的，其他因素如营养不良、医疗条件不足、总体上的物质条件匮乏都给长寿造成了障碍，某些国家一半的人口都在18岁以下。印度老年人占3.6%，巴西2.45%，多哥1.46%。

在资本主义民主国家，人口的老龄化成为一个新问题。英国卫生部部长伊安·麦克劳德说这就是所谓“当前社会问题的珠穆朗玛峰”。不仅老年人人数比以前多得多，而且他们更好地融入社会。社会不得不决定他们的地位，而这个决定只能在政府的层面上做出。老年问题因此就成了政治问题。

的确，古代社会主要由农民和手工业者构成。职业和生活是完全重合的，工作者生活在自己工作的地方，生产任务和生活任务不分。对于技能高超的手工业者来说，能力随着经验，也就是年龄而增长。那些年龄大了技能会衰退的行业，其内部有分工，每个人可以选择更适合自己能力的工作。当完全失能之后，老人就生活在家庭中，后者保障其生存。我们看到他的生活并不总是令人羡慕的，可是集体并不需要为他担心。

今天，工人居住在一地，工作在另一地，纯粹看个人选择。家庭完全处于他的生产活动之外，缩小到一对或两对夫妻，再加上还不能养活自己的孩子。微薄的收入保证不了对年老父母的供养。与此同时，工作者又不得不比之前更早退出工作，因为他所擅长的工作一生都是一样的，不会为适应各个年龄段的人而作调整。

我已经说过，在19世纪末，年老的工人被从工作岗位上赶下来后，无依无靠，被抛弃了。集体组织不得不承担起对他们的照料，而它们这么做并不是毫无阻力的。

养老金最初是作为一种补偿而设计的。1796 年，托马斯・潘恩建议给 50 岁的工人发放养老金。比利时、荷兰从 1844 年开始给公共部门人员发放养老金。19 世纪，在法国，军人和政府官员是第一批领到养老金的，第二帝国后来又把它扩展到矿工、海员、军工厂工人、铁路工人。人们认为这是对在危险行业长时间忠诚服务的补偿。后来，养老金的发放变为有组织的和经常性的，需要满足两个条件：工作年限足够、达到特定年龄。

在 19 世纪末的德国，资本主义迅速上升，工业取得很大发展，同时社会也变得越来越不稳定。俾斯麦明白要想制止社会动乱，就要给予无产阶级最起码的生活保障。1883 年到 1889 年，他建立社会保障体系，并在 1890 年到 1910 年间进行了完善和扩充。最初这一体系的主要目的在于为工伤提供保障，同时也保护职工在年老之后的失能。雇主和工人都要交纳份子钱，国家则投入一笔补贴。这一体系之后在卢森堡、罗马尼亚、瑞典、奥地利、匈牙利和挪威也建立起来。还有另外一种退休的概念，那就是由税收来承担对工人的保护。这一体系于 1891 年在丹麦、1898 年在新西兰建立，英国从 1908 年开始初见雏形，1925 年最终确立。在法国，1910 年 4 月 5 日出台的法律规定了工人和农民享有退休金，但只得到了部分实施，司法部门不敢强迫工人和雇主交份子钱。在 1928 年 4 月 5 日法律的基础上修订、于 1930 年 4 月 30 日修正的法律标志着第一次为老年工作者提供退休保障的努力。这是一个混合型方案，既有个人储蓄又有社会分摊。1933 年当国际劳动大会通过第 35 号到第 40 号《老年退休法令》时，已经有 28 个国家设立了养老金，其中 6 个不是欧洲国家。1941 年 5 月 14 日法国出台一项法律给最贫困的工作者提供特殊补助。1945 年 10 月 19 日的法令建立了老年保险。

一开始，养老金是给工商业的工薪阶层的，后来尝试扩展到全民，但由于非工薪中产阶级的反对而未果。1956 年成立国家团结基金。今天 80%的法国人有退休金。1964 年在国际劳动大会的 112 个成员国中，68 个有退休金制度。对于发展中国家来说，全国性的社会保险制度往往负担太重。爱尔兰没有社会保险，只有救济金。

开始领取退休金的年龄由国家设定。公共部门和私营部门的雇主也在这个年龄解除劳动关系，一个人便由从业者转为非从业者身份。这个变化是什么时候发生的呢？领到的收入能达到多少？为了作相关决定，社会需要考虑两个因素：它自己的利益和退休人员的利益。

有三个资本主义国家，即瑞典、挪威、丹麦，认为必须给所有公民提供一个体面的生活。因为人口不多，政治生活没有重大冲突，虽然实行自由资本主义，但是建立起了某种社会主义特质的制度。为了能够给每个人尽可能完整的保护，高收入者缴纳很高的税，奢侈品的税率也很高。老年人从中受益。尤其是在瑞典，老年人口占到了 12%，平均预期寿命也是欧洲最高，达到 76 岁。第一部关于老年的法律直到 1930 年才制定，但是目前养老金系统已经覆盖全部人口且不断完善。不管一个人经济状况如何，所有公民 67 岁开始都可以领到养老金。最低起点为单身者 4595 瑞典克朗①，夫妇 7150 瑞典克朗。1960 年开始又实行了一个补充性养老金制度。全部加起来的话，一个退休人员能够领到退休前平均年工资的 2/3，后者按其工作中收入最高的 15 年来计算。政府部门官员和职业军人 65 岁退休，还有另外一些工人也可以选择 65 岁退休，之后头两年先领取私人保险。但是总体上来讲，工作适应不同的年龄，而且不会导致过劳，因此人们倾向于一直干到法定退休年龄。挪威的情

① 1 克朗等于 0.96 法郎。——原注

形相似，法定退休年龄为 70 岁，丹麦为男性 65 岁到 67 岁，女性 60 岁到 62 岁。

其他资本主义国家情况则相当不同，几乎总是只考虑经济因素，也就是资本的利益，而不考虑人的利益。早早被从工作市场上淘汰出去的退休人员成为建立在利润基础上的社会的负担，对他们的保障格外吝啬。正确的解决方式应该是要么让劳动者工作到自愿停止然后提供生活保障，要么让他们早早退休并保证令其满意的生活水平。但是在资产阶级民主国家，绝大部分失去工作能力的人陷入贫困。尤其在法国，老年人方面的政策耸人听闻。二战刚结束的时候，国家为提升出生率将很大一部分预算给了家庭补贴，牺牲了老年人利益。政府显然意识到了这点，所以 1960 年 4 月 8 日建立了老年问题研究特别委员会，由拉罗克负责，出具过一份报告，之后就没有下文了。

在比利时、西德、卢森堡、荷兰，男女退休年龄都是 65 岁。而在奥地利、英国、希腊，男性 65 岁、女性 60 岁退休。矿工的退休年龄更早。部队、宪兵、民航、交通运输、初等教育部门退休年龄也早。在法国，警察和小学教师 55 岁退休，但依据个人意愿可推迟至 60 岁；大部分公务员 60 岁退休，尤其是教师。还有一些 65 岁退休，比如塞纳省政府工作人员。私营企业退休年龄内部规定为 65 岁。还有极少数人，占总人数的 3%，60 岁退休。有的行业没有规定，一般在 65 岁左右。

有一些救助机制假定老年等于残疾，退休则等同于救助贫困人群。因此，领津贴的人不得工作。在比利时，一直到 1968 年，退休人员不得每月工作超过 60 小时，现在延长到 90 小时。另外一些国家认为集体有义务照顾老年劳动者。在法国、德国、卢森堡、荷兰和瑞士，领养老金者可以工作且没有时长限制。还有工作能力的退休人员从中受惠。1946 年 7 月，法国人口研究院调查了 2500 人，其中 29%的人每周工作 25 个小时，他们的工作领域往往跟退休之前相关，教师给人授课，税务稽查员做私人财务顾问。据计算，要每月达到开支平衡，1/3 的 60 岁以上的人和 1/4 的 65 岁以上的人必须从事某项工作，尤其女人，她们往往从事家政，获得的报酬却低于工会规定的标准。

总体而言，半个世纪以来老年劳动力一直在减少。1931 年到 1951 年间老年人口的比例在各地都增加，但是老年劳动者的数量减少了。法国比例最高，仍在工作的老年人占全部老年人口的比例从 59.4%降到 36.1%，意大利从 72%降至 33%，瑞士从 62.5%降至 50.7%。今天 70 多岁和 80 多岁的人的确比以前多了，但是 65 岁到 69 岁工作者的比例依然是减少的。老年工作者中有农民、干部、小企业老板、手工业者、独立劳动者；女性多从事农业、家政、医疗保健、商业。在工业部门年龄是劣势，无论干部、职员、工人都一样。

出于成见，雇主对年龄大的人不放心。看看招工广告，这点非常明显。几乎在所有的国家，年龄上限都在 40 岁到 45 岁。美国 23 个州立法禁止年龄歧视，可是雇主会给人事部门下达内部指示。根据 1953 年纽约做的一项调查，94 个职业介绍所都把年龄大的求职者看作他们最坏的敌人："这种人话太多，什么都不合适。思维僵化。缺少纪律和自控力。"1963 年在美国 8 个大城市做的调查显示，职业介绍服务有 1/5 都把年龄上限定为 35 岁，1/3 定在 45 岁。比利时、奥地利有一些公共服务只招 40 岁以下的人。在英国 50%的职业介绍所拿到的岗位只招 40 岁以下的人。在法国调查的 41000 个工作岗位，30%要求 40 岁以下，40%要求 20 岁到 29 岁，30%要求 50 岁到 65 岁。美国报纸上 97%的招聘广告年龄上限为 40 岁，在法国一项调查中 88%的广告要求应聘人员不超过 40 岁。在比利时 80%的广告招聘也是同样的要求。这种对老年求职者的歧视几乎到处可见，充分就业时期也不例外。当两家公司合并，或一家公司出于某种原因要裁员，被解雇的当然是 40 岁以上的工程师、干部和员工。公司越大，工作节奏就越快，资方越会考虑所谓合理化、标准化，也就越急于淘汰年纪大的员工。乡村的工厂会比城市工业区里的工厂更长期地留住员工。女员工比男员工更受歧视，虽然她们活得更长。这样的现象不是最近才有。1900 年，45 岁的女人和 50 岁的男人是最难找到工作的。1930 年，在纽约和美国各地，25%到 40%的公司只雇用某个年纪以下的员工，这个比例到 1948 年依然高达 39%，也即相当普遍。

因此，很多年纪大的人早在退休前就已经失业。在社会出现危机的时期，整体失业人口增加，老年失业人口的比例会降低；在充分就业时期，老人失业的比例则会提高；滞留失业首先冲击老年工人，而且他们一旦被解雇，很难再找到工作。根据国际劳工组织 1955 年的一份报告，在比利时和英国失业 24 个月以上的劳工平均年龄大于 50 岁。行业失业的严重程度与要求的能力并不成正比。低技术工人和简易操作工固然最容易受到影响，但因为生产工具的现代化，高级技能的职位也消失。年轻人占据白领工作，把出苦力和不利于健康的工作留给年纪较大的人。后者只能被迫降低对工资、工作性质、工作条件的期望。他们开始往往不甘心就范，但最终不得不低头，从而在经济、社会、精神上都低人一等了。

雇主的理由是什么？这些理由成立吗？多项调查尝试回答这些问题。

在法国，费尔南·博弗拉调查了 250 家公司的 68700 名员工。大部分雇主表示年纪增长使体力、听力、视力下降。小部分雇主提出灵活性也会下降，对疲劳、寒冷、炎热、潮湿、噪音、震荡的耐受性退步。根据法国民意研究所 1961 年做的另一项调查，雇主认为 50 岁的工人便“呈老相”，工作效率会大大降低，因为不善于适应新的状况，力气和速度变弱。这些缺陷无法由经验、资历、职业意识来补足，虽然这些方面他都比年轻人强。女人的能力比男人衰退得更快。根据职业的不同，老化的年纪也不同。矿工是衰老最早的，大约在 46 岁到 47 岁，会计则最晚，大约 60 岁。老年干部不如年轻干部有活力。不管哪个职业，老年劳动者对新事物都不感兴趣，满足于按部就班，而这有损于他们的产出。

据英国的调查，50 岁以上的工人工作生产率不变，而且较少发生意外。但是一旦过了 65 岁，25%的男性（超过 60 岁的女性则有 40%）会出现健康问题，影响他们的活动性，其中一半是由于受到心血管疾病的影响。英国最近有一项调查显示，65 岁的退休人员中，85%无法继续从事他们的工作，尽管他们宣称自己还可以。

1966 年 12 月海德堡的一个研讨会也得出类似的结论。有报告说，无法实现同等生产率或无法完成和以前同样工作的老年劳动者的比例提高了。

不过，这种观点往往是无中生有。60 岁人的能力跟 50 岁人并没有很大差异。人的肌肉力量 27 岁达到最高点，到 60 岁便减少了 16.5%，也就是说，跟 48 岁到 52 岁的人比起来，只减少了 7%。至于双手的灵巧度，15 岁到 50 岁之间并无甚变化，60 岁到 69 岁之间执行工作所需的时间增加了 15%。

不可否认，这些数字很抽象，说的也都是健康的人，而年纪增长往往带来身体上的毛病。针对特定人群所做的调查结果更能说明问题。1951 年，在挪威检查了 5000 名老年工人，医生表示，60 岁到 64 岁的这个年龄层有 82.6%的人有能力工作如常，7.3%可以做一些较轻松的工作，2.3%可以做部分工作，7.7%应该退休。65 岁到 69 岁之间上述情况的比例则分别为 81.5%、7.7%、2.1%、8.7%。70 岁以后比例分别为 80.7%、4.1%、2.8%、12.4%。在瑞典，大部分的工人和雇员一直到 67 岁都能保证质量地完成工作。根据伯明翰一项由医生所做的调查，出于慢性病或残障原因而绝对无法工作的比例在 70 岁是 20%，65 岁是 15%。

纳菲尔德基金会所做的几项重要研究显示，在英国，直到相当高龄，老年的功能减退在很大程度上可补偿和克服。约克郡的纺织厂提供了一个很好的例子，折叠布匹和穿线是非常精细的工作，很多老妇人尽管视力不佳做起来也毫无问题，因为她们早已稔熟。

一位老年学家告诉我，有些大客车司机在视力测试中查出视觉调整不足的问题，理论上他们在夜间无法面对迎面而来的车灯。可是实际观察他们在道路上行驶的情况，发现他们跟那些测试没问题的司机在夜间驾驶得一样好，甚至更好，他们自有办法避免眼睛被闪，用余光定位。技能、经验、策略弥补了视力不足。这也是为什么我们不能过于依赖检查的结果，实验室和实地情况并不一样。

1947 年英国一项基于 11154 名 65 岁以上的劳动者的报告称，除了矿工这类艰苦的行业之外，在 50 岁和 59 岁的劳动者以及 60 岁和 69 岁的劳动者之间，其工作生产率没有太大差别，后者的工作效率依然很高。1954 年在伦敦举行的老年学大会上，彼德森将 60 岁的劳动者与更年轻的作比较，下结论说："他们在量上的产出和年轻人相差无几，而且工作质量更高。说到退休，70 岁比 60 岁更合理。"另一方面，一项对 18000 名雇员所做的调查显示，缺勤会随年纪下降而非上升。

纳菲尔德基金会调查 15000 名老年工人，发现在二战期间，有 59%的人继续做他们以前做的事，而且做得跟 65 岁以前一样好。但如果工作需要不断变换动作，使出较大力气，或者像在流水线上一样时间卡得很紧，老年工人便难以胜任，而那些需要窍门、细心，时间上有某种自由度的工作则很适合他们。他们的工作品质通常得到业界肯定，他们的敬业精神高出许多。人们认为年纪大有以下优缺点：

增强的方面	减弱的方面
对工作喜爱、节奏稳定、有方法、守时、专注性和警觉性、配合意愿、纪律性、谨慎、耐心、工作完成度	听力与视力、力量和双手的精确度、强壮度和灵巧度、节奏速度、记忆力、想象力、创造性、适应性、分散性注意力、勤勉、能量、积极主动性、活力、社交能力

一般对老年人而言，开始一项新的工作是困难的。1950 年英国的一项调查显示，老年人能很好地完成他们习惯的工作，即使这工作很辛苦，但是他们比较难适应改变。

不过后一点依然值得商榷。二战期间，加拿大、美国、英国在工厂里雇用了大量老年工人，很多人面对的是全新的工作，而他们都做得无可挑剔。很多专家认为他们有能力获取新技能。1953 年，伦敦南部的有轨电车被公共汽车取代，驾驶员要做出改变：56 岁到 60 岁之间的驾驶员有 93%都成功转型了，只不过比年轻驾驶员多花了 1 到 4 个星期来适应，而且有 44%的人和其他人一样只花了 3 个星期就适应了。在 61 岁到 67 岁之间，有 63%的人成功转型。前面提到的约克郡老年女工也很快就取得了操作机器所必需的快速反应。

不过，在学习过程中，老年人得克服某些障碍，他们的神经质和焦虑会导致记忆衰退，如果需要和年轻劳工竞争则会愈加严重。一个 72 岁的人接受测试，当他以为只有自己一人参加，其测试结果和 35 岁的人一样好；而知道还有年轻的对手时，自卑感使他测试失败。因为怕犯错，老年人通常会沉浸在消极的态度里，重复犯错，僵化在已有的知识中。已经掌握电知识的老工人在电力学的课上恐怕不比老矿工表现好，因为把电流比作水流让他们难以接受。他们往往缺乏兴趣和好奇心，我们已经看到，采取新的态度——新的套路——对他们是困难的，他们作决定比年轻人慢，因此反应时间也更长。不过他们往往能克服这些困难，他们善于重复，在工厂里，他们把新学的动作一做就是一整天，最后想都不想就做出来，像自动的一样。这里同样不可盲信，实验室里的结果可能不适用于日常工作实际。

某些年纪带来的不便之处很容易得到补救，例如让工人戴上眼镜，工作时坐在椅子上而不是站着，有时此类措施就足以让他们重新适应工作。但很少有公司这么做。最常见的情况是，工人稍微表现不足就会被调岗，去做门卫、保安、簿记员、稽核员、工具分配员、仓库管理员等等，实质上是降级。他的收入会减少，物质上精神上都受苦。而且这些职位因机械化而越来越少，老年劳动者因此失业。

调查整体而言——以斯堪的纳维亚国家为例——都指出，老年人被迫退出职场，不是自然的宿命，而是社会选择带来的后果。技术进步让老年工人失去了资格，他在40年前受的职业教育往往不够用了，但其实恰当的再培训完全能够改进这一点。另一方面，疾病和疲劳使他希望休息，但这并非老年直接引起的。一个人如果一直合理使用体力，65岁时可以毫无困难地完成劳累过度的老年工人负担不了的工作。应该考虑建造一个让成年人工作耗力较少、工作时数较短的社会，使他们不至于到了60岁或65岁就成了废人。这已在瑞典和挪威得以部分地实现，但是在法国，人们只在乎收益，企业主显然尽可能地剥削工薪阶层，榨干之后抛弃他们，换另外一批，指望国家给予微薄的施舍。

要是养老金能让人人都过得舒适，我们就没必要在这里讨论了，我们会庆幸老年劳工尽早享有了休息的权利。然而现状是他会陷入穷困，因而辞退他更像是否定他的工作权。我们看到他不仅休息不了，还常要被迫去做又辛苦挣得又少的工作。至于退休的年龄，很多观点都有其道理，我们后面再详谈，不过大幅提高养老金的诉求是无可辩驳的。

今天，关于养老金的分配首先让人惊讶的是其中的不公平。因为一直到 1945 年仍有特殊退休制，而且在一般退休制之外还有各种补充退休制。拉罗克先生在 1966 年 12 月 7 日的一场报告中说："目前不同退休制之间的不公平令人震惊。有的养老金相当丰厚，有的却十分微薄，而且这种差别很难说有正当的理由。主要是历史原因造成的，但是要补救也很困难，因为经济上来说不可能所有人都依照目前的最高额来给，而心理上来说也不可能削减那些养老金高的人的既得福利。"

下面的列表可以让我们对法国复杂的退休制稍有概念。

老年人收入一览表

60 岁老年人由下述两者提供保障：
—社会保险，需要享有社保；
—公共机构（省级、市级），如果不享有社保。

社会保险发放项目：
1. 老年退休金
2. 老年劳动者受薪人津贴
3. 年金
4. 补充津贴
5. 鳏寡养老金
6. 专职母亲津贴

老年退休金

发放条件：缴纳社会保险费满 30 年可领全额退休金。领取退休金的最低缴纳年限为 15 年，但退休金的金额是依年限按比例计算的。只有满 60 岁才可以开始领取，人们通常满 65 岁才领，因为超过 60 岁以后退休金总额占平均年薪的比例每年增加 4%。比如，

61 岁，退休金为平均年薪的 24%

62 岁，退休金为平均年薪的 28%

63 岁，退休金为平均年薪的 32%

64 岁，退休金为平均年薪的 36%

65 岁，退休金为平均年薪的 40%

退休金的额度取决于：

1. 保险期限长度
2. 平均年薪
3. 申请领取时的年龄

平均年薪的计算：

根据缴纳分摊金的最后 10 年算出

要么是 60 岁之前的 10 年；

要么是申请领取退休金日期之前的 10 年

退休金总额取决于申请人的年纪。

退休金的比例因人而异，取决于分摊金所赖的工资。

每年 4 月 1 日退休金重新计算，将工资涨幅考虑在内。

每年最高金额为 5472 法郎，假定领取人 65 岁，领取比例 40%。

不设置发放金额上限。

老年劳动者津贴

发放条件：

1. 年满 65 岁；失去工作能力者 60 岁
2. 法国人，或是和法国有外交协议的国家的公民
3. 居于法国境内、曾为法国领地的国家或法国海外领地
4. 能证明一生已有 25 年的工作资历
5. 工作资历开始于 1944 年 12 月 31 日之后，并缴纳了社会保险费

专职母亲津贴

发放条件：

1. 年满 65 岁；失去工作能力者 60 岁
2. 法国人，或是和法国有外交协议的国家的公民
3. 居于法国领土
4. 在 9 年内养育了 5 个法国国籍的子女

备注：老年劳动者和专职母亲的津贴，因为收上来的分摊金不足，所以要设定年收入金额上限：

夫妻年收入上限：5400 法郎

独身者年收入上限：3600 法郎（含津贴）

补充津贴-国家团结基金，支付给前面提到的两种，即老年劳动者或专职母亲

每年金额上限为 800 法郎

最高与最低为同一数额，不得超过上限

老年人不管是领退休金、领津贴，都由社会保险支付医疗费用，包括住院费用。根据疾病的严重程度和生病的时间长度，社会保险将支付 70%、80%或是 100%的费用。叫作“调节券”的医药费自理部分[①]则是由受保人自行负担。通过社会服务局的介入，社会保险的社会行动基金被要求发放调节券，并且在需要时发放救助现金。

社会保险年金

发放条件：

1. 年满 65 岁
2. 缴纳了 5 年或少于 15 年的分摊金
3. 如果缴费少于 5 年，申请者只能要求归还他自己已缴的费用

年金比例：约为分摊金半数的 10%

备注：现在有一些老年人，或者因为工作期间未交过社会保险分摊金，或者因为只工作了一段时间就停止了，或是因为是寡妇没有权利领取移交支付的退休金，或是为了养育数个孩子而从来没有工作，导致无法享有退休金、津贴、年金。最主要的问题是他们也没有权利受惠于社会保障。

① 也就是社会保险不保的数额。——原注

下列公共服务单位参与救济：

1. 省政府
2. 市政府
3. 公共救济局
4. 专门慈善机构
5. 私人慈善机构

老年特殊津贴由法国存托局提供

发放条件：

1. 没有社会保险
2. 收入未超过一定上限
3. 没有房产
4. 没有领取儿童食品补助

特殊津贴的金额：每年 1300 法郎

收入上限（包括特别津贴在内）：独身者每年 3600 法郎，每对夫妻每年 5400 法郎

因为预算有限，社会服务局发放下列补充救助款项：

1. 房租救助款①（主要住房房租的一半）
2. 暖气救助款，每年 150 到 180 法郎
3. 每月现金救助款，50 到 150 法郎
4. 瓦斯券，电券，食物包，老年人餐，交通费优惠。私人慈善机构的赞助
5. 免费医疗救助

退休金、养老金增加额，日常生活协助者津贴②或是由社会保险发放，或是由省政府发放

发放条件：

1. 年满 65 岁；失去工作能力者 60 岁
2. 日常生活无法自理（各种残疾）

不论退休金、养老金或津贴有多少，都可申请这项增加额

---

① 要求居所不配备家具，并且房租低于 200 法郎。——原注

② 如有重病患者需长期照顾，负责救助病患的相关机构给照料者——家人或是其他人——发放津贴。照顾者被看作是病人和机构组成的“双方”之外的“第三方”。——原注

每年金额：6700 法郎
这项增加额只在受益人生前发放
提供 100%医疗救助

补充退休金
年满 65 岁可领取
发放条件：10 年都在同一个行业里工作（商业、工业、自由职业）
雇主加入该行业的退休金管理账户（雇主和工薪者均缴纳分摊金）
失去工作能力者可以在 60 岁领取
寡妇可以在 50 岁领取
未成年子女可领取专门给他们的年金
补充退休金的额度随分摊金总量而变化

干部退休金
1. 年满 65 岁可领取，若失去工作能力则为 60 岁
2. 发放条件与补充退休金相同
这类老年人不是社会救助的服务对象。退休金的预算相对比较高，因为包含了社会保险、老年退休金和干部退休金。

有两点需要指出：65 岁退休只能领原先工资的 40%，其计算基准——职业生涯最后 10 年的平均工资——往往并不是整个职业生涯的最高工资。按照后者或是至少以平均工资来计算才是合理的，否则，雇主在劳动者临近退休时以“不适应工作”为由降他的级，劳动者的退休金便会相应减少，可谓明目张胆的不公平。另一方面，退休金的提高远远跟不上物价的上涨，退休金每年只涨 10%，每周工时 40 小时的法定最低工资为每月 567.61 法郎，而退休金则不到它的一半。根据《政府公报》[①] 上刊登的最近一项法令，老年人的最低收入为每月 225 法郎，相当于每天 7.3 法郎，有 100 万名老年人只靠这点收入过活，比花在一个共同法服刑犯身上的费

① 写于 1969 年底。——原注

用少了60%。有150万名老年人，每月只靠不到320法郎来维生。也就是说，约有一半的老年人生活在穷困中。独居的老年人是最悲惨的。据社会救济部门的数据，经济弱势群体中有70%到80%为寡妇，鳏夫数量相较少得多。根据阿尔卑斯跨行业均等局的一项调查，在6234名50岁[①]到94岁的退休人员中，独身者的平均收入是每月280法郎，夫妻为380法郎。一些退休人员仍在打零工，其中有1/5的人只有200法郎退休金。有15%的人甚至买不起报纸。

子女很少帮助父母，有2/3的老年人未从子女那里得到任何援助。有时为了最基本的购买食品的款项他们不得不将子女告上法庭，但即使他们打赢官司，往往还是拿不到钱。如果子女被认为有能力赡养年老的父母，社会救助便不会考虑他们，更无着落的他们只能自生自灭。这种不看子女实际上给了什么而只假定可以给什么的做法是不负责任的。

1968年11月17日的《周日报》上有个典型的例子，"巴黎75岁独身老妇，每月仅317法郎"[②]。R太太曾在多家餐厅当侍者和洗碗工，一直到68岁才因做不动了停止。之前的老板从未给她交社会保险，以至于她的退休金只有每季度180法郎。头四年她靠积蓄支撑下来。之后，为每月只有60法郎感到绝望的她，在孚日广场的长椅上对邻座谈到自己的情况，对方建议她去找社工人员。后者帮她申请到每季度870法郎的退休补发和80法郎的房租补助。她住在玛莱区一间旅馆的顶层，要先走三层富丽堂皇的楼梯，再上台阶又窄又高的两个矮楼层，才到她的房间。狭小的房间里没气没电，靠煤油照明和取暖。水槽位于壁龛里，要踩着一个台阶才能上去，从那里提一桶水下来，对身手不灵活的人来说堪比要杂技。厕

① 丧失了劳动能力的人可以提前退休。——原注
② 由安妮·库德雷进行的调查。——原注

所在房子的另一头，要先下半层楼，再上半层楼，接着爬 15 级陡峭的台阶。R 太太表示：“上厕所是我的噩梦，冬天有时候我不大舒服，更得紧贴着墙走，生怕再也下不来。”房租每季度 150 法郎。“付房租是最要紧的，因为邻居们想要我的房间，他们试图把我赶到养老院去，那我还不如死了算了。”她每个月只剩 240 法郎，合 8 法郎一天。她几乎不取暖，冬天窝在被窝里很晚才起，白天去商店或教堂待着。有时候她会去看电影，下午一点以前相对便宜的早场，她连看两三场，坐地铁去，步行回。她几乎从不花钱买衣服，每年春天都会把一件穿了十年的大衣拿去送洗。她从慈善捐赠得到两双鞋、一条裙子。她每年买 3 双长筒袜，每双 9.9 法郎。她吃得很少：每星期吃 3 次 2 法郎的牛排、3 或 4 法郎的格鲁耶尔奶酪、2 公斤土豆。晚餐经常一个苹果配上一点糖和奶油就打发了。她每个月喝 2 升葡萄酒，每星期 500 克咖啡。她有两个侄子，他们小时候她曾经资助过他们，但他们已在外省安家，和她没有往来。每个星期日她都到一位女性朋友家午餐，她会带上一块小蛋糕，朋友家有真正的厨房，可以做在煤油炉上没法做的菜。朋友会把吃剩的让她带回去，第二天热热吃。她说自己过得一点也不无聊，经常出门散步，在店面橱窗读报纸标题，也会有邻居把隔夜的报纸给她。只要可以，她就去参加巴黎的公共活动，如查尔斯·明希[①] 的葬礼。但她没敢走进去，因为身上大衣太旧了。她生命中最黑暗的一点就是住处。有朋友答应在他们芒特的房子里为她保留两室带厨房的套间，让她期盼不已，但是朋友去世后，子女把它租给了别人。

了解上述个案后，再来看 1967 年这张由社会救助建立的预算表格，便更能明白其中的含义。

---

① Charles Munch（1891—1968），法国指挥家、小提琴家。

几笔预算：由社会保险或是公共救济局负担医疗费用

年龄	婚姻状况	养老金金额	住房状况	房租	社会救助
63 岁 重病	独身	每月 260 法郎	一室，有厨房 无配套设施，厕所在院子里	每月 70 法郎	每月 100 法郎 日均 9.06 法郎
76 岁 心脏重症	孀妇	每月 210 法郎	一室，有厨房，有配套设施	每月 90 法郎	每月 120 法郎 日均 8 法郎
82 岁 工作到77岁	独身	每月 230 法郎	从 1930 年起住在旅馆房间	每月 80 法郎	每月 150 法郎 日均 10 法郎
78 岁 智力衰退	独身	每月 180 法郎	阿尔及利亚的旅馆房间	每月 100 法郎	每月 150 法郎 日均 7.66 法郎
丈夫 73 岁 妻子 74 岁	丈夫患不治之症	两份退休金，每月 460 法郎	两室有厨房	每月 90 法郎	每月 100 法郎 日均每人 7.83 法郎
丈夫 70 岁 妻子 69 岁 三个子女	妻子半身不遂	每月 690 法郎	两室，有配套设施	每月 200 法郎	子女津贴每月 150 法郎，日均每人 10.66 法郎
72 岁 帮佣 50 年	独身	每月 280 法郎	一室，有厨房、厕所被征用后重新安置	每月 130 法郎	房租补助金 60 法郎，社会救助 100 法郎 日均 11.33 法郎
82 岁	一战孀妇	每月 320 法郎	两室，无配套设施	每月 100 法郎	每月 90 法郎 日均 10 法郎
64岁，患无法治愈的骨骼疾病	独身	每月 160 法郎	一室，狭小，有厨房	每月 60 法郎	每月 150 法郎 日均 8.33 法郎
70 岁，有一子 40 岁患有无法治疗的精神疾病	独身	母亲每月 210法郎，儿子每月 180法郎，总共 390 法郎	两室，有普通配套设施	每月 80 法郎	每月 150 法郎 日均每人 7.66 法郎

每天只有 7 到 10 法郎可用于吃饭、穿衣、取暖等，意味着只能挨饿、受冻、忍受随之而来的各种疾病，陷于绝境，做出无奈之举，比如在市场上，当商贩收摊离去，清洁工开始扫除，一些看上去颇体面的老妇人来垃圾里翻翻拣拣，装满菜篮。在老年人众多的尼斯尤其让人震惊：成群的小老太太扑向半腐烂的水果和蔬菜。根据在马赛和圣艾蒂安所做的一项调查，独居老年人里有 10%的男性和 19%的女性处于“接近饥荒”状态。布利耶教授表示，大巴黎地区每年有数千名老年人饿死。每年冬天报纸上都有老年人冻死的新闻。

那些勉强活下来的人，不仅苦于贫穷，还苦于境况的不确定性。他们的开支总是无法平衡，只得不断求助于社会服务，他们求助的政府部门缺乏同理心，经常做令他们感觉难堪的调查，需要填写的行政文件如此复杂，以至于他们根本搞不明白。

在艾莲娜·维克多专谈老年的节目[①]里有一期，隐藏摄影记录下了几名老妇人和社工人员的谈话。后者尽力善待她们，但是看这些老妇人迷失在文档里，拼命翻寻记忆，绝望地想搞清状况，真是让人难过。更令人难受的是她们谦卑近乎哀求的态度。老年人总感觉自己是在乞讨，而且有很多人不愿就范。尽管费用上没有差异，隶属于救助制度的老年人只有 20%得到医疗救助，相比之下，享有社会保险的老年人中这个比例则为 40%，这意味着老年人拒绝医疗救助。无论如何，阶段性的社会救助只是权宜之计，他们还是活在不知明天如何的焦虑中。

比利时、英国、西德、意大利的情况也大致相同，资本主义的伪善不允许自己摆脱“吃闲饭的”，但给的也只够让人刚好死不了

---

①《在阳光下老去》。——原注

而已。一位退休的老年人悲伤地说："要死太多了，要活却又不够。"另一位说："不再是棒劳力，我们等于挺尸一具。"

干部的情况稍好，但仍不能令人满意。他们中有一类享有特殊待遇，如工程师、高级行政干部、高级公务员、自由职业者，收入可达工人的25倍。不过也有中层干部、小公务员、技术人员，收入就少得多了，女性尤其低。他们随时都有被解雇而失业的危险。退休对他们当中大部分人来说意味着社会地位和生活水平降低。据1964年出版的《退休干部自观》，有80%表示他们有足够的收入，其中77%认为"刚好够"，只有2%表示有富余，19%则处在经济不稳定的状态，女性尤甚。此外，六个寡妇中就有一个每月只领250法郎，58%低于500法郎。整体而言，8%的退休干部每月低于250法郎，32%领取250到500法郎，32%领取500到1000法郎，25%领取1000法郎以上（有部分人士没回答问卷）。这当中有一半的人收入完全来自退休金，26%的人退休金占收入的一半以上，所有人都希望能领到目前数额的双倍或多领2/3。不管多大年纪——从65岁到75岁，两个人中就有一个宁愿能够继续工作。有2/3的人表示很适应退休生活；1/3的人，尤其是那些身体不健康的人和穷人，不能适应新境况。有20%的人重拾工作，其中52%是为了增加收入，16%是为了有事做，26%二者兼有。不再工作的人当中，有83%表示宁愿好好休息。没有人愿意去养老院，都想待在自己家里。

有一种人难以接受退休生活，那就是基层管理人员，因为对他们来说收入锐减。他们不适应闲暇，一门心思寻找新工作，但转行困难。

资本主义为了提升利润，不惜一切代价提高生产力。随着产品越来越多，整套系统便要求提高生产率。上了年纪的劳动者再也跟不上强加于工人的工作节奏，他们失业了，被社会视如贱民。这点显而易见，只需看看其中最繁荣、且自称看重福祉的文明：美国。

1890年，70%的老年人仍从事有偿工作，现在这个数字是300万人，也就是总人口的20%，其中男性200万，女性100万。他们的报酬通常很低，况且45岁到65岁之间很难找到工作，只能靠着微薄的退休金维持生活。

有很长一段时间，美国的社会救济和英国一样，尚健康的老年人交由家人照顾，后者得到补助，而且优先给索要补助最少的家庭。衰残的老年人则被送到当地的养老院，一种兼具医院、精神病院、孤儿院、老人院和残疾人院功能的机构。大家不再把没有工作能力的老年人看成是有权利的，而是懒汉、失败者、社会渣滓。照料他们的职责主要还是由家庭承担。

1850年，在美国加州有许多劳动者是来自美国东岸的拓荒者，没有家庭的他们互相扶持，组织起来为老年人争取到了国家补助金。1883年起，加州政府给设立养老院的郡县划拨专款，后又扩展到上门服务残弱者。因遭到滥用，1895年该制度被取消，加州政府只资助国家设立的养老院。

19世纪末，数据统计使老年人中的穷人数量为人所知，社会舆论开始涌动。1915年，阿拉斯加通过了一条法律，政府每月发放12.5美元的救济金给某些65岁及以上的人。其他州也投票通过了类似的法律。

1927年，加州允许国家社会福利部在加州做调查，发现65岁及以上人口只有2%获得某种救济。同年，长期致力于救助老年人的“老鹰兄弟会”做出很大努力，让联邦政府意识到自己有照顾老年人的责任，并得到很多不那么知名的团体的支持。但是，基于个人主义、自由主义、对跟“社会主义”沾边的事物的厌恶，舆论对强制政府照顾老年人是反对的。不过，老鹰兄弟会提出的方案还是有 24 个州愿意进行研究。加州在 1929 年通过了一部法律，将救济扩及全体有需要的老年人，1930 年另有 13 个州仿效。1934 年，共 30 个州都有了某种形式的救助系统，但只有 10 个州能完全执行，救助很难获得，且远远不够。慈善家、工会、教会也开始为老年人建造养老院。1930 年代经济大萧条将老年人置于悲惨境地，他们失业了，政府也无力照顾他们，许多老年人眼看着存款缩水，被赶出居所。这场大萧条促使社会保险体系建立，担负起照顾老年人的责任的州政府将得到联邦政府的支持性拨款。各州政府原有的项目也继续执行，而且第二个举措在此时加入进来，那就是保险。不过，真正受益的人仍极少，且金额微不足道。

1943 年，有 23.4%的老年人领取救济金，而只有 3.4%的老年人有退休金。他们极低的生活水平历历可见，令人不忍。帮助老年人的公用事业部门发展起来。1950 年起，美国国会提高了救助金额，扩大了受惠人范围。但是在 1951 年，老年人口中绝大多数人的收入都远低于维持最基本生存所需，而且没有私人机构参与解决问题。研究老年问题的研讨会纷纷召开。从 1950 年到 1958 年，社会保险的受益人数增加了，之前涉及 3/4 的老年人，这时覆盖了 9/10,养老金也提高了。但是根据斯坦纳和多夫曼在 1957 年所做的调查，65 岁以上仍然有 25%的夫妻、33%的独身男人和 50%的独身女人收入达不到生存最低线。

玛格丽特・S.戈登说："老年人的贫穷是我们最顽固最困难的问题之一。"今天在 1600 万名老年人中，超过 800 万人非常贫穷。一个 65 岁退休的男人，即使之前缴纳的是最高的分摊金，他和妻子每月也只能领到 162 美元；如果独身他就只能领 108.5 美元。1958 年，美国人口普查局的统计显示，65 岁以上的人有 60%年收入低于1000美元，这样的收入放到生活成本最低的城市也达不到维持生活所需，而是低了20%；若在生活成本最高的城市，则低了40%。来自子女或朋友的接济只能将他们的收入提高10%，而且此类老人往往情况本来就相对稳定。独身者的情况特别悲惨，尤其是女人，和法国一样，美国的寡妇人数大大多于鳏夫，有1/4的人一年只靠不到580美元过活，约等于农业部所定的最低食物标准，不要说还得穿衣、住房、取暖。

迈克尔·哈灵顿在《另一个美国》一书中指出，活在贫困中的数百万老年人是“向下沉沦”的受害者。穷人往往比其他人更常生病，因为他们住在不卫生的房舍里，吃得差，取暖成问题。他们没钱看病，于是病情加重，使他们无法工作，更加深了穷困。他们为自己的境况感到羞耻，于是闭门不出，不再与人接触，不想让邻居知道自己靠社会救济过日子。他们放弃寻求小型服务机构提供的基础简易的医疗，最后拖成大病卧床不起。有人在调查老年情况的参议院听证会上表示，这些社会贱民是“三重原因连锁反应的牺牲品：健康不佳、贫穷、孤独”。他们当中有些人曾经有工作，收入过得去，生活正常，后来却成了贫困大军的新兵。年纪渐老，能力降低，他们再也找不到工作，因为技术上已经彻底落伍，即便在农村，机械化也让老年人变得多余。退休意味着收入锐减，但是大部分穷人向来就很穷。他们年轻时从乡村来到城市，但随后并没有发达。另外，农业工人不在社会保险的范围内。所有这些穷苦的人——收入不足的退休人员，或没有退休金的劳动者——只能转向社会救济。有些州如密西西比很穷，救济金低得可怜。不管在哪里，社会调查员对申请人都怀有敌意，一半申请会被驳回。申请者被要求提供的文件很多他们从来就不曾有过；他们往往是半文盲，甚至不太会说英语；救助部门的繁文缛节让他们手足无措。这个冰冷而无能的官僚机构只会羞辱他们而未提供帮助。社会救济，即所谓“福利国家”，其运作完全颠倒而行，保护、保障和援助都给了强者和有组织的人而不是给弱者。最需要医疗救治的人得到的救治反而最少，孤立无援加重了他们的情况。贫民窟的年轻人跑到街上结成黑帮。老年人与世隔绝。在美国，距离和生活节奏让人们不易碰面，主要依靠电话交流，却有 500 万人没安装电话。费城公共卫生部的林登医生写道：“导致我们的老年同胞发生情感性问题的重要因素中，就包括社会对他们的抛弃、朋友圈子的缩小、强烈的孤独、他人尊重的减少和丧失，以及对自己的厌恶感。”

哈灵顿先生下结论说，只有富裕的社会才会有这么多老年人，但社会拒绝让老年人分享富裕带来的成果，只给他们“苟活之需”，再无其他。

老年人的住房问题很严峻，原因在于家庭解体、社会城市化，以及老年人收入低。英国城市化达到了 80%，德国 70%，美国 65%，日本、加拿大 60%，法国 58%。日本的父权家庭因传统力量强大而保存下来。在西德，由于住房不足，很多老年父母跟子女住在一起。在美国有 25.9% 的老年人和子女同住，其中 22.6% 作为户主，3.3% 视为子女家的住户。在法国，24% 的老年人和子女同住，尤其是乡下，也只有在乡下才可见到四世同堂的情形。这有好处，比较省钱，几代人之间保持接触，父母能给年轻夫妇帮忙。不过也有些严重的不便之处，如果拥有房产和土地的是老父亲——目前在法国依然常见，他们会拒绝采用现代的方式，子女难以承受他们的权威。莫兰在研究普罗德迈这个小镇时[①] 指出代际冲突的存在。

① 参见《法国市镇：普罗德迈的变迁》。——原注

“年轻成年人和与他们共同居住和工作的父亲有严重的冲突。”一名28岁的屋顶建筑工人说：“我们想要现代化，可总有老家伙挡在那儿。”做儿子的等着父亲让位，要等到30岁甚至35岁。这10年里，他焦躁不安。而老年人则恼火地抱怨：“年轻人净说我们从来没有听说过的事，想骑到我们头上去。”

农村年轻人大量迁徙到城市，结果就是大小村庄里只剩了老年人，以过时的方法耕田，承受孤独之苦。如果父亲或母亲住在子女家，他们则可能受到虐待或忽视。总之，他们因为依赖别人而受罪。他们感到被其他家人剥削或是刁难，另一方面，他们会给夫妻关系造成困扰，很多离婚因与父母同住引起。有些农民家庭会选择所谓“保持距离的亲近”的方式。在瑞士、德国、奥地利的乡下地区，老夫妇从家庭主屋搬出，移至旁边的独立“小房”。法国农村有类似习俗。老父亲60岁左右将土地事务传给儿子，去住村里另外的房子，但他还继续照管土地，参与工作，给出建议。1962年，在维也纳针对逾1000名老年人所做的一项调查显示，和同住或独居比起来，老年人更愿意接受这种“保持距离的亲近”的方式。

城市里的问题是另一种性质。法国的情况堪忧，因为住房危机普遍存在，房屋老旧，建造速度慢，新建房屋都是高层，房租超出经济弱势群体的支付能力。后者领取房租津贴的条件是没有家具，且租金低于每月190法郎。房东如果不愿租给老年人，只需把房租定在每月200法郎就行了，老年人如果没有房租补助就付不起。① 在退休人员拥入的城市尼斯，这样的做法很常见。一位社会学家说到处都有老年人“不得不居于陋室”。根据法国民意研究所的调查，

① 从这里可看到这个法规的不公平及荒谬之处，如果房租是190法郎，老年房客可以领取95法郎的补助，自己再付95法郎；如果房租是200法郎，他就必须自己全额支付200法郎。——原注

虽然退休人员大都梦想在法国南部有一栋小屋，但大部分还是住在原来的家里，有68%的夫妻至少拥有一室一厅一厨，但都很老旧，没水没暖气或是不卫生。1968年，退休工人退休金管理局所做的调查显示，在180万成员和34万领取津贴者当中，只有15.5%的退休建筑工人家里同时拥有水、电、气、淋浴和室内厕所。34%的老年人住在老建筑物的顶楼，没有电梯，要爬4到6层楼。有时候子女离家以后，房子变得太大，维护困难。大部分情况下住房不适应老年人所需，没水没暖气没电梯，对体衰的他们来说太过耗费体力。一半的人拥有自住屋，但这项统计包括了农村，所以数据偏高，有1/3是租客，其他则是免费或合租。

住房问题与孤独的问题相关联。在美国，2/3的老年男人和妻子一起生活，16.2%独居，3.5%住在养老院。只有1/3的老年女性丈夫还在世，1/3独居，不少和子女同住，4.3%住在养老院。在法国，35%的老年人和配偶在一起，30%独居，其中多为女性，9%和朋友或一名兄弟姊妹住在一起。1968年，据一份关于建筑工人和公共工程的退休人员的报告，有43%的人跟家人住得很近，23%住得较近，25%住得远，9%完全孤立。住得远近直接影响了往来是否频繁。

不过，这些数字并不能反映家人朋友实际上的密切程度。调查结果常常自相矛盾，引人质疑。在米兰，受访者中10%的男性和13%的女性表示自己“非常孤独”，20%的男性和22%的女性表示“有时感到孤独”。孤独的感觉随年纪而增强。在美国加州，57%没和配偶住在一起的受访者表示“非常孤独”，和配偶住在一起的则有16%如此表示。

英国尤其开展了大量此类调查，汤森、扬和威尔莫特、J.M.莫格、E.波特所做的调查显示，广义上的家庭作为社会交往和互助的单位发挥了重要角色，尤其是母系亲属，即以外祖母、其女儿们、外孙女们为核心的家庭。男人则多去咖啡馆，或与朋友外出，所谓“男人有朋友，女人有亲人”。1957 年，汤森在伦敦东边的贝斯纳尔格林所做的调查很说明问题。他询问的老年人当中，有 5%感觉“非常孤独”，25%“有时孤独”，70%“不孤独”。据他说，很少有老年人是真的完全孤立，有些甚至有 13 名亲人住在附近，特别是总有一两个孩子住在距离父母 1 英里之内的地方。贝斯纳尔格林的祖父母，尤其是祖母很勤快地照顾孙子，送他们上学，带他们散步，在家照看他们，给他们做饭。有 3/4 的受访者每天至少见到一位亲人，会帮他们的忙。英国皇家医院院长谢尔登的调查说，有 1/5 的老年人孤独程度令人痛心，尤其是鳏夫，比寡妇情况更严重。独居的人当中有约 1/3 的人有亲人住在距离少于 0.5 英里的地方，有 40%的人表示因为和孩子关系紧密而感到开心，但是这些调查结果需要谨慎对待。美国有另一个调查发现，92%的老年人表示他们受到自己孩子的敬爱，但同时仅有 63%表示一般而言孩子敬爱他们的父母。看来这些回答不少是自欺欺人，或是出于自尊心而撒谎，因为不愿承认自己孤独或是受到忽视。另一方面，经济条件差的老年人，即使家庭关系良好，也不大能提升他们的精神状态；对经济条件好的来说，朋友比亲人更管事。有兄弟姐妹或堂兄弟姐妹等住在附近，对老年人的生活并无帮助，几乎只能靠配偶和子女，但有配偶也可能两个人一起孤独。最近由巴里耶医生和赛比奥特在巴黎十三区所做的一项调查即显示了这样的情况，夫妻二人比独居的鳏寡更封闭在家，亲密关系被嫉妒、执念、控制欲扭曲捆绑，使得身边再无别人。1968 年，在巴黎人口稠密区的一项调查显示，[①] 有 1/3

① 参见 1968 年 11 月 8 日《法兰西晚报》。——原注

的老年人没有任何社会联系，从未收到过信件，[1]不接待访客，也不出门做客，谁也不认识。

为了在物质和精神上帮助老年人应对不舒适的生活环境和孤独，人们考虑建造老人集中住宅。这一点上欧洲北方和南方国家之间区别明显。在意大利和法国这个计划没有落实。最近几年，法国退休工人退休金管理局建造了几处住宅区，离大城市很近，让老人们不至于感觉遭到放逐。住宅有平房、最多5层的半高层，以及9层甚至更高的高层建筑。这些住宅区都规划得非常好，第一个住宅区于1964年12月在波尔多附近启用，入住100来名身体健全或半健全的老年人。之后又建成五六个住宅区，平均每个住120人。退休人员住得不错，只是会抱怨自己只剩1/10的钱，其余都付了房租和管理费。但是从数量上说，成果还是少得可怜。瑞士和西德的老年人住宅多于法国，荷兰和英国做出了更大努力，约在1920年伦敦近郊的一座公园附近建造了一个老人村“怀特利村”。“老年福利委员会”在伦敦、哈克尼，以及其他地方也开发了类似项目。1940年，在英国几乎所有破旧房子的住户都是老年人，其中大部分已搬迁到专门为他们建造的新宅。

在这件事情上最尽力的是斯堪的纳维亚国家。哥本哈根有一座著名的老人城，1919年启用，1955年改造提升，共有1600个床位，长期以来被视为成功范例。1940年，在瑞典，老年人住着不多见的破旧房子，后来他们全部被重新安置。从1947年开始，瑞典建造了1350间养老院，收容4.5万人。老年人也享有另一种特别的住宅，那就是专为领养老金的人建的公寓楼。有些老年人领取“社区补助”，能帮助他们支付正常公寓的较高房租。

---

① 除公家来函之外。——原注

1950 年，杜鲁门总统让美国公众注意到了老年的问题，组建了一个 800 人的委员会进行研究，但没取得什么结果。比如在圣路易斯，老年人往往被限定在形同贫民窟的地段，这里的老房子被分隔为好几个带家具的房间和狭小的公寓套间，老年人拥挤地租住。这时也成立了一些老年社团，像是“活化石”“80 岁老人”“快乐寡妇”“50 岁年轻人”等等，并创建了不少退休老人住宅，但是平均每月要 150 美元。有些集体住宅是靠政府借款建造，这样的住宅无利可图或只有微利。也有私人所建，但大部分退休人员都负担不起，如著名的伊莎贝拉公寓，最低房租为每月 75 美元。

必须说也有成功案例，可惜是独一份，那就是圣安东尼奥的维多利亚广场。① 这是一座大型现代建筑，安置了原本居住环境极差的老年人，352 人申请，204 人中选，其中有近 60% 的人是独居，其他则是和配偶、家人或朋友居住，很多原先住在破旧房屋中。搬迁之前先带领他们参观公寓，大家赞叹不已，一年之后很多人还没回过神来。公寓有俱乐部、图书馆、各种游戏设施等，90% 的人都会经常出入其中。房租是每月 28 美元。一般比他们之前的房租贵，但相对于空间大小和舒适度可以说相当划算了。他们的生活有了极大的改变，更感觉钱不够用，因为会买家具，买衣服，不再像以前不注重室内环境和个人仪表。他们很开心有闲暇，并有许多方式来度过，他们加入社团，结识新朋友，和老朋友保持联络，并经常和家人通电话，他们认为自己比从前更健康，并说自己还是“中年人”，而那些仍住在破旧居所的人则自认上了年纪或是很老了。他们的生活和情感也得到发展，几乎每个人都认为自己很幸福。通过这个例子和其他几个例子，可见居住条件对老年人一般境况的影响

① 参见卡普在《老年人的未来》中的描写。——原注

极其重要，所以老年人通常住得很差这一点的确令人沮丧。

当前有个问题讨论得很热烈：老年人如果只和老年人相处，是不是一件好事？维多利亚广场的成功很大程度上来自它位于市中心，住户和家人联系未断。在美国有好几个“太阳城”，只有老年人居住，生活水平较高，开发商和管理者都表示，老年人之间相处得很快乐，但这毕竟是很赚钱的生意，有营销吹嘘之嫌。加尔文·特里林 1964 年为《纽约客》杂志写了一篇报道，对老年人“很幸福”的说法持怀疑态度。住户买下了他们的居所，投资了很多钱，并和外界切断了联系，他们只能一直住下去，大部分都安于现状，但如若能重新来过，难说他们会不会还如此抉择。

今天人们提倡布鲁日的做法，社区由独立的小房屋聚集而成，位于城市中心，老年人和子女离得不远。更好的是建立各年龄层混住的住宅区，其中有相对独立的老年之家，同时共享公共服务。

当老年人在体力上、经济上再也无法自足，唯一的去处就剩下养老收容院。在大部分国家养老收容院都完全不人性，只是一个等死的地方，就像最近一个节目里提到巴黎皮提耶萨尔佩特尔收容院时，称其为“候死厅”。

法国有 1.45%的老年人住在收容院，平均年龄 73 岁到 78 岁。还有 2%的老年人住在养老院。一项调查显示，有 74%的老年人很厌恶进收容院，有 15%的人接受，因为他们已经不能自理。收容院共有 27.5 万个床位，当前尚有 15 万到 20 万人有入住需求却没有床位。主要有四个原因促使老年人想要申请一个床位。首先是收入不足，领救济的老人有 3/4 住在全国各地的收容院里，而有养老金的则倾向于小型私人机构。第二个原因是住处难找或无力维护。第三个原因来自家庭，子女拒绝照顾或是决定不再照顾。1968 年 1 月，在报道皮提耶萨尔佩特尔收容院"候死厅"的节目里，院长愤慨地指出，常有家庭出门度假前把老人送来，假期结束却忘了把他们接回。最后一个理由是有些老年人需要医疗护理，通常住进他们省里的收容院，有些以穷人的身份入住，有些则支付一部分养老金，也有一些"流动者"，被从一家送到另一家，空档期则四处流浪酗酒。有些收容院拒收生病的老年人，有些则接受病人，即使还年轻。

根据德洛尔先生 1952 年在一所收容院做的调查，女性人数是男性的两倍。100 名女性当中有 74 名寡妇，22 名独身者，4 名已婚者。65 名身体健朗头脑清楚，35 名身体或智力失能。住进来之前，80 人住一室或两室，或是住在一楼的门房小屋，或是夹层的房间，其中有 21 处是破旧的房舍，尤其是门房小屋。她们每月领取 8 000 到 1.5 万法郎。[①] 有 24 名门房兼做一些小活计。有个老太太在橱柜里堆了 30 公斤白糖、面条和大米。另一名老太太则把 20 万法郎藏在家里好几个地方。她们和子女、远亲、朋友、邻居关系良好，有 45 名寡妇育有子女，其中 32 名和子女关系良好，有 30%的人住院单上写着"生理衰残"或是"社会关系缺乏"。

现在已经不允许建造超过 80 个床位的退休老年人住宅，必须是切分为独立房间的建筑，供个人或夫妻入住。近几年建造了不少符合这个标准的住宅，共计 3.5 万个床位，但还是杯水车薪，情况令人哀叹。

法国公共健康部最近的官方报告揭开了法国收容院悲惨的内幕，所有证言惊人一致。不管过去还是今天，收容院是名副其实的"乞讨者收容所"，拉罗克先生承认："我们过去对收容院的概念是那种集聚许多失能的人、长期卧床不起的病人和健朗老年人的地

① 这里指的是 1952 年的法郎。——原注

方，唯一的功能是让人有个住处，有口饭吃，住宿和饮食条件都维持在最低水平。不幸的是，这样的管理方式今日仍然到处可见。”1960年公共卫生部长曾说：“能提供足够卫生服务的收容院和养老院很罕见。不夸张地说，很多完全放弃了医疗服务。”同一年，法国国家卫生健康监察总局的报告说：“大部分收容院和公立退休老人住宅对老年人的监护和医疗照顾都非常不足，长期卧床的老年病人通常在无人理会的情况下离世。尤其是当前已知康复治疗对半身不遂的改进效果颇为可观，长期卧床不起的情况大部分是可以避免的，这种现状更令人难以接受。”

在法国，大家常弄混了医院和收容院之间的区别，大部分的收容院接收各种年纪的残障人士和病人，在27.5万个专为老年人而设的床位中，25%属于私人机构，17%住着年轻的肢体或智能残障者，25.12%被长期卧床的病人占用。

除了那些被子女遗弃在医院再不接回的老年人之外，也有许多老年人来时带着医生的一封信，写着：“某某先生或某某太太应该住院，因为他/她独自过活，而且年事已高。”医院从来不拒收他们。在皮提耶萨尔佩特尔、比塞特就有一些人在有50张床位的“发烂间”里等死，一等就是24年。[①] 圣安托万有三间所谓“清障大厅”，老年人在那儿等着其他人死去，以占据后者在巴黎附近新开设的医院的床位，医院设施好，但每天的费用是51法郎。必须设立至少1.6万个床位来安置重病症人，好让他们腾出床位。

总计17.8万个床位的收容院和医院坐落于百年以上的建筑，往

① 1968年4月《法兰西晚报》的一则报道里，玛德莱娜·弗兰克写道：“那些令人作呕的发烂间正在消逝中。皮提耶萨尔佩特尔只剩几间了，比塞特院长米希耶先生在18个月的时间里已撤销了1300床中的500床。”——原注

往由古老的医院、城堡、军营或监狱改建而成，完全不适合新功能。楼梯很多，往往没电梯，以致某些老年人无法离开所在楼层。在集体宿舍一般的通间大厅里——自 1958 年起，这类大厅就饱受诟病，但事实上绝大部分的床位都安置在这里，病人和长期卧床的人整天在床上躺着，床和床之间往往没有屏风隔离，没有个人床头柜、衣柜，老年人没有半点属于自己的空间。男女分住，以至于老夫妻被无情拆开，丈夫和妻子不同院的情况也不罕见。（1957 年春天，有一对 80 多岁的老夫妻一起投塞纳河自尽，就是因为这个原因。）收容院里如有单人房，通常也是保留给支付维护费用的住户，直到付不起了，就会被从单间移到宿舍大厅，对他们而言又是一次新的沉沦。因为这些地方都很破烂，所以室内光线很差，食堂里通常有几张大桌子和一些板凳，很多时候权作客厅，院内的所谓客厅通常都小而差。这些地方往往都很冷，没有中央暖气系统，或只有部分能运作。洗衣间和厨房的设备通常较为现代化，但所有人吃得都一样，丝毫不考虑个人需求。卫浴设备也不完善，大部分都没有浴缸，只有淋浴，每人每周，甚至每月才洗一次澡。医疗的缺失耸人听闻，通常一名医生要负责 350 名病人，甚至有一人对 965 人的极端情况。收容院的医疗支出占预算的 2.7%，与之相比是巨量的重病者。

我们理解为什么在这样的情况下，住进收容院对老年人来说可能是一个悲剧。这样的心理冲击对女性伤害更大，因为她们比男人更恋家，她们会焦虑、发抖。渐渐地很多人会屈从现状，也有老人入院之后生存欲望变得更强，因为他们没那么孤独了，会结交新朋友，攀比心让他们不像以前那么自暴自弃，但这种情况毕竟少见。

佩吉尼奥医生做了一项统计，与我的观察也相符，显示入院时健康的老年人：

8% 8 天内死亡，

28.7% 1 个月内死亡，

45% 6 个月内死亡，

54.4% 1 年内死亡，

65.4% 2 年内死亡。

也就是说，过半的老年人入院 1 年内死亡。生活条件恶劣不是唯一的原因，因为移居他处往往是老年人死亡的诱因。那些存活下来的人的命运更应该同情，大多可以用几个词来概括：抛弃、隔离、沉沦、痴呆、死亡。

收容院的人首先苦于各种限制，院内规定严格，程序僵化，早睡早起，老年人脱离曾经熟悉的生活环境，服装统一，个性全无，人就是一个编号而已。每天都允许探视，有的人会有家人时而探望，也有人的家人很少来甚至从不来。收容院所在地往往交通不便，家人朋友只能在星期日前来，而来一趟花的时间让人望而却步。像省立楠泰尔收容院，从巴黎市区乘地铁和公交竟然要两个小时。的确需要感情深厚才愿意牺牲自己极少的休息时间。因此老年人往往被弃而不顾。尼斯一所大的养老院院长在接受电视采访时表示，只有 2%的老人会有人来访。通常寄宿人也不能自由外出，比如在楠泰尔，每人每周能出去一个下午。他们无处打发时间，有时他们会在院内打零工挣点小钱，有些女人受雇于洗衣间或厨房，但他们心不在此，大部分人知识水平很低，基本不看书，也不大听广播。电视——要是有的话——让他们眼睛疲劳，打牌也不喜欢，他们对什么都没兴趣，整天无所事事，甚至早饭后又回到床上躺一天，满脑子长久以来关于疾病和死亡的执念。根据布利耶教授的说法，唯一能让老年人感兴趣的是手工活，伦敦一所收容院的附属机构有一个工作坊，老年人在此制作物件，如拐杖等，供院内使用。

一些老年人因此觉得自己是有用的。法国外省有少数几个位于乡下的收容院附有花园，有人从事园艺，但这样的情况很少见。收容院的老年人没有任何活动，被贬为物的状态，很快就老糊涂了。到了能出门的那天，几乎只有一个娱乐，那就是喝酒。很多老人入院时不喝酒，住了一个月后就成了酗酒者。他们打零工赚的零花钱[1]往往全买了酒。依照规定，最近的售酒点离大门不得少于200米。在楠泰尔禁止出售给老年人葡萄酒之外的酒精饮料，但是葡萄酒足矣。夏天，楠泰尔收容院附近马路上全是老年人，男女都有，或躺或站，怀揣酒瓶，酩酊大醉。由于虚弱的体质受不了狂饮，回到收容院里他们脚步踉跄，大呼小叫，呕吐不止，混乱的境况对那些爱好整洁安静的同住者来说格外难以忍受。醉酒让他们暂时忘却自己的悲惨，恣意瞎吹乱讲，也让他们释放欲望，常在醉酒状态下与异性或同性做了露水夫妻聊以慰藉。

集体生活对收容院里大部分人来说都是难熬的，他们不快乐，焦虑，自闭，封闭地居住在一起，却没有任何有组织的社交活动。他们多疑，要求多，有时甚至接近妄想狂，这使得冲突频发。所有老年人逃不过的疾病在收容院内发病过程都会加速。

雅克芭·范·费尔德的小说《大厅》传神地反映了收容院生活，那无疑是亲身观察的结果。[2]作者从一位新入住者的角度描写了荷兰的女性养老院。主人公的女儿很爱她，可惜没有能力再照顾她。这位新来者为自己很可能再也没有一刻独处的时间而感到焦虑："我一向讨厌被注意到，别人来看我对我来说就像受刑！"从此，她生活中任何事情都要在众目睽睽之下进行，包括死亡，而外

① 每月25法郎。——原注

② 西蒙娜与安德烈·史瓦兹-巴尔的《绿香蕉猪肉》处理了同样的主题，但资料性较弱。——原注

人的目光常常不怀好意，起码是挑剔的。另一所养老院的人对她说："再也没法一个人，太可怕了，总有人围着！而且他们对待我们的方式就好像老人都变回了孩子，跟我们说话像是对着一两岁的娃娃。"相较于物质上的烦恼，这位老太太因没有了私人生活而痛苦，别人把她当作纯粹的客体。

我本来计划造访楠泰尔，被拒绝了，不过我参观了公共救济事业局的收容院。位置优越，就在巴黎市中心，住了大约200人，男女都有。四周有个大花园，花树繁多。那是个晴朗的秋日，每个房间都阳光充足。地板、四壁、床单都用心打理，十分洁净。我见到了悉心照料病人的医生，年轻、可亲、敬业的护士。然而，有件事情尽管我早已十分了解，那次亲临其境之骇人还是让我难以忘却：我见到人被彻底贬损到多么不堪的境地。

几位有能力支付高额费用的人士住在单人间里，另有一些人住在四五个床位的房间，不过绝大部分人住宿舍大厅，每人一张床、一个床头柜、一张扶手椅，床尾一个小衣橱。床位之间大约两个床头柜的宽度。人们就在这样的空间里度日。他们甚至没有饭厅（除了一间男宿舍旁延伸出一个餐厅），饭送过来在床边小桌直接吃。也没有客厅，只除了一间小厅，太不舒服，从来没人去，哪怕是接待来访。有件奇事没人跟我讲得清所以然：身体好的住在一楼，半残的住在二楼，而长期卧床的住在三楼。后者动不了，像婴儿一样被人喂饭、擦洗，但是这种迟钝并不等于平和，我看到的老妇人面孔都因恐惧绝望而扭曲，凝固在一种痴傻状态中。也许人们确实再也无能为力。二楼的景象更让人愤慨，那些半残的人中有不少还能从走廊一头走到另一头，本来可以出门走走，但他们的腿脚下不了楼梯，没有电梯的情况下他们等于完全被囚禁，连花园也去不了。让情况更糟的是同楼层还住着失禁的老人，整天坐在有洞的椅子上，其他人和他们同处一个大厅，被迫忍受恶臭的空气。一楼没那么臭、没那么憋闷，但收容院生活的死气沉沉还是让人揪心。“懒得动”现象严重，尤其是男性，院长就告诉我，许多身体其实不错的男人会在床上大小便。他进一步解释说，社会负担起照顾他们的职责，他们就完全放弃了自己，陷入极端的被动。（我认为他们对自己的境况心怀怨恨，这也算是他们报复的方式。）他们什么都不干，在椅子上一坐一整天。我看见一个男人躺在床上织毛线，另外两个坐在床上玩牌，这就是我看到的全部。有人告诉我，20 名老人当中有一人会看报纸，有几个人会听点收音机。哪怕有人提议做点消遣，陷入半死不活状态的他们也会拒绝。40 名老太太受邀免费坐大巴在巴黎附近游览，结果只有两个人报名。他们唯一的消遣就是吵架。女人尤其爱闲聊，斗嘴，组成小圈子，拉帮结派，分分合合。男人当中则有些具有攻击性，甚至暴力倾向。在楠泰尔，和其他地方一样，他们一有机会就喝酒，除了住宿费之外的养老金都花在买红酒上。买酒不难，因为附近到处是咖啡馆和酒铺子。夏天可以看见他们坐在附近大道的长椅上，怀里揣着红酒。老妇人也是一样。晚上回到收容院里时，他们多少已经醉了，斗殴再常见不过。

每周三有提交了申请的人来参观，只有身体大致健朗，才会被接受入住。（如果他们后来变得衰残，也不会被赶走。[①]）医生对我说他们在申请被接受后会变得焦虑，让人看了十分痛心，他们知道自己从此远离活人的世界，新住处的尽头就是死亡了。克服了变化导致的焦虑之后，女性会比男性适应得更好，她们比较善于社交。说长道短、斗心眼让她们有事做，男人反而比较独来独往，更难接受自己的衰残。一位实习医生告诉我：“刚开始我会问他们以前是

① 收容院里有很多盲人和聋人。有个女人又瞎又聋，完全自我封闭起来。院里有医务室，但是病人若情况严重会被转送医院。——原注

做什么的，他们回答地铁检票员或是工人，然后他们会哭成泪人，因为当年他们有工作，活得有人样儿。我懂了，再也不问了。”很多入住者再也没有家人，如果有的话，每个月大约有人来探视一到四次。

住宿舍大厅的女人跟住单间的女人之间对比鲜明。后者我见过四位，她们外表整洁，在看书或织毛线，和医生开玩笑。在一个有五张床的宽敞房间里，她们在我看来几乎是开心的，当中有一人曾经是美容师，虽然只剩一颗牙，还是涂着浓妆。在另一间有三张床的宽敞房间里，有个打扮齐整、面带微笑的女人，在一个角落里布置了两张独角小圆桌算是她自己的空间，还在窗台上摆出一个微型花园，一点儿私密的空间似乎就能让她们的生活有所改变。

让我觉得最令人发指的，是院方在精神上对他们的遗弃，如果有场所能让他们聚在一起，给他们提供一些娱乐，现场有管理员照顾着，他们不会如此迅速地堕入纯粹生物的状态。一位护士对我说，明年会提高设施的标准，设置客厅等，只是住宿费用也会大幅上涨，目前的住户恐怕要遭殃了，他们会被转移到巴黎近郊，如楠泰尔、塞纳河畔伊夫里等地。

美国的状况并没有更好，社会学家发现几个世纪以来收容院和养老院几乎没有进步。1952 年美国国家保健需求委员会表示：“无论什么地方的老年人，他们的健康服务在质或量上都非常不足。”1965 年 7 月 10 日，美国政府公布了一项名为“保健医疗”的新法规，其中有好几章专门针对老年人。医疗界对国家介入感到担心。著名的儿科医生斯波克因为和政府合作而被视为叛徒。医疗机构对此反感的原因似乎在于个人主义和自由主义，此前正是这些因素使得美国很难实行社会保险。[①]

突然从就业人口落入非就业人口，并被归为老年人，无奈接受收入减少、生活水平骤降，这给绝大部分人带来不幸，心理上精神上落差严重。男性尤受打击。女性活得比较久，孤独的老妇人处于全国人口最底层。但整体而言，老年女性比她们的丈夫更能适应境况。身为家庭主妇，她的情况与从前的农民和手工业者是一样的，对她而言，工作和生活不分，没有外在的法令可以突然中断她的活动。子女成人离家之后家务会减少，这种情况往往发生得早，给她带来冲击，但她毕竟不会完全没事做，祖母的角色会为她带来新的可能。60 岁到 65 岁的女人在家庭之外工作的并不多。除了少数例外，女性不像男性那样全身心扑在事业上。鉴于许多年轻女人不工作，退休不会自动把她们归到某种年龄类别，她们在家庭和家人中扮演的角色，让她们能够维持自己的身份认同。她负责家务，和家庭其他成员，尤其是孩子和孙子密切互动。于是，妻子占上风居多，这种优越性让她觉得过去的付出得到了补偿。有的女人会故意羞辱男人的男性雄风。老年人意识到这种男女角色的转换。曾经有个测试，显示了一老一少两个男人以及一老一少两个女人，年轻的受测者在诠释插图时，不会赋予老妇人重要的角色，而老年受测者觉得图片中的老男人被妻子欺压和统治，他们认为老妇人才是主宰者，代表着法律。这个阐释显示了夫妻关系普遍的演变。

退休在男人的生活中引发了剧烈的不连贯性，和过去彻底决裂，他必须适应新的身份，这身份带给了他某些益处，如能够休息，有闲暇，但是也带给了他不便，像是变穷，丧失资格。

---

① 见附录《谁来照顾老年人?》。——原注

海明威写道："最糟糕的死亡是失去构成他生命中心的东西，失去那真正使他成为他自己的东西。'退休'是语言中最令人厌恶的字眼，不管是自己选择或是命运所迫，退休、放弃工作，无异于走入坟墓。"

我们都知道海明威是自杀的，原因另说，但也是在他感觉再没能力写作之时。当人自由选择了工作，而且工作是自我实现，舍弃它等于某种死亡；当工作是一种束缚，摆脱它则是一个解脱。不过事实上工作几乎总具有两面性，它是一种奴役，一种劳累，同时也带给人乐趣，使人得以平衡，融入社会。两面性反映在退休这件事情上，我们可以把退休看作长假，或是人生报废。

选择哪种看法，以及二者如何组合，取决于多重因素。首先要看个人的健康状况，业界和政府部门依据一般的法律规定了退休年龄，不过我们也看到生理年龄和日历年龄往往不相符，一个疲惫不堪的劳动者和一个精神体力不减就退休的人，他们的反应自然不相同。教师有早退休的自由，他们会考虑自己的健康状况，去咨询医生，根据诊断结果做决定。

圣埃夫勒蒙在 1680 年写道："退休让老年人长舒一口气，这一点司空见惯。但退了休不后悔的则几乎没人见过。"前半句对很多人来说是真的，但并非所有人。所谓总算可以实现长久以来的梦想这种"奇迹式退休"的想象广为流传，但是作为其反面的"灾难式退休"也存在。因为想到退休总是心怀恐惧，许多劳动者都避免去想。一项针对建筑工人的调查显示，在退休的前一年，有 85%的人完全不知道他们退休后收入几何。退休工人退休金管理局提议寄给他们一份含有相关必要信息的资料，64 岁的工人里有 95%的人索要了这份资料，60 岁的工人里有 40%，60 岁以下则几乎无人索要。可以说退休就像一把铡刀，从天而降，落到劳动者的头上。一位搬运工说："我从没考虑过停止工作，我想退休之前我应该已经死了，因为我实在太累了。"一位仆人说："我从来没想停下来，但我的视力不济了。"一名英国工人说："早上我醒过来，发现自己是个退休的人了。"另一个工人说："星期二晚上七点半我还在工作，第二天早上醒来就没事做了。"根据穆尔于 1951 年在美国对教师所做的调查，有 41%盼着退休，59%则不在乎或不愿退休。美国的另一项针对成衣工人所做的调查显示有 50%希望退休，因为他们感觉自己没能力做下去，而不是为了其他理由。美国另几项针对体力劳动者所做的调查显示了只有 1/4，最多一半的人，很高兴接受不再工作的想法。

我们在塞纳省找了 95 位教师，在退休两个月前询问他们的看法，问他们怕不怕退休以后会有老得更快的感觉。55%的人回答是，他们以灰暗的眼光看未来；回答不怕的人口气如此生硬，以至于我们认为他们其实也是怕退休的，他们当中很多人说："那样我就要意识到我的年纪了。"他们喜欢自己的职业，而且和孩子接触让他们变年轻，他们担心会无聊，会落入一成不变的生活中，他们感觉自己"报废"了，成为对社会无用之人，这让他们觉得没必要再活着。他们畏惧孤立。年纪越大，越觉得自己老化。在这个群体中，独身的女人最受到影响，不过在某些情况下，有配偶反而加重焦虑，因为会担心另一半不能承受新的境况。有子女并不能帮助人面对未来，除非子女和即将退休的父母住在一起，在这种情况下，父母不会怕自己老去。60 岁的男人如果有孙子，会比没孙子的更容易觉得自己老。有些教师很诚恳地回答，得到休息反而让他们变年轻。他们打算到乡下生活，并且对许多东西感兴趣，某些人则表示他们并不在乎变老。接受询问的女教师中，有好几位已婚的声称她们出于志向，也出于拒绝传统女性角色的心态而工作，她们厌恶被排斥在社会之外。

一旦退休了，每个人的态度是不同的。要注意的是，人的心态是和怎么经历退休相关的。有些退休人员被问之前对退休有什么期待，以及目前的想法是什么，29%的人认为退休比他们预期的更好，31%的人认为比他们预期的更差。在第一类人当中，又有51%原先就对退休怀有正面期许，不喜退休的人中有66%原先就心有畏惧。不论悲观还是乐观的思想倾向，都会在实际中得到印证和加强。

大部分时候退休是出于不得已，因为劳动者被解雇，不得不停止工作，或者由于健康问题或能力不足无法再工作。他并不真的期待自己的新境况。[①] 有时候他们会做些计划，为退休做准备，也会开始实施这些计划。原先住在城市的会搬到乡下去，或出去旅行，然而这些都无助于他们适应新的境况，有时候计划本身会僵在那里，要去执行时已经没了兴致。

人们常发现改变生活是个严重的错误。例如大巴黎地区的很多建筑工人一旦退休会回到他们出生的乡下，但很快他们会因为无聊而又回到巴黎。很多老年人搬离原先的住所，以便离子女近些，但子女不照顾他们，他们白白牺牲了自己的生活习惯。或者是他们会搬到蓝色海岸去，然后发现那里的气候对他们的风湿病有害，而且房租太高，他们只得住到收容院去，谁也不认识，深受孤独之苦。即使计划可行，一旦实行却发现自己已两手空空，只是推迟了适应新境况的时间。真正能为生活提前做好规划的毕竟是少数，对大部分人来说，“断头台似的退休”是一道坎，有人很难迈过去。[②] 根据

① 根据特昂东先生在1955年所做的调查，在264人当中，有47%因健康原因停止工作，22%被解雇，只有4%自愿退休。（部分人未回答问卷。）——原注

② 德努兹尔在他的《港口之乐》里描绘了一位火车站站长，退休后仍每天到月台上忧郁地看着火车驶过。6个月后，他便离开了人世。——原注

在美国普雷里市所做的一项调查，持续工作的人比退休人员更有活力，虽然他们闲暇时间较少，但是娱乐和社交活动丰富许多。

为了这个理由，也更是出于需要，我们看到许多退休人员在找有报酬的工作。当然只有一小部分人能真的找到，满意度也远逊于自己原先的职业。所谓之前不得不压抑的爱好在退休之后终于能利用闲暇充分发展，这种情形少之又少。相反，通常只能低就，做些质量和报酬都不如退休前的工作，其实也带不来多少慰藉。

脱离了职业环境，退休人员必须改变安排时间的方式以及旧习惯。所有老年人都有的那种失去价值的感觉在他们这里更趋恶化。事实上，不仅他们领的钱比以前少很多，而且不是他们赚来的。具有政治意识的人会把养老金看作通过工作获取的权利，但大部分人都把它看成施舍，不能再自食其力是一种堕落。人的身份认同是由他所从事的活动和报酬来定义的，退休致使其丧失，退休的技工不再是技工，他什么都不是。布吉斯说："退休人员的角色是不再扮演任何角色。"也就是在社会上不再有位置、尊严，甚至存在的真实性。此外，他们不知道怎么安排空闲，百无聊赖。巴尔扎克在《小市民》中写道："从工作到退休的过渡期对雇员来说是危险的，那些退休后不能为自己从前的职业找到替代活动的人，会发生极其奇怪的改变，有些人会死去，很多人沉迷于钓鱼，该活动的放空感与他们从前的办公室工作有相似之处。"

身份认同办公室在布鲁塞尔所做的一项调查显示，有87%的退休人员希望工作，至少能够时不时地工作。根据在巴黎所做的另一项调查，有2/3的退休人员抱怨日子过得无聊，说："再也受不了了，无聊得要命。"百货公司的一名女雇员说："我回公司看同事，找回对我不可或缺的四十年如一日的氛围。"总的来说，抱憾的体力劳动者多于白领。

根据特昂东的调查，264 位退休一年的受访者中，有 42.5%的人不满意退休生活，28.5%满意，另外有 16%的人虽很高兴得到了休息，但认为收入不足。满意自己退休生活的通常是白领，因为他们的生活水平比较高。没事做的确不好受，但是不满意退休生活的主要原因还是贫穷，这也是为什么之前并不如白领对工作感情深的体力劳动者对退休更为抱憾。

另一项调查结果稍有不同。有人问一群刚退休的男性是否打算再工作。一半的人回答是，不过只有 16%的人希望提高退休年龄。另一群受访的退休人员在问到他们的经济状况时，有一半的人表示并不满意，不过有 39%的人拒绝延后退休年龄，特别是白领。体力劳动者则没那么抗拒，有 1/4 的人表示如果工资增加 50%，他们愿意接受退休年龄再延后 5 年。1968 年在一群建筑工人中有 1/3 的受访者在 65 岁以前请求结算记录退休。（但是有 8%的人在 65 岁以后继续工作，没要求退休。）82.5%的人希望退休年龄能定在 60 岁。所有人都拒绝在退休以后再从事新的工作，退休动机是健康因素。

从不同受访者群体所得到的矛盾的，或至少是不确定的信息源自劳动者对退休的双重期待：既得到休息又活得体面，实际上往往要牺牲其中一项。劳动阶级很高兴不用再工作，但是他们总是为钱、健康、住房而担心，他们因经济水平降低而受孤立的程度比白领更严重。特昂东的调查有很多类似的想法："我身无分文，谁还会对我感兴趣呢？……一旦落魄，一个人都找不到了……我不能让人请吃饭，因为我没法回请……有人请吃饭我总找借口拒绝，因为我知道无法回请。"

无聊，无价值感，也是纳菲尔德基金会在东伦敦做的调查中得到的常见回答。一位仍打零工的 70 岁退休人员忧伤地表示："我还没到站在角落看别人工作的时候，但我想会有那么一天的。"另一位处境类似的退休人员表示："我想干到 100 岁。人老了以后工作能填补空虚。曾经我等着休息的那一刻到来，但现在我很高兴有工作来填补空虚。"在汤森对退休四年的人所做的调查中，有人抱怨："我不喜欢整天坐在这里，我希望我的腿能够让我重新回去工作。"另一个说："我受够了整天没事做。我妻子管家，我做什么都要被她挑一堆毛病。"有位太太提到丈夫退休那天"真是个大日子，他哭了，孩子们也哭了"。丈夫接着说："我再也不知道要做什么，就像在军队里被关禁闭，对着四面墙。从前我星期六晚上会和工友或女婿出去，现在不行了，我就像个穷鬼，口袋里一个子儿都没有，付不了自己那份。退休以后的人生不值得活了。"有个想法反复被提及："我给我妻子的实在微不足道，约等于无，我觉得羞耻。"退休人员再也没有足够的钱养家，他得依赖他的妻子孩子，他觉得自己没用，渺小，他游手好闲，试着帮点小忙，但大部分时候妻子嫌他碍事，要他一边待着去。有个女人对调查人员说："看他在家里让人烦，老关心你在做什么，问这问那。"另一个女人说："他们不上班了，在家里完全没事做。家务不是养花种草。一旦不工作，他们会死翘翘。我这里不需要他。"

通常女人很害怕她们的丈夫退休，因为生活水平会降低，会为钱发愁，他们会老在身边甩不掉，家务活会增多。只有在非常宽裕的家庭中，做妻子的会很高兴能更常见到丈夫。更多的时候后者会觉得自己讨人厌，在妻子面前尊严受损，在儿子面前也一样，儿子更适应现代生活，所以地位高于他。我们见过一些昔日家中暴君一夜之间变得小心翼翼，切一块面包也要征得同意。有的则陷入神经衰弱。

这样的情况对健康会有什么影响？人们对此看法不一，大部分法国老年学家认为这有害健康，他们表示退休后第一年的死亡率比其他时候都高。而乐观的美国老年学界则表示，只有自愿退休才有害健康。但正是因为健康不佳才退休，而不是因为退休才健康不佳。对健康良好的人来说被迫退休不会让健康状态变差，甚至可能变好，因为休息和睡眠充足。大家都知道精神和身体之间的关系，我们承认老年人的精神状况一年比一年差，特别是在 65 岁到 69 岁刚退下来的时候，尤其是如果他们经济状况欠佳。身体状况必然受到精神状况的影响，美国也一样。

退休引发的焦虑有时会导致长期的抑郁。布拉让-马库斯医生认为，这样的忧虑叠加了好几个因素：把退休视为守丧、流放，其底色是之前积聚的未能释放的哀伤，对家人的依赖，忧郁倾向的性情，以及可能还有血液循环或腺体功能障碍，这些因素纠缠在一起很难察觉。也就是说，被退休完全击倒的是那些过去就有各种各样问题的人，退休激活了分离焦虑、被抛弃感、孤独感、无价值感，这些通常是在我们失去亲爱的人时会有的感受。

为了防范在所有方面来说都是有害的无活力，老年人有必要保持活动，不管是哪一类型的活动都会改善整体的功能。布利耶教授研究了 102 名老年自行车骑行者，结论是他们的智力水平远高于同龄人的平均值。F.克莱芒和 H.桑德龙研究了 43 名 80 多岁、身体特别健朗的勃艮第老人，显示他们的健康都和从事某些活动有关。他们平均年龄 86 岁，其中 34%的人继续全职从事以前的工作，40%的人和他们的孩子一起工作，或是从事辅助工作，26%的人不工作但是会阅读、养花等。61%的人从来不觉得工作劳累，他们有正常的社交生活。最活跃的群体平均年龄 87 岁，平均年龄 83 岁的活跃度略低，前者做很多体力活动如骑车、走路、打猎，后者则有 25%从不阅读，连报纸也不读，其他人则通晓时事。整体而言，有 18%的人喜阅读，14%的人喜打猎，只有 7%的人无任何娱乐活动。

因此，对老年人来说有事做很重要。根据美国的几项调查，有40%到60%的老年人培养美国人所谓的嗜好，50岁到70岁之间花在嗜好上的时间比过去更多，70岁以后又转淡。70岁以上的老年人如何打发时间目前了解不多，整体而言，他们对需要灵敏和胆量的活动失去了兴趣，也不再有阅读和写作的欲望，尤其失去了活动的多样性。摩根1937年在美国研究了381名70岁以上老者的基本活动：32.9%做家务，31.5%玩游戏和智力消遣，13.6%散步、串门，9.6%坐在太阳地儿里、看窗外，8.1%养花草、照顾宠物，4.3%做些有报酬的小零工。

一个人文化程度越高，活动就越丰富多样，而退了休的体力劳动者很多时候什么事也不做。在老年人当中，完全没有活动的比例很高。这也是一种"向下沉沦"，不活动会叫人越来越麻木不仁，最终完全丧失活动的欲望。卡雷尔认为空闲时间过多对老年人比对年轻人更危险，因为空闲越多他们越无从打发。无聊让他们失去了消遣的兴趣。有人说收容院里的老人"总可以打打牌吧"，布利耶教授对此回答："明明可以找事做，却不去，这就是陷入无聊的开始。"无论在收容院内或院外，这样的说法都是成立的。

《夜访》这部小说里，英国作家安格斯·威尔逊描绘了一位难以适应退休生活的65岁女主人公。她以前是活跃的旅馆经理，退休后住到子女家，而她自己很清楚，子女根本不需要她。"想到新生活将会是一页页空白让她惊慌失措。"她想让自己有用，但不会操作厨房里的家电，笨拙让她焦虑，一焦虑更加学不会。儿子对她如同普通成年人之间的关系，亲切有礼，但也难免失去耐心，出口责怪。家人不太给她事做，要一直闲下去的前景让她害怕，她没办法融入子女的生活中，也不太尝试，因为觉得自己是局外人，处于家庭的边缘。她渐渐陷入抑郁，对电视和阅读也没了兴趣，白天睡觉，晚上常不吃饭就上床。她会出门去散步，机械地如梦游一般。然而，一次偶然事件让她感觉自己是有用的，她状态回升，找回了活着的乐趣，很多事情激起她的兴趣，尤其是儿子的工作，之前她完全不了解。她决定不再寄生在儿子家，搬到一个老年人的村子里。尽管结局审慎乐观，小说大部分时间传递的那种无解的绝望感仍然直刺人心。

为了帮助退休人员对抗孤独与无聊，在英国、瑞典，尤其是在美国，都鼓励老年人加入各种社团。有些社团聚集了各个年龄层的人，在美国，有些由老年人自己或年轻人专门为老年人创设的社团，举办各种活动：游戏、游览、戏剧表演等等。美国的“日间中心”开始于二战期间，目前在纽约有 40 家。法国没有相对应的机构。退休的老年人可以到附近街区的日间中心去认识人，社交，并能从事一些活动：做些有用的事，演奏乐器，或是听人演奏。中心也会举办郊游或讨论会。教会、工会也设立了类似的中心，参与较频繁的人通常比其他人快乐，不过也可以说，因为他们比较快乐所以更愿意前来。我们总是会落入这个恶性循环中，物质上或精神上越是贫穷就越无法摆脱贫穷。一个人生活水平越高，参与社会生活的程度越高，但这总会随着年龄而降低。根据各项不同的调查，有一半的老年人表示从 50 岁起，他们的社交活动就开始慢下来，只有 1%的人表示更多了。美国佛罗里达州的奥兰多有半数老年人没参加任何社团，棕榈滩则有 2/3。只有环境彻底改变才可能有条件对抗老年忧郁的被动性。维多利亚广场的经验便是证明。搬入维多利亚广场前，大部分老年人长时间打盹，干坐着什么事都不做。一旦根据他们的爱好重新安置他们融入群体，他们便开始读书，看电视，参与社交活动，但是这种成功案例只涉及很少的人。

在法国有个值得一提的范例，就是成立三年的格勒诺布尔老人局。该局创设了 23 个休闲俱乐部，由两名全职员工和五十多名志愿者主持。成员约有 2000 名，其中 1500 名经常参加，活动涉及文化、手工、体育。80 岁以上的男女有体操课。还开设了退休准备中心。老人局是一项非常有意义的举措，只可惜惠及的人还是太少，大部分老人的处境，就如巴黎十三区最新创办的一间休闲俱乐部的标语所言："退休是休闲的时刻，也是无聊的时刻。"

一位法国社会学家写道："退休和家庭解体合起来将老年人置于孤独、无用、凄惨的境地。"在资本主义国家——斯堪的纳维亚国家除外，特别是法国，老年人的处境的确如此，而恶劣的社会条件使这两项因素产生的后果更加严重。如果对老年人的预算不是这么不足，他们的命运不至于这么悲惨。当一名退休人员没钱和朋友喝一杯，没有自己的居所，没有花园养花草，没钱买报纸，他不会为闲暇太多而烦恼，而是苦于无法好好利用这些闲暇，并为地位低微而难过。一份养老金，一处体面的住所能使他免于屈辱带来的消沉，保持最低限度的社会接触。

即使经济宽裕的老年人也会为自己的无用而感到痛苦。我们这个时代的矛盾是老年人的健康远胜从前，保持"年轻"的时间更长，如此一来，无事可做也让他们更难受。老年学家认为，人生最后 20 年，如果健康良好却不从事任何有用的活动，这在心理上和社会学上都是不可能的。必须给这些人活着的理由，"为活而活"比死更糟。曾经有一个退休的技工，似乎毫无理由地射伤了一名警察，问他动机，他回答："你没办法既退休了又还活着。"①

渐进式退休当然会比"断头台似的退休"好过一点。因为独

① 发生在美国凤凰城，1964 年初。——原注

立劳动者——除非突然生病——可以慢慢适应越来越多的闲暇，同时在相当长的时间内继续工作，至少是低强度地工作。有人提议对工薪阶层也一样可以试行分阶段退休。例如将岗位根据工作要求分为若干大类，工人逐渐从最难降到最简单的类别，或是减少工时。除了失能和重病的人之外，这个办法能让绝大部分人满意，因为完全没事做，对大家来说都无法忍受。只是这种方案需要社会发生彻底的改变。首先，退休金必须根据最高工资来计算，只有在这样的条件下，工人在晚年才会接受不那么累、报酬不那么高的工作；其次，不能让年轻人和成年人受到失业的威胁。

在今天的法国，很少有问题比退休年龄更具争议性。老年学家慨叹老年人只能任凭无所事事加速他们的衰退。然而工会反对提高退休年龄，甚至要求降低退休年龄，他们的首要论据是老年工人需要休息。他们认为，过多的闲暇可能不好，但是鉴于当前的情形，延长工作年限害处更大。1967 年《世界报》刊登了埃斯科菲耶-朗比奥特医生对巴黎工人的一项调查显示，他们在体力上、精神上比一般的巴黎人差很多。有人从一家大型汽车工厂的名册上随机抽取了 102 名技术工人，发现 55 岁以下的工人和平均值比起来血压更高，心跳更快，肌肉萎缩更明显，心血管问题更多，睡眠障碍也更常发生，另外还出现智力早衰的现象。现代社会中工作没有过去那么粗重，不再处处靠蛮力，但是节奏加快，分工更细致，其实加重了对人的损耗。我说过，这样的衰退不是因为自然的衰老，而是工作制度所致，只要这一点不彻底改观，就必须保卫老年工人的休息权利。

此外，工会认为当经济建立在利润之上，我们不能让劳动力又充足又便宜，那只会造就一个连无产阶级都不如的阶层，供资方过度剥削，更加削弱工人抗争的效果。这是决定性的论据。只要社会现状如此，摆在面前的就是艰难的二选一：或牺牲数百万的年轻人，或悲惨地消磨掉数百万老年人。所有人都同意不选第一项，那就只剩第二项了。不仅医院和收容院，其实整个社会对老年人而言就是一个巨大的“候死厅”。

当我们问老年人是希望继续工作还是退下来，他们的理由总是负面的，让人听了很不好受：继续是出于担心落入贫穷，停下是因为要顾及身体。二者都不是正面意义上的选择。工作和休闲都不能让他们得以自我实现，二者都不是自由的。

高兹[①]在《艰难的社会主义》一书中指出，与束缚人的工作对应的是作为被动性的消费。“原子化的个人”在工作和消费行为中都不是真正的自己。老年是不工作，是纯粹的消费，整个人生无数的“被动休闲”最后变为退休这一彻底的“被动休闲”，也就是无所事事地等死。

老年的悲剧在于逃不过戕害生命的制度，这制度让绝大多数身处其间的人没有生存的理由，工作和劳累掩盖了理由的缺失，退休之际才显露无遗。这比无聊严重得多。退休了的劳动者在这个世界上不再有任何位置，因为事实上他从来也没真正有过位置。只是他从前没时间意识到这件事。意识到这点让他落入痴惘的绝望中。

面对这样的现实，所有的“老年颂”都显得像是为所谓“达官贵人”所作的谄媚应景之词。多少世纪以来，作家只在乎这些精英，仅有西塞罗和叔本华只言片语地提到又老又穷是难以承受的处境，哪怕对智者而言。一带而过之后，他们又庆幸年龄把人从激情中解放出来。今天我们知道“老而穷”几乎是同义重复。老年不仅让人不再有冲动，更是连人的基本需求都满足不了，老年人挨饿，受冻，因此而亡，这时虚无才将他们从身体中“解脱”，在那之前

---

① Andre Gorz（1923—2007），生于奥地利，卒于法国，生态学马克思主义的代表人物。

身体是挫折和痛苦无处可遁的载体。这件事情最公开直观地显现出我们所继承的文化在道德上是多么不堪。

有些老年人感到自己的境况无可忍受，宁愿死去而不愿“活受罪”。老年自杀者人数远高于其他年龄段。涂尔干是第一个就此做出统计图的人，显示从 40 岁到 80 岁自杀比例呈上升趋势。在法国，1889 年到 1891 年，每 100 万人中，按年龄层和婚姻状况划分，自杀人数如下表所示：

	男性			女性		
	独身	已婚	鳏夫	独身	已婚	寡妇
40—50 岁	975	340	721	171	106	168
50—60 岁	1434	520	979	204	151	199
60—70 岁	1768	635	1166	189	158	257
70—80 岁	1983	704	1288	206	209	248
80 岁以上	1571	770	1154	176	110	240

从中可见男性自杀远多于女性。其他国家的数据、稍后哈布瓦赫[①]的统计、1957 年由《里昂医学期刊》发表的数据都和涂尔干的研究结果相符合。

根据最新的统计资料，老年人自杀约占法国全部自杀数量的 3/4。55 岁之前，10 万人当中有 51 人自杀，55 岁之后则提高到 158 人。据世界卫生组织 1960 年的一项报告，在英国、法国、意大利、比利时、荷兰、葡萄牙、西班牙、瑞士和奥地利，男性自杀比例最高的是 70 岁及以上，女性则提早 10 年，在 60 岁，但人数少得多。在加拿大、美国的非裔人群、挪威和瑞典，自杀人数最高数据的年

① Maurice Halbwachs（1877—1945），法国社会学家，涂尔干学派的主要成员，以集体记忆的研究见长。

龄层是 60 岁到 69 岁之间。老年人当中自杀死亡的人数高于肺结核，尽管后者也造成了大量死亡。整体而言，一战之后自杀的人数减少（在美国就比例来说少了 1/3），但 60 岁以上的人中几乎没有变化。在美国，根据 S.德・格拉齐亚的研究，每 10 万名 40 多岁的人当中有 22 人自杀，比例随着年纪增加，80 岁的人当中达到 697 人。有部分老年人自杀是源自没治好的神经官能抑郁，但大部分是对不可逆转、难以忍受的绝望境况的“正常”反应。在 1941 年出版的《老年自杀》一书中，作者格鲁勒表示老年人自杀很少因为精神病，而是出于社会和心理因素：身体和智力的退化、孤独、无所事事、不适应社会、不治之症等等。他认为自杀从来不是某个令人压抑的单一事件造成的，而是人的一生经历影响的结果。

老年人的处境令人绝望的原因之一在于他们无力改变什么。法国 250 万名贫苦的老年人分散在全国，他们之间没有团结可言，在国家经济中再也不扮演活跃的角色，因此也施加不了任何压力。尼斯是老年人集中的城市，他们占到了总人口的 25%，选举时他们的选票至关重要。但是他们彼此不认识，不通声气。他们恐惧社会变化，总是担心会变得更糟，要把票投给保守派。在美国，老年人有时会拥有某种政治权利。退休后很多人住到佛罗里达州、加州，在某些地方，他们人数众多，特别是在佛罗里达州的圣彼得斯堡，形成了不可忽视的选民群体。另一方面，一些老年人主导的、新的政治经济组织得以在美国政治体制内建立。当然，这里指的是特权阶层。贫穷的老年人不会搬去佛罗里达，也没有政治影响力，只是受到压榨、无能为力的弱者。①

---

① 关于社会主义国家老年人的状况，见附录《社会主义国家老年劳动者的境况》。——原注

第二部　在世之人

本书第一部从科学、历史、社会的角度，也就是从外部将老年作为考察对象。老年人也是内化其处境、并对此作出反应的主体。要试着了解他是怎么经历自己的老年的困难。我们不能以唯名论的观点，也不能以概念论的观点来看待老年。老年是发生在变老的人身上的事，不可能将这种经验的多样性封闭在一个概念里，至少我们可以将这些经验彼此作比较，试着总结常量，并找出差异的原因。本研究的缺陷之一是我提供的例证主要来自特权阶层，因为我们之前已经见到，几乎只有他们有手段和时间来谈论自己，不过好在他们提供的信息往往具有超越他们自身的意义。

在使用这些资料时，我没有着意考虑时间顺序，我们见到的数量众多的关于老年的说辞，显示出这是一个超越历史性的现实。的确，老年人的境况不是到处都一样，也不是任何时候都一样。但是，透过这个多样性，常量的存在得以确立，使我可以将这些证言对比映照，而不考虑时间维度。

最大的困难在于，如何表达出老年人状况之各项因素之间相互作用的关系，我们已经观察到，各项因素只有在与其他因素的关系中才能呈现其真正意义，所有的切割都是任意的，章节安排的初衷在于得出综合的结论，读者也应从这一角度来阅读接下来的章节，我将逐一探讨个体在老年阶段与其身体、形象的关系，与时间、历史、行动的关系，与他人、与世界的关系。

第五章　发现与承担：　切身体验

早逝或是老去，除此之外再无别的可能。然而如歌德所言，年纪让我们措手不及。每个人都是自己唯一的主体，当人类共同的命运成了我们自己的命运，如疾病、关系破裂、悼亡，我们却往往感到惊讶。我还记得自己第一次重病时那份愕然，我对自己说：“被人放上担架抬着的那个女人，就是我。”然而，事故很容易融入我们的历史之中，因为涉及了我们的独特性，而老年是一种命运，当它闯入我们的人生时，我们感到惊讶。阿拉贡写道：“发生了什么？人生，而我老了。”让我们困惑的是，宇宙时间的延展导致了个人的蜕变，40 岁时，我伫立在镜前难以置信地对自己说：“我 40 岁了。”儿童和青少年是有年纪的，众多具有约束力的禁令和义务，以及他人对他们的行为，让他们无法忘记自己的年纪。作为成年人，我们不太想到年纪，好像这个观念不适用于我们。它假设我们转向过去，停止计算自己的岁数，而其实我们是面向未来，不知不觉，从一日滑向下一日，从一年走向下一年。老年让人特别难以承担，因为我们此前一直把老年人看作外来物种。在我仍是我自己的情况下，我变成了另外一个物种吗？

有人对我说：“这是个伪问题，只要你感觉自己很年轻，你就是年轻的。”这样的说法是不了解老年问题的复杂性。老年是一种辩证关系，一方面是我相对于他人的客观存在，另一方面是我通过存在获得的对自己的意识。在我身上老的是“他”，也就是我在别人眼中的存在，而“他”也就是我。我们相对于他人的存在是多重的，他人的存在同理。任何关于我们的话语都可以不同判断的名义加以否定。上述情况却不允许有任何争议。“一个60多岁的人”这几个字对所有人来说，陈述了一个相同的事实，对应着经过检测可知的生物现象。然而，个人经验不会向我们指明自己的年纪，没有任何体感的印象向我们揭示我们迈入衰老。衰老区别于疾病的特点之一，在于疾病会向人提醒其存在，人体起而抗病的方式有时比疾病的刺激本身更有害。对承受疾病的人来说，疾病的存在是很显然的，而周遭的人往往忽略其严重性。老年则不然，他人比本人看得更清楚。变老是一种新的生物平衡状态，适应顺利的人不会注意到它，衔接和好习惯能让人长久地缓解神经运动的机能不全。

即使身体出现征兆，也是模糊不清的，人们可能会混淆可治愈的疾病和不可逆转的衰老。只为劳动和斗争活着的托洛茨基非常畏惧变老。他总焦虑地记得列宁常引用的一句屠格涅夫的话：“你可知道最大的恶是什么？年纪超过55岁。”1933年，他恰好55岁，在写给妻子的信中抱怨疲惫、失眠、记忆欠佳、力量减弱、觉得不安：“是年纪真的到了吗？或者只是暂时虚弱，尽管是突发性的，但我还能恢复？我们等着瞧吧。”他忧伤地提到过去：“你的旧照让我异常怀恋过去。那时照片里的我们多么年轻。”他后来康复并恢复了所有的活动。

反之，因老化而引起的不适可能不易察觉而被忽略，人们以为只是表面的毛病，可以治愈，必须意识到自己的年纪才能读出身体衰老的信号。即便如此，身体也并不总能帮我们内化自己的状态，我们都知道风湿病、关节炎因老化而起，但我们感觉不到自己已经老了。我们还是从前的自己，只是多了风湿病。

老年人对自己健康的判断是否可信，意见分歧相当大。根据拉罗克的报告，“60岁以后有超过一半的人认为自己健康不佳或是非常差，那种感觉并不总是符合真实情况。除了老人常见的装病，毋宁说是畏惧变老的过程和表现的反映。”1956年，在英国坦布里奇和谢菲尔德所做的一项调查则得到了相反的结果。老年人被问及健康状况，研究团队认为，男性当中只有26%的人身体健康，却有64%的人自认为健康，女性当中只有23%的人真的身体健康，却有48%自认健康。调查人员做出结论，通常年纪极大的老年人饮食不良，呼吸不畅，行动不便，精神有疾，但他们自己意识不到。

这个看法似乎证实了我指出的一个事实：和年轻病人比起来，老年人就医少得多，吃药少得多。他们成长的社会，对身体的关注和护理不像今天这么多，但这个解释并不够，因为其他很多方面老年人是与时俱进的。布加勒斯特老年医学学会的丘萨教授指出，老年人通常没有行使保护自己健康权利的意识，原因有二，“首先他们没意识到自己的状况已经成了病理性的，即使是很严重的疾病，他们都觉得这是年纪所固有的；其次，他们往往采取一种消极的放弃态度，出于担忧而愤怒的态度则少见得多，这源于他们的无价值感”。

总而言之，盖伦把老年定义为介于疾病和健康之间是有道理的，用一种颇为别扭拗口的说法，老年是“正常的异常状态”。康吉莱姆[1]写道：“他是正常的，也就是说合乎老化的生物法则，安全边际的逐渐降低会导致对环境侵略的抵抗阈值的降低。一个老年人的正常状态，换了成年人会被视为缺陷。”当老年人表示自己生

① Georges Canguilhem（1904—1995），法国思想家。

病了——即使他们并未生病，这种异常便凸显出来。他们从还年轻的人的观点出发，对有点耳聋、有点老花眼、不舒服、容易疲倦而感到不安。当他们声称满意自己的健康，拒绝治疗，则表明他们已处于老年状态了，把不适都归咎于老年。他们的态度取决于个人对老年的普遍看法，他们知道老年人被看作低人一等，因此很多老年人会把影射他们年纪的话当成辱骂，不惜代价要觉得自己还年轻，宁愿认为自己是健康不佳，而非年老。另有一些人则觉得称老比较方便，哪怕年纪还没到也无妨。老年提供了借口，让人降低要求，毕竟向衰老投降比抵抗省力。另有一些人虽不乐意接受老年，但后者总比生病好，生病令他们害怕，且要采取某些措施。

调查人员在探访过退休工人退休金管理局的一间养老院后总结：整个身体的所有器官，所有功能都不行了，老年表现为行动困难，疾病，所有功能减缓。这是日日要面对的现实，不过人们会习惯淡然以对，以超脱、批判的口吻提及："我们的身体就这样，我们很清楚为何如此……就是老了，没必要去看医生。"在健康层面上，人们以冷漠与不适相混合的态度应对老年这种"正常的异常状态"。人们搬出年纪来驱散疾病的念头，又以疾病为借口逃避年老的概念，以至于相信自己既不老也没病。

身体和面容更肯定地告诉我们，我们和20岁时比起来是何等的天差地别，只不过改变持续进行，我们自己几乎察觉不到。塞维涅夫人就这一点说得极好，她在1687年1月27日写道："上天以仁慈的心带我们走过生命中不同时期，人生这个斜坡和缓到几乎感受不到，就像我们看不到钟面上指针的移动。如果在20岁时，大家说我们是家中最高级别，[①] 并让我们在镜中看到我们60岁时的样貌，

① 指长老位置的继承权。——原注

再与20岁时的样子相比，我们想必会震惊，会害怕。但我们是一天一天地往前行进的，今天和昨天一样，明天和今天一样，我们就这么毫无感觉地往前迈进，这是我如此钟爱的上天所行的奇迹之一。"[①]

突然的改变会破坏这平静。60岁时，露·安德烈亚斯-莎乐美[②]因为一场病掉光了头发。之前她一直感觉自己没有年纪，这时她承认自己来到了"梯子下降的那一侧"。除非发生类似的意外，否则我们没有充足的理由驻足在镜中影像之前，发现自己的年龄。

至于精神残疾，如果受害者的要求与能力同时降低的话，他就发现不了自己的问题。72岁的拉封丹在1693年10月26日写信给他的朋友默克鲁瓦时，还认为自己身心都处于绝佳的状态："我身心状态总是保持良好，我的胃口和精力好得过分。五六天以前我走路到布瓦勒维孔特，几乎都没吃过饭，那里离此处5里，不算太远。"然而，同年6月，尼侬·德·朗克洛写信给圣埃夫勒蒙："我听说您希望拉封丹到英国去。在巴黎，他于大家无益，因为他脑力衰弱了。"说不定拉封丹是因为怀疑自己的脑力才向默克鲁瓦夸耀自己的体力，他毕竟选择了对前者避而不谈。在这领域也是一样，一些征兆只有在特定背景下才具有价值。

既然在我们身上变老的是"他"，那么，由他人来道明我们的年纪也便顺理成章了，我们不会心甘情愿地承认自己衰老。O.W.霍

---

① 狄德罗年轻的时候在《达朗贝尔的梦》里表达了类似的想法："如果您在眨眼之间就从年轻来到衰老，您就会像在出生的那一刻一样被抛进这世界中！不管是对别人还是对您自己来说，您不会再是您，您眼中的其他人也不会再是那副样子……眼前这个人，弯腰拄着一根棍子，眼睛无光，几乎走不动，内在比外在和他自己还要不同，您怎么可能知道他就是那个前一天还步伐轻盈，肩挑重担，能够深入思考，能够从事最温和与最激烈的活动的人？"——原注

② 这个出色的女人深受尼采、里尔克等许多人的喜爱。她是弗洛伊德的门生和朋友，后者赞赏并采纳她对精神分析的贡献。——原注

姆斯[1]表示一个人第一次被叫老人时总会吓一跳。50岁时，一名美国女学生向我转述她同学的话，“西蒙娜·德·波伏瓦吗？那是个老女人！”此言让我战栗。长久的传统赋予这个字眼贬义，听起来像是辱骂。这样一来，被视为老者时人们往往会愤怒以对。塞维涅夫人收到拉法耶特夫人一封劝她回巴黎的信，信中说道：“您老了。”这让她深受刺激，1689年11月30日她写信给女儿抱怨：“我想不起自己感觉到衰老，然而，我常常反省，觉得人生状况相当艰苦。我觉得我自己被拖到不得不忍受衰老的那个致命点。我见到了老年，我就在这一点上，我想至少不要在那衰残疼痛、失忆毁容的路上走得更远，那路让我愤怒，我听见一个声音对我说：‘您不得不往前走，要是您不愿意的话，就必须死去。’死亡是最后的解决方式，但为自然所厌恶，这就是所有过分前行的事物的命运。”

卡萨诺瓦在68岁时粗暴地回应称呼他“可敬的老者”的来信人：“我还没到那个再也无法享受人生的悲惨年纪！”

玛丽·多尔穆瓦向莱奥托[2]讲述发现自己年龄的不愉快经历：曾有个男人被她看似年轻的背影吸引，在街上尾随她，但当他超过去看到她的面孔时，却没跟她搭讪，而是加快脚步离去。我认识好几位女性都有类似经历。

我们在永恒的相下看身边的人，发现他们老了，对我们也是个打击。我们还记得普鲁斯特所受的冲击，他随意走进一个房间，眼前不是向来看不出年纪的祖母，而是一位非常年迈的老妇。二战前和我们一起旅行的萨特的一位朋友走进餐厅对我们说：“我碰到了你们的朋友帕尼耶，旁边陪着个老太太。”我们听到都愣住了，因

---

① Oliver Wendell Holmes（1809—1894），美国诗人。

② Paul Léautaud（1872—1956），法国小说家、批评家、随笔作家、回忆录作家。

为他在说勒梅尔夫人，而我们从来没有觉得她是老太太。陌生人的目光将她变成了另一个人。我预感到时间也为我准备了此类不善的把戏。当涉及和我们同龄的人，这个冲击会更令人难受，每个人都有这样的经验：遇到一个几乎认不出的人，而对方也满眼困惑地看着我们，我们自忖：“他的变化太大了！我肯定也一样。”1945 年 2 月 27 日，莱奥托参加了一场葬礼，回来感叹最可怕的是“看到已经有五六年没见的认识的人，之前没见到他们一天天老去——在那种情况下也很难觉察，而是一下子见到别人老了五六岁，简直不忍卒睹！对方看我们肯定也一样”。看某些照片也让人震惊。德西尔学校的一位老同学，当年她高尔夫冠军的头衔和潇洒的做派令我赞叹不已，如今我很难说服自己她不是照片里年轻的体育健将、高尔夫冠军，而是后者的母亲，站在一旁、头发花白的妇人。

有必要重读普鲁斯特《重现的时光》中的一个长段落，叙述者在多年之后回到盖尔芒特夫人的沙龙：“一开始我不明白为什么我迟疑着认不出这家的主人和宾客，不明白为什么每个人都好像化了妆，扑着粉的他们模样全变了。公爵装上了白胡子，双脚似乎穿着沉重的铅鞋，步履迟缓，仿佛《人生诸阶》中的某个角色。”叙述者往往很难将眼前所见与记忆对应起来，例如无法将老年布洛克“愚钝的神色”和他充满活力的青少年影像叠合在一起。“报出的名字让我愕然，既是我从前认识的那个跳华尔兹舞的金发女郎，也是步履沉重地从我身边走过的臃肿的白发妇人。”有些人面容未变，但是“我们一开始以为他们双腿有疾，后来才意识到是年龄让他们步履维艰”。还有一些“看上去不是老人，而是极为憔悴的 18 岁年轻人”。普鲁斯特感觉自己像在一场变装舞会，看见浸泡在岁月的无形色彩中、让时光在身上充分显形的布娃娃。这是最让他吃惊的一点：时间简直可以说是肉眼可见。“阿让库尔先生的全新样貌向我揭示出‘铸造年份’这一人们通常认为抽象的概念是真实存在的……我们感到自己和这些变化这么大的人遵循着同样的法则……这些人的变化让我第一次意识到时间在他们身上的流逝，进而发现时间在我自己身上的流逝，对我是极大的震动。”盖尔芒特夫人称他为“我的老朋友”，有人对他说：“您是老巴黎了。”在这次晚会上，叙述者接受了自己的年龄：“我们看不到自己的外貌和年龄，但每个人都像在镜中一般洞观他人。”

我曾经有一天在罗马见证了一种反向的蜕变。我在一个露天咖啡座，一位60多岁的高大美国妇人落座，与朋友谈话间，她突然笑了起来，那种年轻女子的大笑改变了她的样貌，一下把我带到20年前，在美国加州结识她的年代。时间的突然收缩也以令人痛苦的方式向我揭示了它的摧残力。与我同时代的上了年纪的名人，我早已习惯在电视里或杂志上看到他们今日的样貌，然而在电影或旧报纸中看到他们已被人遗忘的青葱模样总还会让我浑身一颤。

不管情不情愿，我们最后总要接受他人的观点。茹昂多[①]在70岁时自责：“半个世纪以来，我一直都只有20岁，现在是时候放弃这个僭越了。”但是“放弃”并不容易，我们受挫于一个认知的困境：我们承担的现实无疑是我们自己，但它毕竟是从外部触及我们，而我们却把握不了它。一方面，个体感知让我们确认我们存在的恒久性，另一方面，客观上我们确定无疑总处于变化中。二者之间存在无法超越的矛盾，我们只能从一端摆向另一端，无法让二者并存。

老年属于萨特所谓“无法实现的”[②]范畴，它们的数量无限多，因为它们代表了我们的处境的反面。不可能以“自为”的模式来经历我们对他人而言的存在。“无法实现的”就是“我的远距离的存

① Marcel Jouhandeau（1888—1979），法国小说家。
② 见《存在与虚无》。——原注

在，它限制了我所有的选择，并且构成了后者的反面”。法国人、女作家、60多岁：我经历的这个处境是这个世界上的一种由不得我的客观形式。至于“无法实现的”，其真面目只有在试图实现它的计划的映照下才充分显露出来。当我在法国的时候，没有什么会引发我思考“法国人”这一身份意味着什么。一旦在异国或是敌对的国家，我的国籍对我而言就存在了，我需要对其采取相应的态度，或申明，或隐藏，或忘记，等等。我们社会中，“老年人”的指称来自风俗，来自他人的行为，来自词汇本身。老年人必须承担起这个现实，承担的方式有无数种，但是没有任何一种与我所承担的现实完全吻合。老年是我人生的彼岸，对于它我无法有全然的内在经验。从普遍的意义上来讲，我的自我是一个超越之物，它不居于我的意识之中，只能从一定的距离以外被检视。

检视通过形象实现，我们试图透过他人对我们的看法来呈现我们自己是谁。形象本身不在意识当中，而是一束意向性的集合，通过一个类比物引向一个缺席的客体。形象是通属的、矛盾的、含糊的。而有些时期形象足以确保我们的身份，感受到被爱的孩童就是这种情况，他们从亲近的人的言行中发现自身的映照，满意于这种形象，努力去符合它，进而把它等同于自己。将要进入青春期的时候，这形象破裂了，青春期的笨拙来自一下子不知用什么来取而代之。因此产生的犹疑不定与临近老年时相类似。精神科医生在谈到青少年和老年时会提到“认同危机”。但二者有很大区别。青少年知道自己正在经历过渡期，身体的变化带来不适感。老年人通过他人感到自己老了，自身并没有感觉到大的变化。[①] 从内心来说，他并不接受贴给他的标签，于是乎他不再知道自己是谁。在《处死》

① 女性经历更年期，但这发生在真正衰老之前。——原注

中，阿拉贡用象征的手法表现了这种失落及其带来的惶恐：主人公照镜子空空如也，他再不能看见自己。

不对称的深层原因，必须从当事人的无意识中寻找。弗洛伊德说过，无意识不分辨真假，它只是欲望的集合，无思考力，但可以阻碍思考。无意识不妨碍青少年进入成年。事实上，青少年甚至儿童已经能预感到成年人的性欲，向往成年人的身份，因为成年后他们的欲望将得到满足。男孩幻想自己的男子气概，女孩幻想将来的女性特质，在游戏和他们编的故事中，他们乐于期待这样的未来。成年人则将老年与阉割幻想相联系。精神分析学家马丁·格洛迪扬指出，我们的无意识忽视老年，摆脱不了永葆青春的幻想。一旦这个幻想动摇，很多人因自恋心理受创而引发抑郁。

我们已经明了，老年人在年纪被揭露时的“惊讶”、难以置信和过度反应该作何解。在我们周围“不可实现的”事物中，这一桩是社会最迫切需要我们实现、而我们有意无意最不愿承担的。这个事实能帮我们理解老年人在面对自己的境况时采取的乍看令人困惑的态度。

因为年龄不是以“自为”的模式来经历的，对年龄也无法有像“我思”这样透明的经验，所以早早声称自己老了，或者始终认为自己很年轻，都是可能的。这样的选择显示了我们与世界的整体关系。年轻的波德莱尔这样表达对世界的厌恶之情：“纵活千岁也没我这么多记忆。”出于家庭情况的原因，活着对福楼拜而言是一件费力之事。还是个孩子的时候，他就声称自己“老了”。54 岁时，他的外甥女婿面临破产威胁，他担心在克瓦塞的家产被卖掉，一度绝望：“我受不了了，撑不下去了。咽回去的眼泪令我窒息，我在悬崖边缘。我可怜的卡罗，让我伤心的是你的破产。你现在的破产和你的未来。跌落不是一件有趣的事。”经济上的失势让他焦虑、屈辱，他立刻将之与年龄引起的生理上的衰颓联系起来：“人生艰难，我凄凉的老年已开启。”克瓦塞的家产保住了，但他仍需依赖关系不和的外甥女婿，并总是担心破产，他无法写作，身体染疾，哭泣颤抖：“我当自己是个死人”“我希望赶紧死，因为我已经完了，被掏空，比 100 岁还要老”“我这年纪是不可能重新开始的，只能结束，或者说一下子崩盘”。他总算又能写作了，但他依然感到年龄的重压，并且过早离世。

不堪工作或生活重压的人会说自己老了，虽然他们的表现并不一定像老年人。布利耶教授的团队调查了年纪略低于 55 岁的 107 名小学教师，包括 52 名女性和 55 名男性。40%显得比实际年龄年轻，只有 3%显得比实际年龄老。他们的心理测试表现突出，有大量的智力活动和社会活动，但他们的体力低于平均水平。他们抱怨精神疲劳，对自身态度悲观，自认为已经老了。这是因为小学教师确实是非常损耗精力的职业。由于过劳、紧张，这些人有理由感觉身心俱疲，而损耗的感受会让人觉得变老。

人经常会利用“自在”与“自为”的不同，声称拥有自己的无意识所觊觎的永恒青春。由塔克曼和洛奇领导的团队调查了 1032 个不同年龄的老人，看他们自认是年轻或年老。60 岁的人中只有很少一部分觉得自己老，80 岁以上的人中有 53%说自己老了，36%觉得自己是中年人，11%觉得自己还年轻。最近在退休工人退休金管理局所建的养老院里人们问了同样的问题，大部分人都回答：“我一点儿都不觉得自己老了……我从来没想过老这件事……我从来不去看医生……我还是 20 岁。”像某些心理学家那样把这些说法视为心理盲目、感知防御是不够的，问题在于这样的盲目如何成为可能。因为所有“无法实现的”事都会促使人下这样的断言：“我是另一回事。”面对和自己同龄的人，我们试图把自己另归于不同范畴，我们仅仅从外部看他们，每个人对于自己这样独特的存在的感受并不会推及他人。退休工人退休金管理局养老院里，一名老妇说：“我一点儿都不觉得自己老，有时候我帮助其他小老太太，然后我会对自己说，你也一样啊，你也是老太太。”当她自发面对其他老妇时，感受不到自己的年龄，她要着意运用思考力，才能意识到自己与他人处于同等境况。说明问题的是，当她意识到这一点时，她用“你”来称呼自己，她在对着自己身上的他者讲话，即她本人并没有任何直接认知的、别人眼中的那个她。

对一个感觉自在、满意自己境况、并且和周围的人关系良好的人来说，年纪是抽象的。圣-琼·佩斯最后的一些诗里试图表达这样的观点：“老年，您所言不实……纪年所衡量的时间完全不是我们时日的标尺。”体力和智力都保持良好的纪德在1930年6月19日写道：“我得特别费劲地说服自己，我今天的年龄已经跟我年轻的时候觉得特别老的那些人一样了。”

别人向我们提供的形象让我们害怕，但没有什么能从内在强制我们从中认出自己。这就是为什么我们可以在口头上否认，或以行为来拒绝，但拒绝本身就是一种承担的方式。[①] 一些非常依赖自己女性魅力的女人常常会采取这种做法，因为年纪让她们彻底丧失资格。通过打扮、化妆、模仿，试图骗过别人，但她们尤其想千方百计说服自己已逃离了自然法则。她们紧抓着“这只发生在别人身上”的想法，他们不是“别人”，因此“不是一回事”。

自认清醒的人会摈弃这种幻觉，但它不断重生，必须不断与之斗争。塞维涅夫人的信中看得到这种斗争。年轻时她曾谈到“可怕

---

① 在某些病态的例子中，拒绝会达到感知反常和记忆反常的程度，这就是德莱教授提供的诺埃米的例子。64岁的她坚称“我是个小女孩，我8岁”，有时“10岁”“16岁”。别人说“但是你有白头发”，她回答“有人很早头发就白了”。她认为自己回到了童年，把过去的场景当成当下的生活，所谓“近事遗忘”。——原注

的老年”。后来见到别人衰老让她难过。1685 年 4 月 15 日她写道：“啊，我亲爱的，身心的衰残忍受起来太屈辱了。要我选的话，还不如让别人留下我们值得保存的回忆，而不是被衰老和残疾糟蹋了的形象！在有的国家人们出于友善之心杀死年老的父母，如果这些国家又能够与基督教相容，我认为它们是很可取的。”

5 年后，她自知不再年轻，但仍要动用理智才能说服自己。1690 年 4 月 20 日，一个美好的春日，愉快的漫步之后，她写道：

“然而，咳！当年龄带走我们的活力，

我们美好的日子一去不复返!”

“我的想象力还充满小打小闹的琐屑乐趣，人们说它们无害，却又认为我这样的年龄应该放弃了。我乐得自己挖苦自己，这样的自我惩戒说来也是悲哀。”

1695 年 4 月 26 日：“没有什么能提醒我的年纪，我有时对自己的健康感到惊讶。我从无数小病小灾中挺过来，像只乌龟一样缓缓前行，但我觉得自己像螯虾一样健康，而我尽力不让自己被这种骗人的表象迷惑。”

这种内心信念和客观知识之间的犹豫不定，纪德在日记中常常谈起。他在 1935 年 3 月写道：“我不常常提醒自己多少岁了，那是因为我不太能感觉到自己的年纪。哪怕我像背课文一样对自己说，我已经过了 65 岁了，我还是很难说服自己，我能说服自己的只有这一点：我的欲望、我的欢乐、我的美德、我的意志延展下去的空间很窄了，它们的需求却空前高涨。”

1943 年 1 月 17 日，他写道：“我几乎感觉不到我的年纪，我每天告诉自己无数次，可怜的老头，你已经过了 73 岁了，却还是无法真正说服自己。”

当人在内心坚信自己年轻，客观事实的年龄反而似乎只是表象了，人觉得自己戴上了一个陌生的面具。朱丽叶·德鲁埃写信给雨果表白自己的爱经得起时间考验：“布景换了，我穿上了老年的戏装。”纪德也谈到角色和服装，如1941年3月6日：“我的灵魂保持了年轻，以至于虽说我毫无疑义是一个70多岁的老人，我却总觉得这只是我扮演的一个角色。让我记起年龄的衰残和不便，就像我快要忘词的时候，提词人对我的提醒。于是我就像努力成为一个好演员一样进入角色，得意于自己的表演。

“沉醉于即将到来的春天或许是更自然的事情，只是我觉得我已经没有相应的戏装。”

他是否真的在扮演社会所要求他的角色？还是说出于对老年的恐惧，他将自己70多岁的行为看作游戏？无论怎样，老年的不可实现性在这里又一次得到证明。

谈论乔装、戏服、游戏是一种逃避问题的方式。要想走出“认同危机”，必须给自我认同一个新形象。某些情况下，成年人事先为自己的老年设想了可怕或光荣的形象，时候到了他们便采纳或利用这些形象。例如斯威夫特描写斯特鲁布鲁格人，雨果提到卫戍官、埃维拉德努斯、波阿斯。但通常来说，人们总是猝不及防，不得不从他人那里找寻自己的形象，每每像对镜自问一样思忖：“对方是怎么看我的？”答案是不确定的，每个人都有他们自己看我们的方式，我们自己的看法与他们的任何一个都不可能重合。所有人在我们脸上都看到一个老年人的面容，但那些多年未见我们的人觉得我们变化很大，老了残了。一直在我们身边的人觉得我们没有变化，身份让人忽略了改变。陌生人眼中则不过是一个平常的60多岁、70多岁人的脸。我们自己呢？依据我们对老年的整体态度，我们或愉悦、或不快、或漠然地看待自己的形象。对老年欣然接受的伏尔泰让皮加勒为自己塑裸身雕像。其他人给他画的像他都不喜欢，新的半身塑像也让他兴味索然。他写信给内克尔夫人：“人们说该让皮加勒先生来雕塑我的脸。但是夫人，那我也得还有一张脸才行啊，它却几乎已经无处找寻：我的眼睛陷进去三寸，面颊像旧羊皮纸在撑不住的骨头上摇摇欲坠，仅剩的几颗牙也掉了……从未有人雕塑过模样如此不堪的可怜人。”但他最终还是同意了。尽管对自己的外表做出了严苛的评判，他仍坦然接受，因为他坦然接受自己的总体境况。

不管在文学中还是生活中，我从未遇到乐于变老的女性。我们从不会说“美丽的老太太”，顶多会说“有魅力的老太太”[①]。但常常听到有人夸奖“英俊的老先生”，男性不是猎物，人们不会要求他鲜嫩、温柔、优雅，而是要他有征服者的力量与智慧，白发、皱纹无损阳刚之气。米开朗琪罗的摩西、雨果笔下沉睡的波阿斯，男人与他们类比可以带来荣光。《词语》中萨特的祖父是一个威严而睿智的族长形象。他一直对自己甚为满意，身体极为健康。受敬重的师尊、被珍视的长辈、富于魅力的老者，这些角色令他乐此不疲。萨特说他总给人在隐形摄影师前摆姿势的印象，也就是说他在扮演一个形象，并迫使他人接受，在这一过程中，这些形象越来越被他自己当真了。

莱奥托的日记提供了老年人自恋最有意思的例子，我后面讲到老年人性欲的时候会提到。

快 80 岁的时候，感到尽头将至的茹昂多依然积极看待自己的身体。他在《对老年和死亡的思考》中写道：“当然，我还没成为被厌恶的对象。相对于我的年纪来说，我显得年轻，因为我比较

① 诗歌中“致美丽的老女人”这样的主题，在不同世纪不同国家都有，一个曾经美丽的女人，老了以后容颜不再。我只知道一个例外，就是梅纳尔的《老妇颂》，见前文。——原注

瘦，或说苗条，但是我无疑已经能够猜测到身体里出现裂痕，作为老化迹象的枯萎的先兆。我试图掩藏它。我无法不用忧郁的目光看自己。在我眼中，裹尸布条已经缠上了我，让我看不见自己，仿佛出于尊重才这么做。”

老年叶芝对自身的看法在对立的观点之间摇摆。57 岁获颁诺贝尔文学奖的他在荣誉加身之时却对老年满心苦涩。一只眼睛失明，同时担心失聪，但最让他懊恼的还是年龄本身：“对于变老我既疲惫又愤怒。我依然是过去的我，甚至更出色，可是一个敌人缚住、扭曲了我，我纵然能比以往更缜密地计划和思考，却无法再将计划和思考付诸实施。”不过他依然能够写出非常美丽的诗句，其中不少都表露了他对老年的愤怒：“我能拿这荒唐怎么办呢？哦，我的心，我那被扰乱的心；/这丑态，这残衰，像狗尾巴一样安在我身上！”尤其让他难以忍受的是这不可避免的衰老所具有的外来性。他也受挫于这不可实现的现实，他依旧是他自己，可是别人让他承受恶劣的待遇。叶芝在最后的诗作之一中忆起曾经爱过的女人，把当下二人的组合比作一对老旧的稻草人，与年轻的他们形成可怕的对比。这景象如此骇人，如果一个女人看到自己的孩子 60 岁时的样子，她当年便会打消生育的念头。不过叶芝也乐于扮演怪老头的角色，他在爱尔兰皇家科学院演讲时说要化作蝴蝶“飞呀飞呀飞”，震惊四座。他说自己是“60 岁的满脸微笑的公众人物”，后来又自诩“狂野邪恶的老男人”。

讨厌自己年龄的老年人也会嫌弃自己的形象。政治上失势、名声不再的夏多布里昂痛恨自己的老年，说：“老年是场海难。”对提议为他画像的画家，他傲慢地回答：“在我这年纪，人身上已经没有足够的生命，岂敢将废墟托付画笔。”同样害怕变老的瓦格纳在商店的镜中看到自己，愤愤地说：“我不认识这个灰脑袋。我 68 岁了？这可能吗？”他深信天才让自己脱离了时间与空间的牢笼，眼见自己的形象如此具体、如此确定，对他来说难以接受。70岁时纪德仍自认年轻，后来也很难接受自己的老去，80岁的他在《诚心所愿》中写道：“啊，可别让我在镜子里看见自己！大大的眼袋，凹陷的双颊，无神的目光。我的样子令人害怕，这让我无比沮丧。”莱奥托向瓦莱里谈起“衰老这件可怕的事情”，后者回答：“不要跟我提这个，除了剃须我从不照镜子。”实际上，尽管有年龄的印记，瓦莱里和纪德的面孔依然算得上英俊，令他们厌恶的是镜中的变化反映出的衰老。同样，当阿拉贡写道“我惊恐地看着双手长出年纪的铜斑”，他嫌弃的不是斑点本身，而是它们所代表的年龄。

龙萨也表达了对枯槁的身体的嫌恶。我们知道他一向讨厌老年。去世之前一年——他只活了60岁，但在那个年代也算高龄了——他因病失眠，在好几首十四行诗中都抱怨此事，其中一首写道：

> 我只剩骨头，像一具骷髅
> 没有肉、神经、肌、脂，
> 死亡之箭已将我射中。
> 我不敢看我的胳膊，生怕会发抖。

最残酷的老年自画像来自米开朗琪罗。苦于身体的痛苦，外加烦心事，他苦涩地写道：

> 长期的工作将我折弯、掏空、拆解，我正走向一个旅社，到那里去吃饭，生活，那便是死亡……在我装满骨头和神经的皮囊里有一只胡峰嗡嗡叫，一条管道里有三块沥青。我的脸像稻草人。我像干旱日子里晒在田间的抹布，足以吓跑乌鸦。我

一只耳朵里爬着蜘蛛，另一只整夜都有蟋蟀在叫。黏膜炎让我气闷，既睡不着觉也打不了呼噜。

他还写了一首十四行诗：

从前我们的眼睛是完整的，
它们的镜子反射着光芒。
现在它们空荡，模糊，漆黑，
这便是时间的馈赠。

给瓦萨里的信中，米开朗琪罗说：“我的脸有种叫人害怕的东西。”壁画《最后的审判》中的圣巴泰勒米是他的自画像，展现了充满死亡气息的面具，神情阴郁，仿佛被围猎，似乎被愁苦折磨而又心有不甘。

老年画家的自画像值得思考。他们通过描画自己的脸，表达了与自己的生活和世界的关系，此刻的他们已经不在意得失。

60 岁的达·芬奇把自己的面容变成一幅杰出的老年寓意画。飘逸的胡须和头发，浓密的眉毛，显示出完整无损甚至愈发澎湃的生命力。五官的勾勒充满经验和技巧。这是一个达到智力顶峰的人的模样，他置身于悲喜之外，看透一切，难免感到苦涩但不会沉溺其中。伦勃朗一生致力于在画布上表现自己的各种样貌，最后的自画像堪比遗嘱。他知道自己达到了艺术的顶峰，足可以身后作品为傲，他做了自己想做的，他成功了。同时他也知道所有的胜利都包含着失败，望着镜中，他似乎在问自己的分身：然后如何呢？1588 年，年逾 70 的丁托列托画了一幅自画像。萨特在一部未发表的作品中评论说，丁托列托想告诉我们他非常绝望。他在画布上呈现了

“筋疲力尽的老人的愚呆之像，如同凝滞的生命，僵化的动脉……画布上的他是一具孤独的尸体……他承认自己有罪，否则眼神为何像良心不安的老杀人犯？”他自问：“我是一个大画家，我这个世纪最伟大的画家，我对绘画做了什么贡献？……”但那神情充满怨恨。认罪之际，他却在控诉。谁？肯定是人……人们仿佛听到他在不停地说：“我不明白。”然而“他的身上有某种东西，使我们不得不与之保持距离：他的绝望所具有的孤傲”。提香在80岁或90岁（取决于采用哪个出生年份）做了一幅自画像，其严肃安然的表情则颇为传统。

我只知道一幅老年自画像是全然欢快的，即莫奈作为礼物赠予克雷孟梭的那幅。尽管视力一度模糊以致无法明确辨别颜色，莫奈从未停止作画，用记忆弥补感知的不足。他的视力后来恢复了，晚年创作出惊人的杰作。他曾经质疑自己画作的价值，但这是次要的，绘画的乐趣高于一切。他的自画像呈现的是一个创作力惊人、健康极佳、众人环绕、热爱生活的形象，可称之为丰盈的老年：身板笔直，笑容满面，气色红润，须发浓密，目光热情而欢快。

戈雅在70岁时画的自画像也值得一提。他否认了自己的年龄，把自己画成一个50岁模样的人。

无论我们能否找到一个多少有说服力、多少让人满意的自我形象，老年是我们无法实现的，只能去经历。首先我们在我们的身体中经历老年。身体并不向我们揭示老年，但我们一旦知道老年居于身体之中，身体便使我们不安起来。老年人对健康的不在乎只是表象而已，细查之下会发现他们很焦虑，从他们对罗夏墨迹测验的反应便可知。通常受测者会在墨迹上看到许多人体的图像，但是老年人很少做出解剖学角度的阐释，而是联想到疾病，如X光下的肺部、胃部等。他们常看到变形的图像，如骷髅、怪物、丑恶的面孔，这份焦虑有时会到疑症的程度。退休的人往往将工作不再需要的注意力转移到身体上，他们抱怨身体的疼痛，其实是不想承认身份地位丧失的苦闷。疾病是借口，让他们安于低人一等。称病也能让他们的自我中心主义具有正当性，因为这样一来身体就顺理成章成为他们倾注全部精力的对象。此类行为的背后有非常真实的焦虑。

一些老年作家坦然承认这份焦虑。埃德蒙·德·龚古尔在1892年6月10日的日记中提道："经年提心吊胆，整日担惊受怕，一点小痛或不适立刻让我们想到死亡。"老年人知道自己比较受不起外来的刺激，比较脆弱。莱奥托在日记里说："到了某个年纪，让人不快的是一点小病痛就让人疑心大事不妙。"我们看到的改变本身已让人难过，但它们预示的后续更加严重。莱奥托还说："劳损、毁坏和走下坡路只会越来越严重。"衰老最令人痛心的一点便是那种不可逆的感觉。如果仅是疾病，还有机会痊愈，至少让其不再发展。事故导致的残疾有其限度，衰老引起的退化却无可补救，只能一年重似一年。

这个退化是注定的，无人幸免，但是诸多因素决定了它或快或慢，或部分或全部，对生命整体的影响或大或小。对于拥有一定自由度的特权人士而言，情况的好坏很大程度上取决于当事人怎么将命运掌握在自己手中。①

相较于身体本身，对其所采取的态度往往更重要。乐观的克洛代尔在日记中写道："80岁！眼、耳、牙、腿，都没了！气儿也没

① 有时没有选择的可能，当事人疾病发作，或是身体逐渐衰退，就像罗丹，他77岁过世，但从67岁起健康就变差，经历了数次体力衰竭。72岁第一次发作之后他变得阴沉、脾气糟、智力受损。第二次发作以后，他变得愚痴，不知自己身在何处，不认得多年伴侣罗丝·伯雷。此类病例属于老年医学的范畴，无法提供内在经验方面的信息。——原注

了！最让人惊奇的是，我们竟然可以没有这些！”伏尔泰一生都被身体拖累，年轻时便自称濒死之人，却活得比大多数人都好。70岁开始，他称自己“老病号”，80岁又叫自己“80岁的老病人”。他采取的是别人对自己的看法，对自己的角色不无得意。当他以“我”发声时，他声称早已习惯自己的状况：“我已在世受苦81年，见过身边无数磨难和死亡。”他写道：“心不会变老，可是将其禁锢在身体的废墟令人忧伤。”他说自己“经历了衰老带来的所有灾难”。然而享有财富荣耀和尊崇的他，比之前任何时候都更加活跃，对写作充满激情，安然接受自己的状况：“我确实耳不聪目不明，身体不灵光，再加三四种可恶的残疾，但我从未丧失希望。”

相反，另一些人却因心怀怨恨而加重了衰残。夏多布里昂说：“健全的心智被禁闭于破旧的物质牢笼，无异于受刑。”此怨言与伏尔泰遥相呼应。后者的幸运在于顺应时代，甚至是时代的体现，从而获得乐观的生机。夏多布里昂则从高处跌落，被时代抛弃的他只能独自品味苦涩。尽管《墓畔回忆录》的写作持续到1841年，并且直到1847年，即去世的前一年还修订不辍，但他任由自己的身体衰残下去。

出于惧怕反而索性拥抱老年的态度，精神病学家称之为“格里布依”，所谓“主动去迎接你试图避免的麻烦”。因为腿有点拖不动，便模仿瘫痪；因为有点耳背，便不再听人说话。不再使用的功能会愈加退化，假装残疾会真的变得残疾。这种反应很常见，因为许多老年人都有理由心怀怨恨、索求，甚至感到绝望，他们夸大自己的衰残来报复别人。收容院里常见这样的现象，因为别人抛弃了他们，他们便自暴自弃，不肯稍作努力。无人照顾老年人，自然也无人与这样的倾向做斗争，因此很多老年人最后只得长期卧床。

对不愿沉沦的人来说，老年意味着对抗衰老。他们面临着艰难的新境况，即活着不再是自然而然的事。身体健康的40岁的人，在生理上是可以自由行为的，他不怕发挥自身力量的极限，因为知道能很快恢复。疾病或意外的风险不会过度让他感到害怕，因为除非患有极为严重的病症，否则他总会痊愈，恢复到之前的状态。老年人则必须注意身体，过度用力可能造成心脏骤停，生病可能让他一蹶不振，意外可能会造成无法弥补的伤害或极其漫长的恢复期，因伤口愈合需要很长时间。老人再也不能和人打架，因为肯定会处于下风，主动挑事只会让他成为笑柄。若参加游行，他跑得不够快，会是年轻同伴的负担。智力工作、体力工作、运动，甚至娱乐，都让他感觉疲惫。上了年纪的人往往忍受明确或不明确的病痛，导致生存乐趣全无。柯莱特受风湿病折磨，一位女性仰慕者羡慕她的声望和看似幸福的生活，她回答："是啊，孩子，可我的年纪在那儿。""除了年纪呢？""除了年纪还是年纪。"我母亲生命最后几年深受关节炎之苦，每天服下十几颗阿司匹林也无济于事。萨特的母亲则被风湿病折磨得丧失了活下去的欲望。即使老年人甘心承受，这些病痛依然横亘在他和世界之间。大部分的活动都要忍着痛去做，不能再随性而为，不能凭冲动行事，而是要先考虑后果，因而只剩有限的选择：在晴和的天气出去散步，回来定会腰酸腿疼；泡个澡，关节炎免不了发作。走路、梳洗往往都需要别人帮忙，这让他犹豫，于是宁可不做。困难的事情越来越多，如爬楼梯、走长路、过马路、携包裹。世界到处是陷阱和危险。他不能再随意闲逛，随时都可能出问题，稍有闪失便后果严重。身体的自然功能需要人为辅助，如假牙、眼镜、助听器、拐杖。莱奥托说："我工作台上这一堆堆的眼镜也是老年。"不幸的是大部分老年人买不起好眼镜、好助听器，它们都价格不菲，于是他们处在半盲或全聋的境地。他们把自己封闭起来，萎靡不振，无心对抗衰老。部分的衰退往往引发全面的放弃，导致所有方面急速下行。

对于经济状况允许多种可能性的老年人来说，应对老年不便的方式取决于他之前做的选择。那些一向采取中庸之道的人，很容易量力而行、简化生活。我见过一位完全适应自己年纪的老年人，那就是我的祖父。他自私浅薄，壮年时从事的无甚意义的活动和他生命最后几年的无所事事差别不大。他不会过度劳累，也没烦恼，因为他对什么都不上心。这样的他身体一直非常健康。渐渐地，他的散步时间变短，常读着《中部邮报》睡着，一直到去世之前都拥有着人们所谓的“美好的晚年”。

只有情感或智力匮乏的人才会接受这种无生气的平衡，但确实有人一生都在为此做准备，并将其视为自己的高光时刻。16 世纪的威尼斯贵族科尔纳罗即如此。85 岁身体仍健朗的他写了《论节制有度的生活》，意为后人做典范。他强调自己如何有分寸地享乐，如何明智地安排时间，尤其如何有节制地饮食：半个多世纪里，他每天只摄入 12 盎司固体食物和 14 盎司葡萄酒。他身边环绕着朋友、子女、孙辈，视力和听力完好，依然从事阅读、写作、骑马、打猎和旅游。“虽然年事已高，我觉得现在的年纪是我这一生最愉快、最美好的，我不会用我现在的年纪和生活去交换哪怕最绚烂的青春。”他认为这是对他谨慎使用世界所赐财富的回报。实际上，他的优点远没有自我标榜的那么多，只是出身条件实在太过优越。他坐拥巨大财富，身居花园中的豪宅，活了将近 100 岁，据他的一个侄女说，一直到最后他的身体都健康，甚至可以说矍铄。

各方面都谨慎、平衡、适度的丰特奈尔几乎活到了 100 岁。临终前，他喃喃道：“我只觉得存在有一定的困难。”他的生活方式也保证了晚年的安康。他先天体弱，据一位传记作者所言，出于健康的考虑他总是“小心翼翼避免任何情绪”。他有喜怒不形于色的名声，唐森夫人有一天指着他的心对他说：“您这里长着的也还是大脑。”聪明睿智，热爱科学的他 29 岁即写出成名作《关于宇宙多样性的对话》，其后又有多部作品问世。他没有个人发明，只是致力于推广他那个时代的科学，且做得很有一套。他入选法兰西学士院和法兰西科学院。他对什么都好奇，写作无所不包。他不隐瞒自己的立场，在“古今之争”中维护现代派，反对崇古派。他攻击宗教。但他总保持头脑冷静，避免过度操劳。老年时，极佳的健康令他颇为自得。据他所说，最快乐的年纪“介于 60 岁到 80 岁之间。在这个年纪，我们的社会地位已定，不再有野心，不再有欲求，而是享受从前播种的成果，这是收获的年纪”。根据若弗兰夫人的说法，他 82 岁时还非常健谈。不过到了 88 岁他耳聋了，94 岁时视力衰退许多。他仍在晚间外出做客，但对主人来说他的在场只是徒增尴尬。

斯威夫特经历了多重挫折，有的来自身体——他死后医生发现他脑中有积水；有的源自爱尔兰的政治困境；有的来自他对人类的悲观看法。他一直野心勃勃，很看重钱财，事业上的成就和微薄的财产让他觉得不满足。他很在意别人的评价，容易觉得自己受到迫害，何况迫害确实发生过。尽管他为自己写下赞颂之词，他还是不喜欢自己。基于所有这些理由，他不喜欢自己的同类，在描写耶胡和斯特鲁布鲁格时表达了他对人的恨意，借着后者对老年做了可怕的描述。他自己迈入老年时更是激烈地抗争。59 岁时，他所爱的斯特拉去世，他的状况已经非常差，听不清，会眩晕：“我一直病得很重，颤抖，耳聋，要是上帝召唤我，我再高兴不过。”他依附辉格党，之后投靠托利党，然后又回到辉格党，期望卡罗琳王后在英格兰对他委以要职，但是他失了宠，最终只得从伦敦返回都柏林。后者让他愈加嫌恶，他称之为“欧洲最肮脏的地方”。爱尔兰的贫穷和污秽让他在伤心和愤怒之间摇摆。61 岁时，他就爱尔兰贫困儿童写下了最辛辣的论战文章。对世界和人生的反感使他更加需要通过写作来排遣，这大概也是他如此猛烈地对抗老年衰退的原因。为了对抗耳聋和眩晕，他强制自己锻炼，如长时间走路或骑马，下雨的时候不停上下楼梯。他创作的粗俗诗作表现了他对身体的厌恶。虽然身边不乏成熟女人，而且对年轻女子不乏兴趣，他却越来越厌女。怨恨的情绪吞噬了他。安妮女王去世后他在笔记中写道："教会的最高职位落到最无知的人身上，狂热分子受追捧，爱尔兰完全破产，沦为奴隶，只有几个部长大发百万横财。"他健康恶化，1733 年 4 月 3 日，65 岁的他写道："眩晕的老毛病折磨了我一个月了，我把自己交给迪利医生，我每天吃药，在黑暗中踯躅。但我依然在战斗，每星期至少骑三次马。上述残疾之外，我的记忆力也丧失了一半，创造力丧失殆尽。"1733 年 10 月 9 日："我意志消沉。"他唯一的慰藉是写越来越尖锐的论战文章，不愿停止怨恨，并将其呐喊出来似乎已成他竭力活下去的理由所在。他写了一篇文章攻击"不治之症患者收容院"，那里关着治不好的傻子、治不好的流氓、治不好的泼妇，还有其他各式各样治不好的人，也就是说全国一半的人，包括他自己。此文可能反映了他个人的不安，或许他担心自己疯掉。总之他最终将所有财产遗赠给了都柏林精神病院，想必他认定自己与疯子有相通之处。他的朋友都死了，他写信给蒲柏："我现在只剩下您。行行好，死在我后面。"年轻的谢里丹说起他："他记性不好，其他能力的衰退也很明显，性情不定，忧伤抑郁，会突然发脾气。"他愈加吝啬。不同于轻率乐观的拉封丹，他很清楚自己智力上的衰退。70 岁的寿宴上，他苦涩地说："我只不过是我自己的影子。"痛风折磨着他，他受不了自感衰残，咀嚼着满心怨恨，怀疑所有人都要害他。英格兰对爱尔兰的政策继续令他愤怒到难以释怀。当伦敦降低了爱尔兰金币的成色，他跑到圣帕特里克钟楼上升起黑旗。1742 年，他跟一位教士动起手来，调查委员会宣称他“精神不正常，记忆力欠缺”。他又拖了 3 年才去世。

和爱默生同时代，并且也是其好友的惠特曼，受到活力论乐观主义的启迪，歌颂生命的各种形式。盛年时他就以抒情的方式赞美老年。《草叶集》中有一首《致老年》：

在你身上，看见了那注入大海的河口，它庄严地扩大了，展开了。①

另外一首：

青年，健壮、朝气蓬勃、多情；青年，充满优雅、力量和魅力，

你知道在你以后到来的老年，也有着同样的优雅、力量和魅力吗？

白天热闹辉煌——大太阳照着，充满行动、野心和欢笑，

夜紧随其后，带来千万颗太阳、睡眠和恢复精力的黑暗。

54 岁时的一场病，让精力充沛、热爱自然的他坐上了轮椅，半身不遂。他坦然接受考验，凭借坚强的意志，3 年后重新学会了走路。他先住在小城卡姆登的弟弟家，65 岁时他足够健康，便搬去自己的小屋独居。一年后，因为中暑他旧病复发，双腿和骨头“软若明胶”。他试着保持好心情，但被迫的幽禁对他来说如同受刑。他朋友很多，对他很好，送了他一辆马车，他兴奋落泪，当天便出

① 参见卢赞特：“老年是所有污秽之水汇聚的水潭，只会流向死亡。”——原注

去遛了一遭。但他嫌马太老，换了一匹更矫健的。此后几年间，他乘坐马车在乡间漫游。他每天工作两三个小时，阅读报纸杂志，接待朋友，周日晚上到其中一位朋友家里用餐。他话不多，但善于倾听，人们都喜欢与他为伴。有时为获取一点收入，他会公开朗读。他以泡澡和擦身来保养身体。他在人前表现达观，在一些诗作中则流露出忧伤：

当我坐在这里写作，又病又老，
我的重负是那种老年的迟钝、多疑，
讨厌的忧郁、疼痛、嗜睡、便秘、抱怨、厌倦，
大概渗进了我每天的诗里。

还有：

一条灰暗破旧的老船，
停靠岸边，桅杆卸了，不能用了，完蛋了，
在自由航行过地球上所有的大海之后，终于停下来，被绳子绑牢了，
躺着生锈、腐烂。

他与很多朋友庆祝自己69岁生日，写道：

歌唱我自己——快活的心还在胸膛里跳，
身子骨却垮了，老了，可怜巴巴地瘫痪了，古怪的迟钝像尸布罩住了我，
烈火在我缓慢的血流里还没熄灭，

信念没有消减——一群群爱着的朋友。

诗歌、友谊、大自然，足以支撑他活下去，尽管明白自己的衰残，他的内心依然欢快。然而两天后他疾病发作，第二天又发作了两次，他全身哆嗦，胡言乱语，结结巴巴地叫着不在身边的朋友。有一个星期的时间，他拒绝去看医生，医生最终还是来了，而且治愈了他。他写道："老船已不再能航行，但旗帜仍挂在桅杆上，我仍在掌舵。"他恢复很慢，觉得疲劳，时时陷入昏睡，但他很高兴自己头脑清晰，右手还灵便。"如今只剩这两样可用，它们多么宝贵啊！"他患了糖尿病，前列腺和膀胱的不适让他痛苦不堪。车和马不得不卖掉。他的小房间里到处是废纸，窗户总开着，他从床上移到椅子上都要费一番劲。朋友们给他买了轮椅，年轻的特劳贝尔推他到特拉华河边，视力不济不妨碍他喜欢观景。在特劳贝尔的帮助下，他修改了最后一本诗集《十一月枝桠》，并出版了作品全集。早年的乐观主义在他笔下复苏：

当人生走下坡，澎湃的激情平静下来……
才开启最充实的日子，最平静，最幸福。

他也谈到了"老年闪耀的顶峰"。或许他试图说服自己接受老年。不过，70 岁来临之际，他对自我的描绘毫无喜悦："沮丧，啰嗦，糊涂，微弱的声音喋喋不休，还有我那海雕一般的尖叫。"人们隆重庆祝了他 70 岁的生日。71 岁的生日则只有亲友参加。他两年后逝世。

斯威夫特和惠特曼都有严重的健康问题，但老年人即使身体没毛病也免不了身体的负担。同时代的人纷纷赞叹歌德的活力。60 岁时他的身形依然优雅，64 岁仍可连续骑马 6 小时，80 岁时还没有任何衰残，身体机能和记忆力均完好。不过 1831 年——此时歌德 82 岁，他的好友索雷在日记中写道：“我今天在歌德家度过了痛苦的 15 分钟。他似乎身体不适，给了我一些东西看，然后回房躺着。不久，他回到客厅，完全掩饰不住不安，他面红耳赤，低声说话，不时叹气，有两次我听见他嗟叹‘哦年纪！哦年纪！’，好像在指责他的年纪带来的衰微。”一次演讲中，他突然记忆空白，一言不发望着听众，后者出于尊重也不敢动，就这么过了 20 分钟，他才没事一样重新开始讲话。可见他表面所维持的平衡，是克服了许多小小的失灵才达成的。后来他极易疲倦，改为只在早上工作，也不再旅行，白天往往陷入昏睡。

托尔斯泰的硬朗是出了名的，这归功于保养得法。67 岁时他学会了骑自行车，之后几年经常长距离骑车、骑马或步行。他打网球，到冰冷的河中游泳，夏天下田收割，一干就是 3 小时。此时他创作小说《复活》，写日记，写很多信，接待访客，阅读，关注时事。1895 年，沙皇派遣哥萨克骑兵攻打杜霍波尔派教徒时，他发表了一篇言辞激烈的文章揭露镇压。他签署了一份反对迫害的宣言，帮助传播并在国外进行新闻宣传，求助于公共慈善机构，并且同意领取版税，然后捐给“救济委员会”。他开心地庆祝了 70 岁生日。当他被俄国东正教开除教籍时，声势浩大的游行出来声援他。1901 年，他的健康衰退了，风湿、胃病、头痛让他消瘦了很多，疟疾又让他卧床。他接受了死亡，但他又站了起来，赴克里米亚疗养。他坐马车散步，开始撰写《宗教是什么?》。契诃夫见到他的老相很惊讶，写信给朋友：“他主要的病是全面的衰老。”1902 年他患了肺炎，众人揪心，他躺在床上向女儿玛莎口述许多想法和信件。痊愈后他很在意自己的健康，这让他的妻子索尼娅恼火，说他“从早到晚每时每刻只关心照顾自己的身体”。5 月份他得了伤寒，但依然挺了过来，妻子说他成了一个“瘦巴巴的可怜的小老头”。他不放弃，又开始散步，并逐渐加长距离，做体操，骑马，也重新开始写作，创作了一部文选《智者思想》、几部短篇小说、两部剧本以及一篇和他讨厌的莎士比亚算总账的论文。他继续创作 1890 年开始的小说《哈吉穆拉特》，严厉批评专制政体。1905 年他同时给沙皇尼古拉二世和革命分子写公开信，拒绝支持任何一方。他编写了《儿童读物》《解释给儿童听的耶稣教诲》，为农民子弟办夜校，但他们不常去上课。尽管把自己的财产都交给了家人，他还是个地主，这与他的理念相冲突，让他内疚不已。和索尼娅的冲突越来越多，让他不胜其烦。1907 年到 1908 年的冬天，他数次短暂昏厥，并伴随失忆。对恐怖分子的严酷镇压令他愤慨，他写信给大臣斯托雷平表达抗议和告诫。他公开呼吁“我再也不能沉默下去”，对反叛农民的处决让他绝望，他哭着说“我再不能这样活着”。他感染了静脉炎，人们以为他要去世，但他再次痊愈，并在本子上写下 7 部新小说的主题。80 岁生日可以说是他人生无与伦比的巅峰。他激动得热泪盈眶，最后精疲力竭，上床前对女儿玛莎说：“我的灵魂很沉重！”然后安稳睡去。接下来几个月与索尼娅的争吵让他疲惫不堪。1909 年 9 月，他前往莫斯科，离开时大批民众夹道欢呼。在库尔斯克车站又被群众包围，由于警力不足，他差点被踩轧。他惊恐踉跄，下颌直颤，好不容易爬进车厢，瘫坐在椅子上，闭上眼睛，疲惫而满足。几个小时后，他昏厥过去，嘟嘟囔囔说着胡话，大家以为他不行了，但不驯服的他第二天就骑上了马。他又开始写文章写信，创作了一个短篇故事《卡廷大屠杀》以及《生活之路》的前言，与萧伯纳和甘地通信。生活中的矛盾以及和索尼娅的争吵让他难以忍受，他离家出走了。长期以来，他就梦想抛家弃产，去过符合他自己道德要求的苦修生活。在他的年纪作出离开的决断，意味着他有年轻人才具备的激情和灵魂力量，但他的身体毕竟是老人的了，不堪旅途劳顿的他卒于火车站站长家中。他也是靠着与疾病和年纪的衰退不懈斗争才保持了健康，将自己的活动进行到最后一刻。

雷诺阿从60岁开始半瘫，走不了路，手指也僵了，但直到78岁去世，他从未停止作画。别人帮他把颜料挤在调色板上，把画笔绑在他的手部关节上，用指套固定，再由他自己的手臂带动。他说："我们不需要手来作画。"他坐在轮椅上在乡间活动，如果坡太陡，就让人把他抬到喜欢的地方。他工作量很大，创作力不减，觉得自己一直在进步，这给他带来喜悦。他唯一的遗憾是时间丰富了他的艺术生命，但同时也让他越来越接近坟墓。

乔万尼·帕皮尼70岁时还很健康，他在1950年1月9日写信给一位朋友："我还没意识到老年的衰退，我还有强烈的学习欲望和工作欲望。"他长期致力于两本书，视其为自己的代表作，一部是《最后的审判》，到1945年已经写了6000页，还有《人的报告》。他写了一本关于米开朗琪罗的书，并开始写作《魔鬼》。此时他患了肌萎缩性侧索硬化症，这种病最终会导致延髓麻痹（但他自己可能并不知道）。作为虔诚的基督徒，他赋予肉体痛苦以精神价值，顺从上天的意志。然而未完成的两部著作让他牵挂："我需要阅读以及重读，需要全新的眼光、头脑清醒的白天、半个世纪的时间。我非但没有这些，我还几乎是个瞎子，半死不活。"他几乎走不了路，动不动就累。他病情加重："越来越瞎，越来越动不得，越来越沉默……我每天死去一点点，像在顺势疗法中零敲碎打。"他左腿瘫痪，手指也不听使唤了："已开始的作品无法完成，这让我难过。"实际上，他的两部大作都未能完成，它们太过庞大，无法口述下来。他只让人听写了《魔鬼》的结尾，还有一些文章，他名之为《碎片》，刊登在《晚邮报》上。其中《不幸之人的幸福》这篇文章描写了他自己的状况，列举他可以承受这种状况的理由：“我会选择殉教而非愚昧。”他的言谈依然机敏，但是渐渐地他的声音难以辨识。他发明了一套代码，用拳头敲击桌子，敲击数目对应特定字母。就这样，他以无比的耐心，一个字母一个字母地表达。他请人大声读书给他听，直到他的智力完全衰退为止。

雷诺阿和帕皮尼的执着来自他们对热爱的事物怀有的激情。另一些人投入得没那么多，但出于尊严竭力对抗衰退，将老年视为一场挑战。海明威的《老人与海》即以此为主题。一位老渔夫独自出海，用尽全力捕到一条大鱼。他最终将鱼带回，但是无力对抗群鲨的咬噬，他最后带上岸的是一具空空的鱼骨。但不要紧，冒险本身就是其意义。老渔夫拒绝像其他老者一样无谓消磨，将勇气、耐力等男性价值坚持到了最后。老渔夫说：“人可以被毁灭，但不可以被打败。”海明威借这个寓言（虽然不太有说服力）来祛除困扰他的执念。写作对他变得困难，他无法维持一生坚持给人的充满旺盛的生命力和男子汉气概的形象。他想到自杀，最终饮弹而亡。

老渔夫的倔强在许多老年人身上也可见到，只是没有这么史诗般宏大。一些老年运动员甚至到 92 岁高龄仍从事田径、网球、足球、自行车运动。他们往往成绩平平，不追求出类拔萃，只想安排自己的时间。很多人退役后会比以往更加频繁地参与运动。60 岁开始，运动对 2/3 的人有潜在危险①，虽然他们没有任何机能上的不适。运动不能减缓器官老化，但有助于它们运行良好。老年运动员对运动的坚持在精神上有鼓舞作用，身边那些常常想劝阻他们的

① 隆格维尔博士是老年运动研究小组的医生，他表示，有一名 63 岁的游泳者虽然患有房颤和左血管畸形，但 60 次从 3 米跳板上跳水；还有一名患有冠状动脉硬化的 60 岁老人仍在跳伞；以及一名 85 岁的自行车运动员每天骑行 3 万米，虽然他有心肌梗死后遗症。——原注

人，其实应该尊重他们的意愿。过度减少活动会让整个人萎缩。巴厘岛的老妇深知这点，所以她们继续在头上顶着重物。年老的男人知道和衰退搏斗可以延缓衰退，在旁人冷酷的目光中，身体的不济会让“老年”这个词所蕴含的意义在他身上得到印证。他想向别人和自己证明他仍是个男人。

精神和生理紧密相关，退步的机体要重新适应这个世界，就必须有生存的欲望。反推亦成立：健康的身体有利于智力和情感的长久维持。大部分时候身心一起“共进退”，但也不总是如此。拉封丹健康的体质没有挽救心智的衰减。可能身体衰弱而智能完好，又可能二者以不同的速度衰退，心智试图顶住，却受机能退化所累，就像斯威夫特的情况。老年人很可悲地经历与自己的“错位”。阿兰曾说人们只想要可能的东西，但这种理性主义过于简单化。老年人的悲剧往往是再也做不到他想要的。他构思、规划，到执行的时候，身体机能却无法配合。疲劳打断了他的冲劲，需要唤起的记忆变得模糊不清，思绪飘离先前的目标。即使没有病理上的发作，老年也被认为是一种精神疾病，老年人因不能再把握自己而焦虑。

道德家基于政治或意识形态的理由盛赞老年，声称它让人摆脱了身体。得益于平衡原理，身体所失即为精神所获。柏拉图表示：“只有当身体的眼睛衰微时，心智的眼睛才开始变得锐利。”我之前引用过塞内加：“活力尚满又无需顾及身体的灵魂最自在。”茹贝尔说：“经历很长老年期的人相当于摆脱了身体。”[①] 当托尔斯泰不再

① 作为唯灵论者、道德家、传统主义者，茹贝尔信仰上帝。沙特奈夫人曾说：“一切在他都是灵魂。”但这并不妨碍他为钱而结婚，成为大学教授，死时富有、被授勋。他也曾说：“生命的傍晚自会掌灯。”——原注

那么硬朗时，他用反讽来安慰自己：“人类道德的进步应归功于老年人，老年人变得更好，更有智慧。”可怜的朱丽叶·德鲁埃在71岁时写信给雨果，让他相信她爱的力量：“所有老年从我身体强行拿走的，我的灵魂又都夺了回来，以不朽的年轻和热忱的爱的形式。”然而1878年之后，身患癌症的德鲁埃只感受到老年的衰退：“我徒劳地硬撑着我的爱，我感觉一切都弃我而去，坍塌了，生命、记忆、力量、勇气、恶念。”

茹昂多吹嘘伴随着身体衰退而来的内在充实：“随着身体状态下滑，灵魂向着顶峰上升。”如何上升？升至何处？他没说。他以某种美学之名鼓吹逆来顺受：“目力渐减，死亡层层进驻。我们还在这个世界上，又好像已经与这个世界分离了。我们不要为此恼怒，那有伤大雅。”

想到大部分老人的实际处境，这些唯灵论者的无聊话语未免矫揉造作。毕竟，饥饿、寒冷和疾病，绝不会带来任何精神上的好处。总之这是毫无依据的妄言，即使对新道家来说，老年是达到圣洁的必要条件，但非充分条件，还需苦行和出神才能摆脱肉体长生不老。然而，实际经验完全不符合所谓“年纪会带来肉体解脱”的说法。老年初期，身体保有原先的活力或达到新的平衡，但随着时间推进，身体会变差，不再灵活，还妨碍思维。1671年，也才61岁的圣埃夫勒蒙写道：“今天，我的心智回归身体的水平，二者结合更加紧密。说实话，这算不上两情相悦，而是二者已经到了不得不相依为命的时候。”纪德在1943年3月19日抱怨：“年纪大了小毛病无数，着实让老年人成了可怜虫。我的心智几乎从来无法让我忘记身体，这对工作的伤害之深难以言表。”的确，本应是工具的身体成了障碍，所谓“美好的老年”从来不是理所当然，其背后是坚持不懈地克服困难才获得的胜利。

道德家所称的净化主要在于性欲的消亡，他们称赞老年人不再受其所制，从而得到平静。苏格兰诗人罗伯特·彭斯那首名诗《约翰·安德森，我的爱人》描写了一对理想的老夫妇，肉体的热情已熄灭，这对夫妇曾“肩并肩攀登人生的山岭，品尝美好的瞬间”，现在他们“脚步虽蹒跚，但俩人双手相牵，共同走上通往旅途终点之路”。这种陈旧的意象深深刻在年轻人和中年人的心中，因为他们在童年时期的书本中常常见到类似的意象，而且对祖父母的尊重让他们相信其真实性。老年人的性关系或暴力行径总不免让人觉得不妥。同时还存在另一个传统，让“老色鬼”的形象广为流行。通过文学，尤其是绘画，苏珊娜和两个老头的故事成为人尽皆知的传说，“痴情老汉”的主题被喜剧反复演绎。我们会看到，比起热衷描述老年应有样貌的理想主义者的教化说辞，这个讽刺的传统更接近真实。

性冲动勉强可归入心身学的研究范畴，对男女都一样。我们并不确切知道机体是如何调节它的。如前所述，我们观察到衰老使性腺退化，引发生殖器官功能衰退或消失。对色情刺激的反应变少变慢或消失，当事人会较难或无法达到高潮，男人的勃起减少或消失。

然而弗洛伊德认为，性欲不只限于生殖器官，力比多并不是本能，后者指有对象和明确目标的预制行为。有了力比多这股转化性冲动的能量，才谈得上对象、目标和兴奋的源泉。它会增强、减弱，或转移。童年时，性欲有多种形式，并不以生殖器官为主。“经过复杂随机的演变，性冲动才以生殖为首要特性组织起来，在表象上呈现出和本能一样的固定性与目的性。”[①] 我们可以立刻得出

① 见《精神分析词汇》，J.拉普朗什，J.-B.彭达利斯。——原注

结论，一个生殖器官功能减弱或消失的人，并不因此就成为无性的人，他是有性的人——阉人或性无能者也是有性的人——哪怕有残缺，依然寻求实现自己的性欲。萨特表示，性欲存在的模式可以是满足，也可以是不满足，人死性欲才会消失。[1] 性欲绝不只是一堆条件反射，去产生大杂烩般的感觉和影像，而是身体所经历的意向性，瞄准他人的身体，顺应人的存在所画出的正常轨迹。意向性投身于世界中，赋予它情色的维度。叩问老年人的性欲就等于质询，当生殖已不再是性的首要功能，老年人与自己、与他人、与世界的关系如何？认为老年人的性欲只是单纯退化为儿童的性欲的看法显然是荒谬的，老年人在任何层面都不会“回到童年”，因为童年被定义为一种上升运动。另一方面，儿童的性欲仍在自我找寻中，老年人的性欲则保留着成年期的回忆。最后，两个年龄段的社会因素截然不同。

性活动有多种目的，旨在释放性冲动引起的压力，冲动带来强烈的需求，对年轻人尤其如此。稍后，除非受到严重挫折，个体寻找的是正面的欢愉而非被动的解脱。高潮即实现途径，根植于童年期的“部分冲动”的释放带来的一系列感觉和意象构成高潮之前的“前戏愉悦”。对当事人来说其价值不低于高潮，甚至更甚。这种对愉悦的追求很少止于功能的简单运用，它往往是一场冒险，参与者以独特的方式实现自我，成全他人。在欲望的躁动中，意识化为实体，触及作为实体的对方，吸引并占有它。双方相互的体现将世界变为欲望的世界。占有对方的企图必然失败，因为对方是主体，但在了结之前，惊心动魄的相互性在最极端、最具揭示性的交缠方式中被经历。这种关系如果采取斗争的形式，便会产生敌意，更多时

① 见《存在与虚无》。——原注

候则意味着一种趋于温情的默契。如果爱意深到消弭自我与他者距离的地步，那就连失败也被克服了。

处于爱的缠绵中的主体以迷人的身体的形式而存在，和自身便有一定的自恋关系，其男性或女性特质会受到确认和肯定，这让他感觉自己有价值。有些人的爱情生活完全被对这种价值的追求所左右，让它变成永不停歇的诱惑行为，他们一次次证明自己的男性气概或女性魅力，热衷于自己选择扮演的角色。

我们看到一个人从他的性活动中得到的满足感是丰富多样的，不管他寻找的是愉悦，还是以欲望来改变世界，或是某种自我展现，或是所有以上这些目的，我们很容易理解无论男女都不会轻易甘愿罢手。认为老年人就该守贞洁的道德家表示，不再想要的欢愉自然也不会让我们感到遗憾，这实在是短视的看法。欲望确实不会凭空存在，总为某种满足、某个身体而生，就算它不再自发出现，我们在回想中也会遗憾它的消失。人常常对欲望有欲望，因为无可替代的经验在记忆中萦绕，年轻时或壮年时构筑的爱欲世界令他不舍，欲望让褪色的过往重拾些许光彩，也是欲望让他感受到自己的完整性。希望青春永驻，意味着力比多长存不枯。有些人试着用药物对抗生殖器官的退化。[①] 还有人在忍受退化的同时，尝试以这样那样的方式彰显自己仍有性欲。

这种执着只存在于对性欲持正面看法的人身上，那些基于童年情结而对性反感的人则乐于以年龄为借口逃避它。我认识一位老妇人，年轻时请医生开证明躲避婚姻的“苦差”，老了以后年纪更成了方便的托词。一个男人如果近乎性无能、无感，或是性行为让他

① 尤其是男人为了维持勃起能力，会求助于“药剂”、“大力丸”、荷尔蒙疗法。目前也有女人为延缓更年期而求助于某些疗法，不过更年期的女人要的是保持年轻，不是性的“活力”。——原注

焦虑，躲避到对他来说从此将成为常态的贞节当中，倒让他松了一口气。

有过满意性生活的人有时也有理由不再延长它。其中一项就是他们和自己的自恋关系，对自己身体的厌恶在男女身上有各种不同的表现，但年龄可能激发这种厌恶，他们转而拒绝让自己的身体继续为他人存在。[①] 自我形象和性活动是相互影响的：当一个人被爱的时候，他感觉自己是招人爱慕的，于是毫无保留地投入爱恋中。但鉴于一个人有“勾引”的心思才会被爱上，不良的自我观感让他无意再去诱惑，如此恶性循环使他无法再有性关系。

另一个阻碍来自舆论压力。老年人屈从社会提出的规范，害怕成为丑闻或笑柄，变成流言蜚语的奴隶。他们内化社会所强加的体面、贞洁的标准。有欲望让他觉得羞耻，他会加以否认，拒绝成为自己眼中不害臊的放荡老头或老太。他压抑性冲动，将其埋入无意识中。[②]

不难想象，由于生理结构和社会地位的差别，男女的境况很不同。从生物学的角度来说男人更为不利，而从社会学的角度来说，作为色欲对象的女人处于更加不利的地位。

我们对男女行为都所知不多，就此所做的调查给出的数据可作为统计基础。调查中的答复往往受到质疑，在这个领域，平均值也没有多大意义。我会在附录里列入我所参考的调查，有些结论我是根据它们做出的。[③]

---

① 我们看到圣埃夫勒蒙有相反的看法：性越少爱越深，但他讲的是精神恋爱。——原注

② 朗西曼医生在 1968 年 12 月于第二十二届美国医学会大会中提出，他调查了 200 名 40 岁到 89 岁的人，结论是老年人出于“心理障碍”而停止性活动，他们——尤其是女性——是维多利亚式道德禁忌的受害者。——原注

③ 见附录《老年人性生活的统计数据》。——原注

男性方面的统计数据往往只是确认了大家都知道的事实。性交频率随年龄增加而降低，因为性器官的退化导致力比多变弱。但生理状况不是唯一的因素，个体行为之间差别巨大，有人 60 岁就性无能，有人超过 80 岁性事还很活跃。需要尝试找到差异的原因。

第一个显而易见的因素是当事人的婚姻状况，已婚男人[①]比单身汉和鳏夫更常有性生活。对前者来说，同居有利于激起欲望，习惯和默契有助其满足。“心理障碍”更易被克服，私人生活的围墙保护上了年纪的丈夫不被说三道四，况且舆论对合法关系也比对不合法关系更宽容。丈夫觉得自己的形象没那么受威胁。必须明白“形象”这个词在这里意味着什么。作为客体的女人从童年开始就与自己身体的完整形象相等同，小男孩则在阴茎中找到第二个我，男人一生都在阴茎中自我体认，并感觉处于永久的危险之中。他时刻担忧阳具失能，不举、不持久、不能满足性伴侣，那将重创他的自恋心理。在夫妻生活中这一担忧减弱很多。他可以自由选择房事时间。不成功的尝试容易被忽略。相互的稔熟会使对方的评判不那么令人畏惧。较少的担心使得已婚男人不那么压抑自己。这也是不少年纪很大的夫妻仍然有性生活的原因。社工人员和社会学家观察到的现象与我所引用的调查可以互相印证。

不过相当多的已婚男人性活动减少，甚至趋无。性机能过早退化往往来自无关的原因，诸如体力和精神上的疲劳、烦恼、残疾，甚至过度吃喝。从性的方面来说，我们知道年轻男人有改换伴侣的需要，伴侣过于固定会减弱他的欲望。年纪大了以后，太过熟悉的伴侣让他感到厌倦，加之对方年老色衰，吸引力欠缺。如果能更换伴侣，他们定会选择更年轻的，这种情况下很多老年男性能够重振雄风。

---

① 这里包括稳定的同居关系。——原注

鳏居会让鳏夫心理受创，导致其在一段或长或短的时间内停止，甚至永久性地终止性活动。老鳏夫或老年单身汉比已婚男人更难发泄力比多，他们大部分都失去了诱惑的能力，即使想找寻艳遇也很难成功。他们不敢冒险尝试，社会道德认为老年人放荡是可耻或可笑的，他们难免失败的焦虑。这时就只剩以钱易色，但很多人一辈子都讨厌这种交易，在他们看来，这如同弃权，承认年老不中用。不过也有人会走上这条路，去找妓女或资助与他们发生关系的女人。选择禁欲与否，取决于冲动的强烈程度与他们的抗拒力量角力的结果。

很多人的解决办法是自慰。根据《性学》杂志的调查，有1/4的受访者表示，他们很久以来或从60岁开始会自慰，后者即因衰老而起。统计显示，已婚男人也自慰。交媾涉及另一个人，因而复杂困难得多。况且相较于他们伴侣衰老的身体，很多老男人宁愿自行幻想。或是出于经年的情结，或是意识到自己的年纪而不再关注情爱，配偶会拒绝配合，所以自慰便成了最方便的发泄方式。

哪个年纪的女人对老男人来说最有诱惑力，这是个有意思的问题。很多男人都希望尽量年轻。剔除金钱因素，这个愿望也可能实现，因为有些年轻女人恋老。有些男人则只对有生活阅历的女人感兴趣，觉得年轻女人没意思。如果伴侣过于年轻，有些男人会感觉尴尬、不体面或可笑，这会让他不快地意识到自己的年纪。他们的选择取决于对爱情的期待和对自己的看法。

人的社会身份会影响他的性活动。体力劳动者比知识分子、生活水平低的人比富裕阶级性活动持续到更晚。与中产阶级相比，工人和农民的欲望更直接，较少受性神话的束缚。他们的妻子身体衰老快，但他们仍然与其做爱。年老的她们在配偶眼中的地位，不像在有闲阶级那里那样一落千丈。另一方面他们不像白领那般在意自我形象，不那么怕社会道德审查。阶层越低越不在意舆论。活在社会边缘的老年人，如男女流浪汉和养老院的院民，会不知羞耻地搞在一起，哪怕有旁人在侧。

性生活越是充实幸福，它持续的时间也越长。如果一个人赋予性生活的价值来自自恋的自满，一旦他无法再在伴侣眼中满足地自我凝视，便会停止性生活。如果他是为了确认自己的男子气概、性爱技巧、个人魅力或自己胜过情敌，他可能会视老年为一个很好的理由就此罢手。如果他的性活动是自发且快乐的，那么他就会持续下去，直到他力量的极限。

不过老年男性交合的快感不如年轻时强烈，因为射精从两步缩减为一步。从第一步进入第二步那种紧张的感觉没有了，喷射的胜利感也没有了，而后者的神话是男性性行为的价值所在。即使还有正常性生活的老年人，也往往会寻求间接的满足，性无能者更是如此。他转而求助于色情读物，情色艺术作品，挑逗性的话语，交往年轻女人，偷偷摸摸的触摸。他沉溺恋物癖、自虐被虐等各种变态行为，以及尤其在 80 岁以后会出现的窥淫癖。这些行为都不难理解。诚如弗洛伊德所言，没有所谓“正常”的性欲，性欲总是“倒错”[①]的，由于源头的制约，其满足不是来自特殊的性活动，而是从依附于其他冲动的功能中“获得快感”。儿童的性欲是多形态的倒错。所谓“正常”的性行为中，所有的活动只是生殖器交合的前期准备。一旦过分注重预备性的愉悦，便滑入性倒错的范畴。视觉和爱抚在交合中扮演了重要的角色，同时伴随着性幻想。虐恋元素可能介入。恋物癖借助服装、饰物强化身体的存在。当性器官的欢愉减弱或已消失，这些因素便占据中心。老年人对其非常看重，因为这是对他来说依然珍贵的情色世界的全部之所在。这让他得以

① 当然，在这里这个词不涉及任何道德评价。——原注

生存在某种氛围中，他的身体持续存在于充满着身体的世界里。羞怯、耻辱或外在的困难约束他，使他并不总能随心所欲地投入此类所谓“荒唐事”。

精神分析学家表示，对性器官关注的减少往往会引发老年性欲衰退，回到口欲期和肛欲期。的确有老年人暴饮暴食，大概是为了补偿他们在情欲上的挫折，他们才无节制地投入吃喝，但这是否真的和性有关呢？老年人的“肛门性”问题也是一样，的确有很多老年人非常关注他们的排泄机能，不过把人和所有器官功能的关系都看作和性有关，是不是过于夸张了呢？

即使我们拒绝这样的诠释，老年人力比多的存在仍很常见，有时表现为疾病。比如老年痴呆[①]，大脑因退化而失控，有可能发展出情色谵妄。脑肿瘤可以使原本行为无可指责的 70 岁老人用言语和行为骚扰身边的女人。社会新闻很能说明问题，我只举一个 1969 年 3 月的例子：一位 70 岁的公司总裁坚持要三个女秘书晚上 9 点到他住处。她们以为有急事，便赶来了，结果发现他在别墅花园里赤身裸体，手里拿着警示枪冲她们跑来，边喊着“我是天神，砰砰砰”，每喊一声“砰”就开一枪，女秘书们赶紧逃离。事后他说自己吞服了一种药，让他欲望大涨，可惜药效很快消失。枪声代表的意义很明显。同样明显的是服药说明他仍想入非非，怎奈已力不从心。可惜报纸上没说他后来怎样了。

老年性倒错是否导致犯罪是有争议的。金赛接受了一个普遍的看法，即性无能的老年人有时会侵犯儿童。德特朗医生也如此认为，老年情欲的表现方式类似于病理性冲动，他们会做出有伤风化之事，像是暴露身体和猥亵儿童。但也有人坚决否认此类说法。伊

---

① 老年人发生的一种长期的、渐进性认知能力和智能丧失的临床综合征。也称老年失智。

萨多·罗宾医生说，[1] 调查显示，妨碍风化罪的高发期是青春期、35 岁到 40 岁之间，以及接近 50 岁时。育儿专家唐纳德·穆库克对某些侵犯儿童的罪行做了统计，侵犯男童的男人主要是 39 岁到 50 岁，侵犯女童的男人主要是 33 岁到 44 岁，女童没有被超过 63 岁的男人侵犯过。在这个年纪，也只有极少数被男童吸引。不过艾医生表示，[2] 从法医学的角度看，性侵儿童的罪犯以老年人为主。对于老年人常受指责的暴露癖，看法也不一致，很多精神病专家认为，它起源于青春期，25 岁达到高峰，40 岁以后很少有纯粹的暴露狂。德纳尔-图莱医生表示，暴露癖只发生在青年时期，可能残存在老年人身上。由于精神状态不稳，生存能力差，暴露狂往往活不长。有施虐倾向的暴露狂以向女性展露勃起的性器官为傲，但这类人中难见老年人。典型的暴露狂有受虐倾向，仅展露自己松软的性器官，而无其他挑衅行为，包括艾在内的医生承认其中有老年人。

1944 年，在英国查看了监狱记录后，伊斯特发现，1929 年到 1938 年间，受到惩处的性犯罪中只有 8.04% 是 60 岁以上的老年人犯下的。有人把美国 1946 年的犯罪案件按年龄分类统计百分比，在 10 万名居民中，犯罪的老年人比例极低；性罪犯中，老年罪犯比例稍高，但和成年罪犯相比依然微不足道。

我个人知道一个例子，表明老年人性生活的确存在，而他们的子女对此很嫌恶。杜朗先生是位历史教师，已婚，有几个孩子，也有了孙子。他年轻的时候仪表堂堂，颇为自傲，很受女性尤其是学生的追捧。冷漠的妻子对他的外遇睁一只眼闭一只眼。他 65 岁的时候，之前的一位女学生，单身的小学教师 G 小姐成了他的情人。

---

① 见《六十岁之后的爱》。——原注
② 见《精神病学教程》。——原注

家人私下议论说有人看见他们一起出入旅馆。G 小姐被派到阿尔及利亚，等她再回来，杜朗先生已经 85 岁。他的妻子刚去世，他不知所措，因为此前家务由妻子操持。50 多岁的女儿很爱父亲，天天来看他，给他找了一名跟自己很熟的尽心的住家女仆。他头脑依然清楚，时常召集从前的学生到家里，在聚会上谈笑风生。他身体没大毛病，只是双腿有点虚弱，走在路上怕跌倒，胳膊要人搀着。从前他很慷慨，对金钱不在意，老了以后变得吝啬焦虑。他著有几本教科书，卖得不错，而他怀疑出版社占他便宜。他有养老金，但无法理解入库规律，“钱少”的月份抱怨，“钱多”的月份欣喜，其实他每个月的收入是一样的。他深受便秘之苦，因此非常在意肠道功能，总要主动提及。85 岁时，根据一天是否排便，到晚上他会宣布今天是“美好的一天”，或哀叹“空白的一天”。从前他会和妻子到亲友家度假，去他兄弟或表兄弟家，他总是说一不二。现在，每年夏天其中一个儿子会接他到家里去住，他感觉自己是他们的负担，这种依赖性让他觉得屈辱，对长子亨利和长媳生出恨意。

G 小姐回到法国以后大部分时间都陪在杜朗先生身边，除了后者的女儿来看他的时候。据女仆所说，G 小姐常常帮他自慰，他则不碰她。晚上她把他安置在床上，在他屁股上拍一下道晚安。

如此过了几年，老先生对儿子们的怨恨日益加深。一年夏天在大儿子家中，他故意借着灌肠玷污墙壁。一次他假装弄错地方，在衣柜里排便。90 岁时他在巴黎数度癫狂发作，两三次试图跳窗自杀。家人认为他的烦躁是由纵欲引起的。女仆不是说 G 小姐帮他自慰到“见血”吗？家人开了家庭会议，根据女仆的汇报，他们觉得 G 小姐似乎有意将老先生带到自己家。大儿子决定“绑架”父亲，把他安置在他女儿家一楼面朝花园的房间里，由女仆照料。被迫遭受这样的移居和分离之后，他仅撑了一年就离世了。他失去了记忆力，几乎痴呆。他并未直接反抗子女的这番暴力对待，有时甚至假装惊叹："昨天晚上我旅行来着，真是奇怪，我离开了我的房间，到了别处却是同一个样子。"他对女儿说："谢谢你把我的房间安排得和从前一模一样。"（其实两个房间毫无相似之处。）他偷偷试着再和G小姐见面，有一天给女仆的儿子1000法郎："去年有个很和善的女士，你知道她叫什么吗?"他用间接方式报复身边的人，越来越在意自己的肠道功能。一天他带着恶意问50多岁的表妹："小姑娘，你是怎么上厕所的？坐下来吗?""是啊。"表妹面红耳赤地回答。"那然后呢？你使劲儿……然后呢？擦……再然后你拿起拐杖搅拌吗?"他对性还很感兴趣，说自己的女儿偷会情人。有一天他假装不认识她了，轻佻地说："喂，小姑娘，咱俩可以找点儿乐子。"他利用自己的痴呆报复家人，而且事实上他也的确神志不清了，他不知道自己是谁，信口编造，讲述自己头天晚上或前天晚上的旅行。一年后他摔断了股骨，48小时后咽气。

G小姐总算打听到他葬在哪里，她来到村里的墓园，整个人平躺在他墓上一天一夜。

对于老年人的性生活，我们拥有相当多的见证，它取决于他们过去的生活，他们对老年的整体态度，尤其是对他们自己形象的态度。前面看到，夏多布里昂痛恨自己老年人的脸，不准别人为他画像。他的《爱与老年》第一章，也就是《悲伤之歌》，作于61岁，献给那位奥克西塔尼女人。在其中他拒绝了一位年轻女子的示爱："如果你说像爱父亲那样爱我，我会惊恐不已；如果你说像爱情人那样爱我，我不会相信。每个年轻男子都是我胜利的情敌，你对我的敬重会让我感觉到我的年纪，你的爱抚会让我产生强烈的嫉妒……老年为幸福添丑，让处于不幸的人更加悲惨……""在这尘世老去，梦想、疯狂、隐隐的忧伤却未曾稍减，一直在找却寻而不得，过往的苦痛叠加着一次次的失望，孤寂的欲望，内心的烦恼，岁月的无情，话说我这副模样怎能不启发心中的恶魔在永恒痛苦的领域发明出新的酷刑?”由于他对“岁月的无情”极度敏感，某种倒置的自恋心理让他拒绝爱与被爱。

作为反例，65 岁的歌德很满意自己在世间的处境，怡然地看待自己。他前往年少时的故乡威斯巴登旅行，看到天上的彩虹，在薄雾遮蔽下呈白色，他写道：

所以健朗的老年人，
勿要沉沦忧伤，
尽管满头白发，
你还是能够爱。

尽管天性冷淡且不乏同性恋倾向，歌德始终给予爱情重要的位置。《浮士德》的主人公变年轻，部分动机是为了能够重新去爱。由此可知，歌德期待爱情像蛇褪去老皮一样带来新生。作为“健朗的老年人”，他需要年轻的激情暖热他的血气。在威斯巴登，他遇见了这年轻的激情：银行家朋友维勒默向他介绍新婚妻子，30 岁的玛丽安娜。她貌美有才，狂热崇拜歌德，她在他身边写下美丽的诗歌，对外宣称是歌德的大作。他同意了，然后深陷其中。他以为自己如同祈愿的那样重获青春了。一年后他又来到维勒默家，但玛丽安娜的热情令他害怕，他离开了，不愿再见她。两个人维持了长时间的通信。这段经历启发了他写出《西东合集》中的重要篇章《苏来卡之书》。

72 岁时，在马里昂巴德，歌德迷上了年仅 17 岁的乌尔丽克。

这一次诗人没有之前那么谨慎。第一年也就是1821年，他仅止于和她聊天，给她送花。接下来几年，他几乎整天都在她身边，想尽办法讨好她，总是急切地问：“你满意吗，我的小姑娘?”期间他爱上优雅美丽的波兰著名女钢琴家希马诺夫斯卡，但很快又回到乌尔丽克身边。他写信给后者的母亲：“她向我呈现出一百种模样，每次都是新的乐趣。”他的痴情愈发炽热，想要娶她，他询问医生自己的年纪是不是已不适合结婚。卡尔·奥古斯特大公出面替他求婚。歌德没有立刻得到答复。他陪着她的家人前往卡尔斯巴德，在那里庆祝生日。几天之后临别之际，他深知是永诀了。回程马车上，他写下一首绝望的诗，朋友也好，研究也好，什么都抚慰不了他的心：“宇宙毁灭了，我也迷失了。此前我一直是诸神的宠儿。他们考验我，给我潘多拉，满是宝藏，更满是危险。把我推向她丰盈的嘴唇，又把我拉远，我已被彻底摧毁。”儿子和儿媳因担心继承权而与他大闹。希马诺夫斯卡来魏玛举办演奏会，与她的重逢令歌德宽慰。离开那天，当她的马车远去，歌德叫道：“快，把她给我追回来!”她真的回头了，他流着泪拥她入怀，说不出话，他在与爱情和青春诀别。他病倒了，或者至少卧床不起，也许是为了躲避家中的混乱，因为结婚的念头并没被完全放弃。朋友策尔特来看他，一口气高声朗读了三遍歌德写的哀歌，灵感来自乌尔丽克的拒婚。歌德同意起床，并很快康复。这首诗后来被他收录到《激情三部曲》中。从这时开始，女人对他来说不存在了，直到去世他依然未能释怀。

老年人的爱情并不总是失败，远非如此。很多人的性生活持续到很大年纪。布永公爵在66岁时儿子蒂雷纳出生，著名的黎塞留公爵的父亲1702年第三次结婚时已70岁。公爵自己62岁担任吉耶讷省省长，生活放荡，引诱了很多年轻女性。78岁的他戴假发，化妆，很瘦削，人们把他比作从甲壳中伸出头的乌龟，这并不妨碍他和法兰西喜剧院的数名女演员有染。他有一个正式的情妇，晚上还去找妓女，有时把她们带回家，听她们讲述自己的故事。84 岁时，他又结了婚，借助壮阳药，让妻子怀了孕，还出去拈花惹草。一直到 92 岁去世，他依然有性生活。马里沃 77 岁结婚，育有一女。拉卡纳尔 77 岁结婚，育有一子。

老年性能力的有名例子是托尔斯泰。生命晚期，他鼓吹男女守贞洁。但他自己 69 岁、70 岁时，长时间骑马回家后与妻子欢好，然后一整天欢快地在家中走来走去。

雨果的青年和壮年时代，性有非常重要的地位。他有点窥淫癖，诗作中常见此类意象：牧神偷窥裸身的仙女，中学生透过隔板偷窥年轻女工就寝，脱掉鞋子的浴女的赤脚，半开的披肩，撩起的长裙。在根西岛时，在妻子的默许下，他借口自己夜间呼吸困难，安排一位通常年轻貌美的女仆睡在隔壁房间，有时会和她做爱，而从他的笔记可知，更多是偷看她更衣，她则毫不知情。雨果 63 岁发表《街道与园林之歌》时，愤慨的弗约[①] 把他比作偷窥苏珊娜洗澡的老头。

雨果的笔记包含大量关于他老年情欲的信息。63 岁到 68 岁之间，他在性爱上没有太多表现，平均一年只有六七次，这个数字随后增加了。他和朱丽叶已不再发生性关系，他偷偷去找别的女人，往往是妓女。住在根西岛时，他常到欧特维尔屋附近一个叫费尔曼湾的地方去寻欢。笔记里 1867 年 6 月 14 日到 17 日记录了这个地方 4 次，1868 年也有记录。吉耶曼出版了雨果 1870 年和 1871 年的笔记。为避免引起朱丽叶嫉妒，雨果使用了暗语，poële = 体毛，suisses 和 saints = 乳房，n = 裸体，toda = 完全占有，osc = 做爱，

---

① Louis Veuillot（1813—1883），法国作家，教皇绝对权力运动在法国的领导者。

genua=膝盖，pros=妓女。从笔记推断他极少有完整的性行为，往往只满足于观看完全或部分裸身的女人，爱抚亲吻。下面就是他在1870年夏天寻欢的细节：

7月29日，费尔曼湾。扬[1]，爱丽丝·科尔[2]之夜。poële和charbon。

7月31日，pattes，poële，suisses。

8月1日，费尔曼湾。扬。suisse，patte，saints。

8月3日，费尔曼湾。

8月4日，早上被迫离开。L.Y.[3]

9月10日，资助玛哈（即玛丽）福修路3号。n。五法郎。

9月13日，见了昂若尔拉。[4] n。

9月17日，资助贝尔泰（即贝尔特）pros皮加勒街9号乙。n。两法郎。

9月19日，见了戈特夫人。poële。

资助C.蒙多邦。n。10法郎。

9月22日，资助玛哈（即玛丽）衬衫，2法郎。

9月23日，埃米尔（即埃米丽）·塔法利，西尔克街21号，7楼1号房间。osc。

9月27日，二十年后再见A.皮托。toda。

资助佐德（即佐薇）·多罗兹，50生丁。

资助路易（即路易丝）·拉里耶。n。2法郎。

---

① 扬是一名女仆，雨果在1867年和1868年的笔记中提到过她。——原注

② 1870年3月23日和30日出现。——原注

③ 路易丝·扬。——原注

④ 路易丝·米歇尔。——原注

9月28日，埃拉博·多罗兹。n。资助5法郎。

9月30日，欧也妮，奈福-德-马蒂街9号乙。n。资助3法郎。

10月11日，A.C.蒙托邦。资助10法郎。

10月5日，奥兰普·奥多瓦夫人。乳头。osc。

记录就这样继续下去，几乎每天，有时一天两次，都记下来一个名字、一个地址、一条信息，代之以字母暗语。“资助”的金额不同，想必依买到的服务而定。

第二年夏天，他有了一个情妇玛丽·梅西耶，只有18岁，是一名被处决的巴黎公社社员的妻子，雨果让儿媳雇用她。在卢森堡定居的时候，她来到他家，他喜欢看她在沃尔河中洗浴，晚上常和她一起。他的笔记写满了胜利的记录。9月10日：“Misma. Pecho（胸脯）. Toda.”9月11日：“Misma; se ha dicho toma y tomo.”[①]，9月12日：“A hora todos los días et a toda hora, misma Maria.”[②]在他23日去巴黎以前，每天晚上都和她见面。一年后他70岁，他告诉比尔蒂，发表演讲对他来说是费力的事：“讲话让我疲惫，就像做了三次爱”，想了想之后更正“甚至是四次”。这一年有颇多女人献身于他，年轻漂亮、备受追捧的莎拉·伯恩哈特投入他的怀抱，似乎想要一个他的孩子，因为他在笔记里写“孩子不会有”。他主动追求年仅22岁以美貌著称的朱迪·戈蒂耶，她委身于他，他在笔记里写下toda，但他们的关系很短暂，因为雨果再度出发去根西岛，在那里爱上了22岁的可爱洗衣工布朗什，朱丽叶雇她委实大意了。起先他挣扎了一下，随后便为她写了诗。她委身。朱丽叶起

① 意即“她说‘要我’，我就要了她”。——原注
② 意即“现在，每一天每一刻都是同一个玛丽”。——原注

了疑心，让布朗什招认了，朱丽叶把她从根西岛赶走，但雨果和她在巴黎见面，把她安置在杜尔奈尔河堤路，几乎每天都去相会。他喜欢凝视她的裸体，在《海洋》一诗中写道：

她对我说："你要我穿着衬衫吗？"
我对她说："女人最好的衣裳是裸体。"
"太好了，"她说，"那么看吧。"
维纳斯就是如此展现在阿多尼斯面前。

他们俩一起长时间散步，雨果对她的依恋既有性的成分，也有感情的成分，而她则热烈地爱他。有时，他感到悔恨。在《海洋》中，他还写道：

啊，可悲的人，精神被肉体支配

犯疑的朱丽叶请私家侦探跟踪他，并在1873年9月19日发现了所谓"可耻的艳遇"。她逃离巴黎，然后又回来，雨果发誓与布朗什断绝关系，却食言。他越来越内疚，1877年写了喜剧《堕落的费莱蒙》初稿，以主人公自喻，检讨只顾自己寻欢，让可怜的鲍西丝流泪：

弃老妇，求新欢！
……
我觉得自己已成可怕的恶棍。

费莱蒙回到家中，发现鲍西丝因痛苦而亡。他在阵阵咳嗽中表白爱情，却只受到年轻的艾格雷的嘲笑。剧情的结局是，费莱蒙被魔鬼愚弄，而鲍西丝是天使的化身。但雨果还是继续去找妓女。1878年6月28日，76岁的他出现轻微的脑充血现象，医生嘱咐他减少性活动，他答："但是医生，自然会及时提醒的。"一直到最后他都没有放弃，1885年的笔记记录了五次性行为，最后一次是在4月5日，去世前几个星期。然而那次脑出血之后，他的健康便走下坡了。

雨果老年的构想让他直到年纪很大仍不拒斥性的欲望，面对献身的年轻女性，他大概想到了波阿斯。他为朱迪·戈蒂耶写了十四行诗：

> 我们俩在天上是邻居，夫人，
> 因为您如此美丽，因为我如此老迈。

老年在他眼中远不是瑕疵，而是荣耀。老年接近上帝，并伴随着崇高的事物，如天真无邪、美。老年雨果毫无自卑感，但也不盲目，他是带着嘲讽的态度，将自己与布朗什比作阿多尼斯与维纳斯。老费莱蒙在阵阵咳嗽之间表白是可笑的，但他为此自豪。"我像数度被伐的森林，新枝愈加强壮，生机勃发。"献身于他的女人个个年轻貌美，这足够让他认为自己有爱的权利。我们不太明白他是怎么调和严肃正派的老者形象和隐匿的淫狎爱好。朱丽叶为此疑心受苦，有时他也会自责，但他继续这么做，甚至无视医嘱。鉴于结婚以来他非常看重性，放弃会让他觉得自己已衰弱，"可耻的艳遇"其实是他的保卫战。尤其是他终其一生从不被舆论左右，有欲望便去满足。

很多例子表明老年人被性欲所扰。1888年9月28日，埃德蒙·德·龚古尔在日记里写道："在火车上突然有强烈的交媾欲望。我想到所有人家说的、写的、印的'老猪猡'的种种，可怜的老猪猡们，精虫不肯稍稍放过他们。自然加诸我们的和异性接近的欲望，纵使如此迫切、持久、顽固，亦非我们的过错吧?"这时他66岁。

1892年7月8日，70岁的他写道："女人的脖颈浑圆或纤瘦，束起的鬈发落下几缕在光洁的肌肤上，会对我产生春药的效果。我突然发现自己在尾随，只为看那脖颈，像其他人尾随女人的腿一样。"

1893年4月5日："我这把年纪还被精虫咬噬，很蠢吗？两周以来，我想将全部心思专注于创作，可是两周以来，我一闭眼就满是香艳的场面，尤胜阿雷蒂诺的笔下的画面。"

威尔斯60岁时在一番信件往来之后爱上了多洛雷丝，他激情迸发，发掘出此前未见的性能力。他开心地写道："我这辈子第一次发现自己令人惊讶，是宛如大师级别的情场老手，卡萨诺瓦只配给我提鞋。"后来二人反目，他再也不能忍受多洛雷丝，在66岁时和她分手。之后他又认识了布里丽，经历了此生最热烈的爱，她也同样爱他，二人得以长久相伴。

我们的同代人中有不少老年人和年轻女人是情侣或夫妻。查理·卓别林和乌娜结婚时已不年轻，他们后来有好几个子女。毕加索和弗朗索瓦兹·吉洛生了两个孩子时已超过60岁。弗朗索瓦兹离开他以后，他爱上了雅克琳娜·罗克，并和她结婚。（此时他的素描常常表现一个美丽的裸体女人面对一个矮小的老头，甚至一只猴子。）这个时期照片中的他显得年轻有活力，受到雅克琳娜的爱的鼓励，他应该对自己相当自信。这是一种第二个层次的自恋，使他可以自嘲，基于自己的独特性，他有足够的自信去揶揄恋爱中的老人的普遍性。通过揭露其他老年人对年轻女人的企图，他避免使自己显得可笑与丑恶。帕布罗·卡萨尔斯90岁时仍很健康。亨利·米勒说："在波多黎各，他每天早早起身到海滩散步，回来在钢琴上弹奏半个小时巴赫，接着拉三小时大提琴。他到各处旅行并举办讲座。"10年前，80岁的他娶了20岁的学生，现在依然在一起。至于米勒，有位记者说他是"有皱纹的年轻人，热切，其活力让周围的人望尘莫及，晒得黝黑，快乐，放松"。他75岁时娶了一位29岁的日本女人。性欲、健康、活动是彼此相连的：据说人的寿命在出生时就已经注定，除非有外来的意外事件，否则其活力和寿命长短是机体中规划好的。

这些例子进一步肯定了性生活越丰富就越长久。也有一些人长期对女人不感兴趣，等老了才发现性的乐趣。一直活到94岁高龄的贝伦森[①]说："一直到了人们所谓的老年，我才开始发现性的存在以及女人动物性的一面。"

罗丹从年轻时就与罗丝·贝雷生活在一起，后来他深深爱上了自己的学生卡米耶·克洛代尔，但是盛年时他很少在女人身上用心，直到将近70岁才开始追求女人。"20岁时我对女人只有鄙夷，现在我70岁，她们令我着迷。"他越来越受不了女人的诱惑，不放过任何一个女仰慕者。有好几年他被一个美国女人吸引，她是一位公爵夫人，据罗丹的朋友说，她年纪一把，相貌不美，爱摆谱，非常可笑。他曾经的秘书里尔克哀叹："老年的他每天都更怪诞，更可笑。"6年之后，他终于和美国女人断绝关系，回到罗丝身边。

托洛茨基从55岁就认为自己老了，但是58岁的时候突然有了一次性的跃进。多伊奇给妻子的信中讲述："他突然迸发活力，对娜塔莉亚的欲望高涨。他对她说自己刚刚读到托尔斯泰的《回忆录》片段，作者70岁时骑马归来，对妻子充满欲念。58岁的托洛

---

① Bernard Berenson（1865—1959），美国艺术批评家、艺术史家。以姓名缩写"BB"为人所知。

茨基骑马归来，一样疲惫，一样兴奋。他用黑话来表达对妻子的欲望，看到自己平生第一次在纸上写下如此字句，他大吃一惊，此番作为像一名血气方刚的年轻军士。”

老年性欲最引人注目的例子来自谷崎润一郎两部带有自传性质的小说《钥匙》和《疯癫老人日记》。日本的情色以一种奇特的方式混合着羞耻与无耻：做爱穿着衣服，春宫却以最直白的方式描摹体位。谷崎润一郎的作品便属于这样的传统。《钥匙》写于1956年，主人公56岁（作者当时年纪更大），是一位教授，他每十天和妻子做一次爱，之后非常疲惫，好几个小时无法思考。他有恋足癖，可是妻子只允许传统的姿势，并且拒绝脱衣，这令他不快。一天晚上她喝了太多白兰地昏睡过去，他趁机拿灯照着她的裸体仔细研究了一番。接下来几天他每天设法让她喝醉，拿相机拍下她身体部位的照片贴进日记里。他的做法有施虐性质，因为他故意把日记乱放，为了让妻子看到。但是他怀疑妻子其实是故意纵容，二人互耍心机。他从中感受到的乐趣又具有受虐的性质。出于受虐心态，他让学生木村冲洗妻子的这些照片，二人大概互相对对方有欲望。他让人给自己注射男性荷尔蒙，并且自己偷偷注射垂体荷尔蒙，这使他性欲越来越强，但他也担心自己的健康。他时有眩晕，记忆变差，血压很高。他暗地里创造条件，让木村与妻子有亲密的举动，尽管没越过最后的防线，由此产生的嫉妒心还是增强了他的快感。妻子知道过度的性生活有可能要了他的命，但还是鼓励他，他也知道她是故意这么做的。受虐和危险的滋味更添情趣。一天晚上，他任由妻子将他带至极乐，以前所未有的疯狂占有她，终于疾病发作，在她怀里咽气。

《疯癫老人日记》表达了同样的关联性：情色、死亡、被危险激化的愉悦。主人公 77 岁，几乎与作者同龄，性生活丰富。他感觉自己有点受到扮演女人角色的年轻男演员吸引：“就算是性无能，性生活还是会继续。”他有过一次脑充血，扶着护士或儿媳才能走路。他乐于想象自己的死亡：葬礼，眼泪。“想知道死了以后我什么模样。”这念头挥之不去。他对女人也很痴迷：“我并不想赖活着，可只要我活着一天，我就无法不被异性吸引……我已完全性无能，可是各种非自然的、间接的方式仍能让我兴奋。”总是病恹恹的他乐于描绘自己的衰退，包括最让人嫌恶的那些，还有他自己丑陋的面容。他血压高，吃得多，睡得多。骨头变形让他难受，需要做拉伸，手、胳膊、腿感觉到的剧烈疼痛让他性兴奋：“真是奇怪，疼痛给我带来性欲，确切地说是同时……这是一种受虐倾向……我老了以后才这样的。”[①] 他喜欢他觉得残酷无情的女人。他的儿媳——他送给她一个很贵的手袋——允许他在自己淋浴的时候走进浴室，亲吻她膝盖以下的腿。有一天他把她的腿从膝盖舔到脚后跟，拿嘴含住她的脚趾。他两眼充血，血压上升。“我满脸通红，血液直冲脑门，仿佛立刻要中风而死。我当时真的觉得要死了。”他越是害怕就越激动。有一天他又这么做，血压没有上升，快感也没那么强了。别人的情事让他激动，尤其是当他的儿媳把情人领到家里来。浴室游戏继续，有一天他吻她的脖子 20 分钟。他送给儿媳价值 300 万日元的戒指，女儿开口借点小钱却被他拒绝。他喜欢在飒子——即儿媳——面前不戴假牙：“黑猩猩也没这么丑。”“在我看来，镜中的自己越是丑陋，飒子的形象就越是夺目。”由于主人公的受虐倾向，形象的丑陋不但不会阻碍，反而会加剧兴奋。一天，他骨痛难忍，呻吟道：“飒子，我疼！”他哭了出来，流着口

① 在谷崎润一郎之前的每部小说中，都可见受虐狂的现象。——原注

水，嗷嗷乱叫。飒子斥责他在演戏。他想吻她，被拒绝，只让一滴口水落入他嘴里。他安眠药越吃越多，外加针剂。他决定选择将来安葬的地方，与护士和飒子一起去京都。他想在自己的墓上竖起飒子的像，扮成女神，让自己在她足下安息。后来又改了主意，在墓碑上拓上儿媳的脚印，对外说是菩萨的脚印。他亲力亲为，把飒子的双脚涂上墨水，这使他兴奋到极点，血压上升到危险的地步，迁就了他一整天的飒子终于不耐烦，第二天早上走掉了。他疾病发作，虽然恢复了，但身体大不如前。

两部小说的特点在于对性欲和死亡的关系的处理。文学中常见二者的关联：死亡激发生存的欲望。在古典作品中，厄洛斯和塔纳托斯如影随形。可是像这种为了达到愉悦的顶点而置性命于不顾的，我尚未见到其他的例子。

这些见证符合我们之前所做的普遍性论断。性无能不代表没有欲望，欲望的满足常常经由反常行为，其来源则是成年时期的性幻想：雨果的窥淫癖，谷崎润一郎的受虐狂。很多男人寻找比他们年轻的性伙伴。性在生活中占据重要地位的那些人，往往身体健康，生活活跃。

莱奥托的日记为我们提供了丰富的材料，了解老年人与自己的身体、形象和性的关系。本章提到的多种观点都在他的日记中得到了总结。

莱奥托对自己一直相当满意。他说："我不觉得自己丑。我有一张表情丰富的脸，绝不平庸。"他承认这是 41 岁男人的脸，"镌刻了生命的印记"。后来他常说感觉自己比实际年龄年轻。他从别人那里感知到自己的衰老，并为此怒气冲冲。53 岁时，一位火车站员工说起他像在谈论一位"小老先生"，他在日记中愤怒地写道：

“小老头！老先生！简直是笑话，我有这么不堪吗？我既不小也不老，我的确是50岁的模样，可是就我的年纪来说还好得很。我苗条，灵活，你倒是找个我这样的老先生看看!”59岁时他以批判的眼光看自己：“我的身心状况像40岁，可惜面孔不匹配，尤其牙缺得多。就我的年纪来说，我还很瘦，很灵活，敏捷有风度。但牙口毁了一切，我不再敢向女人献殷勤。”60岁的时候，地铁里有个年轻人给他让座，又让他大发脾气：“让老年见鬼去吧，可怕!”他身上尤其体现了老年人不愿承认现实这一特点。生日那天他写道：“今天我64岁了，我一点也不觉得自己是老先生。”“老先生”是另外一个人，是某种客观定义的范畴，并未出现在他个体生命的经验中。有时他也感到年龄的重压。1936年4月12日，他写道：“我对我的健康和心理状况不乐观。再加上老去的忧伤。尤其是后者!”69岁时，他又说：“70岁的我还如此机敏，轻盈，灵光。最强也不过如此。”

他有理由对自己满意：他自己持家，照料动物，步行去买菜，提着满载杂物的篮子，写日记，不知疲倦。“我只有视力不济了，其他跟20岁没区别，记忆良好，思维敏捷。”

也因此，当别人的反应把他拉回现实，他更加愤怒。他70岁的时候，在地铁里，一位年轻女人因车子突然发动而站不稳，惊呼道：“啊，对不起老爷爷，我差点倒在您身上。”他在日记中发脾气：“咳！我的年龄就这么写在脸上吗？人真的是难以认清自己!”

矛盾的是，他并不讨厌变老。他属于我前面所说的少见的情况，即从孩提时代就对老年感兴趣，老年恰好符合童年的幻想。1942年3月7日，他在72岁时写道：“人老了以后，会努力让自己处于好的状态，苗条、灵活、机敏、面色不变、关节完好，没有病，身体和心智也没有退化。”

这需要让别人看不出他的年纪，他喜欢想象自己是多么扛老，但有些时候他也受不了岁月的重压。

有时，他感受强烈。1942 年 7 月 2 日他写道：“72 岁半。虽然我身体很好，但还是深受年纪之害，常想到死，视力也变得很差。”他很担心支撑他假牙的牙齿有一天会掉光，“到时候就好看了！……到了那天，我干脆再别出门。”另一次：“我真想只有 50 岁，加上现在的成熟度和 50 岁以后获取的知识。”“接受现实，满足现状。一句话说尽了可恶的老年。”

而后他又安于自己的状况：“我的脸又老不少，下巴的皮肤有了许多小皱纹，唉，我再也不年轻了。1 月 18 日我就 74 岁了，我在巴黎时仔细照了镜子。我成了自己小时候就向往、年轻时仍喜欢、实际上一辈子都感兴趣的那种人：一个古怪的老头，外表独特，表情丰富，衣着古式，别人看了以为是一个不成功的老演员。”

他有理由为自己的健康感到骄傲：“人到了某个年纪，比如我再过几天就 75 岁，如果身体硬朗，像我从不感到疲惫，状态良好——除了性爱，可惜，那就很难不沾沾自喜，反而会几乎带着怜悯看待年轻。年轻有什么不得了？重要的是活得老。”

直到生命晚期，他的健康实在不行了，他才泄了气。1945 年 2 月 25 日：“我被彻底打败了。视力糟糕。脸老得不能看。日记早跟不上了。生活变得平庸。我再没活力，没念想。生活无味。人生的欢愉，哪怕只有五分钟，也都真的过去了。”

说这话时他 75 岁，不再有性生活，但是除了生命的最后几年，他一直自豪自己仍有欲望并能满足。他的日记展示了他在性方面的变化。

他直到将近 50 岁才真正对女人有感觉，35 岁时他写道：“我不禁哀叹天性让我如此不近女色。”他缺乏“欲火”：“我想太多其他的事，比如我自己。”他担心自己性无能，而且他从不持久：“我无法给女人快感，五分钟就完事儿，然后就起不来了……情爱中我只喜欢荒淫……有些事并不是所有的女人都愿意做。”他和某位Bl女士有过长期关系，说自己很爱她，但和她一起生活犹如地狱一般。40岁时，他依旧对性冷淡，因为无法让伴侣满意，但他喜欢上看裸女图像。数年后，他忧郁地提到“生命中少数几次爱的欢愉”。他怪自己和女人在一起时“害羞、笨拙、粗鲁、太过敏感、总在思考，让好机会白白溜走”。50岁时一切都改变了，他认识了“一个充满激情的女人，为爱而生的胴体，完全符合我对这种事的口味”。此前的女人都与他不合拍，以至于他认为自己能力差。这次他“几乎脱胎换骨”。从此他便对性有了执念。1923年12月1日他写道：“夫人[①]可能是对的，我无休止的欲望说不定是某种疾病……我认为是因为我这辈子直到40岁一直都很节制。因为我对她上瘾，看一眼就来劲……还因为之前喜欢却得不到的东西，比如女人的裸体。我自己都不敢相信，在这方面我变成了现在的样子……对夫人的抚弄，我从没对别的女人做过。”夏天他们不在一起，禁欲让他难熬，他想着她自慰：“这把年纪还这么有想法让我开心，但是老天爷，麻烦也是真麻烦。”夫人比他年纪稍大，他一辈子爱的都是成熟女人。有个23岁的处女向他投怀送抱，他同意了，却觉得索然无味，随即断了来往。除了这次小出轨，他好几年都对夫人很专一，他喜欢从镜子里看二人做爱。1927年开始，他需要有所节制，有时只能满足于和“豹子”[②]说一些淫言荡语。他们处得并不好：“是感官和堕落把我们拴在一起，别的不提也罢。”但是1938年他

① 莱奥托给情妇起的昵称中的一个。——原注
② 同上。——原注

满意地回味："17 年，两个人，同样热忱、大胆，不论爱抚还是言辞。"59 岁时，他和他称为"灾难"的女人仍保持关系。尽管她已 64 岁。女人比男人年轻很多的情侣让他惊讶："我自己 59 岁，我是不敢跟 30 岁的女人提上床的。"他仍迷恋"灾难"，乐享与她的"回合"。他也会抱怨："做爱的时候射出来的都是水！"性爱使他疲惫，医生建议他停止。他时不时自慰。他给"灾难"写色情的信件，她也如法回复。刺激的文字让他兴奋。他在 1933 年 9 月 25 日写道："我满脑子寻欢的想法，比如上周一……这状态让我既好奇又不安。"1934 年、1935 年也是如此：自慰、情书、与"灾难"的"回合"、和某个 C.N.让他颇受折磨的艳遇。日记里常提到性事："小心爱的游戏，我依旧乐此不疲，就我的年纪来说实在太过了。"1933 年 8 月 13 日，他对 C.N.失望，写道："我一心想与和我想法类似、口味相同的女人做爱，几乎走火入魔。"

1939 年 1 月 18 日："不做爱我身体好多了。倒不是不能，不过总是一种消耗，而且不像前几年恢复得那么快。"

"我最想的是女性的裸体。淫荡的姿势。舔阴。"

1940 年 2 月 17 日，他说自己梦到了女人："一个好看的女人的脸和身体。我好几个晚上做着不可能的梦。"

69 岁时，他抱怨自己不得不"禁食"。

他谈及自己的年轻时代："我以前对性不感兴趣，女人身体的细节让我无动于衷。40 岁以后却喜欢上了，从中得到极强的欢愉。"

"66、67 岁时，我每周还能做爱两到三次。"

现在他抱怨做一次爱头疼三四天，但他还是照做不误，并且与 3 位老情人通信。C.N.不愿再和他做爱，这让他难过。他回味过去的情事，忍不住在日记中提及。

70 岁他写道："女人和爱最让我想念。"他提到 47 岁到 63 岁和

"灾难"、后来两年和 C.N. 火热的床笫之欢。"仅仅三年前我才慢下来了。"

"我依然能够做爱。做不了的时候我常常难过，虽然我自己清楚还是节制为妙。"

1942 年 9 月 29 日："我还是很可笑，女人和性爱之事让我心痒难耐。"

11 月 3 日："做不了那事儿，让我如坠入深渊般悲伤。"

72 岁时，他还试图谈情说爱，但没有下文。他做性梦致勃起："我晚上状态仍佳。"但也就在同一年，他觉察到性能力衰退。

"当身体已死或差不多已死，床上的事也就无从谈起了。连观看和抚弄的乐趣也很快完结，不想再品尝。强健的身体才能在兹乐兹。"

我们看到，给他带来最长久愉悦的，是他从 40 岁起就看重的视觉。当这项乐趣熄灭，他认为自己的性生活也终结了。我们也看到自我形象与性生活的关联。无法品尝性爱让他觉得"被彻底打倒"。不过性欲衰退之后，他的自恋仍然维持了一段时间。

也存在同性恋老年爱情的例子。米开朗琪罗算吗？有人宣称他对托马索·卡瓦利里的爱是纯粹精神之爱，但是从他 57 岁认识后者一直到他去世，他为对方所写的火热的十四行诗，毫无疑问蕴含性的意味，尽管他有时着意将它们做升华的表述。茹昂多的性生活维持到很老，因为他写下如下句子时已有年纪："对于贞洁我既无爱好，也不习惯，它只让既无美德也无预设立场的我难堪，不知要它何用。"75 岁以后，纪德在日记中仍提起一些激情之夜。1944 年 4 月 3 日："我无法鄙夷肉体之欢，也不作此努力。一次飞机故障……让我前天晚上经历了最强烈的欢愉。"

1948 年 1 月 24 日，"易得的偷欢过后，毫无羞惭"。

普鲁斯特关于夏吕斯老年的篇章无疑来自生活中的真人真事。年轻时的夏吕斯表现出阳刚之气，不知他底细的人都认为他在女人那里情场得意。荒唐行径并未让他失去贵族的倨傲，性倒错似乎只是他鲜明个性的一个组成部分。1914 年，叙述者回到离开了很久的巴黎，发现两名轻步兵身后走着“一个又高又胖的男人，头戴软毡帽，身着宽袖长外套，散发着同性恋气质，很像一个演员，又像某个画家，二人都以无数鸡奸丑闻而著名，我因拿不准是哪个而犹豫”。此人即夏吕斯。“夏吕斯先生距离从前的他不能再远了，或者毋宁说他自己已被现在的形象掩盖起来，后者不属于他一个人，而是很多性倒错者所共有，以至于我乍看之下，把他当成了他们当中的一个。”他在不检点的道路上彻底放飞，开始喜欢小男孩，看谁都像同性恋。他常到絮比安开的旅馆，花钱雇年轻男子将自己捆绑，对自己施以拳脚，又打又骂。他只和下等人生活在一起，也几乎放弃了表现男子气概。不过他坚持要最结实的捆绑，最尖利的刑具，表明他依然向往男子气概。他的情况类似于那些部分或全部丧失了性能力之后，只能依赖性幻想的异性恋者。他被之前受抑制的受虐幻想占据，尝试实现它们。数年后，叙述者又见到了夏吕斯，他年事已高，但仍色心不改，想着法子骗过絮比安，他如今的看护人。他有时会发作起来，露骨地谈论自己的行径，毕竟不太能真的付诸行动了，言辞便成了替代品。

从生物学的角度，相较于男人，女人的性欲受老年的影响较小。布朗托姆[①]的《风流女子传》中有一章名为《喜欢做爱不输年轻人的老妇》。男人到了某个年纪便无法勃起，女人却“不管哪个

① Pierre de Bourdeille, Seigneur de Brantôme（1537—1614），法国军人、传记作家。

年纪始终像个火炉，投进去就着”。民间传统都强调这个对比。民谣《苏格兰高地的快乐缪斯》[①]中，一名老妇抱怨丈夫性无能，怀念“年轻时的疯狂”，如今只成了苍白的回忆，因为他上床就只想睡觉，舍下被欲念折磨的她。这现象已被今天的科学所证实。根据金赛的说法，女人一生中的性稳定性高于男人，60岁的女人欲望和快感仍与30岁无差。据马斯特斯和约翰逊的说法，我们的性反应强度随着年龄而减弱，但女人依然能够达到高潮，尤其在有效和规律的性刺激之下。不常有性生活的女人，性交中或之后可能感到疼痛，即所谓性交疼痛、排尿疼痛的现象，我们不知道这是因生理还是心理因素而起。我要补充的是，即使达不到性高潮，女人还是喜欢做爱，她比男人看重“前戏”的乐趣。女人对伴侣的外表不如男人敏感，因此不那么介意对方的衰老。尽管她在性爱中的角色并不像人们认为的那么被动，但是她的确不用像男人一样担心明确的衰退。女人的性生活完全可以延续到很晚。

然而所有的调查都显示，女人的性活动没有男人活跃。据金赛的统计，50岁时97%的男人仍有性生活，女人则是93%；60岁时94%的男人仍有性生活，女人则只有80%。这是因为在社会上，男人在任何年龄都是主体，而女人都是客体，一个相对的存在。结婚之后，她的命运取决于丈夫，后者平均比她大4岁，男人的欲望减低，或者即使仍有欲望，其对象也往往是更年轻的女人。上年纪的女人找婚外情则困难得多。老女人对男人的吸引力比老男人对女人的更小。恋老不以女人为对象。一个年轻男人可能对与他母亲年龄相当的女人有欲望，但不会对可以当他祖母的女人有欲望。在所有人的眼中，70岁的老妇都已不再是性欲的对象。买春是困难的，因

① 18世纪的苏格兰民谣。——原注

为老年女性很少有方式和机会付钱找到伴侣，对舆论的畏惧也会让她打消此念。对很多老年女性来说，这种挫折相当难熬，因为她们被欲望所苦，常常通过自慰来解决。一位妇科医生向我举例，有位70岁的老妇不分白天黑夜沉溺其中，来求医生治好她。

安德烈·马蒂内里调查了多位老妇人，听到不少有意思的心声。[①] F太太68岁，属于富裕阶级，是狂热的天主教徒，有五个孩子，十个孙子。她说："当时我64岁，您听我说……我丈夫死后四个月，我跑到街上像要自杀一样，决定将自己献给第一个要我的男人。但没人要我。然后我就回家了。"当被问及是否想再婚，她回答："我满脑子都是这个，要是我敢，我就去《法国猎人》上登征婚启事。残废男人也好过没男人！"R太太60岁，丈夫残疾，在提到自己的欲望时说："真的摆脱不了。"她有时很想拿头撞墙。有位女性读者看到报道后写信给杂志："我不得不说，上了年纪的女人还是女人，我懂得很，因为我已经71岁了。我60岁成了寡妇，丈夫死得突然，我花了两年才接受事实。后来我回复征婚启事，我承认我曾经——应该说是仍然——想要男人。这没有目标、没有温情、无法对人倾诉的生活让人害怕。我曾经怀疑自己是否正常。你们的报道让我放心了……"这位读者所言的"温情"和"倾诉"实为委婉的说法，从上下文来看，让她苦恼的是性的方面。[②]

女人的性冲动会持续到年纪很大，这一点在女同性恋身上得到了证实，有些女人即使超过80岁仍有性活动，这表明她们仍有欲望，虽然在男人眼中她们早就不再有吸引力。

---

① 刊载于1969年3月的*ELLE*。——原注

② 一位年轻女读者的反应很典型。她致信*ELLE*编辑部："我们一群年轻人看了那位天主教行动会的热情寡妇的例子乐不可支，她说'没法没欲望'。你们下一次能不能调查第四龄的女人和爱情的关系，也就是说80岁到120岁的女人？"年轻人难以接受仍有性生活的老年人，尤其是老妇人。——原注

毫无疑问，一直到生命终结，女人仍在承受作为色欲对象的境况。不是生理原因，而是附属物的身份让她必须守贞洁。但有时她会因我提到的“心理障碍”而自愿禁欲，这种障碍对女人的束缚力强于对男人。在爱情上，女人通常比男人更自恋，女人的自恋专注于整个身体，伴侣的爱抚和目光让她陶醉地意识到自己的身体是引发欲望的。如果他继续对她有欲望，她会相对坦然地接受自己身体的凋谢，但只要他表示出一点冷淡，她就会苦涩地感觉到自己的残败，她会厌恶自己的形象，无法容忍自己暴露在他人的目光之下。胆怯让她更加惧怕，舆论对那些不安于平和慈祥的祖母形象的老妇毫不留情。即使丈夫仍有所表示，完全内化了所谓“体面”的条条框框的她也往往会唯恐避之不及。女人没有男人这么多的娱乐。之前性生活很活跃、很开放的女人，往往以粗鄙的话语来弥补当下的缺失。她们热衷于牵线搭桥，或者带着病态的好奇心偷窥周遭年轻女人的性生活，让她们讲给自己听。一般来说，压抑也会体现在她们的言语中。老年女性力图让自己的言谈与行动一样得体。性欲几乎只是通过穿衣打扮，喜欢男人在场来表现。她乐于和比自己年轻的男人隐晦地调情，如果他们表现出觉得自己仍是个女人，她会很受用。

病理学显示，对女人来说，性欲被压抑了，但并没有熄灭。精神病学家注意到，在收容院里，女人的性欲往往反而随着年纪增长。老年痴呆会引起性谵妄，这是大脑失去控制的后果。其他疾病也会导致性压抑。乔治·马埃医生观察110名60岁以上的老妇，发现有20个人性欲过度旺盛：公开自慰、模拟交媾的动作、言语淫秽、暴露癖。可惜他并未指出这些表现的意义，没有好好交代背景，我们不知道这些病人是什么人。很多收容院的老妇会有幻觉，称自己被强奸、被猥亵。有71岁还认为自己怀了孕的。C太太70岁，身为祖母，在医院半裸，唱着淫词溜达，搭讪男人。对性的关注往往是谵妄的突出表现，或是抑郁症的表面借口。E.热于提到教会收容所里一位83岁的老祖母，有暴露癖，同时表现出同性恋和异性恋的倾向，攻击给她送饭的修女。发作时她是清醒的，接着表现出精神错乱，最后会恢复冷静和正常行为。关于这个例子我们也期望能有更详尽的资料。我举出的所有现象都不够详尽，但是它们至少表明老年女性并不比老年男性更加“身体纯洁”。

历史和文学都没有为我们留下关于老年女性性欲的有价值的资料，这个主题比起老年男性的性欲更属于禁忌的范畴。

老年人身上完全不再显现力比多的例子也有很多。我们应该和道德家一样，为此庆幸吗？未必。这一缺失会导致其他缺失，因为性欲、生命力、活动是紧密相连的。当一切欲望都消失殆尽，情感也会变钝。雷蒂夫·德·拉布勒托纳在63岁时写道：“我的心已死，感知能力也随之消失，偶尔感到的温情是出错导致的，就像野蛮人和阉人，这让我陷于悲伤之中。”在萧伯纳看来，当对女人不再感兴趣，他便对生活也不再感兴趣：“我迅速衰老，我对女人完全失去了兴趣，她们却对我兴趣倍增，这让我烦恼。也许我该死了。”

叔本华也承认：“我们可以说性欲一旦熄灭，人生真正的内核就耗尽了，只剩外皮。或者说人生像一场戏，开始是真人在演出，结束时台上全是穿着戏装的机器。”不过在同一篇文章中，[①] 他又说性本能会引发“良性的精神错乱”，在他这里人只能在疯狂和僵化中二选一。实际上，他所称的“精神错乱”是生命的动力。当这动力折断或停摆，生命便也终止。

性欲与创造力之间的关联性尤其令人震惊，这在雨果、毕加索

① 见《论不同年龄阶段》。——原注

等人身上殊为彰显。创造要求某种攻击性——福楼拜称为“某种兴头”，其生理根源即力比多。[1] 还需要感觉自己经由一种炽热的感情与世界连为一体，而这感情与肉体的欲望同生同灭。当纪德在 1942 年 4 月 10 日写下下面这段话时，他对此有深刻的领悟：“曾经被欲望折磨至不安无措的我祷告：啊，那一天快快到来，肉体凋萎，我好整个献身于……献身于什么？艺术？‘纯粹’的思想？上帝？何其无知！何其疯狂！油尽之灯的火苗岂会更旺？一旦变为抽象，我的思想会熄灭。所幸今日它仍有我肉身的滋养，因此今日我祈祷：我愿至死都保有肉体和欲望。”

那种认为性无感会导致所有方面都迟钝和无能的说法是没有根据的。存在众多反例。我们只能说当与世界的肉体关联缺失的时候，人生的某个维度也消失了。直到高龄仍能保持这种关联的人是幸运的少数。

有一种根植于性欲的激情会随年龄而激化，那就是嫉妒。拉加什指出，嫉妒往往是情感异置的结果，比方说一个理发师生意不好，便觉得妻子不忠，找她的茬。老年本就是一个全面遭受挫折的时期，会生发出无名的怨恨，可能具象为嫉妒。另一方面，性的倒退会让很多老夫妻产生单向或相互的不满，表现为嫉妒。我们有时会在报纸上看到 70 多岁的老汉出于嫉妒心打了或杀了老伴，或与情敌斗殴。令他生气的可能是伴侣的冷淡，或是他自己的性无能。有数名七旬老妇为一个老情人而大打出手，被法院传讯。在男女共处的养老院，嫉妒常引发激烈争端。

巴里耶医生和赛比奥特在巴黎十三区调查之后发现，老年夫妻

① 稍后谈及老年人的创造性时我们再详论。——原注

比单身老年人士遭遇更多的困难，因为夫妻之间的感情会变差。退休、孩子离家之后与世隔绝，只剩二人每日相对。彼此比以往任何时候都需要对方的保护与爱，但彼此恰恰比以往任何时候都满足不了这一要求。长期的不满会使人要求对方一直陪在身边，也带来嫉妒和折磨。形影不离的人一旦分开，后果往往是致命的。但是即使在一起也是痛苦大于快乐。

除非妻子比丈夫年轻很多，否则老年夫妇中女方更加有理由嫉妒，因为他依然有欲望，而她却不再是欲望的对象。我将细数两个女性嫉妒的例子，朱丽叶·德鲁埃和索菲娅·托尔斯泰[①]。

朱丽叶一生都因雨果的不忠而痛苦，二人不再有肉体关系后更甚。她自觉无助，挫败，受辱。1873 年，雨果搭上布朗什，69 岁的朱丽叶反应之激烈前所未有。她向朋友借了 200 法郎，9 月 23 日出走，未留地址。惊恐的雨果让人到处找寻，最后在布鲁塞尔找到了她。她同意回家，他到车站迎接，二人和解。四天后她给他一封“情书”：“亲爱的，我亲爱的所爱，我在罪人般的绝望中度过可怕的一个星期，今天是第一天，我的眼、我的嘴、我的心、我的灵魂都张开，为了看上帝，也为了对你微笑，向你祈祷，为你祝福。可怕的噩梦结束了！这是真的，你爱我，只爱我……”然而，1873 年 10 月 16 日：“我无法长久忍受这不停的冲突，我可怜的长久的爱情，疲于对抗奔你而来的年轻的诱惑……”

雨果承诺与布朗什绝交，却又与她见面。年轻貌美的洗衣工与衰老的自己相对比让朱丽叶无法容忍。1873 年 11 月 18 日，她表达了同样的绝望：“我不想让你扫兴，但是在打扮光鲜的荡妇们面前，我不能不感到自惭形秽。但又能怎样呢……从今天起，我将心之门关闭。”

---

① 即索尼娅。

1874 年 3 月 11 日："心思和年纪不符的人，会有他们年纪所有的不幸。

"这说法简单而老套，但是解释了我带给你的麻烦不是恶意的，我自己也深受其苦，我就像罪人一般。"

1874 年 4 月 4 日："在我看来，不忠并非始于行为，欲望诞生即成事实。话虽这么说，亲爱的，我求你，不要觉得不安，做你想做的事，就当作我不在了。"

这之后，她开心了片刻。

1874 年 4 月 11 日："我感觉年轻一般的活力，很可能是因为我不挑剔地接受了 70 个春天。"但是她很快又感觉悲伤，不只嫉妒雨果的年轻情妇，也嫉妒他的家庭。他在克利希租了两层楼，楼下是客厅，楼上则住着他的儿媳和孙辈，朱丽叶开始和雨果住在同一层，但雨果的儿媳让他搬到楼下去，理由是孩子们需要更大的空间。她在 1874 年 5 月 7 日写道："我悲伤地预感到，分开我们的这层楼就像我们两颗心之间断掉的桥，我心中满是绝望，哭出声来。"

她如此看重这件小事，可能因为她知道雨果继续不忠于自己。她因缺爱而苦，同时也为雨果感到羞耻，因为正如我们前面所见，他的性生活并不那么光鲜。

1874 年 6 月 21 日："这些邪恶的女猎人和可耻的艳遇，似乎还不放过我这可怜的心，而我还未搏斗就自认失败。"清晨 5 点钟："每天将爱高举上天，每天又看着爱以全部的力量落回地面，这西西弗斯式的折磨太痛苦了，我宁愿立即死去千百回，也不要承受这可怕的酷刑，可怜可怜我吧，让我走……"

雨果和朱丽叶之间发生过令人心碎的争吵，她希望分手。

1874 年 7 月 28 日："你不快乐，我可怜的挚爱，我也不比你强，女人开裂的伤口越来越大，你摆脱不了，因为你没有勇气一劳永逸地灼烧它。我却苦于太过爱你。”

1875 年 7 月 6 日：“我宁愿远离你，觉得你过得平静快乐，而不是在你旁侧。我的存在时时困扰着你的工作、你的自由、你的休憩，还是不要去想你对我的嫌弃。”

1877 年：“我丧失了勇气，我怀疑起上帝和你。”

雨果并未随着时间推移而收敛，朱丽叶很难调和他在自己心中的崇高形象和他的老年不轨。

1878 年 6 月，雨果病发，朱丽叶在洛克鲁瓦[①] 的支持下，让雨果和布朗什断绝了关系，他们威胁可怜的女孩说，如果她再不放手，雨果会死在她怀里。布朗什吓坏了，朱丽叶给了她一笔钱，她认命找人嫁了。[②] 但在布朗什之后，还是有别的女人。同一年夏天，雨果和朱丽叶在根西岛，朱丽叶在 8 月 20 日写信给他：

“你的青年很纯净，你的暮年也该受尊崇而神圣，我要以我的余生换取你免于犯错，让你无损你的天才和年岁。”

雨果写信给她说，“我感觉我的灵魂属于你的灵魂”，但这没用，她受不了女人给他写信求爱。雨果秘书的妻子就提道：“即使是在根西岛，对她来说什么都是吵架的借口，她可以为他而死，却不停地针刺他。一天早上是因为一位前女仆的来信，德鲁埃夫人拆了信，又是哭又是咬牙切齿。”朱丽叶找到一个装满 5000 法郎金币的袋子，问又是为什么荒唐事准备的，还有一次，她找到一本旧本子，里面写了许多女人的名字，又免不了闹一场。另一次，她得知雨果去逛妓女巷，表示要搬到耶拿的侄子家去住。

---

① 雨果儿子夏尔·雨果的遗孀阿黛尔的第二任丈夫。——原注（遗孀应为艾丽斯。——编者注）

② 布朗什一直痴情于雨果。她去看他的朋友，就为了能谈论他。她会偷偷跑去，远远看他出家门。朱丽叶死后，她试着联系雨果，但是雨果的朋友们拦截了她的信件。——原注

他们还是和解了，她住进他在巴黎的公寓，但她继续痛苦。她在1879年10月10日写下："我害怕想起过往，害怕见到未来，我既不敢往前看，也不敢往后看，既不敢看你，也不敢看自己，我害怕。"11月11日，她指责他"不敬神，多次企图自杀"。在她看来，他的行为不只卑劣而且危险。

1880年8月8日："我的挚爱，我这辈子都在试图把偶像破碎的残片粘回去，却难掩那道道裂痕。"有一天，朱丽叶发现布朗什在雨果大道上偷看，不由大怒。有时因过于悲伤沮丧她不得不停止写"情书"。她生活在雨果身边直到去世，但几乎未享过平静。

朱丽叶表现得像滥用权力的老情妇，尤其在布朗什的事件中。但是我们能够理解她的幻灭。她曾经想象和雨果一起平静老去，二人都倦怠了肉体的欢愉。然而不是。雨果不停与他人有染，若他动了情，她会苦于自己不再是他的唯一，如果仅止于交易她会愤于其堕落。她的眼泪、她的哭号情有可原，因为她的爱真挚而完整。

索菲娅·托尔斯泰的嫉妒则具有完全不同的性质。她向来厌恶夫妻之事，这种怨恨很早便化为嫉妒。1863年，她说自己的嫉妒是"天生的病症"。她在日记中反复写道："我被嫉妒吞噬。"他巨人般的形象使她只能处于从属的地位，隐于幕后，甘于简朴，很多次生育并不能使她的人生圆满。她痛恨乡下、农民，对她来说，他们夫妻生活最快乐的时光是托尔斯泰写作《战争与和平》和《安娜·卡列尼娜》的时候，她誊抄他的手稿，这样的合作让她感觉自己和他是一体的。当他不写小说时，她感觉自己被背叛了。她尤其反对丈夫对金钱的态度。1881年起，道德和社会问题成了托尔斯泰的首要关注对象，他甚至想把他的土地分给农民，并放弃他在文学上所得的收入，好在他只是把土地经营权让给索菲娅来管理，自己脱身出来。1883年，他们说定由她来编辑丈夫在1881年——托尔斯泰的“重生之年”——之前的作品，而且版税也归她。作为补偿，托尔斯泰和他最喜欢的弟子切尔特科夫办了一家出版社“媒介”，为平民提供低价的优质作品。这些措施不足以让夫妻和平相处。她指责他为了农民而牺牲了自己的孩子，而他厌恶与她过的舒适而世俗的生活，在给她的信中表示：“我们之间是你死我活的斗争。”托尔斯泰从此将自己的手稿交给大女儿玛莎。索菲娅大发雷霆，在1890年11月20日写道：“他在一步步地杀死我，将我排除在他的生活之外，这对我伤害极大。”她痛恨围绕在他身边的“托尔斯泰帮”，特别是他最得意的弟子切尔特科夫。托尔斯泰在他的《克莱采奏鸣曲》中鞭挞婚姻制度，鼓吹贞洁，这更让她怨气难消。他们之间的争吵越来越激烈，为了内心的平静，托尔斯泰把所有的财产，包括动产和不动产全给了妻子和孩子，但他决定要把自己最后几部作品归入公共财产的领域，这让索尼娅气得跑去火车站要卧轨自杀。[①] 当然她没有真的跳下去。1895年1月，托尔斯泰完成了《主与仆》，他没将作品交给媒介出版社，也没给索尼娅收入全集，而是给了一家由一个女人主办的杂志。索妮娅怀疑他会为了这个“搞阴谋的女人”抛弃自己。这一年索尼娅50岁。她跑到莫斯科街头，披头散发，光脚穿着拖鞋，想要在雪天里冻死自己。托尔斯泰追出去，把她带回家。第二天，她又跑了，这次是女儿玛莎把她找回来，但她又一次跑出家门坐着马车到库尔斯克火车站，想要卧轨自杀。这次是儿子塞尔吉和女儿玛莎把她带回。托尔斯泰只好让步。

然而，托尔斯泰从未打算离开索尼娅。有一天，当时他67岁，在他旁边割麦的一个弟子建议他分手，怒不可遏的托尔斯泰冲对方挥舞镰刀，继而嚎啕大哭。索尼娅52岁时和一个名叫塔涅耶夫的

① 她在模仿安娜·卡列尼娜。——原注

音乐家谈精神恋爱，让托尔斯泰气恼，1896 年 7 月 6 日他写道："我一夜没睡。心痛。抑制不住傲气和愤慨。"为了此事，他们通过信件或电话争吵、指责、辩解不休。她写道："知道塔涅耶夫来了，列夫·尼古拉耶维奇表现出病态的嫉妒，这让我伤心，也让我惊慌。"他的确写了几封很严厉的信给她："让一个完全没用、毫无益处的外人支配我们目前的生活，这太可怕，太卑鄙，奇耻大辱。你和塔涅耶夫走得那么近让我恶心。要是你不能了断，我们就分手。"他们并未分手。他 70 岁时，甚至就在他 70 岁生日当天，他还和她上床。

有几年时间，他们几乎相安无事。但是 1908 年，切尔特科夫在十年流放后回到俄国，索尼娅着慌了，因为此人专断，是宗派主义分子，爱搞阴谋，对托尔斯泰的影响可能危及家人的利益。他会把托尔斯泰的手稿据为己有，截获他的作品，让自己在后世眼中成为他唯一的传人。切尔特科夫被禁止在托尔斯泰房产所在地图拉停留，但他成功地在附近一间乡间小木屋住了下来。托尔斯泰骑马来看他，索尼娅严厉指责二人见面，担心丈夫会将自己全部的版权给他。她和他争吵，要求继承他所有的作品，不管是 1881 年之前的还是之后的，也不让他去斯德哥尔摩参加世界和平大会。托尔斯泰答应不去瑞典，但对第一件事不松口。

1910 年 6 月，托尔斯泰到切尔特科夫那里住了几天，后者的居留禁令即将撤销。索尼娅吓坏了，发电报要丈夫提早一天回家。他拒绝了。她穿着睡衣，散着发，哭着在日记中写下："我怎么了？歇斯底里，神经病发作，心绞痛，人要疯了，我不知道……老昏的他以恶心的方式迷恋切尔特科夫（他年轻时就喜欢过男人），马上要对他言听计从了。我极端嫉妒列夫·托尔斯泰和切尔特科夫之间的关系，我 48 年来所经历的一切被剥夺了……我想到斯托波哈去卧轨自杀。"托尔斯泰终于回来了，一连好几天，她哭喊着指责他对切尔特科夫用情。一天早上，她被人发现四肢着地趴在柜子后面，人们从她嘴边夺下一瓶鸦片。追问之下，托尔斯泰承认将自己最近两年的日记交给了切尔特科夫，她在雨中跑到公园去，回家后拒绝脱下湿透的衣服：“让我得伤风死掉。”几天后，托尔斯泰、女儿萨沙和切尔特科夫在一个房间里说话，她为了不发出声音，打赤脚去阳台门后面偷听，并大喊：“他们又密谋跟我作对！”事实上，三人讨论的是托尔斯泰的遗嘱，他想将遗产送给农民和大众，不留给家人。她执意向切尔特科夫索还托尔斯泰的日记。第二天，她看见二人并肩坐在一张长沙发上，觉得不可忍受。1910 年 7 月 5 日她写道：“我又恨又妒，难受极了。”到了夜里，她会想象老作家和他的弟子“违反自然”的关系。7 月 10 日到 11 日的夜里，大吵一架后，她喊着“我要杀了切尔特科夫”跑进公园去。后来她写道：“到了公园，我躺在潮湿的地上两个小时，身上只穿着单薄的袍子，我冻僵了。但我当时一心只想死，现在也是。有人报了警……现在凌晨三点钟。他没睡，我也没睡。我们彼此什么也没说。”

7 月 15 日（她让托尔斯泰开出日记的收条，打算存放到银行保管）：“他大怒，对我吼道：‘说什么也不行，休想！’然后跑了。我的歇斯底里发作，我想服鸦片，但又一次缺乏勇气，不过我卑劣地对列夫·尼古拉维奇说我吞了鸦片，而后又立刻承认自己骗了他，流泪，呜咽……”

几天后，她写道：“我想杀了切尔特科夫，剖开他沉重的身体，把列夫·尼古拉耶维奇的灵魂从他有毒的影响中解放出来。”第二天，她决定离开家：“女儿指责我，丈夫拒斥我，我只能弃家而去，因为我在家里的位置被一个叫切尔特科夫的给占了，他不离开，我就不回去。”她写了一篇给报社的声明，坐车到图拉，手提袋里装着一把手枪和一瓶鸦片。结果被儿子在车站撞见，领回了家。托尔斯泰写信给切尔特科夫要求暂停见面，共同的朋友为他们传递信件，这让索尼娅对丈夫喊道："你和切尔特科夫写秘密情书！"她年纪越大，越控制不了执念，已经完全丧失了辨别力，坚信切尔特科夫和托尔斯泰之间存在"有罪的"关系。她给托尔斯泰看他年轻时的一段日记："我从来没爱过女人，但我常会爱上男人。"他气得把自己关在房间里。她向周遭的人指控他是同性恋。当得知二人有时会到一处松林里见面，她偷偷尾随他们，还让村子里的孩子去窥伺。她在他的文件中寻找他是同性恋的证据。有一天，她想和切尔特科夫和解："可是当我想到我会看到他那副模样，我会在列夫·尼古拉耶维奇的脸上见到他们相会的喜悦，我心中重新升起痛苦，我想哭，想大声抗议。切尔特科夫真是魔鬼附体。"

8 月 18 日，切尔特科夫获准在图拉居留。"这是判我死刑！我要杀了切尔特科夫。我要把他送进监狱。不是他，就是我！"她在托尔斯泰的所有作品中找寻他是同性恋的证据。然而，8 月 25 日她写道："我的生日。我 66 岁了，还是一样充满活力，一样感情充沛，据别人说，看起来一样年轻。"

当她一个人在亚斯纳亚·波利亚纳时，她进入丈夫的办公室，取下挂在墙上的切尔特科夫和萨沙的照片，换上她自己的。托尔斯泰回来后又把照片换回去。她在 9 月 26 日写道："列夫·尼古拉耶维奇又把他（指切尔特科夫）的照片挂回原处，这让我再一次深陷绝望，我把它取下来，撕成碎片，丢进厕所。自然，列夫·尼古拉耶维奇生气了，我又一次绝望，对切尔特科夫的嫉妒无以复加，我又一次哭到精疲力竭，头痛欲裂，我想自杀。"她用假枪开了两枪，托尔斯泰根本没听见。

当她发现托尔斯泰有一本"只给自己"的本子，她才知道他拟了一份遗嘱，排除了自己的继承权。她给丈夫写了一封愤怒的信，又流着泪吻他的手，试图打动他，让他回心转意。然而只是徒劳。她认定他每次骑马就是去找切尔特科夫，便在10月16日来到后者家附近的沟渠里拿望远镜监视。然而托尔斯泰没有来。她返回亚斯纳亚·波利亚纳，一名女仆发现她坐在长椅上直打哆嗦。她再一次恳求托尔斯泰别再去见那位“令人恶心的”切尔特科夫。托尔斯泰厌烦至极，决定离家，给她留下一封信，但没有写地址。她在日记里写道：

10月28日“列夫·尼古拉耶维奇不告而别。多么可怕！他信里要人别找他，说他要永远离开他平静的老年生活。信没读完我就绝望地跑到附近的水塘往里跳……”

那天早上，托尔斯泰给妻子写完信，便与马克维斯基医生搭车离开。他们乘火车到欧普提纳修道院，他想在另一所夏摩迪诺修道院附近租一间乡村小屋。之前他给过女儿自己的新地址，女儿来找他，讲了索尼娅歇斯底里的表现，建议他搬得更远一些。在萨沙的陪同下，他们继续乘火车。结局我们都知道了。托尔斯泰在火车站站长室陷入病危，索尼娅从记者那里得知了消息，因为不被允许进入，只得在门外徘徊。丈夫死后，她又活了9年，直到1919年临终前不久，才和女儿萨沙和解。

我们在这里见到的远不是罗伯特·彭斯所梦想的理想伴侣，即使那些向来幸福和美的夫妻，老年也往往成为不稳定因素。若一辈子冲突不断，勉强维持，老来更难相容。离家出走，对布朗什冷酷无情，这样的事年轻和中年的朱丽叶是做不出的。索尼娅的激烈偏执在夫妻生活最后几年达到无以复加的地步。反应之所以升级，部分原因在于老年人感受到的挫折鼓动他去索求和攻击。既然来日无多，他更不惮对当前做更多要求：爱、信任、种种享受，都要立刻满足没商量。他急不可待，完全无法容忍对他的忤逆。我们只有全面了解老年人的存在经历，才能真正理解这种老年嫉妒的心态。

第六章　时间、活动、历史

对人类的现实而言，存在即在时间之中：身处当下的我们对未来做出规划，这些规划超越我们的过去，过去的活动已落幕、僵化，受制于惯性。年纪不断调整我们和时间的关系，随着岁月的流逝，我们的未来越来越短，过去越来越沉重。可以将老年人定义为一个身后有着长长的过去、未来生命则有限的人。变化的后果层层累积，产生一个状况，这状况根据个人之前的历史而有所不同，但我们可以从中总结出共同点。

首先，何谓人身后有一个生活？萨特在《存在与虚无》中是这么解释的：我们拥有的过去不是一个拿在手里、我们能看到其方方面面的东西，而是被超越了的“自在”的我。为了拥有它，我必须通过一个计划将它保持在存在之中。如果这个计划是认识它，那我就要通过记起它来使它当下化。回忆有某种神奇的力量，所有年龄都对这种力量很敏感。过去是以“自为”的模式来经历的，它却成了“自在”。存在所一直向往的“自在”和“自为”的综合，我们似乎在过去中达到了。[1]老年人尤其会满意地提起过去。亚里士多德说：“他们是靠回忆而非希冀活着。”莫里亚克在《内心回忆录》和《新内心回忆录》中向往地追忆还是小男孩时的自己，那时的宇宙对他来说比当前的世界更加真实。他最近出版的《记事本》中写道："一个老年人即使不再回到童年，还是会暗暗回想，低声呼唤妈妈。"大部分老年人会有偏爱旧时光的表现，也往往正是这一点，让人感觉到他们的年纪。为什么会这样？从何种意义上他们能够"找回失去的时间"？

萨特说："是未来决定了过去是否还活着。"以"进步"为计划的人会脱离过去的自我，从前的自我被定义为他已经不再是、且也不再感兴趣的自我。然而，也有一些"自为"的计划意味着拒绝时间，认同过去。大部分老年人都属于这种情况，他们拒绝时间，因为他们不想衰落。他们坚持认为过去的自我没有停止存在，从而认同年轻时代。即使他们已经克服了认同危机，接受了新的自我形象——诸如和蔼的祖母、退休人员、老作家——每个人还是在内心坚信自己并没有改变，唤起回忆是为了肯定这种想法的正确性。面对老年的退步表现，他们会说自己的本质未变，并且不知疲倦地给自己讲述那个在他们身上曾经存在并一直存在的人。有时候他们会选择自己最喜欢的那个形象：老战士、受追求的女人、可敬的母亲，有时候他们会选择青葱的青少年时期。他们往往也像莫里亚克那样钟爱童年，那时他们初识世界，初步形成了他们后来所变成的模样。 生的大部分时间，也就是从 30 岁到 50 岁，既是又不是那个孩子。不论是 30 岁、50 岁，还是 80 岁，他们都能重新找到他并与他合体，也由此逃离了年纪。

他们到底找回了什么？记忆在多大程度上能让我们追回人生？

① "因此，回忆向我们表现了我们曾经的模样，其存在的完满性赋予回忆某种诗意。我们曾经有过的这种痛苦凝固在过去，不停表现出自为的意义，然而它是存在于自身的，像他人的痛苦，塑像般的痛苦一样无声而固定地存在着。"（萨特《存在与虚无》）。——原注

德雷教授有理有据地指出了记忆有三种形式，[①] 第一是感觉—运动记忆。在这种记忆中，认识是反应而不是思考，它是有组织的行动和无意识行动的总和，遵守的是习惯的法则，通常到了老年还保持不变。第二种是自闭性记忆，受到无意识能动性的法则支配。它依循一种不合逻辑的、情感的模式，在梦境和谵妄中重现过去。当事人意识不到自己处在回忆中，而是在当下重新经历过去的印象。（我想补充，在某种程度上，人可以利用这种记忆辨识出过去就是过去而非现在，也就是心理分析做的事情。）第三种是社会记忆，这种精神活动基于生理感知、图像和一定的知识，运用逻辑范畴，重构并定位过去的事实。只有最后一种形式，能让我们在某种程度上讲述自己的历史，为了做好它又必须具备许多条件。

首先这个历史必须是固定下来的。我们都知道，记忆意味着遗忘，如果我们试图什么都记下来，最后必然什么都不剩。太多事件没有被记下来或者被其他记忆抹去了。拿我自己来说——我可以这么做，是因为对我自己如此，对其他比我老的人更是如此，我常在与我妹妹或萨特的交谈中发现自己对过去很多事都遗忘了，例如萨特对我说，在我们得知苏联参战的那天晚上，几乎到处都听到有人在唱《国际歌》。那些时刻曾经对我非常重要，我却竟然记不得了。

另一方面，神经回路必须毫无损伤，才能让影像再现。有些疾病，特别是老年痴呆和脑部动脉粥状硬化会破坏这些影像，即使一个身体还健康的人，也可能会受严重病变的影响。贝伦森抱怨道："活到 75 岁，奇怪的事情发生在我身上，有些事昨天似乎还在我智力范围内，今天却消失得无影无踪，甚至在我意识到这件事之前！……大片的记忆坍塌，消失在遗忘中。为什么？怎么发生的？"

---

① 见《记忆的崩解》。——原注

我们脑子中记起来的影像，远不如相关事物本身那么丰富。影像是通过有机的、情感性的类比，去复制出一个缺席的物体。用萨特的话来说，影像具有一种“本质的贫穷”。阿兰指出，我们无法凭先贤祠的影像去数出它有多少根柱子。影像并不必然遵守同一性原则，它表现出的物体往往只具备普遍性，它可能呈现在不真实的时空中。因此，它无法为我们重现产生它的真实世界，这也是为什么很多时候有些影像突然冒出来，我们却不知该将它们安放在何时何地。我在写《回忆录》时，有些场景非常真切地回到眼前，时间地点却怎么也想不起来，以至于我无法将它们写进去，只得放弃。

莫里亚克说：“老年人的记忆就像是巢穴已被破坏的蚂蚁，我们的目光无法长久跟随任何一只。”赫尔曼·布洛赫则说：“记忆涌现，加强，多次消失，它们真是胆小！啊，人生濒临遗忘的深渊，要从多么遥远的距离唤回那已不能称其为记忆的记忆！”[①]

通过推理、对照、印证，我们能够将某些影像嵌入连贯的、有明确日期的事件，不过得到的也只是一些不一定能被验证的假设。亨利·庞加莱说：“我们只能猜想过去。”有些影像是准确的。我发现，哪怕隔了 30 年，科西嘉岛的波尔托湾与我记忆里的颜色和构图仍然相同，而这一点带给我的惊奇表明，我早已习惯了现实与记忆不相符。事实上我触手可及的错误就很多，而这只不过是我所犯下的错误中的一小部分。

大部分时候，即使影像很有逻辑、定位明确，也还是外在于我们，其程度不亚于普遍历史事件。贝伦森的话很有道理：“我们对过往的感知是变形的，这一过往与我们的连结很少是通过活生生的接触。”影像往往是程式化的，我们并不去改变和丰富它们，因为

① 见《着魔》。——原注

我们只期望从中发现我们过去放进去的东西。经常，一个记忆承载了分属不同时代的信息：我整个童年回忆中，路易丝的脸、我父亲的脸和我祖父的脸始终是不变的。即使我想起一个特殊的场景，其重构方式也是普遍性的。教室里，12 岁的莎莎感谢我送给她一个手提袋作礼物，但她长着 20 岁时的身形和模样。

这种程式化的影像在一个变化中的世界里保持不变，以至于尽管它们被熟知，还是会展现出一种奇特的异域色彩。就算我自己穿上我母亲那样的传统服装去回想年轻的她，我还是会看到一位今天的年轻女人。而时尚的演进是时间的确定无疑的标志，她身上那美丽的旧式黑裙让她属于一个已过去的时代。如果我回到 20 岁，我会觉得那个时代就跟我去了世界尽头一样陌生。看着巴黎特罗卡德罗广场的一张老照片——那时候我喜欢它的丑陋，我问自己，我是否真的亲眼见过？一张 1929 年的香榭丽舍大道的照片也是如此。我曾经戴着那种钟形帽，穿领子鼓起来的上衣，周围是戴鸭舌帽或毡帽的男人，如此场景似乎从来没在我的生活中出现过。随着一年一年过去，眼下的时刻对我们来说总是自然的。以前我们也觉得过去是自然的，因此我们模糊觉得过去也是如此，事实上我们看到的过去的影像都有年头了。从这个意义上来说，我们把握不住我们的人生，它一度是新颖的，新鲜的，但这份新鲜过期了。

正如埃马纽埃尔·贝尔乐在《西尔维娅》中写道："我的过去从我手中溜走，我抓住这头，又抓住那头，但手里只剩一片烂布，散成丝缕，一切都变为幽灵或谎言。"

"我自己都不认得我的记忆所呈现的刻板印象，那人在杜凯下车，开着莫朗风格的蓝色敞篷汽车，身边一位像从凡·东根的画里走出来的年轻女士。我和此人有什么共通之处吗？如果我的历史全部由这些木偶和幽灵构成，那么我的历史就不是我。"

“一位女性朋友告诉我：‘高龄长者让我感动，因为他们身后有个长长的过去。’不幸的是他们其实并没有。过去不是我身后的静谧风景，可以让我随心所欲地漫游其中，去发现它的蜿蜒曲折。随着我的前行它渐次崩塌，剩下的碎片大部分褪色、冰冷、变形，我无从得知其意义。它们离我越来越远，忧郁之美让我着迷，但并不足以填满夏多布里昂所谓‘过去的荒漠’这个空白。”

很多事我们无力唤起，只能认出，但是认出并不总能恢复过去的温度。过去让我们感动，就因为它是过去。正因如此，过去也经常让我们失望：经历它的时候，我们把它看作当下，正向着充满可能性的未来而去，如今只剩下一副枯骨。这也是为什么朝圣追思式的旧地重游是徒劳的。我们往往找不回过去的足迹。比起时间，空间的背叛不遑多让，地点的面貌也变化无常。那些表面上没变化的地方，对我也不再是同样的地方。我可以漫步在乌泽什、马赛、鲁昂，认出一些石头，但我找不回我的计划、我的欲望、我的担心，我找不回自己。如果我在这些地方回忆起之前的某个场景，那场景会像被钉在盒子里的蝴蝶一样，其中的人物哪里也去不了，他们的关系不再发展，而我不再有任何期待。

不仅过去的未来不再是未来，而且其实现也往往不符合我们的期待。多少次，当我开启一段友谊的时候，坚信它将永葆长青，有的的确如此，也有的转为淡漠，甚至还有的反目成仇。如何看待原先的和睦毁于一场争执？之前的投契是否只在特殊条件下成立，注定过不去坎儿？它是否建立在幻想之上？本来可以持续却毁于误解？没有确定的答案，过去事件的意义总是可变的。我们不仅掌握不了事件的物质性，我们也犹豫该赋予其何种价值，我们的判断永远悬而未决。

珍视的人死去会造成我们与过去之间的断裂，而一个老年人经历了许多人的辞世。夏多布里昂写道：“我过长的人生就像沿途布满墓碑的罗马古道。”一个亲人、一个朋友死去，消失的不仅是他们个人的存在，还有我们人生与他们相连的那整块部分。比我们年长的人带走的是我们自己的过去。年逾 60 的老年人失去父母或平辈朋友时，让他们感到痛苦的是逝者原来掌握着他们自己的某种形象，是唯一记得他们童年或青少年的人，他们逝去了，自己的童年或青少年也湮灭了。较年轻的人死去，更让老年人深受打击，因为他们将年轻人与未来相联系，尤其当年轻人是他们的儿孙，被他们抚养或教育出来的话。子辈孙辈的死亡等同于一项事业的突然休止，之前所有的努力，所有的牺牲，投入的所有期望成为荒谬的徒劳。失去平辈的朋友不会有这种剧烈的挫败感，但我们与他们的关系也被抹去了。莎莎离世的时候，我一心想着将来，我恸哭的是她，而不是自己的过去。多年以后，回想起杜兰的死让我惊惶无措，其实我与杜兰并无多么亲密的友谊，但是我自己人生的一大块随之崩塌：费罗勒，工作坊，《苍蝇》的排练，欢乐的晚餐时他讲述的回忆，这一切都随他消逝了。后来又消逝了我们和加缪的亲近和争吵，消逝了我和梅洛-庞蒂在卢森堡公园、在他家、在我家、在圣特罗佩的会面和讨论，消逝了我和贾科梅蒂的长谈和去他工作室的拜访。他们活着的时候我们不需靠回忆来让我们共同的过去活在他们身上，现在这一切已被他们带进坟墓，我的回忆里只剩冰冷的拟像。我人生沿途一座座墓碑里埋葬的是我自己。

然而，当我们将其作为整体来审视，过去不是值得欢欣之物吗？成功的一生难道不足以满足一个迈入衰退的人吗？年轻时都认为如此。20 岁时，我认为人生是坚固的、同时又具备意识的物体。一个人与其传记有距离，让我感到震惊。我认为波德莱尔既然知道自己是什么样的人，就不该为一些蠢人不了解他而痛苦。多年以后，当萨特在《词语》一书最后表达了真实想法，他不抱幻想的说法让我不快，我倒希望他能很高兴自己是萨特。我大错特错了！对他自己来说，他并不是萨特。哪怕维克多·雨果，按科克托的话来说，也只有在激动时才会“自认为是维克多·雨果”。这种说法是传神的，它指出我们可以以游戏的方式对待自己的形象，而不与其等同起来。旁人从外部看一个所谓“成功人士”，其“为他存在”似乎完满，此人自身经历的现实却可能相去甚远。阿拉贡在他的最后诗作之一列举了自己人生中的种种失败，有批评家认为他是惺惺作态：“您成功了，而且您知道这一点。”而阿拉贡想说的，正是所有的成功所蕴含的失败。阿尔弗雷德·德·维尼说美丽的人生即指盛年实现年轻时的梦想。好吧。然而设想中的梦想与实现了的梦想之间差别巨大。这是马拉美所说的：

……这忧伤的香气
由美梦留在将它摘下的心里
没有懊悔没有失望。

萨特在《存在与虚无》中解释了这个差距：“将来是不能达到的，它滑向过去，和之前的将来一样……所以在将来的每一个出口等待着自为的是这样一种不休论的失望。哪怕我的现在在内容方面与将来是完全一致的，并且我的存在原本的计划是走向这个将来，我所走向的也并不是这个现在，因为我是将它作为将来，也即我的存在的聚合点。”如此，我可以毫无矛盾地在《一个规矩女孩的回忆》中写下：“没有任何人生，没有任何人生的任何一刻能实现我轻信地许下的愿望。”在《事物的力量》中：“承诺兑现了”，同时下结论说：“我被欺骗了。”即使现在符合我的期待，也不会带来我想要的、存在真正想达到的完满。“自为”不存在。没人能说“我有了美好的人生”，因为人生不能被“有”。我一点也不认为名望是“幸福的光辉哀悼”，事实上，它什么也不是，不过是别人眼里飞逝的幻影而已。在隆重庆祝了 80 岁生日的晚上，托尔斯泰睡前对女儿说：“我感到灵魂沉重。”家乡的欢呼令安徒生激动落泪：“我的父母该多么高兴啊！”对他的父母来说，他的光荣会是真实的，他会从他们眼中看到。

当然，一个人有可能骄傲地回望过去，尤其是当他所经历的现在和预见的未来令他失望时。于是他紧紧抓住回忆作为防御设施，甚至作为进攻武器。然而，这些骄傲的瞬间并不意味着他能尽情再享曾有的欢愉。

事实上，是过去将我们掌握在股掌之间，它对我们的塑造使我们认识它。一个不满意自己现状的人在过往中找到额外的理由令他愈加对现状感到苦涩。如同 62 岁的斯威夫特于 1729 年 4 月 5 日所写：“没有一天早晨我醒来时不觉得生命比头天更加无趣，不过最让我伤心的是想起我 20 年前的生活，然后又一下子坠入当下。”福楼拜在 54 岁时写道：“未来看不出有什么好，过去吞噬了我，这是年老衰退的征兆。”三年后，他苦涩地写道：“年纪越大，过去越对我敲骨吸髓。”我们在前文看到，外甥女破产以后，经济上的不安全感和地位上的屈辱感让他过早感觉自己的人生已经完结。过去不是一个值得凝视的悦目物件，而是忧伤的困扰。对比当下，他感觉自己地位下降，而对过去的执念愈发让他意识到地位的丧失。

过去和现在之间的对比，有可能大到令人无法忍受。布鲁梅尔[①]的贴身仆从讲述的例子再悲伤不过。60 岁时，布鲁梅尔住在法国，

---

① Beau Brummel（1778—1840），英国社会名流，引领当时的男装潮流。

生病，贫困，孤独，而且精神有些错乱。一天晚上，他让人把公寓布置得像要接待客人一般：扶手椅，桥牌桌，大蜡烛（这是一项奢侈，因为他平时只点小蜡烛）。他穿上有金色纽扣的美丽蓝色外套，虽然衣服已被虫蛀，系上白色领带，戴上报春花颜色的手套，交给仆人一张宾客名单，要他从晚上七点钟开始，每五分钟报一个名字，仆人手持火炬站在门口开始宣报这些鼎鼎大名的幽灵的到来，布鲁梅尔则礼数周全地欢迎他们。突然他哭泣着跌坐在椅子上，但之后又站起来，命令仆人："去叫车。客人都走了以后你再休息。"这种把过去当作现在来经历的表现即我前面曾经提过的所谓"近事遗忘"。布鲁梅尔对过去有多大的执念，以至于要重演一切？他是否头脑还清醒？是否知道自己在演一出阴森的喜剧？从仆人的叙述当中，我们似乎可以认定他在受惑和自欺之间摇摆。[①]

老年人尤其被童年侵扰，自弗洛伊德以来——当然蒙田早有预感——我们知道生命最初几年对一个人的成长及其世界的形成极其重要，此时形成的印象终身难以磨灭。成年人忙于在实际生活中找到平衡，因而顾不上回望，当他们不再有压力时，童年印象会冒出来。诺迪埃写道："自然赋予老去的人最甜蜜的特权，是让他们能极轻易地回想起童年的印象。"1906 年 3 月 10 日，78 岁的托尔斯泰在日记中写道："整整一天我都有一个愚蠢而悲伤的感受，傍晚时分，我的心绪变为渴望爱抚和温柔，我多么想像在童年时一样被爱我、怜惜我的人抱在怀中，轻轻哭泣，并得到安慰。我想变回小时候的我，靠近我母亲，我只能想象她的模样。妈妈，抱我哄我……这一切真是疯狂，但这一切都是真的。"他母亲在他两岁时过世，他只能靠想象，不过这番遐想是以真切的回忆为基础的。

① 这个例子与尤内斯库的《椅子》有相似之处。——原注

卢瓦西终生致力于批评《圣经》，因其现代性倾向的理论而被开除教籍，他也失去了宗教信仰。临终前六个星期，83 岁的他深陷痛苦，而且有些神志不清，开始吟唱起圣歌以及弥撒的片段，仿佛还是年轻的神学院学生。他将自己比为约伯，讲述他的事迹。[①]

童年是人生艰难的学徒阶段，儿童必须克服诸多情结，会有罪恶感、羞耻感、焦虑感。成年时压抑下来的不愉快的童年回忆到老年时会复苏。忙于活动和承受社会压力时构筑起的堤坝到闲暇孤独的老年便崩塌了。老年到来引发的自恋创伤可能减弱主体的防御机制，因此童年和青少年时期的冲突被唤醒。童年对我母亲的一生影响很大，但她是到生命晚期才更经常地带着怨恨提起她父亲对她妹妹的偏爱。最让人惊讶的例子来自安徒生，尽管并非无所事事，孤独无依，从 1854 年开始，他却陷入消沉，当时丹麦与德国交战，丹麦最终战败。安徒生 59 岁，他用写作和旅行来对抗抑郁。他享有盛名，身边朋友环绕，却每天晚上梦见他以前的老师梅斯林。此人在他还是小学生时折磨和羞辱他，他受苦于这段自闭性记忆，这让他无法掌控过去，只能不断重历。他不是在重述童年，而是以一种神经质的方式不断重新经历。安徒生被任命为国务委员，而他梦见梅斯林给他这个头衔，为的是嘲讽他，安徒生则将自己的书砸到他头上。1867 年，他来到故乡欧登塞，突然心生“奇怪而疯狂的恐惧”，想起了坚信礼课堂上老师对他的鄙夷，拉丁语课上同学对他的嘲弄，街上追逐他祖父的无赖，他父亲的谵妄和死亡。第二天为他举行的庆典上他痛哭失声。1869 年，哥本哈根也为他庆祝，让他的声望达到高峰。评论家乔治 · 布兰戴斯为他立传，极尽褒扬之

① 在生命最后几年，他相信他自己构想出来的一个晦涩的上帝，时不时提到约伯，但是他对天主教极尽疏远。——原注

词，但是他的神经系统继续衰弱，痛苦日增。之前即使是快乐时刻也潜伏着的焦虑，体现为各种惧怕：怕火，怕水，怕疾病，什么都怕。梦里梅斯林继续嘲笑他，他也在梦中对以前的朋友发脾气，醒来感到内疚，以致抽泣。他的日记里写满了此类噩梦，最后的梦境中，在吗啡的作用下，他和梅斯林谈艺术、谈美，他如释重负地写道："我们终于成了朋友。"70 岁生日那天是快乐的一天。但随后，他病情加重，昏昏欲睡，一心求死。"要是我这次必须死，那就赶快死，我等不及了。我不能像枯叶一般躺在这里等着化作齑粉。"他不久就过世了。

类似安徒生的例子并不少见，老年人的精神官能症都根植于他们的童年或青少年时期。

为什么他们那么乐于回到童年？因为童年占据了他们。他们在童年中认出自己，因为童年其实一直在他们心里，即使有段时间他们有意忽略。还有一个理由：存在是在超越自身中建立起来的，而当我们年纪很大时，超越之路上有死亡阻挡，老年人试着找回出生或至少生命最初的几年，以建立他的存在。我们在社会学层面上见到的这种童年和老年的结合，是内化于心的。在即将脱离生命之际，他从刚出灵薄狱的婴儿身上认出了自己。

这样我们也就明白，为什么就算他们能回忆起来的影像极少也不会觉得气馁。他们并不寻求把最初几年修复为连贯的、详尽的故事，只求重新沉浸在童年中。他们不断回想在情感上对他们具有重要性的几个主题，絮絮叨叨、不知疲倦地沉浸其中。他们以此逃离当下，回味着旧日的幸福，把过去的不幸从记忆中驱离。一名 86 岁的老妇告诉我，她晚上一上床就不断地给自己讲小时候的故事，从中得到极大的快乐。

老年人将过去内化为影像、幻想、情感态度。他对过去的依赖还通过另一种方式：是过去定义了我现在的状态及未来的朝向；我基于过去将自己投射向未来，通过超越过去而存在。这一点对所有年龄来说都成立。我身体中建立的机能、我使用的工具、我的知识和我的无知、我与他人的关系、我的各种活动和各种义务，如此种种全都来自过去。所有我所做的都被过去所获，并物化为“实践-惰性”。后者在萨特的定义中，指打上人的行动标记的事物和被与这些事物的关系所界定的人的总和。以我来说，“实践-惰性”是所有我写的书，它们构成了外在于我的作品，将我定义成它们的作者。“我是我所做的事情，那些事情脱离了我，同时将我定义为另一个人。”[①] 每个人都凭借行动在世界上实现了客体化，之后又异化。他在世界中创造了利益。利益指“外在于我的存在，以命令的形式影响着行动”。[②] 有产者的利益就是他的财产，他将其看得甚至比自己的生命更重要。

年纪越大，“实践-惰性”就越难摆脱。高兹在《变老》一书中将年轻定义为“不那么懒得动”。成为一个成熟的人，就是成为对他人来讲的另外一个人：一个被职业所定义的人。他之前自由选择的将来，现在看上去像是等待着他的必然性，他在自己的过去中见到了异化。他的人生是“在外部、在事物中拖延的人生，像是我的外在的存在，对我来说已经丧失”。计划都已经石化。此番描述也适用于老年，因为老年比壮年更加沉重。长长的一生已在我们身后固定，我们是它的俘虏。不得不做的事情多了起来，它们的反面则是不可能性：有产者必须保有财产，他不能放弃财产。若要充分理解老年人在面对未来时是如何束手束脚，就要看未来是如何呈现在他面前的。可以看到，对他来说，未来已经双重结束，是短暂而

① 见萨特《辩证理性批判》。——原注
② 同上。——原注

且已关闭的。因为短暂而更加关闭，因为关闭而更加短暂。

跨过一个因人而异的门槛之后，老年人意识到自己必然的生理命运，也即他能活着的年月有限了。要是在65岁的时候，一年的时长与他童年一样，那他还能合理期望自己能活的时间是超出他想象的。然而事实并非如此。剩下的时间对他来说极其短暂，因为我们生命中的不同时期，时间流逝的方式是不一样的，越老时间过得越快。

对儿童来说，时间显得绵长。他行动于其中的时间对他来说是强加的，是成年人的时间。儿童不会衡量它，也不会预测，迷失在一个无始无终的生成之中。当我用计划来充实时间，用活动来切分时间，我便掌控了时间：我的每一周都围绕着我有课的下午来安排，于是每一天都有了过去和未来。我能清楚记起日子、具有连贯性的回忆从那个时期开始出现。另一方面，当我们处在紧张或倦怠中，时间则拉长。儿童由于体力弱，易激动，神经系统脆弱，会累得比较快。阅读60分钟，对5岁儿童比对10岁儿童是更大的考验，10岁比之20岁同理。时间跨度长，注意力难以集中，一天不是那么容易熬过去的。最后，世界给我们的印象如此清新生动，而我们是按照内容的丰富性来衡量时间的长短，习惯使我们变得贫乏，与之后比起来，童年的时间显得长。叔本华写道："童年时事物与事件对人来说都是新的，我们的意识把它们一样不落地接收下来，一天天也因此长得看不到尽头。出于同样的原因，出门度假一个月，会让我们觉得比待在家里四个月来得更长。"[①]

---

① 这种度假时间显得更长的现象，法国民族学家乔治·康多米纳在《异国情调是日常》中写道："在记忆里旅行中的一天占据着一个'空间'，这个空间比待在家里的一天辽阔得多，尤其是如果去往完全陌生的国度……在新世界中不断吸收浸淫度过的时间不再符合惯常的丈量时间的尺度。旅行中的事件给我们的记忆留下如此深刻的印象，以致回忆像是慢速放映电影，记忆重建的时间放大了真实的时间。"——原注

尤内斯库写道："我还记得在市立小学15分钟的课间。15分钟又长又充实，我们有足够的时间想出一个游戏，玩起来，结束它，再开始另一个游戏……但是'明年'只不过是一个名词，我想到这个'明年'会到来，但它如此遥远，以至于根本没必要去想。它到来之前的时间如永恒一般，所以也就仿佛永远不会到来一样。"①

童年过了之后，空间收缩，物件变小，身体变强壮，注意力增强，我们熟悉了钟表、日历，记忆力日趋增强，变得精确。然而，四季依然慢慢改变，或美好或可怕。15岁时，我翻阅着新课本，觉得一个学年是一个伟大而激动人心的旅程，再后来开学让我落入沮丧，我对自己说我怎么可能在我们阴郁的家里挨过10个月。

一旦我让自己摆脱了沮丧，展现在眼前的广阔未来便让我振奋。我还有40年、60年好活，这简直是永恒。因为一年在我看来都那么长。

年轻人和老年人对时间的估算不同有多方面的原因。首先要指出每个人身后都是整个人生，其形式在任何年纪都是一样的。远远地看，20年等于60年，这意味着衡量单位是可变的。1年等于我们年纪的1/5和1年等于我们年纪的1/50比起来，前者便显得长了10倍。当然，这不是精确计算出来的，只是一种直觉的印象。年轻人的记忆会留存一整年的细节并展现在广阔的空间里，下一年在他们的期待中也是同样。与之相反，老了以后很少事情能触动我们。时间带来的新鲜事少了，我们也不在其上耗费精力。对我来说，1968年归结为几个日期、几个模式、几个事件。我眼中的1969年同样贫乏。10月我才到巴黎，转眼就到了次年7月。

---

①《零散日记》。——原注

还有一项因素：我知道12个月之后我再好也不过是和今日一样，然而在20岁的时候，用萨特的话来说：“做自己即来到自己。”我们是世界和我们自身所期待的对象。每一年都把我们带到一连串的新事物中，或令人沉醉，或令人恐惧，却一定将我们大大改变。我们能感觉到在较近的未来一直会有类似的变化。我们无法用计划或回忆控制时间，因为是时间牵着我们。如果在出发之际我就注定是与我将变成的人不同的人，就没有人能够实现统一性。一个无法衡量的距离隔开了两个陌生人，起码他们二人认为是这样。

唤醒童年的情感记忆是如此宝贵，因为这些记忆让我们短暂地再度拥有了一个无限的未来。雄鸡在村庄里打鸣，我走在沾着白霜的潮湿草地上，突然置身于梅里尼亚克，我的心遭受一击。无尽的一天铺展开来，直至遥远的黄昏，明天只是一个空洞的词汇，我拥有了永恒。

然而并没有，我又回到了自己的时间，一年年过得如此之快。尤内斯库的话对我同样适用：“我这个年纪，一小时等于几分钟，连完整的一刻钟都很难拥有。”

尤内斯库也认为，找回童年延绵时光最好的办法就是旅行：“那以后我每天都试着专注于某件稳定的事物，我绝望地想找回一个现在，占据它，扩展它。我到处旅行，企图找到一个完好的、不受时间控制的世界。旅行两天，认识一座新城市的确让进程慢下来。在一个新的国家度过两天，相当于在一个熟悉的地方过三十天，因为后者被损耗缩减，被习惯降格。习惯磨平了时间，让我们就像滑行在打蜡过多的地板上。一个新世界，一个永远常新的世界，一个永远的世界，永远年轻，天堂不过如此。速度不仅如地狱一般，它就是地狱，是坠落的加速。曾经有过现在，曾经有过时间，而今既无现在也无时间，几何级数的坠落把我们抛入虚无。”[①]

矛盾之处在于，这地狱般的速度并不能让老人免于无聊，而是恰恰相反。不管在哪个年纪，我们都有这样的经验：回想起来很漫长的旅行，当时却一闪而过，因为旅行时我们忙得喘不过气来；当时漫长得仿佛过不完的几个星期，事后忘记了所有细节，以致回想起来觉得很短。

日复一日，我们感受时间的方式取决于其内容，不过如果一个老年人能够预见时间在未来的纯粹形式，他会觉得这种流逝快得令人眩晕。

老年人与儿童或青少年对时间的看法迥异，是因为前者已发现了时间的有限性，而生命之初的人尚不知，看到面前如此多、如此广的可能性，他以为它们是无限的，他将可能性投向未来，接纳它们的未来便因此而无限延展。今天的年轻人早早就明白社会已为他们预制了未来，但很多人梦想着逃离，甚至摧毁体制，这给他们提供了巨大的想象空间。到了不得不重复人生的那一天——其到来的早晚取决于出身阶层，受困于某种职业的个体看到自己的天地缩小，能做的计划变少。然而，成年人积攒了年头足够多的经验，让他能够采取行动为世界或个人带来改变，希望填充着他的未来，这未来还望不到尽头。老年人则知道自己的生命已经定型，不可能重新来过。未来不再是充满可能性的，一个时日无多的人只能量力而为了。事实上，人类的现实受双重有限性的制约：一个是偶然的、人为的，也就是说存在有其终结，并且来自外部；另一个是“自为”的本体结构。到了老年这两种有限性同时显现并互相揭示。如果在生命有限的情况下，我的体力和精神状况与20岁时一样，那

① 《零散日记》。——原注

么透过众多计划所看到的我生命的终点便显得尚遥远。如果我能健康地再活 100 岁，那么我会投入新的事业中，出发去征服新的领域。我不会感觉被封闭在自己的独特性中孤立无援。不过我还是错了，生命的延长并不会将我从有限性中解放出来。就算长生不死也改变不了有限性。萨特写道：“人的实在性是有限的，即使长生不老也一样，因为，在选择为人的时候即选择了有限性……自由的行为本身便是我的有限性的创造和承担。如果说我塑造了自己，我是将自己塑造为有限的，并且这一事实使我成为独特的。”[①] 我的历史的起点将永远不变，它成为一个我要不断超越的过去，什么也不能让我走出自己的躯体。老年人不得不接受一种双重的确定性：他来日无多，而且他不可能逃离自己。

这样，从盛年到老年，未来的性质发生根本改变。65 岁的人并不仅仅比 45 岁的人大 20 岁。不确定的未来——人们倾向于将其看作无限的未来——变为事实上已经结束的未来。之前无边无际的地平线上，现在看到了界碑。夏多布里昂在回忆遥远的过去时说：“以前我满怀梦想的时候，我的青春就在眼前。我可以大步朝这个未知的、我正在寻找的事物走过去。可是现在我往前一跨便碰到界石。”[②]

有限的未来，僵固的过去，这便是老年人所面对的境况。很多时候，这让他们无法做出任何行动。他们所有的计划，要么实现了，要么放弃了。他们的人生已经关闭，没有什么在召唤他们，他们无事可做。米歇尔・莱里斯在《删除》获得成功之后就是如此。他在《小纤维》中说：“我的生命好像到达了一个可怕的顶点。这

① 见《存在与虚无》。——原注
② 写给雷卡米尔夫人的信。——原注

生命的终点在我看来好像我在佛罗伦萨度过的最后那些日子。我们逛遍了这座托斯卡纳首府的每一个角落，只剩一些无关紧要、可去可不去的地方了，就像现在我生命中只剩些可有可无的小事。”在同一本书中，他解释了为什么他的生命变得如此毫无生气：“当死亡或老糊涂带来的毁灭不再被看作是命运，而是随时要扑上来的恶，人便失去了做任何事情的欲望——我就是如此，人把自己剩下的不多的时间看作束紧的时间，跟从前的时代毫无关系，那个时候完全不会想到一件事情会缺少充分发展的时限，而现在这种情况扼杀了做事的冲动。即使我已经习惯了，可是每天一想到夜晚从此会被疲惫和睡眠占据，而不再是一个敞开的时段，供一个人尽情去爱和挥霍而毫不受损，意识到这一点是痛苦的。也许我比别人更加清醒，更加脆弱，或更加专注于自我吧，反正我觉得一个人的生命从无限到有限是活在一种窒息里……作为最后的资源，艺术与诗歌是对抗这钳制的方法。然而把它们贬低到替代品的地步，去减轻老年令人悲伤的匮乏，不是很可悲吗？”

事实上，对莱里斯来说，写作的计划扎根很深，使他得以抵御这次危机。焦虑甚至给他提供了新的主题，让他写出了《小纤维》。但是出于健康原因或由于外在的困难，老年人的信心丧失往往是不可逆的：他要么看不到有任何事情可做，要么就放弃那些他认为没有时间再做好的事情。

然而也有一些情况，来自过去的强制性的范畴保留了它们的力量：工作要执行，作品要完成，利益要捍卫。于是老年人带着焦虑与时间赛跑，顾不上喘息。70 岁的贝伦森说：“老年临近的时候我有了最痛苦的经验，那就是失去了休闲的概念。”更让人痛苦的是没有能力达到自己仍想达到的目标，我们已经看到帕皮尼因无法完成一生的代表作《最后的审判》而悲切。

我们的计划所瞄准的目标可能超越了死亡，我们知道大部分人对他们的遗嘱以及对他们最后遗愿的执行都非常看重。在重复性强的社会里，历史缓慢前行，人不仅拥有他个人的未来，也拥有他所在世界的未来，他希望自己的工作成果在这个世界上存在下去，因而一个年逾80的人依然乐于建房种树。大部分事业——农业、手工业、商业、金融——以家庭为特征，并在一个经济上相对稳定的社会中进行，父亲可以指望儿子继续他的工作，然后传给他们的儿子。他便避免了“碰到界石”，他从事的领域或商号，将无限存在下去，他将永存，他的努力不会白费。

如今的老年人不可能再指望这样的永续，因为历史的进程加速了。昨天建造的，明天便会被摧毁。老人种下的树会被砍伐。家庭单位几乎都解体了。小公司被垄断的大公司吞并或倒闭。儿子不会继承父亲的事业，后者也知晓这点。等父亲去世了，产业会被抛弃，商业资产被卖掉，店铺关门。他完成的那些给予他生命意义的事情与他自己一样不保。如果他大度地爱着自己的孩子，他会支持他们选择的道路，满意地认为自己在他们身上延续。不过考虑到普遍的代沟，这种情况相对少见，更经常的是，父亲无法在儿子身上认出自己。虚无将他占据。

今天的社会远未给老年人提供对抗他生物性命运的帮助，保证他有死后的未来，而是在他还活着的时候就把他扔到一个过时的过去中。历史的加速深刻打乱了老年人与自己活动的关系。过去我们想象随着时间的流逝，经验如财富般在他身上不停积攒，就像浸泡在有石化作用的泉水中的枝干上结出水晶。某些技术诀窍，某些处世之道，在书本中是学不到的，会一点一点在人的身体和精神中沉淀下来。黑格尔哲学为这个想法提出了理性的解释：每个过去的时刻都包裹在现在这个时刻中，而现在这个时刻必然在为一个更为完美的未来作准备，失败作为教训总结得到补偿。作为一个持续进步过程的最后一步，老年是存在的最完美的顶点。但实际上，存在并不是这样展开的。人生的曲线不断地被来自实践-惰性的计划的挫折所打断。每一刻它都在合为一个整体，但这种整合从未完成："人类的活动同时是以下二者：全部与全部的撕裂。"[①] 这就是为什么我们的前行并不是确定的进步，而是蒙田所称的踉跄。圣伯夫说："我们有些部位变硬，有些部位腐烂，永远不会成熟。"老年并不是人生的"总和"。行进中的时间给了我们世界，又拿走了世界。我们习得，然后遗忘；我们变充实，然后退步。

莫里亚克 80 多岁时写道："没有衰退，没有堕落，没有更丰富，原样没变化，老年人就是这么看自己的。别跟他说在人生中学到了什么，这么多年里大量涌向我们的事情所剩无几了，说起来难以置信。事情都已模糊或遗忘。那么思想呢？50 年的阅读还剩下什么？"

来自积极学习的经验概念才是有价值的。有些手艺和技术如此之难，得花一辈子才能掌握。我们看到体力劳动者凭借经验克服身体缺陷，组织他从事的活动。从智识上来说，埃里约[②] 曾说："文化是我们什么都忘记之后剩下来的东西。"确实有些东西留存下来：重新学习已知事物的能力、工作方法、避免犯错的能力、预防性措施。在很多领域——哲学、意识形态、政治，老年人具备年轻人欠缺的综合眼光。只有观察过大量事物的相似性和不同之处，才能恰如其分地判断出一个特殊事件是举足轻重还是无关紧要，让例外回归正轨或当作个案处理，放过细节抓整体，放过轶闻抓要点。有一项经验则只属于年纪大的人，那就是老年本身。年轻人对此只有模

---

① 见萨特《辩证理性批判》。——原注
② Edouard Herriot（1872—1957），法国政治家、学者。

糊甚至错误的概念。必须活得足够久才能对人类的境况有正确的认识，对事物发展的基本方式有整体观，只有这样，人才能够“预见现在”，此乃政治家的任务。这也是为什么历史上经常看到年长者被委以重要责任。

不过往往只有在重复性的社会或起码稳定的社会，年龄才赋予人某项资格。在缺乏变化的社会里，老年人如果力求进步，会领先于起步比他晚的人。在如今变动的社会中，情况已不再如此。个体发展镶嵌于社会发展中，但二者并不重合。由此产生的落差对老年人颇为不利，使他必然落后于时代。为了迎头赶上，他必须摆脱过去，但他行进太慢，导致过去愈来愈紧地囚住他。然而，人类不是铁板一块，过去虽然对老一辈来说难以摆脱，年轻人却是自由的，他们接过火炬，直至他们自己倒在实践-惰性的重压之下，被更年轻者超越。个体无法一直参与这个计划不断重生的进程，他会落在后面，在变化之中，他保持不变，也就是说注定要过时。

在知识领域，人是一定会落后的。我在自己身上看得很清楚：20 岁以来我学了很多新东西，可是一年又一年，我相对来说越来越无知，因为新的发现不断出现，科学愈加发达，尽管我努力使自己跟上趟，起码在某些领域，我不知道的事情却越来越多。

要想更好地理解这个被排除在外的过程，必须放弃泛泛而论，认真考察不同活动的特殊性。首先要指出，老年人落在后面，往往是他想要影响社会进程时出现的现象。作为消费者，老年人可以尽情从技术进步中获益，甚至非常欢迎这些技术进步。托尔斯泰原则上不喜欢新事物，可是留声机和电影让他赞叹不已，还动了写剧本的念头。他去看汽车比赛，还期望看到飞机。安徒生 65 岁时欢欣于交通速度的提升：穿越瑞典的时间从一个星期变为 24 小时。他说：“我们老年人苦于过渡时期难以避免的不便，跨在两代之间，不过这的确很有意思。”70岁的威尔斯热衷于所有的现代发明，尤其是电影。在莫兰研究的普罗德迈镇，[①]一些老年人或残疾，或生病，或衰弱，或被遗弃，他们自称只能像狗一样看家。有几个尽管身体没问题，却封闭在过去。他们既不会读也不会写，拒绝自来水、瓦斯、电。他们当中有个人说：“用来干吗呢？这不是给我们这个年纪的人的。”但大多数还是为现代世界所折服，一名80岁的木匠说：“我们什么都会看到，从自行车到登陆月球。”他们回想起第一次见到汽车、飞机时的惊讶，燃油暖气和电视机让他们开心。过去在他们眼中变成了蛮荒时代：“100年以前，这里可真是野蛮人的国度。现在文明了，至少人人都会读书写字了。以前穷得不得了，现在日子舒坦了。”他们赞叹年轻人操纵机器和雷达来捕鱼。主观上他们为这个世界取得的客观进步而感到骄傲。在他们的利益、他们的过去、他们的活动不受质疑的情况下，没有任何对抗把他们与人类整体分离开来，他们很高兴地在人类中认出自己。他们像观看精彩的演出一样，远远欣赏着人类的演变，不会感觉自己受到挑战。

在普罗德迈镇，不再劳动的高龄老人与还在工作的五六十岁老年人对比强烈。后者和当前的时代起了冲突，因为他们经济上和意识形态上的利益受损了。他们反对农耕现代化，因为这需要他们重新学习，而他们对此反感，他们已习惯于一辈子遵循的常规，不愿放弃自己的经验，不想在更擅长操作新工具的年轻人面前处于下风。很多人顽固不化，他们的孩子都去往城里工作，老父亲更感觉受到背叛。一名55岁的农民说：“多少老父母被孩子抛在家里！忙了一辈子攒点家业，到头来却无人接手！”[②]

---

① 见《法国市镇》。——原注

② 我在谈论“社会问题”时谈过这种冲突。——原注

我在1968年10月的一期《法兰西晚报》中读到下面这则社会新闻。多米尼克说："院子里发生了爆炸，我公公杀了我们的牧羊犬沃尔夫。我丈夫让上前开门，他爸爸突然冒出来，手握手榴弹。让扑到他身上，二人扭打起来，手榴弹掉到地上，引爆了。"阿尔贝·胡泽，65岁，是刁奈（位于科多尔省）的农夫，患神经衰弱症，昨天决定杀了全家，首先便是他25岁的儿子让。他怪儿子用现代化技术来经营农场，他说："我那个年代，天一亮就起来准备一天的工作，我们不需要花光所有的钱去买那些机器来种地。"父子在爆炸中双双殒命。

对农民来说，社会尚允许他们在忠于过去和接受新技术之间选择，而老工匠和老店主却因工业商业的发展而走投无路。19世纪末，百货商店的出现使得众多小商店倒闭。左拉的《妇女乐园》讲述的便是他们的故事，描写了老一辈人如何绝望地抵抗导致他们破产的新商业模式。百年老店埃尔勃夫布店的老板鲍兑脸色蜡黄，头发花白，是具有权威的一家之主。店里天花板很低，深色的橱窗，光线昏黑，对面大百货商店里光鲜亮丽的布匹柜台似乎在嘲弄店主。初到巴黎的侄女看见鲍兑时，他站在自己店门口，眼睛充血，嘴巴紧闭，怒气冲冲地凝视着妇女乐园的橱窗陈列。老店的橡木柜台日久发亮，储物柜带着大锁，货品包成黑乎乎一捆一捆直堆到托梁，几乎再没有客人来。鲍兑被愤怒和怨恨折磨，看着侄女答应去工作的百货商店，不停哀叹："啊，我的天啊，我的天！"他愤慨地预言百货商店终有一天会倒闭，一家新颖的商店不应该什么都卖，那岂不成了"大卖场"。"不专业的店员卖皮草，可笑至极！"他不能接受自己经历的传统被颠覆，忧心如焚。从前，他的老店是街区中生意最兴隆的，他为此很得意。现在，和左邻右舍一样，它苟延残喘，慢慢死亡，几乎感觉不到挣扎。"生意一直在放慢，客人一个一个不再上门。”而妇女乐园生意兴隆，鲍兑不得不承认他们成功了：“算他们走运，但我抗议，仅此而已。”为了支付到期的欠款，他卖掉了乡下的房子，破产的他整日抱怨，新时代一切都崩溃了，家庭也不存在了。同时，他感到自己被打败，受到了羞辱，“再没了从前作为受到敬重的一家之长的那份自信”。最后，妇女乐园要给他一个职位，他拒绝了，将自己封闭在绝望中。我们在这里看到了生物时间和社会时间之间的关系，要是鲍兑更年轻一点，他会想方设法适应，并且能够做到，但所剩无几的未来以及沉重的过去都堵住了他的出路，他得以将自己客观化的是他的生意，生意一旦垮了，他就什么都不是了，余生只是缓刑。直到最后，他还是对自己以外的世界视而不见，一味愤懑拒绝，沉湎回忆，以保持曾经的自己。类似的悲剧今天还在上演：大商场开到小城镇，导致本地商铺倒闭。在资本主义国家，资本集中造成大量此类现象。

很多活动并不因时间的流逝而失去资格，但会影响从事该活动的人。我们在前面已经看到工人、雇员、干部、公务员到某个时候会被要求退休。而医生、律师等从事自由职业的人，迈入老年时，社会对待他们的方式很暧昧，医生的情况尤为让人惊讶。有一段时间他们越老越有价值，因为人们认为年龄带来经验，人们偏好经验丰富者，而非新手。再往后，情况又有变，老医生被认为不那么灵光了，体力衰减，因此能力大减，尤其是他在人们眼中成了落后形象，人们认为他已不知晓医学上的新发现。没人找他看病，他的诊所人影渐稀。几乎在所有的领域，即使没退休、能够胜任工作，老年人也往往因偏见而被打入冷宫。

在体力要求高的职业中，生理上的退化具有决定性影响。即使还年轻，有的运动员也已无法再参加比赛。他往往在自己的领域“转业”：滑雪冠军成为滑雪团队的教练，职业拳击手成为职业拳击队的经理。有的则完全转行：卡尔庞提耶[①]开酒吧，基利[②]卖跑车，玛丽埃尔·古切尔拍电影。他们预见到了生活中会有较大转折，但是他们当中很多人难以适应，并因此郁郁不得志。舞者歌者的人生也有类似的断裂：肢体不再灵活，嗓音不再婉转。很多人便开始教授他们自己不再亲自从事的艺术，以继续留在自己的圈子里，尽管有遗憾，但是他们能够从学生的进步当中获得超越。另外一些老人出于不得已或自愿选择完全退出。演员必须考虑容貌和声音的改变，有些人拒绝正视变化。我看到 80 岁的德·麦克斯扮演年轻的尼禄。如果是一些"杰出人物"，公众往往欣赏这种不放弃：八旬的莎拉·伯恩哈特拖着一条木腿演出《阿塔丽》博得满堂彩。更多的时候，演员只能转行，戏剧里面毕竟没有那么多老年角色，电影则更少了。对于戏剧来说，如果台词很多，会对老年人的记忆力构成挑战。老演员也在离自己本行不远的领域里寻求再就业，但是选择有限，大部分老演员只能退休，陷入贫困。歌舞餐厅的演唱艺人境遇稍好，他们不需要具备高超的技巧，可以依照他们的能力对节目做出调整，年纪大本身甚至能够成为卖点。80 岁的时候，莫里斯·舍瓦利耶的演奏会取得了巨大的成功，很大程度上是因为他已经 80 高龄。然而，身体健康并且让求新求变的观众常年不离不弃，这本事可不是人人皆有。最常见的克服衰老负面影响的职业是器乐演奏家，如钢琴家、小提琴家、大提琴家，虽然身体扮演重要角色，但有时直到 80 岁，他们的才华和声望依然不减，这意味着他们没有罹患可能损害技巧的疾病，并且练习不辍。如果他们自己在生物学上顶住了时间，那么社会对他们也不会有任何苛责，因为大家只要求他们充分展示才华，而且有时候，得益于对诠释的曲目越

① Georges Carpentier（1894—1975），法国拳击运动员、演员、飞行员。
② Jean-Claude Killy（1943—1968），法国高山滑雪运动员。

来越深刻的理解，他们会在年事已高后超越自己。

脑力工作者受生理衰退的影响比其他人小，他们当中有些人在与社会的关系中享有特别的自主权，这类人就是那些创作者。他们数量不多，但其特殊的境遇使他们具有揭示意义：当老年人拥有极大机会的时候，他有什么具体的可能性？在智识艺术的各个领域，年纪和创造力的关系如何？该怎样去理解？

一名科学家在他老年时有所创造发明的情况是极少见的。欧拉在 71 岁、72 岁时写出了重要的数学著作。伽利略 72 岁时补充了他最出色的著作《关于两门新科学的对话》，74 岁时写了《数学论说与论证》。布丰在 67 岁到 81 岁之间写了《自然史》最后七卷，这是他最杰出的作品。富兰克林在 78 岁到 80 岁之间发明了双焦眼镜，并研究铅中毒。拉普拉斯在 79 岁时完成了《天体力学》。赫歇尔到 80 岁以后仍然给英国皇家学会提交重要的报告。迈克耳孙在 77 岁时发表了他和另一名物理学家莫雷所做的光速测量实验报告。高斯、巴甫洛夫老年时仍在继续他们年轻时即投入的研究，并获得进一步的成果。然而这些人是例外。雷曼那本试着在年纪与人类的智力活动之间建立关系的《年龄与成就》，[①] 参考了希尔迪叙教授的《化学简史》，指出在化学上最重要的发现都是由年龄在 25 岁到 30 岁之间的人完成的，有最多发现的是 30 岁到 35 岁，在 993 个化学发现中只有 3 项来自超过 70 岁的老年人。就物理学而言，最佳年龄是 30 岁到 34 岁，就天文学而言是 40 岁到 44 岁。雷曼特别指出，爱迪生虽然一辈子都非常有创造力，但巅峰期其实在他 35 岁时。活了 103 岁、而且到老都在工作的谢弗勒尔，他最重要的成就是 37

① 涉及艺术和文学领域，雷曼的统计方法则显得很荒谬。在科学领域，发明的数量和价值较容易量化。——原注

岁时所做的针对动物脂肪的研究。

在数学领域，老年出成果的尤其少，但有一个特别突出的例外：埃利·卡当67岁时发表了相较于过去建树全新的论文，在数学史上堪称划时代之作。他解决了他自己在28岁时提出的问题，之前连最顶尖的数学家也解决不了。类似的例子还有，但极少。老年数学家很难再有成就这一点广为人知，以至于布尔巴基学派不接受50岁以上的成员。

科学家的老化并非生理上的，他们没有过劳、神经损耗、脑力疲乏，他们当中有些人直到最后仍然身体健康，那为什么过了某个年纪之后不再有新发现呢？

回答这个问题首先必须了解，决定献身于科学对一个人而言是一种什么样的选择。他研究的对象是通过符号和抽象的概念来捕捉的普遍性，这意味着他必须“附身”于普遍概念，剪除自己的主观性，依照对所有人都有效的理性系统来思考。即使他独自工作，他也不是孤立的，他参与了一项集体工作，这工作的进展在多条路径上进行，同时努力汇为整体。今日，他通常隶属于一个团队，其中的每个人都觉得自己和别人是一样的。科学家不是冒险家，他继承了过往的研究成果，他走的路已经部分开辟好了，身边有同行者，他们会遇到同样的障碍，有时在不同的地点同时有人发现克服障碍的方法，因此整个科学界倡导并乐见某个个人有所创建。的确，即使不免受制于研究对象，科学家还是很独特的人，虽然他并非刻意追求这份独特：他对事物有自己的见解，他会发挥想象，做出自己的决定。这便能解释为什么他们有时会从群体里脱颖而出，提出创见。但由于选择了普遍性，“灵光一现”的时刻总是罕见而短暂的，我们可以理解它们往往发生在年轻人或刚迈入盛年的人身上，此时科学家掌握了自己专长领域的全部知识，全新的眼光让他发现其中的缺失与矛盾，他敢于声称自己会加以补救，因为他有一辈子的时间改正错误，让他预感到的真理结出果实。接下来要经过艰辛的工作，才能让他的发现产生后果并去验证、组织。于是事业又一次成为集体性的，其发明者并不必然是最能将其做好的人。大部分时候他是此刻、此想法的代表，而科学的发展要求“决裂”并重新开始。①

一位55岁的大数学家对我说，和年轻时比起来，现在阅读数学著作对他来说更容易，也更有收获。他的理解力、经验、综合能力都变强了，但是他的好奇心减弱了。25岁时，他怀抱年轻人的幻想，以为未来无限漫长，打算了解数学所有分支领域的所有知识。现在，他安于放弃所有与自己领域无直接关系的著作，因而在很多方面完全无知。他跟我解释，今天的数学专业越来越细分，不同分支之间的壁垒如此之高，以至于生物学的博士论文答辩他尚能听得一二，而一位数学同行的课，因为领域不同，他完全不知在讲什么。他认为一个一直没有脱离科研的人，能够在较长的时间里继续保持做出新发现的能力，但他会遭受认知障碍的困扰，而年轻人还不会有此困扰。今天，像埃瓦里斯特·伽罗瓦这样的人是不可能存在的，因为要精通现代数学这座大厦，必须是在25岁到30岁之间，这最有可能有所发明的年龄，再晚一些，我们在心理上往往会被抑制。当我们知道某个定理从未有人证明，也从未有人证伪，我们自己也尝试一番而无果，我们会意识到此路走下去是浪费时间，也就不再继续。11年前，跟我谈话的这位数学家便处于这种境地。一位俄罗斯数学家跟他说解决了这个问题。于是他又重新投入。既然能够找到解决办法，那么就不应该再放弃。他果然成功了，而且

① 我提到的那些例外，几乎都是在科学家独立工作时发生的。有些到老年才有的发明创造，带有手工作坊的性质。——原注

相当迅速，其实方法就是将自己之前非常熟悉的两个定理结合起来考虑。他对我说这种情况很常见，在这一点上，年轻人有很大的优势，他们往往并不知道自己正在研究的问题已经让很多人碰了壁，因此他们信心十足，并且有的是时间，因此他们毫无保留地投入。

这位大数学家对我说，过去以思维惯性和意识形态影响的方式束缚着年老的科学家。今天的数学以令人眩晕的速度更新着，其变化动摇着整个体系，相当于每次都要学习一门全新的语言。显然，新的语言优于旧的，因为它更恰当，更迅速，更有利于新发现。下不了决心采用新方式的人不得不把新的真理转换为自己熟悉的语汇，而这一过程会严重影响他的进度。会发生下面这种情况：一名40岁的教授听不懂自己的理论被一名25岁的年轻数学家向同龄人阐释，因为使用的新语言年轻人都懂，他却不掌握。老一辈不可能指望超过拥有最新工具的年轻人。就像到了一定的年龄再去学希伯来文或汉语，此类努力是艰难而令人灰心的，因此很多走向衰老的学者会抗拒。甚至在自己的想法面前，数学家也可能退却。这位大数学家就对我说："如果我直觉到一个定理，同时却意识到它可能迫使我重新审视迄今我所有的知识，这时候我会犹豫。"他还说："在老去的过程中，我们变得更自由，也更不自由。相对于别人来说，我们更自由了，我们不再怕让人惊讶，敢于忽视一些偏见，敢于对抗既有的观念。但是相对于自己来说，我们变得更不自由。"目前他去年写的一本数学著作正准备付印，可是那之后他又写了一篇文章，让这本书过时了。他不介意二者问世，但是如此自我推翻总难免尴尬。况且就连那篇文章也被他刚刚完成的新作质疑了。数学的进展不是平静的前行，而是一系列的争议以及由此导致的不间断的调整。要有激情有意愿去颠覆现有知识，显然年轻人更可能做到。

这个例子证实了我所说的老年人活动的一般情况：过去的重负让他前行的速度慢下来，甚至使他动弹不得，年轻一代则可以摆脱实践-惰性，大步向前。

我们可以更加准确地描述到底是什么阻碍了老科学家。首先是他的意识形态。他异化为自己的作品，即“言语材料所支持的惰性意义的整体”[①]。这是他在自身之外建构自身存在的根基之所在。他的作品在世界上是危险的，因为它为他人存在，而后者会依照他们自己的计划超越它。作者竭力维护它，与可能让它失效的理论和系统做斗争。作者乐意修正它、丰富它，但不愿否定它，尽管在某个阶段后者可能有利于进步。作品有一些惰性的要求，作者不得不屈服，这有可能将他带入死胡同。有些研究人员被意识形态诉求扭曲，竟到了篡改不符合他们结论的实验结果的地步。达尔文意识到了这个危险，因为他给自己定下规则，要立刻记下不符合他的理论的事实和想法：“因为我从经验知道，这类想法和事实，比那些有利于我们的会更容易从我们记忆中消失。”有人说他晚年拒绝听到任何与他相左的观点，奥古斯特·孔德也是。这样的固执使得他们无法根据新知识来修正过去的作品。列维-布留尔[②]是一个例外，他写于1938年到1939年的笔记里，否定了之前在原始部落中观察到的他认为存在的概念，包括“前逻辑精神状态”“参与”“非概念性”等，但是他并没有创造出新的概念。

即使科学家胸怀坦荡，还是会遇到内心的抵抗，思想观念的习惯使他固守过时的方法。他的专业是他成功的来源，他无暇跟进与自己的领域相平行的其他研究，而后者对于创新可能是必不可少的。头脑最清晰的科学家意识到这种欠缺。就在获得诺贝尔奖之后

① 见萨特《辩证理性批判》。——原注
② Lucien Lévy-Bruhl（1857—1939），法国人类学家、社会学家、哲学家。

不久，卡斯特勒教授便说他需要重新回到大学生中去学习量子理论方面的课程。某些观念对老科学家来说如此熟悉，以至于他们将其当作不证自明，完全想不到去质疑它们，可恰恰必须摆脱这些观念才能前进。巴什拉所说的“认识论的障碍”中，年龄是极重要的一项。

为保卫其落后观念，老科学家经常毫不犹豫地阻碍科学的发展，他所享有的威望使得这么做成为可能。巴什拉说：“老科学家前半生对科学是有益的，后半生则有害。”阿瑟·克拉克梳理了大量一度被科学家宣称不可能的发明，不是因为缺乏必要的知识，而是由于年纪大的人失去了想象力和胆识。在他看来，一个科学家 40 岁就算老了。80 年前，电流产生的光可以用于家庭照明这个想法被所有专家嘲笑，而 31 岁的爱迪生不懈努力，发明了白炽灯，但到后来，反对交流电的引入使爱迪生也成了落伍之人。美国天文学家纽康，在一篇著名的论文中提出比空气重的物体不可能飞起来。当怀特兄弟成功飞行时，纽康又说他们的机器不可能承载多于一个人，因而不会有任何实用价值。另一位天文学家 W.H.皮克林也持同样的观点。当时航空工程学原理已广为人知，但他们拒绝考虑其应用可能。1926 年，毕克罗拿出证据，证明永远不可能往月球发射火箭，他不认为有硝化甘油以外的能源动力，而且他计算的时候认定燃料与火箭只能是一体的。加拿大天文学家 J.W.坎贝尔在 1938 年表示必须要 100 万吨碳氢燃料，才能让 500 克到 1 千克的物体脱离地心引力。他的结论和毕罗克相同，他的计算假定火箭必须以极快的速度飞行，但是速度的推进过于缓慢，以致燃料会在高度尚低时就耗尽。英国物理学家卢瑟福 1937 年去世，享年 66 岁。他说，人类不可能找到方法来释放物质中包含的能量。5 年之后，第一个链式核反应堆就在芝加哥建成了。当庞蒂科夫宣称，我们可以借助穿透力很强的粒子，也就是中微子，去观察星球内部，其他天文学家都嗤之以鼻，然而他不久以后就实验成功。克拉克说：“在一个问题上所知最多的人并不必然是对此领域有最准确预见的人。”他对老科学家的判断比巴什拉更为严苛：“50 岁以上的科学家除了开会发发言之外已经没有别的用处，一定要让他们远离实验室。”

克拉克的陈述并不能让人满意。他列举的人参差不齐。他没有探究他们抵触的理由。他仅仅说，他们抱有偏见，令人无奈。“一个完全开放的心智，同时也是空洞的。”但他指出了一个重要的事实：知识有可能是预见的障碍而非助力。奥古斯特·孔德 35 岁时声称我们永远无法获知太阳的构成成分。我还想指出 1835 年里昂医学科学院就乘火车旅行所做的论断，他们声称人体机能无法承受火车的惊人速度：“火车的震动会引发神经方面的疾病……景物的快速更迭会导致视网膜发炎。尘土和蒸汽会引发支气管炎以及胸膜粘连。最后，对危险的焦虑让乘客处于持续警惕的状态，有脑病之虞。孕妇乘火车一定会导致流产及其后遗症。”

即使才智杰出之人，过了一定年龄往往也难以与时俱进。1934 年，55 岁的爱因斯坦评论同为物理学家的朋友厄任费斯脱的自杀，归咎于所有诚实的科学家 50 岁之后都会面临的内心冲突。厄任费斯脱清楚地理解自己不可能用具有建设性的方式解决的问题。爱因斯坦说：“最近这些年，理论物理格外喧嚣热闹的发展让这种情况更加严重。学习并教授自己不能全心接受的东西从来都是一桩难事。适应新思想的难度也越来越大，对过了 50 岁的人来说本来就不易。”

爱因斯坦自己也遇到同样的困难，他的情况很值得研究。他没有被意识形态考虑所异化。他从不追求在争论中占上风，也不看重名誉。他对真理的热爱是纯粹的。只不过他对科学怀抱着坚定的宗旨，无论如何都不可违背，那就是科学应该给世界一个和谐而理性的形象。他职业生涯的矛盾之处在于，相对论深深影响了量子论，但他自己从 45 岁开始便对量子论持怀疑态度。曾经的研究伙伴，波兰物理学家英费尔德写道："爱因斯坦在这场伟大的革命中所担任的领头羊角色不免有讽刺性，因为后来正是他背离了自己出力发起的革命。随着时间的流逝，他越来越远离年轻一代科学家，后者大部分继续量子论的研究。"

爱因斯坦经常向安东尼娜·瓦伦丹倾诉自己"数学上的痛苦"，她说："这并不是一种离婚式的对立，一边是知晓自己想法大胆的年轻一代，另一边是在过去中苟活的老者，如道路中间的绊脚石一般。他的悲剧就像一个人无视自己年纪已老，执拗地走在一条越来越人迹罕至的路上，几乎他所有的朋友、身边所有的年轻人都告诉他此路不通，肯定是死胡同。"

他也不能确定自己是对的。1949 年 3 月，70 岁的爱因斯坦写信给索洛文："您知道，我平静而满意地看着自己一生的成就。可是近看之下就不是那么回事儿了。没有一个概念让我有完全的把握说站得稳，我也不能确定我是不是大致走在正确的道路上。同时代的人把我看作离经叛道者兼反动分子，我可以说是我自己的幸存者。当然，这种说法是随大流，目光短浅，但不足的感觉的确从我内心而生。"

而他不可能改变自己的立场，在他看来，一个理论只有具备"内在的完美"才能成立，"外在的肯定"再多也是不够的。他花了 30 年试图建立的"统一场"概念便是为了满足这样的要求。基本粒子理论达不到这些要求。他立刻明白了尼尔斯·玻尔的量子理论，以至于声称"我自己也很可能推演出类似的东西"。不过他马上又说："如果这些是真的话，那么物理学也就终结了。"他不想接受物理学有不和谐的面貌，后来玻尔的设定没有那么矛盾了，它们被纳入一个新的基本理论，依靠“概率波”概念调和了微粒说与波动说。“概率波”本是在爱因斯坦的体系上发展而来，但他自己拒绝接受。他不是一个满足于旧真理的人，但同时他也不认为——依据他不愿放弃的标准——新理论已成定论。

他一直未能有机会证明他的“统一场”理论，因其太难以数学方式来表达。另一方面，对新理论的抗拒阻止了他参与量子物理学的发展。他完全不是一个以自我为中心的人，因此他的失败和孤立并不被他看成一个主观的悲剧。客观上说，几乎所有人都同意他生命最后 30 年浪费在了无果的研究上面。据他的传记作者库兹涅佐夫说，爱因斯坦 1940 年代的某些想法直到今天才在相对论量子物理学领域发展至成熟。库兹涅佐夫因此下结论说，爱因斯坦对相对论的批评“指出了量子力学的局限性，这些局限性之外已出现了更具革命性的理论的雏形”。科学就是通过否定自身来超越自身，从而向前发展，暂时落后者以后也有可能被视为先行者。不过事实就是爱因斯坦晚年阻碍而不是助力了科学的发展。

哲学家的视角与科学家截然不同。后者从外在描绘宇宙，前者认为是人创造了科学，研究的是宇宙与作为主体的人之间的关系。哲学家对科学既赞成又反对：作为人类结晶接受它，但拒绝将它看作既存真实的反映。科学家不会去质疑人，科学是通过人、为了人而存在的。对哲学家来说，人的存在本身就是问题，他将人类处境作为整体来考察。而哲学家自己也是人，完整的人，他说的话是具有普遍性的个体说的话。当笛卡儿说“我思”的时候，是他身上普遍意义的、大写的人在思考。因此他不需要别人讲话，他也不需要向任何人汇报。科学是单数的，哲学则是复数的。当然，没有任何一种哲学是从零开始创造的，哲学家受到前人的影响，遇到其他人已经提出的问题。每个哲学系统只能从内部来批判，无法援引外部资源。可以揭露它的矛盾、漏洞、不足，但不能以其他人确立的事实来反对。事实上，以柏格森所谓的“哲学直觉”为起点，可将其定义为一种本体经验，基于它来构建对世界的设想。

哲学直觉有一种不可辩驳的内在证明。面对新的哲学理论，哲学家可能接受其中某些观点，可能受启发而提出新的问题，但不会抛弃自己的出发点。他的补充、删除、修正，都是从他自己的视角出发，他人的视角与他无关，因此他人永远不可能超越他、剥夺他的资格或驳倒他。

哲学家的思想会随年纪而丰富。最初的直觉在年轻或盛年时就有了。康德是特例，50 多岁才有这个直觉。为了掌握它所有蕴含的意义，哲学家需要时间，因为他主要研究的是作为主体的人和整体世界的关系。这是一个不可能穷尽的研究项目，一旦体系建成，哲学家会退后一步，以批评的眼光审视，这会让他提出新的问题，发现新的答案。有一个例子，作品本身的性质使得它的进展停滞了下来，这就是黑格尔，他的体系在他 60 岁左右的时候封闭起来。他深信自己已经对世界的进展做了不可能更加详尽的解释，之后他将自己置于历史的尽头。作品已完成，不可能再有新的发展，对它的异议只能从外部提出。在所有其他哲学家那里，体系依然是敞开的，即便老年不是他们最多产的阶段，他们依然在此时丰富了自己的思想。我仅举两个例子，柏拉图和康德。

所有人都认为柏拉图 80 岁写的《法律篇》尽管对时间和记忆有一些颇有洞见的精彩段落，相对于其全部作品来说依然是有所倒退，可以称之为“落潮”“贫瘠化”“放弃”。柏拉图的人生经历似乎让他变得悲观。他声称“我们这个物种也不是完全没有价值”，他还说“世上恶多于善”，那些最大的善行“也被玷污了，仿佛厄运降临”。他情绪阴郁，声称人不过是神祇或恶魔手中操纵的玩偶。在这样的情况下，问题已经不是为城邦找一个完美的政治体制，而仅仅是找到最不差的体系。为了统治众人，柏拉图不再信任理性、教育、对真理的认知。而是必须将法律施与民众，并且想尽一切办法说服他们守法。在《理想国》中，柏拉图已经接受了“有用的谎言”的概念，但只是一带而过，而这一功利主义在《法律篇》中取得了毫无争议的胜利。这是一部说教性的作品，三位对话者都是老年人，之前的对话者中总是至少有一名年轻人。《法律篇》文体沉冗，柏拉图的思想变得僵化，谨慎而局促。之前作品中透出的对真理的渴求不见踪影。他老年的最末阶段呈现了思想上的倒退。

然而他最深刻、最具个性的作品是在 62 岁写成的。他需要时间摆脱苏格拉底和其他前人的影响，去充分理解他自己的概念可能蕴含的意义。62 岁时，他的演化进程出现了危机。他能后退一步看自己的作品，发现自己的理论可能招致何种反对意见，作为回应，他在《泰阿泰德篇》和《巴门尼德篇》中追根溯源，明确了自己与麦加拉学派不同的立场。通过《智者篇》《政治篇》《蒂迈欧篇》《克里底亚篇》《菲利布篇》，他的理论不断更新，不断充实。《泰阿泰德篇》中提出的错误和知识的问题，到他 74 岁时写作的《菲利布篇》中，终于有了答案：“知识就是在灵魂中模仿存在于人之中的关系。”在这部作品中，他的辩证法得到了最充分的展示。不算《法律篇》的话，柏拉图老年时期的作品代表着不断的进步。[①]

康德在 57 岁时出版了《纯粹理性批判》，写《判断力批判》时已经 66 岁，写《单纯理性限度内的宗教》时年纪更大。后两部作品以全新的深度处理了他思想系统中一些关键点，充实并革新了

---

① 某些哲学史家认为柏拉图盛年时的作品更有活力，更有创造性。伊夫 · 布莱《柏拉图的心理学》便这么认为，但他们也都承认柏拉图的老年作品有其重要性。——原注

他以往的所作。他致力于自知身后才可能问世的作品，直到智力衰退不支才罢。拉谢兹-雷伊认为，最后这些作品才是他哲学的最高成就。康德在早年作品中提出的问题，直到晚年才在《过渡》[①] 中被他自己成功解决。一个主要问题是，作为构成性的存在，精神对它本身是以何种模式存在的？在此之前，康德一直给予心理现实主义以重要的位置，这束缚住了他，不能放手严格运用超验的方法。在老了以后，他的思想完全没有僵化，反而有足够的自信克服抵触，摆脱偏见，将心理上的伪真实视为世界与自我的构建中的必经时刻。《过渡》使系统与它自己一致。意识终于在系统中找到了其自主性，并让其真实性得到承认。物消失，让位于活动。“我思”作为决定性的力量得以彰显。

当然，尽管哲学家晚年仍然能够丰富自己的思想，但他无法彻底脱出原有，去创造一个完全不同的新体系。康德预感到费希特的出现，但是我们无法想象康德会自行发现黑格尔的辩证法。和科学家一样，他也部分地被意识形态异化。他对此前概念的超越，也是建立在保留它们的基础上的，他不可能接受它们被完全否定。他也有自己的“思想惯性”，某些思维方式对他来说是如此自然而然以至于成为必要，某些假定是如此根深蒂固以至于被等同于真理。

作家是怎么变老的呢？他们一人一个样，追求的目标也如此不同，所以这个问题很难回答。有的年纪很大了还有创造力，如索福克勒斯 89 岁还将《俄狄浦斯在科罗诺斯》搬上舞台。伏尔泰最好的作品是在生命最后 20 年创作的。夏多布里昂的《墓畔回忆录》最后几卷和《朗塞的一生》都是老年之作。歌德在生命最后 25 年

---

① 指《从自然科学的形而上学基础到物理学的过渡》。

写出了他最美的诗篇《诗与真》和《浮士德》第二部。老年雨果有理由觉得自己不逊于过去："半个世纪以来，我以散文诗歌写下我的思想，不过我觉得身上的东西我才说出了千分之一。"从 64 岁开始，他又写下了相当可观的著作。叶芝也是在老年超越了自己。

上述作家都是例外，通常来说，老年并不有利于文学创作。高乃依、托尔斯泰以及其他众多作家，他们盛年时的创作碾压生命最后时期的作品。出于习惯、生计，或是为了不对自己承认衰老，不少老年作家仍继续写作，但是大部分都印证了贝伦森的话，"60 岁以后所写的东西就像冲泡了太多次的茶"。让我们想想这是为什么。作家寻求的是什么？在什么样的条件下才能得到所求？

哲学将人视为概念，试图了解人与宇宙关系的全部。作家也以普遍性为目标，但他的出发点是自己的独特性。作家并不声称自己宣讲某种知识，他要传递的恰恰是不能被"知"的，即他在这世上的存在感。传递通过一个具有特殊性的普遍性实现，也就是他的作品。要想让普遍性被特殊化，要想让作品有文学性，作家的在场必须通过文体、语气、艺术风格这类带有个人印记的手段显现。否则便只是一份资料，提供的仅是客观的、非个人化的事实，是外在的而非经由主体内化的知识。可是我本人的亲身经历如何能够变成另外一个人的？只有一种方式，那就是想象。阅读资料的读者求助于自己所处世界的一部分来获取信息，他不必离开自己所处的世界，他仍待在自己的位置上，在某个地点，在生命中的某个时刻。文学作品的读者却走入另一个世界，活在另一个主体中。这意味着他摒弃眼前的现实，走入想象。只有他阅读的作品为他营造出一个想象的世界时，这才成为可能。交流亲身经历并不是把事先写下的话语落在纸上，此时经历尚未被表达出来。作家的工作在于从未曾言说的隐晦混沌当中提炼出明确的、可以被理解的言辞。他由此创造的作品并不反映任何真实，而是以想象的模式存在。作家给予自己一个虚构的身份。萨特的《鼠与人》说每一位作家都是被“吸血鬼附身”的，指的就是这一过程。

当然，不要认为作家先有了沟通的意图，继而求助于想象力。他首先选择了想象力，后者驾驭着作家职业。个体做出这一选择的动机不一，但它始终是文学作品的源头。主体通过游戏和遐想创造非真实世界，以文字符号落到纸上将其具体实现，这便是作品。而这份不真实之所以能够成型并传递经验，恰恰因为它是现实在另一个维度上的投射。

写作因而是一种复杂的活动：它既崇尚想象又意在交流，二者的趋向十分不同，乍看甚至相反。要想以虚构的世界代替既定的世界，必须激进地拒绝后者。在现实世界中如鱼得水、觉得一切理所应当的人不会提笔写作。交流的举动意味着对其他人感兴趣，哪怕作家与人类的关系中有敌意、蔑视——就像福楼拜写作是为了让人灰心、鞭挞痛斥人类、揭露人类的丑恶，作家还是声称自己被人类认同，否则他揭露人类的计划便注定失败且毫无意义。写作这一行为本身比言辞赋予人类更高的价值。如果真的对所有事所有人彻底失望和怨恨，便会彻底沉默。

因而，写作来自对世俗世界的拒斥和对世人的召唤二者之间的张力，作家既反对又赞同世人。这是一种困难的态度，它意味着火热的激情，为了持续下去，也需要力量。

老年让力量减弱，让激情熄灭。我们已经知道，力比多的减少造成生物学意义上侵略性的降低。老年人体力不支、疲劳、冷漠，对别人不再上心。调和两个即使不能说是互相矛盾，起码也是相距甚远的计划所引起的张力，此时松弛下来。老年作家不再有福楼拜所声称的“劲头”。为外甥女破产所苦的他在一封信中写道：“要写出好东西，必须得有某种劲头。”在另一封信里他又说：“要好好写作，必须有某种劲头，而我已经没有了。”卢梭在64岁时伤感地感觉到自己创造力衰退了。他在《一个孤独漫步者的遐想》中这样说：“现在的田间仍然是满目绿色，一片秀丽，可有些树叶已经飘落，空无人迹，呈现出一种孤独的意味，让人感到冬天的临近。这是一种掺杂着甜蜜和忧伤的情绪，与我的年纪和命运相称，我不由得触景生情。我看到，自己清白而不幸的生活正在走向末路，我的灵魂还尚存鲜活的情感。虽然精神上还存有鲜花，但一切都已因悲伤而枯萎，因烦忧而凋谢。孤独而又被抛弃的我感到冰川一样的寒意向自己袭来，我即将干涸的想象力已经无法创造出虚构的美好存在来填满我的孤独了。”同一时期，他还写道：“我的想象力已经不再那么活跃，不像从前那样对很多事情充满激情。我也不像以往那般沉醉于遐思的美妙之中，现在遐想带来的更多是模糊的回忆，而不是新的创造。一种不温不火的萎靡在损害着我的天赋，我的才智在慢慢消退，我的灵魂艰难地挣脱身体的束缚向前跃进。”①

对需要灵感来写作的老年作家来说，这种倦怠更为不利。年轻时，哪怕只空有写作的欲望也能说服自己有“无穷无尽”想说的。老了，就担心自己江郎才尽，只剩重复自己。老年纪德遗憾地说：“我又落入陈腐的主题，不觉得自己还能弄出什么新意。”81岁时，他在《诚心所愿》中表示：“我认为自己想说的话，差不多都说完了，恐怕我只能重复自己了。”

自我重复的危险部分来自作家被意识形态所异化。他维护了某些价值，批评了某些观念，采取了这种或那种立场，这都是不可否认的事实。但也不排除有作家既忠实于过去又获得新生，取自由舍

---

① 蒋诗萌译，万卷出版有限责任公司。

利益。我就是这种情况：我的读者要求我把乐观主义放在第一位，尤其是涉及女性命运的时候，而《事物的力量》结尾部分以及我最近的作品没有满足这个期望，我因此受到激烈的指责。但是我拒绝让自己异化为一个固定的、不再演进的形象。

我们都知道，不管是福楼拜、陀思妥耶夫斯基、普鲁斯特还是卡夫卡，各人都只能写自己的书。它们必然带着我们的印记，因为文学表达的是作者的个体性。作者在他不同的作品中反复出现，以生活所塑成的他的全貌出现。事物改变，我们也改变，但我们的独特身份不会变。我们的根、我们的过去、我们在世界上的锚定都不会变，未来等待着我们的目标、要做的、要说的由此定义。我们并不是随意为将来做计划，它们以需求的形式嵌入我们的过去之中。这便是加缪在《反与正》的前言中所说的："每个艺术家心中都有一个独特的源泉，一生都滋养着他本人和他所言。"当这个源泉枯竭了，我们便看到作品渐渐萎缩、开裂。当看不见的水不再浇灌，艺术之土便成荒芜之地。头发渐稀渐枯，一身茅草的艺术家准备好沉默不言或继续参展，二者都是一样的。

当然，从一个含着它的胚芽开始，作品并不是机械地发展，也不是有机地发展。它通过变丰富、走弯路、倒退等方式，追随着存在的运行轨迹。从某种程度上说作品是童年就安排好了的：一个人小时候就已经具备之后一生基本上将保持的模样，就已经设想好今后要做的事情。迪斯累里从小就立志有朝一日成为部长，萨特小时候就想当作家。他们的生命被这样的蓝图指引着并实现计划。即使较晚才开始写作的人也会很依赖他们童年的经验，这在卢梭身上很明显，这些经验在被它们塑造了的人身上长久留存。写作事业按其规模，有可能很快完成，也可能至死未完成，哪怕死亡来得很晚。兰波 20 岁就自觉再无可说，伏尔泰到 80 岁还滔滔不绝。总之作品受制于有限性。老年人意识到这一点会使他在还剩下的时间里不想再继续写下去，就像纪德的例子。

某些老年作家的沉默出于另一个原因。萨特在热内和福楼拜的例子中指出，他们的志向是被他们境况的矛盾所激发，活着对他们来说几乎不可能，他们在一个死胡同中挣扎。写作是唯一的出路，他们选择想象的世界，为撕扯他们的对立寻求和解。到晚年，和解终于实现。人生总算度过了，证明活着还是可能的。

老年人最不适合写的文学体裁是小说。在这一领域也有例外。笛福所有的小说、亨利·詹姆斯最佳小说中的一部分是60岁后写的。塞万提斯68岁写了《堂吉诃德》第二部。雨果的老年作品中包括两部小说。今天令人惊叹的约翰·考伯·波伊斯，60岁以后写作了他所有的小说巨著。73岁的阿尔贝·科恩刚出版了他最出色的小说《魂断日内瓦》。但整体而言，老年作家更多地写诗和随笔，而不是小说。托马斯·哈代在60岁以前是多产的小说家，之后则只写诗。柯莱特老了以后只写回忆录。马丁·杜·加尔在《蒂博一家》之后又构思了一部小说，并为此做了好几年的笔记，但是始终未能写出。这是为什么？

莫里亚克试图回答。他在《内心回忆录》里写道："随着时间流逝，随着我们未来的时间缩短，当事情办完、作品完成、稿子交出、人生冒险抵达终点，小说人物在我们身上再也找不到活动的空间。他们夹在二者之间，一边是我们坚硬的不可动摇的过去，什么都已经不能再进入它，另一边是死亡，未必近在眼前，但已是确定无疑的存在。""青春已逝，走到最后一个路口的时候，我们自己的声音已盖不住政治日常的喧嚣，因为我们身上的一切已经沉默孤寂。于是我们宣称阅读小说使我们厌烦，我们应该阅读非想象的历史，而不是最美的想象故事。"他在1962年表示："真相是，当我们来到我们自己历史的最后一章时，所有虚构出来的东西都显得毫无价值了。”“当我们处于被称为老年的、介于有限与虚无之间的未定界限上，只剩有血有肉的造物还留存在我们身上。”

我也认为，当我们自己朝向未来的冲动被打破，去想象一个充满冲劲的主人公的确是困难的。不管是小说人物还是我们自己的冒险都不再让我们激动。至于小说家和过去的关系，我的理解有所不同。我自己的作品既有遥远的源头，也来自当下。虚构作品比其他任何体裁都更需要抹去既定，以创造非真实的世界。后者要有声有色，只有深植于由来已久的幻想。事件、时事可以给小说家一个出发点或一个落脚点，但是他得超越，而且得深深地挖掘自己才能做到。作家处理的总是同样的主题、同样的执念，所以有重复之虞。相反，回忆录、自传、随笔重构或重申了作家此前多种多样的、丰富了其生命的经验。作品中说话的人一直是他，当他谈论新事物时，自我重复的危险比较小，其余时候他只不过每次用新的借口来表达对于世界的基本的不变的看法。①

仍有机会的老作家一开始计划就扎根极深，可以永远让他保持原创性；极宏大，直到死亡依然有余。他与世界的活跃关系从未间断，所以也不停在世界中遇到请求和召唤。伏尔泰、雨果是这样的幸运儿，而其他作家则只能在旧茶叶里不断添加热水或干脆缄默不言。

音乐家很少谈论他们的工作方式。据我们观察，通常他们的作品会随着时间进步。那些很早就显现天赋的音乐家，如莫扎特、佩尔戈莱西，要是他们活得更久，他们会继续进步，还是会自我重

① 莫里亚克自身的例子证实了我这里所说的。他的《记事本》至少到某个时刻还是有所创新的，他最后一部小说则仿佛是对自己盛年作品的模仿。——原注

复？可以肯定的是，巴赫老年的作品归入他最出色的创作之列，贝多芬晚期的四重奏超越了他以前的作品。有些音乐家年纪很大才创作出代表作，如蒙特威尔第创作《波佩娅封后记》时已经 75 岁，威尔第创作《奥赛罗》时 72 岁，他最大胆的歌剧《法尔斯塔夫》作于 76 岁，老年斯特拉文斯基在保持自我的同时适应新的音乐形式，他老年的作品和盛年时期的相比更具原创性，价值也毫不逊色。对这些老年成就，我的解释如下：音乐家受制于严格的限制，必须经过很长的学习期，先掌握所有基础才能发展出原创性。这尤其困难，因为音乐是他人影响最不可避免的领域，作曲家有理由警惕脑中的各种潜移默化。如果说作家的工作是赋予他的切身经历以普遍性，音乐家的独特性开始是被压制的：他所使用的技巧和他创作所依的音场都具有普遍性，所以他起初的自我表达必然很低调。要等他小有建树之后才具备足够的自信，不仅敢于在既定规则范围内创新，而且在某种程度上敢于跳出规则。威尔第写出当时被称为“魔鬼般”的和弦，贝多芬在普通公众诧异于他的“不和谐音”时没有退缩。音乐家到老年才能迈向的自由，作家在青年时代或壮年时代便已拥有，后者要遵从的规则体系没有那么令人窒息。

画家要遵循的规则不如音乐家严格，但他们一样需要时间来挺过学这一行的难度，因而往往到了老年才创作出代表作。比如，得益于安托内洛·达·梅西纳的威尼斯之行为意大利绘画开辟的新路，乔瓦尼·贝利尼晚年确立了自己的风格，在 75 岁到 86 岁之间创作了最重要的一些作品，包括圣加扎利亚教堂的画作和著名的洛雷丹总督肖像。当丢勒在威尼斯见到他时，贝利尼以 80 高龄享威尼斯第一画家之名。高龄的提香创作了非常美的画作，伦勃朗在创作最后几幅代表作时 60 岁出头，但弗兰斯·哈尔斯在 85 岁时创作了《哈勒姆市养老院的女董事们》，达到他艺术的顶峰。瓜尔迪 76

岁时画出了《灰色潟湖》和《圣马尔库奥拉教堂的油库发生火灾》这两幅最有灵气的惊人之作，印象派已经呼之欲出。柯罗在80岁左右画出他最完美的作品，特别是《桑斯大教堂内部》。安格尔76岁创作了《泉》。莫奈、雷诺阿、塞尚和博纳尔都在晚年突破了他们自己。

和科学家相比，过去的沉重、未来的短暂对画家的困扰略小。画家的作品是由相当数量的画作构成的，每一次都置身空白的画布前，他们的工作因而是一系列的重新开始。画一幅画所需的时间少于创建一个科学理论，画家开始一幅新作时，几乎可以肯定自己会完成它。画家有作家没有的幸运：他们不必以自身为养分来生存。他们活在当下，而不是过去的延伸之中。世界为他们提供取之不尽的色彩、光线、灵感、形式。当然，画家所做的也只是他们的作品，但后者是无限期敞开的。所有创作者在生命末期都不再那么惧怕公共舆论，更有自信心。不管做什么都会受到赞赏，可能让他不思进取，批判意识不再尖锐。但他如果依然对自己严格要求，他便处于有利地位，只遵从自己的标准，无需取悦他人。作家很少受益于这份自由，因为老年的他经常已无话可说，画家却依然有东西可画，因而可享受这一绝对权利，没有它就没有天才。和音乐家一样，初出茅庐的画家也深受时代的影响：他通过上一代的画作来看世界。而学会通过自己的眼睛看世界是一个长期的过程。因此，博纳尔一开始模仿高更，把主题放在第一位，61岁他画了《小拇指餐厅》之后，主题消失，让位于色彩。他在66岁时说："我认为，当我们年轻时，物体、外在世界让我们兴奋，也就是说我们是被包裹的。后来才变为由内在和表达感情的需要驱动画家选择这样或那样的起点、这样或那样的形式。"他的素描是越来越大胆的缩图，他违反透视法，彻底远离常规视觉效果，寻求表达生命与热度，他最后几幅画作的年轻活力也由此而来。

老年戈雅不仅越来越臻于完美，而且不断创新。1810 年法国入侵西班牙及其血腥后果让 66 岁的戈雅极为触动，开始创作 85 幅版画《战争的灾难》。他目睹了 1808 年的起义，并热诚地为游击队装备捐款。但他也不拒绝为法国显贵画像。他和其他两位画家负责选送画作到巴黎，接受法国人颁给他的“西班牙军团红领带”，即通常所说的“茄子”。1814 年西班牙解放后，整肃委员会勉强赦他无罪。他为西班牙国王费迪南七世画了一幅大型肖像。1815 年，70 岁的他画了悲剧色彩的杰作《马穆鲁克骑兵冲锋》和《1808 年 5 月 3 日夜枪杀起义者》。他也画了《巨人》和一幅自画像，里面的他有着 50 岁的样貌。1815 年，他创作了名为《斗牛》的一系列版画、若干官员和朋友定制的肖像，都非常出色。1818 年《菲律宾军政府》完成之后他决定终止自己宫廷画家和服务名流画家的生涯，只为自己而画，他需要完全的自由来继续他的作品，他买下了一座远离喧嚣的房子，人们称之为“聋者之屋”，因为好几年前他就听不见了。1812 年戈雅妻子去世。为了持家，他请来一位远房亲戚阿卡迪亚，后者带来了自己三岁的孙女罗萨莉多。他在家中墙上画了著名的“黑色绘画”，不再需要考虑公众看法的他尽情发挥自己的想象力。[①]《农神吞噬其子》《女巫的安息日》《狗》，这些作品都因技巧的创新和想法的阴郁让人惊讶，同时他还创作了一系列的版画《愚行》，其中包含了《梦》和《谚语》。这些版画以尖锐的线条表现了人类愚蠢的胜利。

怀着创新的目的，他于 1819 年将 1796 年在莱比锡发现的石版画引入西班牙。第一幅石版画表现了一位纺纱的老年女性，后来他

① 一位仰慕者埃朗热男爵买下了这幢房子，将墙上的壁画转在画布上之后捐给了普拉多美术馆。——原注

又陆续创作了很多幅。

白色恐怖笼罩西班牙时戈雅已 77 岁，躲藏一番之后他流亡波尔多。他的朋友莫朗丹写道："戈雅来了，又老又聋，身体虚弱，一句法语也不会，没有仆人……但是他很满足，很愿意看看这个世界。"戈雅去了一趟巴黎，然后回到波尔多定居。他的眼睛几乎看不清了，为了作画必须叠戴好几副眼镜，并使用放大镜，但这不妨碍他创作了一系列令人赞叹的石版画：《波尔多的公牛》，还有《爱》《嫉妒》《安达卢西亚之歌》。他的绘画表现动物、乞丐、商店、人群。他很喜爱的小罗萨莉多已经 10 岁了，孩子想画细密画，尽管视力不济，他还是与她一起画。死前一年也就是他 81 岁时，他画了一幅修女肖像和一幅修士肖像，其技法让人想到塞尚。

戈雅晚年的画作经常处理老年主题，系列作品《奇想集》中的《直到死亡》表现的是 16 世纪和 17 世纪文学常出现的主题：自认为还美貌的老年女性。一个又老又丑的女人对镜戴帽，满意地自我欣赏。1817 年的《两名老妇》再次处理了这个题材，两名丑恶的老年女性对镜自视，她们身后站着时间之神，身插双翅，手持扫把。《玛雅和塞莱斯汀在阳台上》这幅画最充分地表现了戈雅与西班牙文学的渊源：一名年轻姑娘招摇地出现在阳台上，领口低垂，面容挑逗，她背后则是人们熟知的陪媪淫媒，一个极丑恶的老女人，鹰钩鼻，一副内行而阴险的表情，手里数着念珠。他在《巫魔夜会》中也画了许多女巫。80 岁时他画了一位老者，面孔被白发白须遮挡，拄着两根拐杖，配文"我一直在学习"。戈雅在自嘲对创新的渴望。

老年带给戈雅的年轻活力让波德莱尔非常惊讶："戈雅在生涯末期视力如此衰弱，以至于要别人为他削笔。就算在那个时期，他依然创作了杰出的版画、令人赞叹的油画、规模宏大的细密画，这又一次证实了伟大艺术家命运法则的奇特之处，即生命的发展与智力反向而行，一边有所得，另一边便有所失，伟大的艺术家仿佛越活越年轻，精神欢快，越来越大胆，就这样向坟墓走去。”

关于老年的一般情况——我们发现它具有双重的有限性，我们已经在知识分子和艺术家身上看到了具体的例子：他们意识到未来的短暂，意识到自己被封闭在历史不可超越的独特性之中。两个相互影响的因素定义他们的处境，一是他们最初计划的广度，二是多少会影响行动的过去的负担。能看到对于科学家来说，老年几乎总是带来不可避免的僵化和枯竭。艺术家则不同，他们经常会感觉自己的作品尚未完成，自己还能继续丰富它。然而有时他们没有足够的时间来完成，拼命赶工也是徒劳，就像米开朗琪罗，奋力工作仍未能见到圣彼得教堂穹顶完工。往往能达到一种平衡：要做的事情还很多，但时间也没紧迫到让人喘不过气来的程度。有时甚至还有进步的可能性。但是生命的这个时期令人失望的一个特征就是，虽然还可以进步，但幅度很小，最好的情况不过就是稍稍超过之前达到的最高点。有人徒劳挣扎，企图摆脱旧我，这么做只能让他们出洋相而非自新。确实，作品只能在原先的基础上丰富，其内核始终如一。

当体力衰退、患病、易疲劳使工作变得困难时，情况更加令人气馁。但还是有些老年人以大无畏的热情继续抗争。英雄主义不单表现在对抗衰老的身体上，如雷诺阿、帕皮尼、米开朗琪罗，还在于从进步中感受欢乐，哪怕这进步很快会被死亡所打断，在知晓、承担有限性的同时，依然寻求自我突破。他们以亲身实践肯定艺术和思想的价值，令人肃然起敬。不仅科学家，艺术家和作家也会受到年轻一代的质疑。博纳尔致力于丰富自己的作品，年轻人却无视他的努力，这份“严苛”令他痛苦。

对创作生涯晚期来说，最痛苦的莫过于内化他者的质疑。年轻人的反对可能导致当事人绝望甚至自杀，如凡·高、尼古拉·德·斯塔尔。一个人可在任何年龄意识到有限性及其包含的不可能性。一般来说，一个年轻人就算对自己不满意，依然可以对面前的未来抱有希望。对一个上了年纪的人来说则是木已成舟。即使他发现自己作品中的弱点，他也只能痛苦地意识到不可能再从根本上改变了。莫奈不止一次完全否定自己绘画的价值，并为此情绪低落。老年人即使满意自己的工作，也会因别人的评判而感觉它受到了威胁，后世的评价会如何更让他惴惴不安。

作品若能传世，死亡便无可畏惧。作品会在未来世代继续存在，说不定能够无限传承下去。在龙萨和高乃依的时代，这想法让他们放心。他们认为君主制将永存，文明不会改变，人也不会改变，他们为自己博得的名声将世世代代为人所铭记。如今我们不会再有这样的幻想了。我们知道社会不停演进，但最终会走向什么样的社会主义、技术官僚主义或野蛮状态？我们无从得知。可以肯定的是，未来的人类必定与我们不同。（这也是为什么在《阿尔托纳的隐居者》中弗朗兹将人类想象为螃蟹。）就算我们的信息能够传到未来人那里，我们也无法预见他们通过什么样的方式来解读。不管怎么说，一部小说、一幅画对同时代的人和对后世的意义是不同的，在当下读和看与透过厚重的过去读和看是两回事。

哪怕只考虑就近的将来，作品所冒的险也让人焦虑，越相信其价值担忧越深。首先，外部条件可能将作品抹去，弗洛伊德便担心他的心理分析会遭受此命运。另外一个担心是它可能变得面目全非，牛顿知道他的万有引力理论将被扭曲和僵化，他多次发出警告，但无济于事。尼采很怕自己被曲解，他若泉下有知，定会反对后来纳粹对他“超人”理论的阐释。虚荣的人更在意后世的名声，而非自己作品的命运。若他认为自己生不逢时，便更寄希望于未来之人：埃德蒙·德·龚古尔自我宽慰会比左拉更受后世赏识。相反，生前享有盛誉的萧伯纳认为新生代不会正确地评价他，理由是哈代、梅瑞狄斯以及很多作家都不幸经历了声誉的反转，仿佛有某种定律。总之不管是被遗忘、不被理解、被贬低还是被赞赏，在其身后的名声被决定时人都不可能在场，唯一能确定的就是"不知道"，在我看来这让所有假设都失去了意义。

为了对老年人与行动之间关系的研究更加完整，我要再考察几位政治家的老年。政治家选择的不是科学家和哲学家的抽象领域，也不是想象的世界。他坚实地立足于现实，通过作用于人来让自己时代的历史走向某些目标。这项事业可以成为终生职业，就像迪斯累里从小渴望成为部长。政治首先呈现为一种寻找内容的形式，瞄准的首要目标是权力的行使——不管何种权力——及其带来的威望。另外的情况下，可以是事件的发展让一个人投入进去：此人的成长方式让他感到自己被召唤，他责无旁贷。通常两种情形相互影响。以政治为职业的人追求特定目标，并从此为这些目标所限制，迪斯累里即如此。肩负具体使命的人寻求取得权力以完成它。无论如何，政治人物比知识分子和艺术家更紧密地依赖他人。后二者需要通过作品获得世人认可，作品的材料并非人本身。政治人物则将人当作材料：他为人所用，也将人拿来为己所用；他的成功与失败掌握在他人手中，他人的反应在他看来是不可预料的。在考察老年会带来什么后果之前，有必要先看看走向老年的人和历史之间的关系。

历史有很多张面孔。它不介入重复性的社会。中世纪历史似乎是灾难性的，救赎来自另一个世界。启蒙时代历史则被寄予厚望。

今天，它的前景兼具光明与威胁，我们的星球可能会全部或部分毁于原子弹。我见过有人对这种可能性淡然处之：既然我们死了，之后怎样有什么关系呢？甚至有人说，如果我们知道地球与我们一同消失，那就不必为任何事而遗憾了。

然而对其他人，包括我自己来说，这想法是不可接受的。和所有人一样，我难以设想无限，但我也不能接受有限。这场我将生命投入其中的冒险，我需要它无限延长下去。我喜爱年轻时代，希望它承载人类的延续，希望人类还能经历更好的时代。没有这个希望，我正在走向的老年是完全不可忍受的。

有时，政治和社会的巨变会完全改变一个人老年的面貌。巴士底狱被攻陷之后，康德改变了他原先雷打不动的每日散步的习惯，去等邮件马车带回来自法国的消息。曾一直盼望进步带来社会与个人全面发展的他，确信法国大革命印证了自己的预见。如此运气颇为罕见，因为日常生活中失败是家常便饭，成功可遇不可求。我们的期待往往受挫，很少能品尝到毫不含糊的胜利的喜悦。物理学家普朗克表示："真理从不会获胜，只是它的对手都死了而已。"从个人角度来说，阿尔及利亚战争令我极为痛苦，独立付出了如此惨重的代价，我无法怀着喜悦迎接它。米拉波说："通往善的道路比通往恶的更不堪。"年轻时人抱着未来无限长的幻觉，一下跳到路的尽头；后来，我们再也没有足够的劲头去超越所谓"历史的意外代价"，它们实在过于高昂。至于历史的倒退，则几乎是确定无疑的。年轻人希望看到明天是不同的，后退一步可能是向前一跃的准备。而老年人即使长期来说对未来抱有信心，也不期待看到这种反转。信念不能使他们免于眼前的失望，有时他们信念丧失，无力改变的历史事件仿佛否定了他们的整个人生。卡萨诺瓦的悲哀之一就是亲见法国大革命摧毁了他所经历的旧世界。他从幽居的波希米亚的城堡里称米拉波为“卑鄙无耻的作家”。

这种幻灭有一个突出的例子，那就是阿纳托尔·法朗士，他是一个饶勒斯式的社会主义者，也就是说怀有人道主义和乐观精神，在他的想象中，一个更美好、更公平的世界即将以非暴力的方式诞生。1913年他69岁，认为“世界人民正在走向和平”。他表示，“无产阶级人民很快就会实现大团结”。他相信每个国家的无产阶级都随时准备起来反对战争。他还认为资本主义不必然导致战争。德国之行回来以后，他肯定地表示：“可以确定德国不想要战争。”他在1914年4月发表了讲话，表示即将出现“和解的欧洲联盟”，他相信人类的理性，杀戮、破坏对所有的人都是有害的，人类有足够的理智，知道什么是有利的。1914年8月，他从云端跌落，震撼如此之大，甚至10月时他一度想到自杀，他写信给一位朋友：“我再也受不了活着，我就这么半死不活地在世上挨着，求你帮我弄些毒药。”他发表了几篇过后令他汗颜的文章，以顺应局势的论调谴责德国军国主义，但后来他不再发声，直到停战。从他的通信中，可以看到他抛弃了对理想主义和改良主义的幻想。他从此认为民众不可能阻止战争，常常彻底陷入绝望。1915年12月他写道：“活着让我难以承受，我只对虚无又饥又渴。”1916年6月：“我的理性抛弃了我，杀死我的不是人之恶，而是人之愚。”1916年12月：“人类愚不可及。”他愤慨于人们无法阻止战争。在一封愤怒而嘲讽的长信结尾，他写道：“我们不急。战争不过是让法国每天死一万人而已。”1917年11月：“我有无限的悲伤和担忧。”他为被克列孟梭定了罪的人发声，包括他低调支持的卡约和高调支持的拉波波尔。他又写道：“我多活了一年，甚至多活了70年，我甚至不再期望蹂躏欧洲的恐怖能终止，我什么也不信也不想了，我只渴望永恒的虚无。”

俄国革命令法朗士震撼："走向美好未来的决定性的第一步是践行卡尔·马克思的思想。和平主义已经过时了。"战争向他表明了暴力的必要性，但他并不轻易向这个想法低头："我很担心这场战争结束并不意味着暴力时代的终结。为了确保全面非军事化，各国人民必须起而反抗……这场可怕的战争，孕育着三四场同样可怕的战争，这就是骇人的事实。"这个事实令他备感煎熬。他在1918年10月3日写道："和人们设想的老年情形相反，我的心变得更软，人生对我来说成了不断的受刑。"

签署停战协定以后，他满怀着"战争会带来世界革命的希望"，明确对苏联表示赞赏。1919年的罢工和工人运动让他相信社会主义即将到来，他重新公开投入斗争中。他号召选民："只有阶级消失，阶级斗争才会消失，一切都让我们加速往社会主义前进。"他既未加入社会党，也未加入共产党，但在两党中都有朋友。1922年，他在《人道报》刊载了一篇《向苏维埃致意》，称它为"第一个由人民做主，为了人民的政权尝试"。他和巴比塞都隶属光明社这个团体。然而，在他的通信和谈话中，他都显得非常悲观，对自己身后的名声持怀疑态度。1921年，在《生命如花》一书中，他不看好未来，写道："我们将来的名声比最后的古典拉丁作家强不到哪儿去。"他认为欧洲及其文明都会消亡："恶的力量掌控了世界。""欧洲堕入了野蛮。"他仍愿相信的社会主义已经完全不是他曾经梦想的样子。在高尔基的号召下，他谴责在莫斯科对社会主义者的审判，他无法否认自己实践过的人道主义价值，如宽容、资产阶级自由。但他的思考方式和文风都过时了。他试图跟上历史潮流，但他只能是另一个时代的人物，他的话不再起任何作用。1923年，他受到《人道报》的猛烈攻击，指责他的业余、无政府主义、怀疑主义，他被逐出了光明社。虽然他努力适应新时代，但一战完全破坏了他对一个理性又幸福的世界的希冀。

威尔斯在1940年的失败更为彻底。70岁时，他仍然惊人的年轻，并且非常适应他的时代。他去了美国，跟罗斯福总统见了面，梦想能够拉近东西两个阵营。他意识到自己失败了："我失败了，我从事的事业对我来说过于宏大。"二战爆发，他震惊之下病倒。谈到1942年的世界，他表示："这景象彻底摧毁了我。"他说自己"话已说尽"，宣称："作者已无话可说，以后也如此。"他活到了1946年，一直处在厌世和绝望中。他对人类的信心已死，他所有的工作、之前所有的抗争乃至他生命的意义都基于他对同类的信心，一旦失去，再也无处可依，他只能撒手，祈愿虚无和死亡。

这样的绝望可能导向自杀。弗吉尼亚·伍尔芙远离政治，属于特权阶层圈子，宣战和轰炸伦敦对她刺激太大，58岁的她无法承受自身世界的破碎。① 老年人更甚，他本来便觉得受到外部的威胁，他会认为已经输了，抗争是徒劳的，最好就是一了百了。法国被占领时，老年犹太人自杀的也很多。

如果老年人参与挑起了事端，过后又后悔，那么他所受的影响要甚于年轻人。年轻人不会陷于无用的悔恨，而是会竭力阻止事情发生，老年人却已没有足够的时间来改变事物的进程。爱因斯坦最后几年就是这样。他清楚地意识到科学家对科学的应用负有责任。他对基于自己的研究让原子能利用成为可能所导致的后果有所担忧。战前他就说："尽可能推迟这个威胁是我们这个时代最紧迫的问题。"1939年，物理学家维格纳和西拉德担心德国率先研制出铀弹，便说服爱因斯坦写信提醒罗斯福总统。他照做了，并且建议在政府和研究核反应的科学家之间建立密切联系，美国必须取得铀并

---

① 她之前已有几次抑郁症发作，彼时便有自杀的想法。——原注

加速实验。建议被采纳了。爱因斯坦很早就预料到了后来发生的事。1940年起，每谈到这封信，他都认为是自己一生最不幸的事件。听闻用原子弹摧毁日本城市的计划，他给罗斯福总统递交了一份备忘录，后者直到离世都未打开。爱因斯坦不认为单凭一个人的力量真的能影响历史。1939年所写的那封信有其理由，毕竟当时德国造出铀弹的可能性的确存在。他并未因此事过度自责，令他感到痛苦的是无穷无尽的科学发明往往被用于破坏性的目的。

若更年轻一些，他肯定会坚决投身于推动和平的斗争，可能会以某种方式让原子弹发挥不出效能，但为时不长的未来使得他不再奢望任何解决之道。

哪怕历史并未发生任何灾难，老年人也可能从中得不到满足，如阿纳托尔·法朗士，只能勉强跟得上形势。我们都知道老年人很难适应新的一套。大部分时候他们也不想改，他们受限于自己的意识形态。说出或写下的话、创造出来的角色构成了“外在于己的存在”，将他自己异化。一位老教授和他每年反复讲的大课融为一体，和他来自此课的头衔和荣耀融为一体。改革让他不满，不只是因为他已不知如何以对话来取代满堂灌，而且因为他认为这让自己失去了存在的理由。以政治活动为业的老年人，也被沉重的过去所累，他往往理解不了当前这个与自己年轻那会儿相距过远的时代，他缺乏必要的知识工具，他由自己的人生所塑造，面对准备不足的情况，无法给出正确回应。盖埃诺后悔自己在1940年盲目坚持和平主义，尚年轻的他写道：“我这个年纪的人内里已积聚了太多束缚住手脚的回忆。”他没有意识到“战争”“和平”这两个字眼儿在1914年和1940年的意义并不相同。有时候来自某些经验的教训有失效的可能，当情况改变时，某些抽象的原则必须重新考虑。当阿兰和盖埃诺一样与维希政权合作，他是自己过去回忆的受害者，但也由于他没有正视当前的局势，走不出自己的意识形态——一辈子主张的和平主义。罗素也因同样原因犯了同样的错误，把自己推崇的事业看得高于一切，而不顾实际情况，甚而至于以和平为名，要求英国不抵抗纳粹。

让内特·维米尔什[①]的例子尤其说明问题。从年轻时代直到1968年秋天，历经世事的她立场从未稍变，无条件支持苏联，是铁杆斯大林主义者。斯大林去世之后，她试图在法国阻止去斯大林化，与变动中的世界越来越脱节。共产党改变了政策，她却停留在过去的立场。捷克斯洛伐克危机甫一发生，她立即赞同苏联领导人，那都是与她同龄、相熟的人，对她来说他们是真理的化身。她在党内受到孤立，在中央委员会中没有一个支持者，她只得辞职。她过时的僵硬立场有意识形态的原因：她拒绝质疑自己的斯大林主义，以及她与之合作多年的多列士的政治路线。这种拒绝质疑自己的态度，几乎见诸所有老年人，原因也不难理解，因为就像黑格尔所说，真实都是演变出来的，我们把过去犯的错误看作必要阶段去承担，但前提是我们能够探索新的事实，跟随它的发展并丰富我们自己。如果未来被堵死，那么人便执意瞄准过去，且不改变原有的想法，这种现象虽不是必然的，却司空见惯。

我们在研究各历史时期的社会时已见到，无论何种政体下，无论隶属何种政党，老年人通常站在保守派一边，他们很难摆脱塑造了他们的过去，他们透过往昔看当下，且对当下理解有限，他们既没办法也没时间尝试适应新事物，他们的利益甚至阻碍他们尝试，竭力维持现状。革命总是年轻人所为，当年轻人老了以后，除非革命制度化，他们才会继续领导，而且他们的角色往往只是名义上的

① Jeanette Vermeersch（1910—2001），法国政治界人士，法国共产党党员。

而无实质性。政治人物在老年往往看到自己被取代，他们代表了历史的一刻，而历史改变，并呼唤新人。皮埃尔·库贝尔在他的《路易十四与两千万法国人》一书中表示："他为君主制留下了令人赞叹的形象，但他临终之时，这个制度已满面皱纹，行将过时。就像许多君主以及几乎所有的普通人一样，他老了以后愈发死板僵化。"路易十四经常感到时代不再属于他，机会已离他而去。我们都知道他在拉米利战役失败之后对维尔卢瓦将军所说的话："在我们这个年纪是不幸福的，将军。"作为绝对君主，他保有王位，但"过时"的部长就没那么幸运了。历史上从声名显赫跌至尘埃的例子比比皆是，而且政治人物多有野心，因而难以忍受自己的陨落。老年夏多布里昂郁郁寡欢，主要因为在公共事务中，他已无立锥之地。我认为仔细研究几位政治人物的晚年是有意义的，它涉及一场复杂的冒险——他的过去、他的身体状态、事件的影响、历史的反目的性都在其中起到一定作用。我将举三个例子，上述因素中各有一项为其主导。

克列孟梭的例子让我们看到一个一辈子坚持年轻时的政治路线的人。对过去的坚守让他被现实局势甩在后面，人们常说："想保持原样，就必须改变。"克列孟梭执着于某种形式的民主，从极左派投靠了反动阵营，而后者因其之前的经历不喜欢他，他的价值、他的性格、大家对他的需要将他带到了荣誉的顶峰，但旋即失势，因为法国的新政治生活中已没有他的位置。

丘吉尔因为预言了战争并号召备战而被选为战时主政，但当和平再度来临，他却没做出必要的努力去取得英国人的信任。而且他也做不到，因为他未能与时俱进，不了解新时代的新问题。不可抗拒的身体衰退更让他的老年增添愁苦，他尽力挣扎，还是被逐渐摧毁。

一直到最后身体都很健朗的甘地，圆满完成了他为之奋斗终身的事业：印度的独立。他为此使用的手段——尤其是对宗教性的推崇——带来的后果却背弃了他一生的原则，让他在离世之际陷入绝望。

克列孟梭的父亲是坚定的共和派，反对帝国，克列孟梭在对法国大革命的崇拜中长大，年轻时起便热烈拥护父亲的主张。在巴黎学医时，他和一群实证主义无神论青年过从甚密，经常投书一份具有颠覆思想的报纸。1862 年，21 岁的他还被关进马扎斯监狱，因为他写文章鼓动工人 7 月 14 日到巴士底广场集合庆祝大革命周年纪念日。出狱后他受到布朗基的影响。在美国度过的四年让克列孟梭更加深爱民主。1869 年，他与一位美国女子结婚，回到法国后于 1870 年投身政治，被任命为巴黎十八区的代理区长。1871 年 2 月 8 日当选为巴黎市议员。法国投降让他愤怒，1871 年 3 月 1 日，在波尔多议会，他与雨果以及其他四人一起投票反对将阿尔萨斯和洛林割让给德国。回到巴黎之后，他试图在政府与巴黎公社之间调停未果。在梯也尔的影响下，国民议会拒绝通过一部准备市政选举的法律，他因而辞职。梯也尔说："要先让巴黎屈服。"克列孟梭认为，要实现真正的民主，法国必须依靠人民。1874 年市政选举，他当选议员。1875 年成为巴黎市议会主席，后又当选为十八区议员。

议员生涯之初，克列孟梭属于左派甚至极左派。他要求大赦巴黎公社社员，但直到 1879 年才部分实现。从 1881 年开始，他所属的政党更名为"激进社会党"，他是党内最出色、最有号召力的成员之一。在议会以及文章中，他为之摇旗呐喊的事业包括共和国世俗化、教育去宗教化、新闻自由、集会权、国民教育体系、经济改革等。他所属政党的主张被认为非常进步：工作中的强制保护措施，将工会视为法人，改善工人的处境。

克列孟梭的口才让对手畏惧，他反对儒勒·费里的殖民主义。他先后导致弗雷西内、甘必大、费里倒台。作为左派无可争议的领袖，他被人叫作“内阁倾覆者”。他参与了挫败布朗基主义，德鲁莱德出于报复，试图让他卷入巴拿马丑闻。他奋力自卫，证明了自己的清白，但终究还是失去了议员的席位。

52 岁的他投身新闻界。他关注的不仅是政治，也采访作家、画家，热情支持印象派和罗丹。饶勒斯认为克列孟梭的文章表明“他的社会主义思想越来越清晰”。他在德雷福斯案件的重审中扮演了至关重要的角色。

1893 年，他当选为参议员，支持孔布反对教会组织，捍卫政教分离法，但也赞同教育自由。作为“进步社会主义者”，他开始与主张没收资产阶级财产、将生产和交换关系全面社会主义化的社会主义者渐行渐远。他拒绝阶级斗争，希望通过议会道路实现社会改革。

他忠于 1848 年革命精神，在 1882 年的矿工大罢工中，维护工人的罢工权利，反对矿业公司。他揭露了伏尔米惨案。

12 年后，他被任命为内政部长。这时他的政治立场发生了转变。并非他改变了，而是局势已完全不同。自由主义社会虽然还是一样，但无产阶级人数激增，贫困加剧，由此造成的社会紧张非极端措施不能解决。克列孟梭首先寻求的是维持共和秩序，即资产阶级秩序。罢工首先在兰斯爆发并发展为暴动，他派去的军队向工人开了枪。他出动部队到任何他认为有必要的地方。他自称“法国头号警察”。社会主义者猛烈攻击他，而社会主义者与激进力量之间从此彻底分道扬镳。

1906 年，65 岁的克列孟梭成为议会主席。他是当时众议院占多数的激进党的党首，现在他们的对手是进步派力量。工会要求革命，到处爆发严重的冲突，克列孟梭则以武力应对。镇压是非常血腥的。1908 年，在维尔纳夫-圣乔治，官方承认的数据是 4 名工人被杀，40 人受伤。克列孟梭强烈反对公务员成立工会，社会党人尤其饶勒斯起来反对他。他还给了反动派其他保证，如授予利奥泰全权，让他占领卡萨布兰卡内地。尽管他关心国防问题，任命福煦为高等军事学院院长，右派却依然指责他忽视国防。耶拿号战舰发生爆炸以后，德尔卡塞控诉海军部门的严重不足。政府倒台，白里安组成了新内阁。

这个时期的克列孟梭体现了我之前所言：上了年纪的人坚持之前的立场，发现自己跟不上形势。克列孟梭所认为的“社会主义”太过老旧以至于蜕变为反动政治立场。

他表示很高兴重获自由，动身前往南美宣讲民主。他宣称自己是“民主的排头兵”。回到法国后，他于 1913 年创办《自由人报》，几乎每天发表文章。他感觉到战争迫近，希望能避免战争，但反对和平主义。他为主张将兵役延长为三年的法律造势。

战争爆发后，他对战争进行方式的批评过于激烈，《自由人报》遭禁。他则以《囹圄人报》为名另起炉灶。1914 年维维亚尼邀请他入阁，他拒绝了，认为只有自己能救法国，要做就做议会主席。1915 年 1 月起，他在参议院的军事与外交委员会主席的位置上发挥了重要作用。75 岁高龄的他亲赴前线视察战壕，在杜奥蒙要塞度过一夜。他激烈批评卫生部门组织涣散。在他的报纸上，他也与“失败主义”做斗争。他呼吁美国给法国以帮助。1917 年 5 月 15 日军队哗变，他发表了抨击内务部长马尔维的讲话。

他的爱国主义、他的能量使他在国内备受爱戴。而在政界他却遭遇各方的敌意。庞加莱痛恨他，指责 77 岁的他“倨傲，善变，轻率”，但还是邀请他组阁。克列孟梭已有些耳聋，但头脑清晰，在位的26个月每天从早上六点工作到晚上十点。他身边是新的团队。时局紧迫，为挽救局面，他招募新兵，通过预算，与失败主义做坚决斗争。社会党猛烈攻击他，他支持福煦统帅全部军队，成功让联军集结在统一的指挥之下。德军开始后退，他以胜利者的姿态在被解放的地区受到热烈欢迎。莫达克说："这不仅仅是热情，而是真正的疯狂，竭尽全力才能避免他被围拥到窒息。"做部长时受到攻击的克列孟梭算是扳回一城。他说："要有极强的克制力，才抵得住这样的激情，它安慰了我之前的苦涩。"庞加莱和贝当等政治或军事领袖都主张把德军一直打回柏林。克列孟梭则支持签署停战协议的福煦，后者称："没人有权让流血继续下去。"这还不是唯一的理由：战争的目的已经达到，公众舆论要求停战，"玩弄军队和国家的士气"是危险的。[①] 另一方面，若战争持续下去，美军的角色会越来越重要，和平会变得越来越取决于美国。福煦和联军其他领袖一样，担心双方的敌意延续下去会助长布尔什维克主义在德国传播。

克列孟梭宣布签订停战协议，众议院参议院掌声雷动。战争部外面聚集的民众要求他来到办公室阳台，报以热烈的欢呼，他激动落泪。然而到了晚上，他的欢喜便消失了，他的子女带他到巴黎大饭店，让他看歌剧院广场上欢欣的群众，他默默地看着。女儿对他说："告诉我，你很开心。""我不能，因为我并不开心，这些都毫无用处。"人们称他为胜利之父，为他塑像。他则为未来担心："现在必须赢得和平，而这可能更加困难。若担心自己名声的话，我应该现在就死去。"他很疲惫，消化不好，手上出现荨麻疹，睡眠不佳。

---

① 见塔尔迪厄《和平》。——原注

他去了伦敦，受到热烈欢迎。民众的热情让他泪洒斯特拉斯堡。他回到故乡旺代短暂休息，为和平大会揭幕并开始高强度工作。1919年2月9日，一名23岁的无政府主义青年柯丹拿手枪对他射击10枚子弹，其中一枪击中了他，好在未受重伤。①

与美国总统威尔逊的谈判并不顺利。克列孟梭保卫法国的利益，原则上争取到了德国赔款。法国军队占领莱茵河左岸15年并获得一些其他利益。然而，福煦指责他让步过多。右派人士开始称他“胜利之负”。国内罢工重启，到处响起要求权利的呼声。在他的命令下，发生了残酷镇压，警察用暴力驱散了示威的战争遗孀。5月1日，荷枪实弹的士兵冲向工人队伍，造成了死伤，警察甚至对由伤残退伍兵组成的队伍都不放过，野蛮至极。克列孟梭通过了8小时工作制的法律，但是他在工人中再无声望。6月28日，《凡尔赛和约》签订，当他和威尔逊总统走出大厅，二人被兴奋的民众挤得几乎走不动路，但是他并不满意这和平。在他看来，法国未得到必要的保证，许多政治人物也严厉批评和约。康邦表示，这不啻一个火药库。

整个左派都反对他，指责他“狭隘的爱国主义与复仇主义”。知识分子不满他的民族主义，普通法国人指责他没有全力维护法国的利益，他的声望大大受损，他渴望退休，不过他还是发表了几次讲话。一些国会议员希望能够修改宪法，他则反对改动。他鼓吹团结，猛烈攻击布尔什维克主义，引起极左派的愤怒。选举前五日，巴黎印刷工人发起总罢工。

“国民联盟”也就是右派选举获胜，这就是所谓“天蓝色议会”，多数派由左派的政敌组成，克列孟梭虽然不快也只得接受这

① 此事背后的真相不得而知。柯丹先被判了死刑，后来获得大赦，再后来被释放，他似乎是宗教狂热分子。——原注

样的结果。历史学家皮埃尔·米盖尔[①]表示："克列孟梭错过了下台的机会，天蓝色议会始于克列孟梭左派的挫败。"

11月8日新的议会第一次开会，他情绪激动地接见了阿尔萨斯和洛林的众议员，受到热烈欢呼。他没有寻求连任，他已经80岁，累了。朋友们希望他能竞选总统，他抗议道："他们这是要我的命。"伦敦回来之后，也许在劳埃德·乔治的劝说下，他同意参选总统，但是心不在焉，以致政敌指控他鄙视议会。作为著名的反教会人士，他反对法国和梵蒂冈重新建交，这得罪了所有的天主教徒，后者与社会党联合了起来。福煦、白里安、庞加莱都攻击他。选举前一晚的准备会议中，德夏内尔得到了大多数人的支持。第二天，他拒绝出席并宣称要是大家不顾他的意志的话，他即使取得了多数票也不会上任。当天晚上，他对巴雷斯说："我还能做个有用的人，但对我来说，这样最好。我80岁了，别人不知道，我自己可清楚得很。尽管有时这很残酷。"第二天德夏内尔当选总统。

"被迫退休"让他不无苦涩，他的傲气受挫，退居旺代海边一栋孤零零的小屋，从此不读别人对他的评论，无论是褒是贬。他的身体惊人得好，游历了埃及，还到印度各邦做了极度劳累的旅行，回来后声称："我感觉比任何时候都年轻。"阿尔弗雷德·卡普表示："衰老的他仿佛在积累而不是消耗生命。"政治形势让他痛心，在科西嘉萨尔泰讷的演讲中哀叹《凡尔赛和约》执行不到位。很多事情让他痛苦，包括美国置身事外、赔偿问题、对德国的让步、他痛恨的白里安重新掌权，以及他所称的法国的道德沦丧。他通过中间人来抗争，创办了《国家回声报》，委任塔尔迪厄为主编，但以失败告终。

---

① 庞加莱的传记作者。——原注

《纽约世界报》询问他对美国在战时与和平时期扮演的角色的看法。他决定以私人名义去美国，亲自说明。他 11 月 11 日启程，受到热情接待。81 岁的他三个星期发表了 30 场讲话，试图“唤醒美国人”。每每听者云集，喝彩者众，但这趟旅行在政治上毫无效果。不久，对德国鲁尔区的占领激化了美国和法国之间的敌意。

返法以后尽管有人相邀，他还是拒绝回到议会，只是悲伤地看着世事的发展。他在 1922 年 4 月 26 日写道：“热那亚的情势一天比一天糟糕，劳埃德·乔治为所欲为，无论是和英国断交或是屈从，都是落入渊薮。我的痛苦无以言表。”还有：“被政府背叛，被新闻媒体背叛，这就是我们法国人民的命运。”他指责白里安对德国让步，当庞加莱在 1922 年继任并占领鲁尔区，他认为此举来得太晚，已不值得赞许，甚至还很危险。他给朋友的一封信上说：“我觉得您的朋友庞加莱像个在火药桶旁摆弄点着的柴棍的孩子。”

他走路或坐车去海边散步，栽种玫瑰，接待访客，聊以自慰。他撰写《狄摩西尼》。他给朋友的信上表示：“一言以蔽之，我 82 岁了。身体还行，脑子还清楚，心也不错。”还有：“我没什么要求，我还不至于被人指责自私。在这迥异的命运激烈冲突的世界，我多少可以快乐地死去。”他还撰写了《思想的黄昏》，他在 1925 年 10 月对沃姆赛说：“靠着这个①，我度过了美好的四年，而不是哭泣……很奇怪，不是吗？我的生命晚年和我的过往、我的性格如此矛盾，原因在于我的工作，它吸引了我的精力，训练了我，让我不再为嘈杂世事烦心。”

当然，他也有极度疲倦和消沉的时刻，他的信件和谈话透出忧

---

① 指写作。——原注

郁。庞加莱之后的左翼联盟想缓和与德国的关系令他震怒；他眼见卡约和马尔维恢复名誉还当上了部长；白里安签署了《洛迦诺公约》，被奉为新的和平捍卫者。对克列孟梭而言，这是一连串无可忍受的侮辱。1926 年，全国团结内阁成立，他的两大宿敌白里安和庞加莱都在其中，克列孟梭的愤怒无以复加，塔尔迪厄竟也接受入阁，他遂与之断交。美国总统科立芝要求法国偿还债务，他愤而致信后者。他预言："再过五年、十年，只要德国人愿意，就能打到我们家门口来。"倒让他说对了。他还说："我们处在一个卑鄙的时代!"勒内·本杰明到他乡间的家拜访，克列孟梭对他说："20 世纪的法国，昙花一现的可怜虫，完了。而我已超然……一个配得上被称为人的人，置身统治我们的侏儒之间，会恶心而亡。我现在这样就很好。"他对未来的预测是悲观的："你们将会分崩离析。用不了太久。白里安与德国会给你们安排好的。你们所享的和平将是腐朽堕落的。"他失去了所有的激情和所有的信念："希望？不可能。我无法再希望，也无法再相信什么，尤其不再相信曾经让我激情澎湃的民主。"

克列孟梭与克洛德·莫奈有深厚的友谊。他十分欣赏《睡莲》，建议后者将其捐给国家。美术管理机构将橘园送给画家使用。然而被克列孟梭称为"执拗之王"的莫奈百般推脱并反悔捐赠，尽管后来还是同意了，但直到莫奈 1926 年 12 月去世，画作的安置尚未完成。此前半年，克列孟梭失去了珍爱的友人乔弗若瓦。弟弟阿尔贝和忠实的仆人克洛蒂尔德都撒手尘寰。他备感孤独："啊！来到人生终点是多么悲哀，身边再无一人。"他的健康也变糟了："我几乎要为身体这么好感到遗憾，唯一的问题是迈不动腿。"他说工作带给他"年轻人一般的快乐"。他写了一本关于莫奈的书。1929 年 4 月福煦的《回忆录》在作者去世三周后出版，其中对克列孟梭的批评让后者很受伤，写了《胜利兴衰记》作为回应。攻击令他伤心："我尤其怪他[1]不让我在谦卑而骄傲的沉默中度过余生，那是我安放最深的欢乐的地方。"不过他很满意地谈到了过去："我拥有了一切……一个人所能有的一切……一个人在这世上最荣光的时刻！那可是停战啊，我的孩子们！"直到最后，他仍保持着惊人的活力，只是在临死前一天，他才喃喃道："我老了。指甲都软了，我还紧抓生命不放手。"

克列孟梭硬朗的老年与丘吉尔对比强烈，尽管二人不乏相似之处。1940 年，66 岁的丘吉尔出任首相。战争胜利之际，他也被看作国家的拯救者，名望极高。然而，他也一样在战后即被逐出权力圈。不过，从身体状况来说，他的命运与克列孟梭非常不同。

1940 年，丘吉尔被视为天选之人，整个英国都要求把大权交付于他。他早已担任议会议员及部长多年。1911 年他担任海军第一大臣，使英国舰队强盛起来。1930 年，保守党败选，鲍德温内阁倒台，丘吉尔也失去了财政大臣的职位。此后十年，他远离政治圈，但做过几场有名的演说，他很早就洞察了纳粹德国威胁的严重性，他的观点经新闻报道广泛传播。他为英国重新武装摇旗呐喊，斥责对希特勒的种种让步。人们指责他是好战分子，但是战争一爆发，他变成了先知，当初不听劝的世人则有罪了。英国的大街小巷贴满了海报，上书："温斯顿上台！"张伯伦任命他为海军大臣。1940 年 5 月 10 日，德军入侵比利时，张伯伦辞职，丘吉尔出任联合政府首相。他发表了著名的演说："我能给予国家的只有热血、辛劳、眼泪与汗水。"此时他 66 岁。

---

① 指福煦。——原注

战争期间，他一人顶三人用，八点起身，工作到中午，睡一个小时，再工作到凌晨两到三点。1943 年 12 月起，他的身体大不如前。他在迦太基病倒，此后再未能完全恢复。他的医生雅克·莫朗记下了他每天跟衰退的身体和智力斗争的悲壮过程。1944 年 9 月 22 日，70 岁的他说："跟头脑有关的还好，但我感觉很累，我清楚地知道我的事业已完成了，我曾经有话要说，现在没有了。从此我只想说一句：可恶的社会主义者。"过去对他影响至深。他写信给斯科比将军："我们得守住雅典，这于您将是一大战功。有可能的话尽量不流血，但有必要的话也只能流血了。"1953 年他评论自己这番话，说当时想到的是贝尔福对爱尔兰的英军下的命令："尽管开枪不要犹豫。"他补充说："这遥远过去的回忆一直萦绕在我的头脑中。"这番援引或许是辩解的托词，事实是他对形势的适应已经不如从前。尽管在雅尔塔他对斯大林做了让步，但不能说是他的错，因为他坚定而不乏技巧地保卫了自己的观点。但他的健康继续恶化，工作能力降低，讲话变得啰嗦，令内阁成员厌烦。他过于沉浸在自己的想法里，对别人怎么想不感兴趣。这种隔绝状态愈发严重，他已听不懂别人的想法，而且有些失去了现实感：在伦敦的大街上和下议院他总是受到如此的欢呼，以至于他认为立法选举中保守党一定会胜利。1945 年他热忱地投入选举，但没有认真制定过硬的竞选纲领，只是警告说工党若上台会引发灾难，导致国家主义、警察国家。如此攻击他整个战争期间与之合作的对象令民众不安。人们不禁发问，他的好斗在战争时期有用，在和平时期是否有害？保守党的核心机构从 1940 年起便休眠一般失去了与大众的接触。工党则推出吸引人的纲领，如社会服务、充分就业、降低生活成本、国有化某些工业。他们很好地宣传了自己的主张，人们说："工党有纲领，保守党有照片——丘吉尔的照片。"

工党取得了压倒性胜利。丘吉尔黯然辞职，苦果难咽。他后来写道："我被英国选民赶走了，再也无法参加之后的事务。"他受不了"失业"，陷入抑郁。有人建议他巡回演讲，他回答："我拒绝让自己像头老公牛一样展示给大众，我的声望不过都来自当年勇。"他保留了下院议员的席位，但一度不参与任何政治活动。他退隐乡间，作画并开始写回忆录（质量远逊于一战回忆录，且出自合作者之手的篇幅也大大增加）。之后他出任反对党党魁，重新开始一次不落地出席下院会议，攻击政府的经济政策，尤其攻讦去殖民化政策，其激烈程度让他的同党也感到难堪，希望他隐退。1949 年，一次发病让他成了聋子，他的记忆力衰退，行走困难。他说："我已油尽灯枯。"他为古老传统的消逝而悲伤，比如牵引国王座驾的八匹白马。英镑贬值后，议会解散，再次选举令工党失去了 95 个席位，艾德礼仍是首相。但是丘吉尔隐约看到了复仇的可能，在下院发表了几场出色的演说。1951 年，伊朗事件、罢工事件导致国会再次解散，保守党胜选，丘吉尔重新出任首相，但是他的工作能力已大不如前，每天顶多工作五六个小时，大部分事务要交给部长们。他总感到累，很清楚自己血压太高，经常睡过去。他怕自己变老糊涂，悲伤地抱怨："我已经不是过去的我了，现在准备发表演说是负担、焦虑。雅克，告诉我实话，我是不是会逐渐丧失自理能力？"尽管有医生的建议，尽管身体不适时有发作，他还是不愿放弃权力。女王授予他嘉德勋章。1953 年 6 月 25 日官方晚宴之后，他倒地不起，病因和 1949 年一样为动脉痉挛。他的嘴巴瘪了，说话含糊不清，自觉"像一堆破布"。但他康复了，10 月在保守党的年会上进行了长达 52 分钟的演讲，现场报以热烈掌声。但是 1954 年 4 月 5 日，他在下院的演讲却遭遇失败，他将氢弹的问题简化为政党之争，场下对他喊："辞职！退休！"第二天，他表示后悔："人老了，总活在过去！”但他不愿放弃权力，虽然经历了起落的他很清楚自己的状态：“唉，我变得这么愚蠢，您毫无办法吗？”他有时表现出惊讶：“雅克，变老真是一件不得了的事。”莫朗问他身体有什么信号让他惊讶，他回答：“所有。”他竭力留在首相的职位上，但是越来越力不从心，必须服用镇静剂才能睡着，眼常含泪。80岁寿辰是他一生荣光的顶峰。晚上，他凝视着别人赠送的一幅他的肖像，对艾登说：“这是一个应该退休了的人的画像。您想必也承认这幅画不像我。”然而保守党少壮派希望看到他离去。他总犯严重的错误。[①] 他的头脑越来越不灵光，在内阁会议中常常睡着。1955年，他终于决定辞职。他吃得多喝得多，但抽烟比以前少。眼神迷离，长时间不说话，陷入昏沉。他问：“我是不是在往痴呆的路上走？”1956年，他中风发作，完全聋了，对外界几无反应，话极少。他经常去蓝色海岸，偶尔读书作画。1959年，他再度当选议员，前往巴黎，戴高乐为他授予解放勋章。他看上去又老又疲惫。之后他彻底衰弱下去，死前又拖了5年，体弱昏聩。

甘地从未有身体问题，健康状况比克列孟梭还要好。他奋斗一生，实现了将印度从英国人手中解放出来的事业。但无情的是，这胜利后来反而与他作对。

立志将英国人逐出印度的甘地，在1919年开始了“非暴力不抵抗”运动，也就是不遵守英国强加的严酷的《罗拉特法》。他呼吁采取不合作态度。1920年，他当选全印自治同盟主席，四处奔走宣扬他的非暴力不抵抗思想。他倡导复兴手工业以抵制英国工业

① 他口无遮拦地说：“1945年，德军几千几千地投降，我发电报给蒙哥马利元帅，让他来收缴武器好好存放。将来有一天苏联人进攻的话，就有必要把它们还给德意志国防军。”他被要求解释，只得狼狈应对。——原注

品。他成功让经济陷入瘫痪，同时致力于改造印度社会，努力扫除对贱民的偏见，维持印度教教徒和穆斯林的友好关系。二者曾长期相安无事，但是20世纪两个族群的城市中产为争夺地位和影响爆发了严重冲突。1924年为呼吁两大宗教和解，甘地绝食三个星期，其间住在一位穆斯林家中。他本人非常虔信，这使得他领导的运动具有浓厚的宗教性质。尼赫鲁写道："我为宗教对我国政治的影响感到不安，不管是印度教还是伊斯兰教。我一点都不喜欢这样。"他还说要想改变甘地的看法非常困难，起码在某些方面："他的有些想法如此坚定，根深蒂固，其他一切似乎都不重要了……只要手段是好的，目的就一定是好的。"

70岁时，甘地对上述想法比从前更深信不疑。他身体出奇地好，多次绝食，长途跋涉，酷热艰苦，他都挺了过来。他深受所有人的爱戴，希望自己活到125岁。他相信统一的民族主义的印度，伊斯兰教的领导真纳则主张分离出去，建立独立的伊斯兰国家。二战之后英国同意退出，提出建立临时政府的设想，但穆斯林拒绝加入，要求信伊斯兰教的居民占多数的省份自治。残酷的屠杀开启：在加尔各答，双方各有数千人死亡；在比哈尔10000名穆斯林被杀。77岁的甘地前往印度教教徒避难的诺阿卡利地区，访问了49个村庄，宣扬非暴力，经常住在穆斯林家里。旁遮普省和德里又爆发了新一轮的屠杀，甘地在78岁生日那天宣称："我的心中只有焦虑。我丧失了活下去的欲望。"他还说："我不同意我最亲爱的朋友们正在做的事情。"以及："印度今天这个样子已经没有我的位置……如果印度陷于暴力的血海，那么我也没有活下去的欲望了。"寄给他的信都充满了仇恨：印度教教徒愤怒，因为他责怪他们使用暴力，穆斯林生气，因为他反对印巴分治。国大党认为只有分裂才能避免内战，遂于1947年6月14日接受了分治方案。甘地为此而

“绝望”。这对他来说是“精神的悲剧”。他等了一辈子的独立，终于在 1947 年 8 月 15 日宣告实现，但他拒绝参加任何庆典。印度人背叛了非暴力原则，在他眼中，这贵于独立本身。他说：“如果神爱我的话，不要让我在此世间再停留一刻。”他访问难民营地，公开讲话，尽力劝和印度教教徒和穆斯林，然而终是徒劳。在巴基斯坦，印度教教徒被屠杀；在印度，穆斯林被屠杀；锡克教教徒则在两个国家被屠杀。甘地自问：“我的身上有什么不对劲吗?”作为一直寻求和谐生活的人，他说：“我远未找到平衡。”期盼已久的独立只带给他绝望。连他自己的死都未能免于暴力，他被一位视他为叛徒的印度教教徒行刺。

他是萨特描述的反目的性的牺牲品。这是历史进程中不可避免的时刻：行动僵化为实践-惰性，被世界整体所掌握并扭曲其意义。一个人如果年纪轻轻就死去，自然见不到之前的事情回转来，但只要时间足够长，它必然会发生。爱因斯坦是无辜的受害者，甘地该负的责任却很明显。尼赫鲁不安地预感到甘地的煽动会引发宗教极端主义。坚持非暴力思想的甘地没有看到两个族群内部孕育的暴力。他只顾原则无视现实，只顾手段迷失目的，最后的结果与他一生致力的事业相悖。一个人的行为在完成之际却被彻底歪曲本意，再没比这更悲剧的了。

上述三人的老年均以失败告终绝非偶然。政治人物本来就是要创造历史，然后再被历史扼杀。他体现了某个历史时刻，不管他如何作为都无法脱离这时刻。即使他能适应世事的新走向，在公众眼中，他仍是那个实行了某策略、采取了某方法、颁布了某法令的人。克列孟梭是战时领袖，战争结束便成局外人。丘吉尔带领英国走向胜利，胜利来了他也过时了。甘地引领印度取得独立，独立之后的情形却否定了他之前所有的原则。有些老年人看不清事实，拒不承认事件对他们的否定，这只能让他们显得更加落伍。

因为人们驱赶了他们，采取与他们不同的政策，失势的老年政治家抨击当下，并且不看好未来。不管怎样，政治作为并不是一部作品，只在记忆中留存，不能以实体的形式传世，因此历史的演进有其偶然性，有作为的人所能希望留给后世的，只是对他的成就和他的形象的纪念。大部分人对此极为重视。被赶下台之后——甚至有时候他们还在台上的时候——他们便撰写回忆录，抬高自己，攻击敌人，其文字的历史价值往往成问题。他们在向未来之人为自己的事业辩护，他们认为当前的时代未能公正评价自己。

我们看到几乎在所有领域，除了极少数特例，老年人和他生存在其中的时代的关系都有深刻的改变，这就是颇有些奇特的说法“我那个年代”所表达的意义。阿拉贡在小说《空白或遗忘》中提到，这说法很怪异。人们所认为的自己的时代，是他们设计并实干他们事业的时代。后来这些事业对他们关闭了，我们已经看到原因是多种多样的。更年轻的人以计划来充实新的时代，并通过自身的活动自我实现。老年人不事生产，效率低下，对自己而言像一个幸存者。因此，老年人热衷于转向过去，那是属于他的时代，那时他可自诩为一个完整的人，一个活着的人。

他的年代也是遍布与他同龄的人的时代。比起过去，今日丧事少了，从前，一个 50 岁的人通常已经历他的父母、叔舅、姑婶、很多兄弟姊妹，甚至妻子和几名子女的亡故。人生就是一连串葬礼，长命百岁的人必然晚景孤独。现在，一个 50 岁的人可能只失去了祖父母，但如果活到七八十岁，他会见到大部分同代人死去，他则孤独飘零在一个到处是比他年轻的人的世上。即使在我这个年纪，我和各个辈分的关系也改变了，我上面只有一代人了，他们稀稀落落，被死亡窥伺。从前我自己这代人为数极多，现在锐减，我当年眼中的年轻人现在都成了成年人，身为人父甚至祖父，早已立足社会。想对一个问题有真正年轻的观点，我必须向晚辈请教，再过几年我就到了塞维涅夫人所谓“家中最高级别”的那个年纪，从那时开始，要难逃孤独悲伤了。1702 年，82 岁的尼侬·德·朗克洛忧郁地发现：“活得长的人将被迫享有独自活在一个新世界的可悲特权。”卡萨诺瓦在他隐居的城堡里写道：“一个人最大的不幸就是所有的朋友死后他还活着。”雷蒂夫·德·拉布勒托纳在《我父亲的一生》里很崇敬地提到一位老年人对一个年轻人说：“孩子，别羡慕我的命运，也别羡慕我的年纪。40 年前，我失去了最后一位童年朋友，我在我的国家里、我的家庭中就像是个陌生人，再没人把自己当作我的同类、我的朋友、我的同伴。活得太长是一场灾难。”他说他对曾孙一辈毫无感情，后者对他也不理不睬：“亲爱的朋友，这就是事实，而不是城里那些善辩之徒的夸夸其谈。”

老年人不只看着他的同代人消失，往往还目睹另一个世界取代了他的世界。有些老年人欣然甚至骄傲地迎接这个改变，但前提是他的过去不被否定，如果他们过去所做、所信、所爱的都受到质疑，他们就会感到被放逐。

能超越社会和自我的老年人，让巴尔扎克很震撼，他的创作也成功塑造了这类形象。譬如夏倍上校，人们都以为他死在埃罗战场，没想到他在多年流浪后又回到了巴黎，想找回自己的身份、妻子和财产。他的外表显示了他的状态：“这位老兵又干又瘦，特意用一种假发遮住额头，显得有点神秘。仿佛有块透明的薄膜蒙着眼睛，似乎是块污秽的螺钿，由蜡烛光照着反射出蓝幽幽的光。一张俗话说的那种刀棱脸，又青又白，像个死人。脖子上系着一条劣质的黑绸领带。破烂的深棕色衣领以下，整个身体都淹没在阴影中，富有想象力的人可能把这个老人的头当作偶然出现的一个剪影，或是伦勃朗笔下一幅没有加画框的肖像。帽檐儿在老人的额头投下一条黑影，遮住了上半个脸。光和影本是自然现象，却产生了奇特效果，由于强烈的对比，凸显出寒气森森的弯弯的白色皱纹，使人觉得那是一副失去血色的尸体的面目。身体僵硬，眼光冷漠，以及白痴所特有的麻木颓唐，一起构成悲恸欲绝的表情，使这副面貌显露出不可言状的死亡气息。”妻子已再婚，非常有钱，拒绝把属于夏倍、现被她占有的钱还给他，他没有力气走诉讼程序。“他患了一种医生说不出名字的病，只能称之为痛苦的忧郁症。”出于慷慨，他决定在民事上仍然维持死亡的状态，但妻子的行为让他厌恶到想自杀。他自行消失，再度流浪，自称亚森特，最后住进了比塞特收容院。

另一位幸存者是《法西诺·凯恩》的主人公，他出现在叙事者眼前时，正在一场婚礼上吹奏单簧管：“想象一下但丁的石膏头像，满头银白发丝被油灯的红光照亮。心酸痛苦的表情反因失明而显庄严，因为他的思想让他死了的眼睛重新活过来。这双眼睛又在独特而执着的欲望刺激下射出炯炯的光芒，这欲望篆刻在他隆起的额头上，上面皱纹密布，就像一堵充满缝隙的老墙……老荷马一般的人物，内心深藏注定被遗忘的《奥德赛》，身上有种崇高又暴虐的东西，这崇高是如此真实，让人忽略他的猥琐，这暴虐是如此强劲，让人忘记他的贫困。高贵的线条切割着他苍白的意大利风情的脸庞，灰白的眉毛将阴影投射在眼眶凹处，表现出各式各样的强烈激情，它可以使人为善，也可以使人为恶，可以使人成为囚犯，或是成为英雄。他的身躯里藏着一头狮子，这狮子把力气都白白耗在铁笼栏杆以致疲惫不堪。绝望的火焰已经熄灭，化作了灰烬，熔岩也已冷却，但是那沟渠那动荡以及还残存的一点烟雾，说明了那火山爆发的熔蚀作用有多么厉害。”事实上，他是威尼斯贵族的后代，在经过一连串历险之后，身无分文，双目失明，和夏倍上校一样，他们悲惨地活着，但仍不失伟大的人格力量。

还值得一提的是巴尔扎克的短篇小说《萨拉金》一开始描写的那位古怪又令人不安的老头：“这是一个没有血肉的形体，没有生命的生物，或者没有行动的生命……他穿一条黑绸短裤，裤子在干瘪的大腿周围晃荡，起了很多褶子，活像一张卸下来的船帆。两条又细又短的腿支撑着奇怪的躯干。倘若一个解剖学家看到这两条腿，大概能一下子判断出是什么疾病引起这种极度的消瘦。这两条腿简直可以说是交叉插在坟墓前的两根骨头，谁要是不幸看到这部脆弱的人体机器打上了如许衰竭的印记，都会产生一种恐怖感。陌生人穿一件老式的绣金白背心，衬衣白得耀眼。棕红色的英国花边襟饰在胸前形成黄色褶裥，襟饰之华丽连皇后也会羡妒，但配在他身上却起不了装饰的作用，反而丑若褴褛。襟饰正中别着一颗钻石，像太阳一样闪闪发光，其价值怕是难以估计的。这件过时的奢侈品本身很珍贵，但佩戴在他身上并不雅致，反把这怪物的脸衬托得更突出。不过这身打扮真值得为他画一幅肖像。这张脸焦黑，瘦骨嶙峋，布满纵横交错的皱纹，下颏和太阳穴全凹进去，眼珠消失在黄色的眼眶里。因为出奇的瘦，上下颌骨非常突出，双颊成了两个大陷窝……岁月把脸上的黄色细皮紧贴在骨头上，变为一大堆皱纹……这些皱纹又深又密，像书页的切口……这个突然冒出来的幽灵的脸让人觉得是人工造出来的，因为脸上还涂着发亮的白粉和红胭脂……那骷髅似的头颅被金色的假发所遮盖，否则那副衰朽的模样将更不堪入目。”巴尔扎克描写了他佩戴的珠宝首饰。“最后，那乌青的嘴唇始终保持着一种凝固不动的狞笑，犹如一个骷髅的表情。这个日本偶像似的人一声不响，一动不动，发出一股麝香的味道，很像一位公爵夫人的继承人在清理家产时，从橱屉里翻出来的旧袍子发出的香味。当老人把目光移向听众时，那无光的眼珠仿佛是靠一种看不见的人工装置来转动的；当眼睛停止不动时，观察者简直怀疑这双眼睛曾经转动过。”此人是知名的阉人歌手藏比内拉，当年他女装打扮，在罗马的剧场放歌，摄人魂魄的美貌迷倒众生，有人为争夺他而丧命。其中一位是雕塑家萨拉金，他预言了他的悲惨命运：“留你一条命不是比死更让你受罪吗？”

托尔斯泰传神地描绘了一位孑立于19世纪的18世纪人物，老公爵博尔孔斯基，安德烈的父亲。托尔斯泰的灵感来自别人讲述的他的外祖父尼古拉·沃尔康斯基的事迹。后者对自己的女儿，即托尔斯泰的母亲，非常暴虐。女儿有个家庭教师，法国人埃尼西安娜小姐。托尔斯泰的描写因此具有史料价值。老公爵穿着刺绣精美的衣服，头发里扑着粉，他一出现，人们总觉得被带进另一个年代。他身体良好，牙齿坚固，在社会上已经没有真正的影响力，但是人人都敬重他。他喜爱整洁到了吹毛求疵的地步，追求礼仪一板一眼不知变通，苦了身边的人。有些活动，他一定要保留，甚至花很多时间，但它们毕竟过时了。他建造、种花，尤其会把自己关在实验室里搞研究，一副18世纪业余科学爱好者的做派。他忠于古老方法，囿于他那个时代的偏见。他讥笑新派军人，不把拿破仑当回事。一天早上，他一边穿衣服，一边让儿子向他报告下次战役的计划，却又不听后者讲话。他对政治军事形势一清二楚，对现实世界却只有嘲讽鄙夷，“笑起来冰冷，干巴巴，令人不快”。他是家中的暴君，让女儿玛丽惊恐不堪，他压迫她，还拒绝和她分开，因为他，女儿一直没结婚。儿子要再娶娜塔莎让他非常生气，接待她时故意穿着睡袍，戴着棉帽，说不中听的话，以至于娜塔莎满心怨气地离去。他虽然老去，但身体很好，牙齿只掉了一颗，但他越来越容易对世上的事情发怒。后来他有点生病，指责女儿故意惹他生气。安德烈站在妹妹一边，老人先觉得有些尴尬，似乎不安，然后气得跳起来："你给我滚，永远不许再踏进这里一步！"他失去了理智，任由法国管家布里安小姐哄骗，任性而为，把自己关在书房一星期，然后又继续建造和种花。他跟布里安小姐、跟自己的女儿赌气，他假装无视战争，他总是很忙，睡得很少，每天晚上换房间。敌军已经来到第聂伯河，他却坚称他们渡不过尼曼河。他与现实越来越脱节。儿子寄给他一封信说情况不妙，他却声称此信宣告了法军的失败，再读之下才突然明白危险将至，他命令女儿离开，女儿拒绝抛下他，他对她大吵，心里其实很高兴。法军抵达以后，他穿上军服，戴上所有勋章去见法国统帅，他半路上疾病发作，身体右半边瘫痪了三个星期。他很痛苦，想说话说不出来，女儿的尽心奉献让他动容，他抚摸着她的头发，终于讷讷地说出一句："一切都要谢谢你。"他要求见儿子，然后才想起来后者在军中，低声说："俄国完了，被他们断送了。"他口中的这个"他们"表明他对时代的敌意，他无法将其认同为自己的时代。他痛哭失声，后又平静下来，不久便死去了，床上留下一具干瘪的尸体。

一名幸存者在他人眼中是一个被判死缓的人，但他是这么看自己的吗？他如何感受生命终点的临近？

社会背景会对老年人和死亡之间的关系产生影响，在某些社会中，所有人会漠然任由身体太过衰弱或不想再活的人死去，于是死亡对任何人都不是问题。有些社会对老年人以礼相待，给予老年价值，甚至让其令人向往，虽然仍有人希望能够逃脱老年。传统社会中的人希望后代能延续他所从事的事业，这与工业社会不同，而死亡之中，有种跨历史的元素破坏我们的肉身，将我们在世上的存在抹去。[①] 从古到今，老年人面对死亡的态度有很多方面并未发生太大变化。

面对死亡的态度会随着年纪而有所差异。初次认知到死亡对儿童有很大冲击。年轻人痛恨死亡，虽然面对死亡，他比其他人更能自由应对，若有人要取他的性命，他会反抗，但他也往往不惜拿命冒险，甚至舍命。生命的价值恰恰在于奉献出去，他对生命的爱出于一种慷慨，可以让他牺牲生命。成年人的态度则更谨慎，他异化为自己的利益，基于利益他拒绝消失，否则他的家庭、财产、事业便要遭殃。他不常想到死亡，因为他全身心投入自己的活动。他会避免无谓冒险，会注意自己的健康。

对老年人来说，死亡不再是普通而抽象的命运，而是一件即将到来、关乎个人的事。埃德蒙·德·龚古尔在 1889 年 8 月 17 日的日记中写道："是的，生命会无限延长，大部分人活在这一幻想中，我也曾相信，但现在这个幻想对我来说已经破灭了。"所有老年人都知道自己不久就会死去，但是在这种情况下，什么是*知道*呢？我们要注意龚古尔这句话是否定的表达，他不再相信自己不会死，那么我们是怎么看待自己是会死的呢？

死亡和老年属于同一个范畴，也就是萨特所谓"无法实现的"。"自为"既不能触及死亡，也不能向死亡自我投射。它是我的可能性的外在界限，而不是我自己的可能性。我对其他人来说是死了，对我自己来说却不是，我的存在中的他人是会死之人，从他人的视角来看，我承认自己会死，就像我承认自己会老，因此这种知道是抽象的、概括的、摆在外部的。我的"必死性"不是我私密体验的

---

① 就算人可以希望在另一个世界中重生，死亡毕竟把我们从眼前这个世界带走了。——原注

对象。我没有无视它，我在我的前瞻、我的决定中把自己当成他人，但是我经历不到它，我可以借幻想我的尸体和葬礼来接近死亡，我可以想象我消失之后的情景，但这还是我在想象。必死性作为我的计划的反面不可避免地笼罩着它们，我无法赋予它客观实在性，我无法赋予我会死之人的处境以客观实在性。

和死亡一样，老年也是无法实现的，我们能以不同的方式来承担它，而它与死亡这个无法实现之物之间的关系，并不是预先给定的，每个人根据他的整体情况以及他之前的看法对这个关系做出选择。面对死亡，一个自觉还年轻的老年人会和一个年仅 40 就患不治之症的人一样愤愤不平：他的活力、他对世界的兴趣一如从前，但一个外来的判决，却说他只剩十几年好活！受不了人家把他当老年人看待的卡萨诺瓦，尽管忧伤、孤独、衰老，还是对未来心怀好奇，他在 70 岁时写道："哦，死亡，残酷的死亡！死亡是怪物，观众正专心看着感兴趣的戏，戏未演完便被它驱逐，仅这个理由就足以让我们痛恨它。"1940 年的战争之前，70 岁的威尔斯把自己比作一个刚拿到新玩具就被要求上床去睡觉的孩子："我一点儿也不想把玩具收起来。我痛恨离开。"即使意识到自己的年纪，只要我们投身某项事业，就会痛恨死亡，因为死亡破坏了我们的计划。就像雷诺阿，他未曾想过停止作画，停止进步。

对死亡的厌恶可能随年岁增加而减轻。精神和身体都衰弱不堪的斯威夫特在写给博林布鲁克的信上说："我在你那个年纪经常想到死亡，现在过了十几年，这个念头从没离开我，但也不那么让我惧怕了。我的结论是，上天减弱我们力量的同时也减弱了我们的畏惧。"所谓上天让我们在生理状态和焦虑之间取得平衡的说法，显示出他的悲观态度中奇怪的乐观的一面。越接近死亡，死亡就越不令人害怕，这乍看之下很矛盾，其原因要去别处找寻。弗洛伊德假设，年纪越大，“死亡冲动”就越会压过生的欲望，[①]不过大部分精神分析学者都抛弃了这种说法，弗洛伊德也没解释年纪与死亡冲动之间的关系，那么又何来年纪越大越漠视死亡一说呢？

事实上，“死亡临近”这个想法是错的，死亡既不远也不近，它根本不在。死亡作为外在必然性对任何年纪的人都免不了，但灾祸何时发生不可预知，老年人知道他“很快”就要死去，这个死亡的必然性对70岁和80岁的人来说都存在，而且“很快”这个说法对80岁的人也和对70岁的人来说一样含糊。谈老年和死亡的关系并不正确，因为老年人和所有人一样只和生命有关系，问题是他活下去的意志。有句俗语很清楚地表达了该意志的内涵——“和生命做了结”。死亡的积极意义在于渴望或接受与生命做了结。当老年的衰退越来越严重，生命自然也就越来越不堪忍受。

只要想想老年带来的痛苦和残疾，便知此言非虚。首先，弗洛伊德也承认是身体上的疼痛，而不是死亡冲动，让他动了寻死的念头。[②]这是所有身体受折磨的人的愿望。另一方面，活得久也意味着死在我们所爱的人后面。有些老年人或是出于自私或是一心追求理想，比如托尔斯泰，寻求超脱人情世故，会比较容易承受哀悼。而那些投入较多感情的人，亲友丧亡可能让他们痛不欲生。维克多·雨果在朱丽叶死后开始觉得生无可恋，威尔第在丧妻之后就只等待死亡。

当世界变得不可忍受时，年轻人保持着改变的希望，老年人则再无期待，只想死去，阿纳托尔·法朗士、威尔斯、甘地就是如此。又或者老年人自身状况吃力又无望克服，这对他们来说难以忍

---

① 1920年，弗洛伊德写了《超越快乐原则》，他认为所有人都有回到无机状态的基本倾向。他直到生命末期都一直重复这个说法。不过他的一些信件却显示他有时是怀疑这种理论的。——原注

② 参见本书第525页。——原注

受。1894 年 4 月 3 日，龚古尔在他的日记里写道：“我处于持续的痛苦中，每个星期发病，加上我最近的文学尝试没成功，加上我觉得没才华的人大获成功，还有，天啊，我自认最亲密的人，他们的友谊到底多深多浅我也不确定了。对我来说，死亡没有几年前那么可怕了。”

就算老年人没遭遇什么特别的不幸，通常他还是要么丧失了、要么找不出活下去的理由。作为我们的计划的反面，死亡让我们不安，一旦我们停止行动，死亡也就破坏不了什么了。为了说明有些老年人为什么屈服于死亡，我们拿出的理由包括精力损耗、疲倦不堪。如果人只满足于浑浑噩噩地活着，那么慢下来的人生也不成其为问题，但是对人来说，活着就是要超越自己。生理上的衰退使得超越自己不再可能，满腔热情地投入某事不再可能，死亡扼杀了我们的计划，从这个角度来看，死亡变得可以接受。

即使老年人仍有活力，健康良好，社会也没有猛然让他停下工作，他的欲望和他的计划还是会因为他的有限性而日渐衰微。我们已经看到，童年时定下的志向只能让我们去做、去认知、去爱有限的事物。在计划完成以后，我们已经精疲力竭，死亡貌似无情，实则慈悲，让我们从古人所谓的 satietas vitae① 中解脱出来。纪德受不了晚年陷于自我重复，他知道自己再没什么好说的、没什么好发现的了，他在 1946 年 9 月 7 日写道：“当我说死亡不太让我害怕时，我认为我是真诚的。”80 岁时他在《诚心所愿》中写道：“肉体上、精神上的无欲望，让我不知道还有什么支撑我活下去，大概也就是活着的习惯而已。对死亡我已完全屈从。”丘吉尔在 80 岁时说：“死就死吧，能见的我都见过了。”如果抠字眼的话，这话显得愚

---

① 拉丁文，对生命的厌腻。

蠢，因为明日的世界他并未见到，这让我们更明白卡萨诺瓦所说的演出结束之前就被赶出的论调。事实上，丘吉尔反而是对的，所谓的新世界，他也只会以旧目光视之，从他自己惯常的视角理解世界，他只能理解那些与他所熟悉的事物相融的部分，其他的则理解不了。

我自己对死亡也不像以前那么忧虑，不过我的理由和上面稍有不同。死亡就是在世界上缺席。之前，我不确定是否要介意这缺席。我身上已承载了太多！我死去的朋友，不再联系的朋友，那么多我不重游的地方。当缺席将一切吞噬，死去和生前不会有什么不同。

老年人非常畏惧死亡，有人跟我提过一位 91 岁的男人，他富有、活跃、知名，娶了一个非常年轻的妻子，每晚上床睡觉时，他都陷入极度焦虑，禁不住想自己死后妻子会怎样，他很清楚，年轻漂亮富有的她会为他哭泣，但是她的未来无忧，他是为了自己而颤抖。然而精神病专家表示，只有在过去非常畏惧死亡的老年人才会有执念，临床经验表明对死亡的执念根源在童年期和青少年期[①]，和其他精神官能症一样，它往往和罪恶感相关联；若当事人虔信，他会很害怕地想象自己堕入地狱。

根据我收集到的资料，对死亡的恐惧，其反面通常不是对生命的热爱，恰恰相反。萨特在谈到他的童年时说："死亡让我眩晕，因为我不爱生命。"对自己境况不满意的人跟那些表现得很上心的父母、夫妻一样，活得不自在的人最会时时咀嚼自己的死亡。还有，不要以为那些喊得大声的，如拉马丁，是真的想死，他们不断谈及死亡，只是想表明死亡在他们心头挥之不去。

---

① 据美国精神分析学家马丁·格罗蒂扬的论点：对老年人阉割焦虑的分析研究应该先于对老年人的死亡焦虑的研究，后者常常掩盖着自童年起就有的阉割焦虑，由于焦虑太严重，才会产生对死的渴望。——原注

对死亡感到焦虑只是例外，这一点可以从他们忽视自己健康的态度看出来，我们前面已经看到他们故意模糊衰老和生病的界限，但如果老年人苦于对死亡的畏惧，这种含糊的状态就不会持续。

调查人员询问了退休工人退休金管理局的一所养老院的院友，他们会想到死亡吗？具体是怎么想的？回答如下：“总有一天会走到那一步的。”“会的，我常常想到死亡。”“当我不再喘气儿，我就解脱了。”“当我有不好的念头时，我就会想到死亡。”“与其受苦，不如死了。”“我们活着就是为了死去。”“有些人会想到死亡，但死亡吓不倒我。”“我不会想到死亡，我们在这儿就是为了把位置让给别人。”“我已经给自己买了墓地。”“我知道我们都得死。”“我常常想到死，对我将会是解脱。”“我不会想到死亡，我们总是见到有人死去。”“这就是生活，死是生的延续，当我心情不好时，会想到死亡。”“我们没必要知道自己什么时候会死。”“总有一天会死的。”“自从我到这里来以后，我常想到死亡，以前在城里时我倒不怎么想。”“我不想被病拖着，不想受痛苦。”“我常想到死。”“不管有钱没钱，大家都会死，人生就是如此。”“真令人难过。我们养老院里有人死了，有些比我还年轻。”“总会有那一天的。”这些回答有几分真诚？他们可能有顾虑，或自欺欺人地掩盖焦虑，或为了让人有好印象而没说实话。大差不差的措辞很能说明问题，大家都宁愿死而不愿受苦。当人心情阴郁时，就会想到死亡，看来不是死亡引发心情阴郁，而是当现实黯淡时，死亡更显露其威胁的荒谬性。死亡不是人担忧的对象，我们会为明确的、但我们无法掌握的现实而感到焦虑，如健康、金钱、不久的将来，而死亡属于另一个类别，因为死亡是无法实现的，是模糊而不明确的前景，它的必然性是从外在捕捉的。“不管有钱没钱，大家都会死。”我们会想到死亡，却无法真正思考它。

“人不必知道自己什么时候死。”这个回答很有意味。如果期限不是在含糊的未来，而是确定的并且近在眼前，那么老年人对死亡的态度就会不一样了。欧里庇得斯在《阿尔刻提斯》中指出，老年人抱怨他们的处境并希望死去，但当死亡真在眼前时，他们却想逃遁。在《阿尔刻提斯》中艾德曼斯的父亲坚决拒绝代替儿子前往地狱。托尔斯泰老年时表示不在乎死亡，妻子索菲娅却恼怒于他对健康过分上心。卢梭在《一个孤独漫步者的遐想》中说：“所有老年人都比孩子更眷恋生命，离开的时候更不情愿。他们完成一生所有的作为之后，发现是白花力气。”他这个说法有其狡黠之处。卢梭认为，我们必须享受现在，不能为了会被死亡吞噬的未来而牺牲当下。事实上，并不是因为气恼一辈子的努力都白费了，人才痛恨死亡，而且不是所有人都痛恨死亡。其实很多老年人哪怕已经失去所有生存的理由，还是紧抓着生命。在《她弥留之际》中我描写了我78岁的母亲是怎么紧紧抓住生命直到最后一口气。当事人的生理状况——也就是我们含糊所称的“活力”——决定他是反抗死亡还是投入死亡的怀抱。我那虔信的祖母觉得离开世间能得到安息，而我同样虔诚的母亲对死却有一种动物性的畏惧。很多老年人都有这种害怕心理，而害怕是身体对死亡的拒绝。能让老年人的死亡变得不那么难接受的，是疾病磨尽了他最后一点力气，以致他没意识到发生在自己身上的事。

有些死亡清醒而平静，当身体与精神上所有活下去的欲望都熄灭之时，老年人宁愿长眠，不想再战斗、再每日被侵扰。对老年人而言，死亡不是最糟糕的事，证据就是许多老年人决定要跟生命做了结。有鉴于今日社会提供给大部分老年人的物质条件不佳，苟延残喘是无谓的考验，我们可以明白为什么有许多人宁愿选择缩短生命。

第七章　老年与日常生活

尽管陷于衰弱、贫困，在他的时代中被迫边缘化，老年人仍然是之前的那个人。他如何日复一日地应对这种情况？他还有什么机会吗？他的抵御之道何在？他能否适应？要付出什么代价？

既然所有的资格都是另一种意义上的限制，我们是否可以认为，对失去资格的人来说，世界反而更广阔了？不必再工作，不必再持续谋划未来，他岂不是可以享受当下、好好休息？年逾 80 的克洛代尔在日记里写道："有人哀叹昨天！有人哀叹明天！不过得到老了，才会懂得'今天'这个词的意义是多么明显、绝对、不容置疑、无可取代。"有人表示，单单只是活着就很幸福了，茹昂多就写道："我从未像现在这样感到与世界的联系悬于一线，如此纤弱，好像随时要断，这使我更奢享活在世上。"还有："活下来真是幸事，我们不再执着于什么，反而对一切都更加敏感。"莫里亚克也说了类似的话："我不觉得与世事和人都断了联结，不过光是活着就够我忙的了，血液还涌入我放于膝上的手里，体内的海洋浪潮拍打，起起落落总有终时。这将要完结的世界需要时刻关注，每一眼都可能是最后一眼。这就是老年，我希望什么都不想，只想活着，只想在这里。”[1]

老年是比年轻时更需要 carpe diem[2] 的时期。照丰特奈尔的话来说，种什么因得什么果。多比涅说，这是享用而非劳作的季节。然而他们都错了。我们看到今日的社会给予了老年人所谓闲暇，同时却剥夺了他们享有闲暇的可能。即使那些免于困顿拮据的老年人，也要面对变得脆弱、易疲、残疾或病痛的身体。诸多人生乐事，如情爱、美食、美酒、香烟、运动、远足，老年人要么与它们无缘，要么必须多有节制。只有少数特权阶级可以部分得到补偿，比如以车代步的兜风。

即便是后者，能否尽兴，也让人存疑。很多老年作家抱怨日子枯燥乏味。夏多布里昂就说：“时光将我的手握在它手里，枯萎的时日中，再没什么可供采摘。”他认为是过去的重担为当下蒙上阴影，“见过尼亚加拉瀑布以后，对我们来说再无瀑布。记忆中的旅行否定眼前的旅行，记忆中的山岭否定眼前的山岭，过往的人生摧毁现在的人生”。社会和人的层面上也一样，并没有很老的司汤达，也在《罗马漫步》中抱怨：“唉，所有的知识在某一点上都像老年一样，最糟糕的症状是所谓*对生命的知识*，它使得我们不再对任何事情激动，不再不计后果地疯狂。见识过意大利以后，我想要在那不勒斯找到忘川之水，把一切都遗忘，然后重新开始旅行，如此度过我的人生。”叔本华也有类似的想法：“老年只剩一半的生命意识。慢慢地由于长时间习惯同样的感知，智性就变得如此迟钝。事物从脑中划过，却不留痕。”路易·阿拉贡在《处死》中怀念“消失了的新鲜世界”，他在《未完成的小说》中写道：

---

① 《新内心回忆录》。——原注

② 拉丁文，及时行乐。

在人群中，总感觉自己是陌生人，
我耳朵听不清，我对那么多事都没了兴趣，
白昼再没那种变幻莫定的柔和反光，
回来的春天也没了变化，
再不能为我带来丁香的沉甸甸，
当我嗅闻玫瑰，我想起了过去。

太过熟悉的过去吞没了当下，这种情形茹昂多也感受到了："随着我们老去，一切都有了回忆的色彩，甚至包括现在。我们视自己为过去之物。"这种对于世事沧桑的伤感，没有人比 69 岁的安徒生在一封信里表达得更准确："如果我到花园里走进玫瑰丛中，这些玫瑰，甚至包括花枝上的蜗牛，除了已经跟我说过的话之外，还有什么可说的呢？我看着睡莲宽大的叶子会想起拇指姑娘已经完成了她的旅程。要是我听风声，风已经跟我讲过瓦尔德马·多伊的故事，那是它所知的最动听的故事。在森林里，老橡树底下，我记得很久以前橡树和我诉说它最后的梦。就这样，再也没有新的印象，这真让人悲伤。"

该如何解释事物的这种沉默？夏多布里昂先准确提到所谓"过去的荒漠"，然后说他认为我们的回忆可以磨去我们当下的知觉。但他的说法自相矛盾，当下的知觉比过去要显性得多，强烈得多。从某种意义上，司汤达的愿望实现了，我们都饮了忘川之水。我每年都怀着同样的喜悦见到罗马，每次罗马在我眼前的呈现都胜过了我之前脑中存有的所有印象，而当下被模糊地激活的往昔印象，使得罗马更丰富更美丽了。正是"当下"的这种强度，促使阿拉贡在我上文引用过的那首诗的结尾写下：

当我以为阴影的门槛已跨过，
过去的颤抖，在我缺席时返回，
我的额头仿佛被一只手抚摸。
在我内心深处，光明重生。

并不是回忆让我们当下的体验失去价值，而是我们意识到自己已遗忘了太多，连当下的体验早晚也会遗忘。年轻时，我们不会去想象自己能回忆起自己的一切，拥有无限的未来的我们没有时间概念。当我以为在刹那捕捉到永恒时，那刹那让我激动得大气不敢出，它从此是不可磨灭的。当我的未来成为有限的之后，刹那便不再是永恒，不再让我感受到绝对，它们将全部消失并化为灰烬，和我一同被我的坟墓吞噬。在随性的漫步中，卢梭欣欣然于无羁的遐想。然而，回到华伦夫人的住处——此时他已不再爱她，目标的明确性压迫了他的想象力，魅力消散："我在我所在的地方，我去我所去的地方，从来不会更远。"这种匮乏是我们当中许多人60岁以后的命运，我们太清楚自己要往哪里去。1925年5月10日，弗洛伊德写信给露·安德烈亚斯-莎乐美："改变也许不是很明显，一切都和过去一样有意思，品质也没有起太大变化，但是缺少了某种回声。我虽然不是音乐家，也感受得到钢琴踏板踩和不踩的差异。"瓦扬让他的小说人物唐凯撒在70岁时过着和以前一样的生活，"然而他的话语在一个没有回声的世界中回荡"。两种说法具有惊人的相似性。年轻时，世界有着无限丰富的意义与希望，最微小的事件也唤醒无数和谐音。后来，在与我们有限的未来相匹配的缩小的宇宙里，振动停止了。

身外遇到的价值和目的是我们的投入所得的果实。我们自己热情的缺失和惰性，造成我们周遭的空洞。安徒生的玫瑰和睡莲不再出声，是因为他已经不再有写作的欲望。关于刹那的道德说教都是错误的，因为它们没有理解时间的真相。过去，现在，未来，这三个时间只能一起出现，“现在”并不存在，“自为”只有以过去为基础并向着未来自我超越时才存在。世界是在我们计划的映照之下才显露出来，计划如果变小，世界也会变贫乏。放弃我们在世上的活动，并不能享受慵懒的甜蜜，而是让未来荒芜，让我们的宇宙再无生气。如果说感知被习惯“磨钝”了，事物褪色并被过去吞噬，这不是因为我们携带了太多丰富的回忆，而是因为我们的视野没有被新的计划照亮。

其实老年人和年轻人一样，不会满足于莫里亚克所梦想的“活着就够忙了”那种一成不变。莫里亚克自己的作为也正好相反。他生命最后几年恰恰是最高产的。什么都不想，什么都不做，让自己陷入阴郁的麻木，很多退休人员不免如此。不幸的是，当过去的事情不能再做，很难重新找到起而行动的理由。很少有人能利用闲暇让之前受挫的志业绽放，或发现意想不到的可能性。莉莉安·马丁[1]离开斯坦福大学之后，成了老年人的“首席顾问”，65 岁学会用打字机，77 岁学会开车，88 岁乘船上溯亚马孙河，99 岁时在 4 名 60 岁女助手的帮助下开始经营 25 公顷的农场。还有一位人称马默斯的老太太，75 岁的她无法再从事体力劳动，便开始画细密画，100 岁时完成了她最著名的作品《圣诞前夜》，101 岁于纽约离世。

这些是特例。我们已经看到，在我们的实践方式之内开辟新路是很难的，任意创造兴趣或乐趣就更是一厢情愿的想法。司汤达表示：“只有 30 岁以前所享有的乐趣能让人一直喜欢。”丘吉尔花很多时间作画，但他仍抱怨：“晚年我们很难创造新的兴趣。”

① Lilian Jane Martin（1851—1943），美国心理学家、教育家。

正是出于这个原因，我们一旦上了年纪，便失去学习的兴趣，很少有人像苏格拉底那样在当下为求知而求知，而是怀着目的才去问询，否则有什么好处呢？不再有计划会使我们失去求知的愿望。年老的圣埃夫勒蒙说：“事实上我在书里找的是我喜欢的，而不是有教益的。随着做事情的时间越来越少，我也越来越没好奇心去学了。”卢梭在《一个孤独漫步者的遐想》中有类似的想法：“就这样，我被囚禁在旧知识的狭窄天地，我不像梭伦一样，老去之际，还有每天寻求新知的快乐。我甚至要提醒自己不要自傲到企图学习我已经不可能再学会的东西。”老年人最显著的特点之一就是对智性活动失去了欲望，以至于 82 岁的安德烈·西格弗里德[①]表示：“老年就等于好奇心的减弱。”斯图亚特·密尔这样说自己的父亲：“当青春与好奇心都不再鲜嫩，人生于他成了悲伤之事，”青春和好奇心被相提并论是很自然的。

莫里亚克的《内心回忆录》，尤其是第二卷，频繁提到他对新书新唱片不感兴趣。他惊讶于纪德在年纪很大以后仍“对新闻和文化近乎偏执地关注”。不过即使是纪德我们也看到他渐渐对一切变得淡然，他 1941 年 7 月 3 日在日记里写道：“生命的终结。无精打采的最后一幕。记起的过去的片段，说过的话。想要出其不意地再出个彩，却又无招可施。”80 岁时，他在《诚心所愿》中写道：“我感觉不到我的智力能力有任何的衰退，不过用处何在呢？”

老年人缺乏好奇心，对事物没兴趣的情况会因生理状态而加剧。专注于外部世界令他疲劳。即使曾经赋予他生命意义的价值，他往往也无力再确认。普鲁斯特最后一次见到夏吕斯先生时，这个从前意气风发的人已失去他贵族的傲然气派，遇见他从前鄙夷的圣

① André Siegfried（1875—1959），法国地理学家、历史学家、经济学家、记者。

欧韦尔特夫人时，他热情致意，仿佛后者是女王一般。“过去的倨傲被他一个动作抹杀殆尽，带着佯装出来的羞怯和脱帽时怯生生的热情。”普鲁斯特认为这个动作大概是出于“一种肉体的温柔，对生活现实的超脱，往往在那些已经被死亡所笼罩的人身上见到”。

智力和情感上的麻木不仁让有些老年人陷入完全的无活力。老年的斯威夫特认为一切都不再与自己有关：“每天一睁眼，我对这个世界以及自己身边发生的事情如此无动于衷……所以我整日躺在床上，只是出于礼数和担心躺出病来才下床。”

老年最眷顾的是那些有多种兴趣爱好的人。他们比别人更易从事新的活动。克列孟梭退出政坛以后专注写作。一位科学家如果热衷政治，科学活动减少后正好可以更多投入后者。即便在这种情况下，一个人要放弃长期活动的重心也是很难的。我们大部分人都陷入恶性循环：缺乏行动让好奇心和激情减弱，我们的不在乎让世界更趋冷清，因此更见不到行动的理由。死亡已笼罩我们的身体和身外之物。

有一种激情老年人注定会有，那就是野心。他不再掌握世界，也就不知道自己是谁，但他仍想抛头露面。他失去了自己的形象，便竭力想在身外将它找回来。他觊觎勋章、荣誉、头衔、法兰西学士院院士的佩剑。他生命的活力熄灭了，他已无法满足真实的欲望，无法满足有着真实目标的激情，只得寻求虚假的替代品。最显著的例子是贝当。戴高乐早在 1925 年就指出他身上有“两个同样强烈却相互矛盾的现象——老得对一切都不感兴趣和老得对一切都有野心”。事实上，这两个特点并不矛盾，反而互为解释。因为老年人不再执着于任何具体的事情，所以他们想要抽象地拥有一切，随便什么。这种空洞的拥有一切的方式等于什么也不想要。很年轻的人身上也同样有这种模棱两可，阿努伊笔下的安提戈涅说："我什么都要，立刻就要。"这是因为她两手空空。我还记得 18 岁的自己在日记中是怀着怎样的坚决写下"我将什么都说。我将把所有的话都说完"，而我当时恰恰没什么要说的。当一个人心里再也没有兴趣、没有好奇心、没有情感时，空洞的野心以及连带而来的虚荣心便在他身上成型了。

贝当年轻时很有独立思考的精神，他反对当时流行的不顾代价一味强调进攻的论调，在课堂上维护反击理论。他认为法国应该有重型火炮，这招致战争部对他的嫌恶，晋升因此受阻，他苦涩地说："我曾经是老中尉、老上尉、老上校，所有军衔我都是老的。"他的冷漠、严酷、自负，让左右印象深刻。朋友法约尔[①]在 1914 年 11 月说："贝当毫不迟疑地开掉平庸之辈，枪毙叛徒，他说自己在战争之初扮演了屠夫的角色。"1915 年 1 月，贝当让人把 25 名开枪自残一只手的士兵绑起来，丢到敌军战壕里，法约尔又说："个性！活力！但从哪一步开始不能再算有个性，而是残暴野蛮？"布瓦尔上校说探视伤兵的时候贝当"总是不动声色，面无表情，似乎无动于衷"。加列尼[②]说："这人就是个冰疙瘩。"战争期间他下令血腥镇压证明了这点。但是他拒绝无谓消耗人力，被看作凡尔登的胜利者，获得最高军事荣誉即法国元帅的头衔。

法约尔说他"自命不凡"，一位军官也说："他喜欢以荣誉加身的形象出现。"年纪越大，他的虚荣心越强，身为战争最高顾问团主席和军队监察长的他，无法原谅福煦为自身争得荣誉。1930 年，在法兰西学士院的演讲中，他指责福煦签署了停战协定。他也不能原谅戴高乐在 1938 年独自出版《法国及其军队》，他声称 15

---

① Marie-Emile Fayolle（1852—1928），法国元帅。
② Joseph-Simon Gallieni（1849—1916），法国元帅。

年前自己就想写同样的一本书，不过一个字都没写。

从 1914 年起，贝当就非常担心自己失去记忆力。他的记忆力确实很快衰退了。罗尔将军指出："他记忆力衰退。将军对过去的事记得很清楚，新近的事情则记不住，或记不清。"或许是"老年冷漠"使得他不再专注于当下。他的健康很好，布瓦尔上校将其归功于"令老年美好的那种麻木不仁"。他的自私令接近他的人印象深刻，戴高乐说："元帅现在是个冷血的人，他不再慷慨，不再坚定。"他有时人在心不在，所谓"走神"，而且持续时间越来越长。卢斯塔诺-拉科说有些日子让人简直恨不得在他脑门儿上写上"老不中用。此店已关"。他还说："诸如内阁倒台、名人去世这类事情，对贝当来说和一辆汽车到来一样无关紧要。"所有和他自己有关的事，他都看得很重，与他没有直接关系的重大事件他一概无动于衷。

1938 年，贝当自己也没想过要掌权。古斯塔夫·埃尔维[①]"我们需要贝当"的鼓噪让他很不快。雅基诺说："您会成为参议院主席。"贝当则回答："我每天只能工作三四个小时。"然而，戴高乐认为贝当的野心并未稍减："不管什么事什么人都阻挡不了元帅往老年野心家的路上迈进。他的傲气需要发泄，他再也控制不了心魔。"他接受佛朗哥治下驻西班牙大使的职务。戴高乐说："他接受出任大使，完全被老年野心所控，不管什么职位他都会接受的，这真是可怕，而且可悲，他的状态已经不宜担任任何职务。"在西班牙期间他常常忘事，一个属下说："贝当每天也就两三个小时算得上靠谱。"

对当下的漠不关心和对过去的执着，而不是单单"老糊涂"，才是某些事情背后的原因。回到巴黎以后，他在 1940 年 6 月被任命

① Gustave Hervé（1871—1944），法国政治家，社会主义者。

为国务部长，但他几乎从不开口说话。不过，根据罗朗的描述，一天有人问他怎么解释法军的溃败，他回答："说不定我们太早放弃了养鸽人和信鸽。"显然，他还记得一战沃堡保卫战中信鸽扮演了重要的角色。老年的野心解释了他为什么会接受签署停战协定。他坚持认为福煦在 1918 年 11 月 11 日签署的停战协定是个严重错误，最终导致法国输掉战争，当年福煦和德国人签约的时候贝当哭了。他想象着 1940 年的停战协定会让德国遭受类似的灾难。一位熟悉他的人表示："过往的例子对他影响很大。"

他不停地提"祖国""拯救法国""法国人的利益"，但是魏刚注意到签署停战协定——我们记得其条款多么苛刻——的时候，贝当面露阴险得意之色：毕竟是别人找上门，求他来拯救法国。对那些妨碍了他生涯的人以及后来那些企图分享他的荣耀的人，他认为这是一记漂亮的复仇。其后几年，他任由自己陶醉在奉承喝彩和权力的表象中，甚至沾沾自喜："我比路易十四拥有的权力还多。"事实上他被直接统治着半个法国的德国人玩弄于股掌之间。后来他对巴黎公爵说："我重拾了王室的传统，我巡幸外省，人家给我献礼，好像君主制时代一样。"停战协定签署两年后，贝当的妻子对马西斯夫妇说出"你们不知道两年来他有多幸福!"这样的骇人之语。

与他过从甚密的副官博诺姆指出："老年人的冷漠在他身上越来越严重，一年年过去，他越来越不在乎外在的灾难。"达尔朗表示："此人凝雪为冰。"他对什么都无动于衷，虚荣心极强，所有和他的沟通都不再可能，再没有什么事什么人入得了他的脑他的心。当他放任对犹太人最初的迫害行为时，莫尔达克将军说："元帅，您让您的制服蒙羞了。"整日言必称"荣誉"的他答曰："我才不在乎。"

像许多年事已高的人一样，贝当有时会表现出情绪波动，但是他的行动并无相应的变化。他的办公室主任迪穆兰·德·拉巴尔泰特表示，当他听说抵抗者在沙托布里扬被德军枪杀，“这个阴郁、圆滑而残酷的老头哭得像个孩子”。有那么一刻，他意识到自己名誉扫地，于是声称要到敌营去作战，但第二天别人一劝阻，他随即打消了念头。他为阿尔萨斯洛林地区的人掉了几滴眼泪，但是当罗贝尔·舒曼对他谈起这些人，他立即打断：“这些事会让军需补给和法国的情形更加复杂。”冬季自行车竞赛馆大搜捕的一份报告，似乎让他动容，但也很快就镇定下来：“的确，这些犹太人对法国的影响不总是好的。”

他的走神和耳聋往往是假装的，就为避免和人对话。至少每天有几个小时他完全能理解人言。只不过智力与意愿脱节了。博诺姆说“输送带断了”，还说：“年纪把他变成了非常自私的怪物。”当德国人要求贝当让魏刚退休时，博诺姆请求维希政府的军团长弗朗索瓦·瓦朗丹去劝贝当别向德国人让步。二人当着十几个人的面大吵，瓦朗丹甚至说出：“当心吧，有一天法国人民会冲您的将星吐口水！”贝当求助般地四下环顾，终究没有还口。瓦朗丹写道：“他头脑完全清醒，但是年纪摧毁了他的意志。”有时他会说“我失去了荣誉，我该下台”，但他依然在台上。

贝当的注意力被食物吸引。克列孟梭要求他不要让被囚禁在波塔莱堡的雷诺和孟戴尔落入德国人手中，贝当只说“我什么也做不了”，然后又说：“您留下来吧。今天我有上好的科西嘉龙虾。”索尔伯格上校代表美国白宫问他愿不愿意瞒着德军到阿尔及尔去，贝当却只一味提起过去：一战、潘兴[①]、美国远征军，然后从口袋里取出一张菜单：“啊，今天菜式不错。”

他向来喜欢追求女色，对情事的兴致也未完全熄灭。当时担任

① John Joseph Pershing（1860—1948），美国军事家，美国陆军特级上将。

农业部长的勒鲁瓦·拉杜里说:“某几个晚上,元帅夫人睡下以后,我与两三名老朋友陪他,在公园大酒店的一个房间里,一位名探险家的妻子跳起舞,姿态淫荡,腰部以上一丝不挂。老元帅非常中意这表演。”①

贝当曾试图给逃过暗杀的希特勒发慰问电,向来对他极有影响力的梅内特医生劝阻无果。他在电报上签了字,加布里埃尔·让泰走进办公室,看到电报,对他说:“元帅,这对您是不名誉的。”“那该怎么办?”“这么办。”让泰说着撕毁了电报,贝当没做反应。后来,当着德国将军冯·纽布伦的面,贝当打死一只停在前线地图上的小苍蝇,大叫着:“嘿,一个德国佬!让我打死了。”之后彬彬有礼地说:“我们法国人容易乱引申。”

1944 年,被带到锡格马林根的他自称战俘。事实上是梅内特医生恳求他表现得像个囚犯,他却没听进去。他仍和德国人选出的伪政府首长布里农保持联系,也和班特勒-芬克维持良好的关系,而后者曾骗他并强行将他带到德国。梅内特医生很痛心贝当总是“在大是大非面前做逃兵”,甚至“没勇气保卫自己的名声”。然而,在战后,当他得知法国准备将他送上法庭,他不失尊严地自愿回国,在听了他的律师们写的声明之后,他假装耳聋,不回答任何问题,最后对他的律师们说:“这案子真有意思,我学到了很多。”

在监狱里,他读了点书,还试着学英语。1949 年起,他神志完全不清了,常把两次世界大战搞混,某年的 11 月 11 日,他用力拍着桌子嚷道:“妈的,德国佬,我可是打败了他们!”

贝当生命最后几年没有值得一提之事,他的精神衰退程度甚于所谓的麻木不仁。至于野心,条件也不再允许,但是在维希政府那

① 引自图尔努《贝当与戴高乐》。于勒·罗伊也讲述过该事件。博诺姆说:“如果法国人知道的话!”——原注

几年，我们像是透过放大镜看到俘获了很多老年人的那种空洞的野心之恐怖与不幸。他们不再寻求做任何事情，唯一对他们重要的是他们已与之混同的自己的“形象”，为了这形象他们不惜任何代价，包括原先假装弘扬的价值。贝当身上突出体现了这种矛盾，作为德国人的傀儡，他却以为独立自主。满口“荣誉”“祖国”，他却失格叛国。他固执己见，不听劝诫，一旦有机会掌握权力，自负和自私会使这种野心家变得非常危险。

只有极少数特权阶层能够有所谓的野心，大部分人是虚荣心作祟。通常老年人没有办法对抗他们存在的空虚，除非他们精疲力竭的身体只渴望休息，否则他们在这黯然失色的世界中变得无欲无求，让他们陷于无聊。叔本华认为，老年人不会感到无聊，因为时间对他们而言过得太快了，但他也重提了亚里士多德的话：“人生是处在运动中的。”他自己也说“活动对幸福是必要的”，还说：“完全无活动，很快就让人无法忍受，因为会引发最可怕的无聊。”

的确。如果存在不向着目标超越自身，而是停滞于自身，会引发萨特所描写的“恶心”。年轻人经常体认到这件事，因为他们还把握不住世界，他们沦为赤裸裸的在场。对年轻人和对老年人而言，世界是无言的，仿佛被限制在一个出不去的圈圈里，这缄默冻结了希望。年轻时，曾有两三年时间，我异常无聊，因为我走出了童年世界，却还未步入成人世界，什么都不向我敞开，都不能吸引我。然而，从这个角度来看，年轻人和老年人有巨大差异，前者不会对世界漠不关心，含糊的计划和明确的欲望让他不安分。年轻人之所以无聊，是因为社会、父母、他的境况压制他的冲动不得施展，只要这个压制一解除，出现一个开口，比如一次相聚、一个有利的事件，圈圈就会被打破，年轻人会重新找回好奇心和对生命的欲望。而老年人会无聊，是因为他的处境或他的漠然使得他不再有计划，好奇心消失①。我们前面也见到了，在养老院里，甚至在养老院外，令人眩晕的深渊张开大口，极度的无聊让人丧失了一切可能性，甚至排遣无聊的欲望也不再有。

如果老年人排斥他的时代，那再没有什么能让他摆脱阴郁，即使他仍关注周遭，缺乏目的还是让他的人生灰暗。纪德在 1941 年 9 月 19 日写道："不再有目的的灵魂，虽处闲暇，照样无聊。"后来他在《诚心所愿》中以"厌食"一词来形容欲望的消失："我对于生活还能给我带来什么已没多少好奇心……我活够了，我不知道还在世间的日子能用来干什么，厌食是无聊中那丑陋呆板的一面。"他有时觉得自己不再是活人的一分子。1942 年 11 月 10 日，他写道："新的布景里演着同一出戏的同一幕，我早就不再活着了，我只是占据着某人的位置，而人家以为我就是那人。"

布景、戏剧，这些字眼传达了非现实感，而这在《诚心所愿》的一段文字中表述更为显著："昨天，我惊觉自己在认真思考：我到底还活着吗？整个世界都在那里，我看得清清楚楚！但那个在看的人真的是我吗？……一切本来就存在，并将继续存在，无需我的帮助。世界丝毫不需要我，而且在很长的时间里，世上并没有我。"这里写的是失去自我的经验，类似我们在某些精神衰弱患者身上见到的，再没什么让他们感到兴趣和被吸引，他们再也没有计划和愿景。世界在他们看来是纸板做的布景，而他们自己是活死人。

那些还继续工作的老年人，往往因意识到自己的限度而不再抱

① 波德莱尔在年轻时就感受到了"忧郁"，他精准地发现了失去好奇心与无聊之间的关系。"在多雪之年的沉重的雪花下面，/当阴郁的冷淡所结的果实——厌倦，/正在扩大成为不朽之果的时光，/还有什么比这跛行的岁月更长？"（钱春绮译——编者注）——原注

幻想。我们见到有些艺术家晚年会超越自己，比如米开朗琪罗的《圣殇》便是最美的作品。但即使在这样的时候，他们也知道不过是完成他们的作品，这种令人疲倦的重复使他们产生“何用之有”的悲哀。从伦勃朗最后的自画像中可读出这种诘问，老年的米开朗琪罗虽然继续雕塑，但他不抱幻想地看自己的作品，把它们称为傀儡。

叶芝在一首诗中①写了一位好嘲讽的人和一位老作家的对话，后者开头便为自己感到庆幸：

> 作品已完成，我已变老，
> 照我小时候所想的一样；
> 任由蠢人去咒骂吧，我从未失手。
> 我达到了至臻完美。
> 那幽灵却唱得更响：又怎样？

威尔第毫无欢喜之情地写下了他最后也是最美的几部歌剧。每一件完成的作品在心里留下“悲哀的芳香”，年老的创作者对此特别敏感，他们没有“和自己的存在重聚”，而且他们知道无论有多少成就也做不到这点。

不再献身于某些目标，不再有强制要求，使老年人陷于无聊。有一项补偿为一部分老人所看重：他们不用再费力做事，懒散是允许的。我们记得丰特奈尔和爱默生赞叹老年，因为“人可以降到之前的水准之下”。迈入老年的圣埃夫勒蒙说：“懒散不无甜蜜。”茹

---

①《又怎样?》。——原注

昂多说："在感官、心理、精神过度操劳的一生后，老年代表了真正的长假。""临近老年带来了绝对的闲暇，再不必为了什么成功而紧绷着自己……多好的休息！""老年的特权在于没什么可赢，也没什么可输。"老年人很少有罪恶感，他们能以年纪为借口和托辞，年纪使他们不用在职业上与人竞争，也不用在性事上与人竞争。性无能和性冷淡都无可厚非。所有的贫乏不足，如昏头昏脑、能力不济，都成了正常。某些瑕疵也消除了，丑陋可以说被年岁带来的衰败所掩盖，有些年轻时容貌欠佳的女人，在后来的回想中甚至美丽起来。有些因不适应成年人身份而过得辛苦的人，发现变老给他们带来切实的好处。

不过别人的宽容，其代价也是高昂的：人们原谅老年人细节上的劣势，因为人们认为老年人总体上低人一等。他们没什么好失去的，因为他们已经失去了全部。他们不再受罪恶感的折磨，代价则是他们中的大部分人感到衰老的苦涩。成年人把他们当作孩子、当作物件来看待，事实是在生理上、经济上、社会上，他们的处境都降格了。老年人所做的各种测试都显示出他们厌恶自己，经济条件越差厌恶感越强，而这有可能引发长期抑郁。

巴朗什[①]写道："让人不快的不是死亡，而是衰败。""在雷卡米耶夫人身上，在夏多布里昂先生身上，我能感受到这一点，就是说我感到这对他们而言有多么悲伤。"行使过权力的人很难甘心丧失权力。丘吉尔对权力紧抓不放，贝当为虚假的权力幻象而牺牲荣誉。总裁、老板、经理去职之后即使能保住社会地位，心中还是悲苦。有些看起来很幸运的例子，其中的老年人依然苦于衰退。老年的尼侬·德·朗克洛满面微笑，待人和蔼，身边众人环绕，她写信

① Pierre-Simon Ballanche（1776—1847），法国作家、哲学家。

给圣埃夫勒蒙："人人都说跟别人比起来，我需要抱怨的少多了，不管怎么说，如果之前有人跟我说，我会过这样的日子，我一定早早把自己吊死。"1940年12月29日，58岁的弗吉尼亚·伍尔芙在日记中写道："我憎恨老年的严酷，我感觉到它的来临，我咬牙切齿，我变得尖刻。

> 踏着露水的脚步不再敏捷，
> 心灵对新的感情不再敏感，
> 被压垮的希望无力反弹。

我刚刚打开马修·阿诺德的书，抄下以上几句。"

不满有可能激化为反抗。像尤内斯库说的："我怎么能够接受这样的境况？我怎么能够让时间像驴子的重负一样压在我们身上？这种境况下怎么活？不可容忍。我们应该反抗。"（《记忆点滴》）

莱里斯也说："在我的深处，有什么东西遭到破坏，并且我无法期望再看到它复原。老年暴击了我，又迅速离去，总让我觉得害怕的老年终于在我身上落定。我无比坚信这是殿后战役或纯粹的荣誉之战。"（《小纤维》）

反抗是徒劳的，最后总得屈服，虽然不无抱憾。大部分老年人陷入了抑郁。亚里士多德就曾说："他们再也不会笑了。"博姆加特纳医生说："老去的人最常见、最明显的精神特性无疑就是丧失了欢乐。"过了60岁的卡萨诺瓦在一封信里写道："至于我的回忆录，我就写到这里为止，因为50岁以后我只讲得出悲伤的事，而这让我愈发悲伤。"巴朗什写道："雷卡米耶夫人悲叹时局，夏多布里昂先生悲叹自己，安培悲叹时间。我也被悲伤占据了。"

埃德蒙·德·龚古尔在日记中很少谈自己，却流露出深沉的悲伤。他在1890年6月17日写道："老年不堪重负。朋友和熟人离开巴黎，离我远去，失能的感觉让我心情抑郁非常。"

纪德在生命最后几年的日记里，尤其是在信件中，试图表现出积极的面貌，但是他在1949年7月1日从圣保罗-德芳斯写信给马丁·杜加尔坦承："我这几天刚度过极可怕的、说不清道不明的忧郁。原因是多方面的，心里不知什么让我泄气。这地方的氛围让我呼吸不畅。皮埃尔和克劳德坐车离开三天使我孤独，我无所事事……可怕至极。"

1950年6月15日，他在意大利索伦托写道："尽管有卡特琳娜和让·朗贝尔作陪，天气极佳，旅行愉快，健康几乎让人满意，我却刚度过我这漫长一生中最痛苦的几天。我还没走出隧道，但至少已瞥见了解脱。"

1950年7月11日："唉！胃口没有，好奇心没有，其他啥也没有。我不知道还能期待在哪里得到真正的、深沉的、持久的快乐。"

有位年轻女士写信给我，谈到她的父亲："70岁的他只有些小病小痛，而且多数时候还是他想象出来的。他常感悲伤，且越来越频繁，他悲伤地读书，浮于表面，悲伤地听我们说话，悲伤地笑。有一天他在房间里吹口哨，然后突然停了下来，想必是在问自己：有什么用呢？"

老年人的悲伤不是由某一特定事件或情境引起的，悲伤往往交织着啃噬他们的无聊感，觉得自己无用的苦涩感、羞辱感，活在无动于衷的世界中的孤独感。

老年的衰退不仅本身很难承受，而且还将老年人在世界中置于危险的境地。我们前面已经看到他们在疾病边缘、贫困边缘过一日算一日，不安全感引发焦虑，而丧失能力更进一步加重不安全感。

那些陷入被动的人会被烦恼所缠。当女人不采取行动，她会烦恼不堪，老年人也是一样，杞人忧天地设想各种他们无力驱除的危险，哪怕危险并不存在，一想到自己已经没有什么防御能力，他们便担心不已。他们享有的平静，在他们看来是脆弱的，未来充满了可怕的可能性，因为他们再也不是未来的主人。发生在他们身上的灾难是他们从负责任的成年人骤然变为依赖他人的个体，这种依赖性一般人难以觉察，他们却总能感觉到，这让他们不得不仰他人鼻息。在退休工人退休金管理局的一处养老院中所做的调查就反映了这一点。事实上，受访的院友会在养老院住到去世为止，但他们无法相信这件事，他们当中很多人害怕被赶出去，睡大街，没人管。他们享有的舒适生活也让他们不安。他们说："很难相信我们可以继续这么过下去。""我担心这不会继续下去，""我发现在这里我们人数还不是很多，我心想为什么会这样？是不是因为费用太高？""是啊，我心想人这么少，还能不能办得下去？""这里太美了，让人怀疑能否持续？""他们应该知道他们在做什么，但这还是让我们困惑……"

我的外祖母因为衰残答应住到我父母家的时候，她变得多疑、有心机。她猜到自己给我父亲带来负担，她什么都不缺，但她会在柜子里和多处隐秘的地方藏面包和饼干等，一个人偷着吃。

即使得到所有的安全承诺，老年人还是心怀戒备，因为他不信任成年人，仰人鼻息让他对人不信任。他知道生活中帮助他的子女、朋友、晚辈——不管提供经济支持，照料，还是居所——本来可以不帮他，或是有限度地帮，他们完全可以弃他不顾，或是违背他意愿地处置他，比如强迫他更换住所，这对他来说极为可怕。他了解成年人的虚伪，担心成年人只是碍于世俗道德的体面敷衍了事，而不是出于对他的敬重或感情。他认为人家是迫于社会舆论，而舆论是会变化的。并且，老年人所畏惧的不幸，如疾病、衰残、生活成本上涨，可能会导致他人的行为朝不好的方向改变，这让老年人更加担忧。他们也完全不指望自己不可逆的自然衰退会因为身边人的行为而延缓，而是怀疑他人会加速其过程，比方说如果他残废了，就会被送到收容院去。

有配偶的人并不比其他人更放心，恰恰相反，其中一人的不安会鼓励和助长另一人的不安，二人都背上了双倍的负面情绪，自己的以及配偶的。

老年人为了对抗物质状况的脆弱性和内在的焦虑，会试图自我防卫，他们表现出的态度，起码其中的大部分应该被理解为自我防御。其中一样几乎所有老年人都有，那就是躲入所谓的“习惯”中，霍姆斯写道：“上了年纪的人有一个标记比所有的身体征兆都更令我震撼，就是他们会形成某些习惯。”这个事实不容置疑，但是“习惯”这个词有多重含义，必须加以区别。

习惯不是作为表征的过去，而是我们的态度和行为所切身经历的过去，是让我们走路、说话、写作等不假思索的行动组合和机制的总和。在一般的老年中，这些行动没有变化，甚至它们的角色会扩大，因为它们服务于常规行为。“例行公事”的意思是我今天做的就是我昨天做的，我昨天做的就是我前天做的，如此不停推演下去。为了走路，我使用原先的行为组合，但是我可以走新路线，而例行公事是每天重复同样的散步，在这层意义上，习惯通常随着年岁而加强。例行公事中有一条节约原则，每个年龄层的人都会遵守。既然就无关紧要的事情进行辩论是浪费时间，那么人们便采用某个同样的作息时间、某种同样的空间布置，固定到某个商家、某个餐厅，以求一劳永逸地解决问题。我们年轻时，规则相对宽松，人们有即兴、任性、做新选择的余地。老年人怀着不安迎接新事物，做选择让他们畏惧，从他的犹豫迟疑中便可看出他的自卑感。遵循已知模式对他来说更方便，让按部就班、不需要动脑的组合服务于重复性的行动，比如用走路的机制来不断重复同样的散步路线而不会偏离。习惯让我们免于艰难的适应过程，问题还未提出答案就有了。随着人变老，会比之前更加严格地遵循习惯。康德向来自律，步入老年后自律更成为他的信仰。老年的托尔斯泰，每天的日子都规划到一板一眼。矛盾的是，闲散的人比还在从业的人更有必要依赖习惯，如果前者不想陷入萎靡停滞，就必须有明确的时间安排来与之抗衡，他们的生活因此具有了一种必要性。老年人做一些对他们而言是必要的活动来免于无所事事的沮丧，时间被要做的任务填充起来，让老年人不必焦虑自问做什么好，而是每一刻都有事做。我还记得我祖父怎么规划他的时间：读报、查看他的玫瑰花、进餐、午睡、散步，以固定不变的顺序依次进行。

具备近乎自动的行为和惯常行为双重形式的习惯，对精神生活退步的老年人尤为重要，可以弥补记忆衰退。有人[①]详细记录了一个近乎完全丧失记忆，但举止仍得体的女士的例子，她虽然不认得人了，但是能意识到每个人隶属的不同的社会阶层，并用相应的态度来对待护士、医生、女佣、院友。她知道自己失忆了，若有人提起往事，她会恼火，但是她判断力、辨别力良好，也乐于开开玩笑，她生活在既无过去也无未来的永恒的当下。

惯例的运作需要外在世界遵循精准的安排且不引发任何问题：每个事物都在它的位置上，每件事都“按时”发生。部分基于这样的原因，微小的紊乱也会让老年人近乎病态地恼火。躲在常规与习

① 保罗·库尔邦的《心理学日记》(1921)。——原注

惯的林木后面，保障了他们最低的安全感。要是别人违逆了他的习惯，难说他会暴怒到什么程度。自卫性的执念的确也包含攻击性：老年人已处于无能为力的弱者地位，让人尊重他的癖好是仅剩的执行他个人意志的方式。在《战争与和平》中老博尔孔斯基公爵就是通过立规矩展现权威。还有歌德：儿子死后，81 岁的歌德亲自操持之前管理不善的家务，在他周围建立了精细的秩序，睡觉时把橱柜的钥匙放到枕头底下，每天早上亲自称量当日要食用的面包。

我们看到老年人坚守习惯的理由不止一个，而“拥有习惯”也变成了一种习惯，使他执着于丧失了意义的偏好。每天下午和某几个朋友在某家咖啡馆玩牌，最初的确是刻意为之，而每天重复赋予了其意义。如果玩牌的人因为“他的”桌子被占了而生气或不知所措，说明他给自己灌输了一种僵化的约束，以至于难以适应新情况。这种执念使得很多事情变为不可能，比如因吃不到习惯的食物而拒绝出国旅行。如果老年人任由自己被执念控制，他就会僵化而损害自身。

反之，妥善融入了生活的习惯会丰富人生。习惯本身蕴含着某种诗意。某种仪式——例如英国人喝茶的习惯——重复的是我昨天见过的，而且明天还能见到的。当下这一刻既是过去的重现，又是将来的预演，我以“自为”的模式将它们一起经历，便达到了存在者所追寻的那种存在，尽管只是想象性地达到，因为综合并未在现实中实现。习惯的作用会产生一种结晶反应，类似于司汤达谈到爱情时所描绘的：某个对象、某个物体、某种活动获得了向我们展示整个世界的能力。萨特在《存在与虚无》中描述了他在人生某个阶段决定戒烟是多么痛苦：“可能被抽着烟的我碰到的存在——这是之前所有事物无一例外普遍具备的特质，由于戒烟，我似乎要夺走它们这一特质，而由此造成的贫乏让活着的意义变小了。”老年人比其他人更加珍视习惯的诗意，对过去、现在和未来不加区分的习惯将他从时间这个敌人那里解救出来，赋予他在当下再也遇不见的永恒性。

习惯赋予世界某种品质，赋予时间的流逝一种魅力。所以不管哪个年纪，放弃一个习惯，必然失去某种东西。但是，年轻人不会失去自我，他的存在在未来、在计划的实现之中。老年人畏惧改变，因为他们怕自己适应不了，所以在改变中看到的不是机会，而是和过去的断裂。因为他不再做什么，所以他认同过去的生活环境和节奏。从其中脱离出来，就等于和他的存在本身分离。福楼拜在写给卡罗琳娜的信中说："可怜的孩子，你想象不到人老了以后会多么可怕地受制于习惯。所有离我们而去的一切都无可挽回，我们感觉到死亡在我们身上行进。"

因此，习惯给老年人提供一种本体论意义上的安全感，透过习惯，他知道自己是谁。习惯向他保证明天会是今天的重复，从而保护他免于焦虑。他人的随意行为给世界带来很多危险，为了抵抗他人的随意行为而建立起来的结构本身在世界上也受到威胁，因为它依赖于他人的意志。习惯能够让人抵抗焦虑，所有的焦虑反而因此都集中于习惯，老年人一想到要放弃习惯，便感觉"死亡在他们身上行进"。

事实上，如果老年人不幸放弃习惯，结果往往难以忍受。我的外祖母经过长时间考虑才同意住到我父母家。一位老年人如果突然更换住所，哪怕是到子女那里，也会感到不知所措甚至绝望。近一半失根的老者一年之内便离世。一对老年夫妇在几个小时或几天之内相继离世的情况也不罕见，感情依赖和习惯都很难一下子摆脱。

坚持习惯意味着我们看重所占有的事物，属于我们的事物因此可以说是凝固了的习惯，指向一些不断重复的占有行为。拥有一个花园意味着我们可以每天下午散步其中。这把扶手椅等着我每天晚上坐进去。我们的所有物也保证了我们本体论意义上的安全感，拥有事物的人是他所拥有的事物存在的理由，我的物品就是我自己。“我所占有物品的整体反映了我的存在的整体。”[①] 拥有者跟他拥有的物品有一种奇妙的关系，老年人因为不能再通过做事而使自己存在，便想要通过占有来存在。我们如此经常地在他身上看到的那种吝啬[②] 便缘于此。他的吝啬有具体的指涉物件。老年人痛恨别人使用甚至触碰他的个人用品。他的吝啬也体现在物品的抽象对等物即金钱上面。金钱代表了未来的保障，保护老年人对抗不稳定的境况。但这种理性的解释还不足以说明问题，我们不是没看到过 90 多岁死于贫穷的老人床垫下面藏着钱财。钱是权力的同义词，是一股创造的力量，老年人神奇地认同于它。凝视、触摸他的财富给他自恋的满足，让他从中认出自己。且他也在金钱里找到对他如此必要的保护。“占有是一种对他者的防御”[③]：通过我所占有的，我取回了他人眼中等同于我的存在的物品，这样他人便无法决定我是谁。老年人凭借财产为自己争得身份，以此抗拒将他物化的人。

不过在这一点上，他的防御系统在这个世界上也同样处于危险之中：别人可以对他的钱财巧取豪夺。财务本来是给他庇护，以防止焦虑，现在却成了他焦虑的对象。吝啬在自我防卫的同时，对他人往往也构成一种攻击，老年人以拒绝在财务上资助子女来作为报复，或者让在经济上依赖他的子女生活在困顿中，这是他仅剩的权力，让子女感受这权力的存在给老人带来恶意的快感。

---

① 见萨特《存在与虚无》。——原注

② 弗洛伊德认为这是由于人回到了肛欲期。但我认为这种“回归”理论太过晦涩，用肛欲来解释吝啬也显得牵强。——原注

③ 见萨特《存在与虚无》。——原注

焦虑让老年人采取全面而彻底的措施对抗外在世界的攻击，它消除不了世界，但可以缩减自己和它的关系。很多老年人出于不信任而断绝一切沟通，他们在心智上很难再对新的想法开放，而他们也乐得把自己封闭起来，因为他人的介入都包藏着威胁。话语是陷阱，他们认为别人想要操控他们，所以拒绝倾听。这解释了他们当中很多人的耳聋现象，对他们无益的话，他们不会接收，只会任其滑过，否则他们会很神奇地接收得一清二楚。[1] 除了耳聋，他们也或多或少是哑巴，至少在某些话题上，特别在触及经济来源时，他们显得狡诈而故弄玄虚，因为别人知道得越少越无法干预。

老人往往会更彻底地封闭起来，不仅通过行为自保，而且对内心情感进行一番特别处理。美国的老年学家卡明斯就说，他们“从投入中抽身”，也就是说切断与他人的情感联结。心理上的脆弱让他们更需要这么做。我们不知为何如此，因为对于衰老是如何影响神经系统的，目前人们还不甚了解。可以确定的是，他们的植物神经系统不稳定，以至于他们的行为变得再度和孩子一样。他们情绪波动大，感情表达极端，动不动就哭。歌德从 73 岁以后遇到一点小事情眼泪就涌上来，老年托尔斯泰常常大哭，不管是听音乐、大家对他欢呼、索尼娅生病，或他生病时索尼娅悉心照料。丘吉尔老了以后也常哭。陀思妥耶夫斯基笔下的索科尔斯基老公爵也有这种孩子气的情感方式，他善变的脸“从极度的严肃转为极度的开心”，动不动哭哭啼啼，比如和少年别后重逢。陀思妥耶夫斯基的小说《群魔》里，53 岁的特洛菲莫维奇已经是老人相：多疑、多虑，因为忠于自己的信仰而离开了供养他的富有寡妇，他走时泪流满面。在一场宣扬自己思想的讲座上，他抽搐般地哽咽不停。

---

① 参见贝当的例子。——原注

这些反应让人疲累，可能引发有害的结果。因为我们要是可怜某个人，就会想着帮助他，把时间和金钱花在他身上，所以，为了节省精力和提防危险，老年人便把自己封闭起来。托尔斯泰对子女的亡故表现出的冷酷令人震惊。他从 58 岁起变得冷硬，当时他失去了一个 4 岁的儿子，他表示放在过去他会觉得很悲伤，但现在一个孩子的死亡在他看来是“合理而良好”的，因为这是上帝的旨意，孩子离上帝更近了。67 岁时，他似乎很爱的儿子瓦尼奇卡死去，托尔斯泰深受打击，但葬礼第二天，他却宣称这“显示了上帝的慈悲”，让儿子更接近上帝。他立即重新投入工作，并在信中重申：“没有死亡这件事，他没死，因为我们都爱他。”他偏爱的女儿玛莎在 1906 年去世，年仅 35 岁，女儿垂危时，他一直握着她的手，但是他在日记里写道：“只是肉身死去，因此无关紧要。”他没走入墓园，而是回到书房写下：“我们刚刚将她带走，将她掩埋。感谢上帝，我精神尚好。”情感表现的夸张与真实感受力的缺乏并存，老年的歌德和其他许多老年人身上都有这样的特点。

歌德和托尔斯泰一直是以自我为中心的人，成年时情感较为热烈的人到老年时会不那么冷漠，他们并未从他人的生活中消失，但究竟能到何种程度？在什么样的条件下？很难做出一个具普遍性的回答，只能提出几点观察。

老年人之间的关系往往是微妙的。如果拥有共同的回忆和共同的思想状况，他们会乐于待在一起。有些人比如克列孟梭，倾向于和老朋友维持友谊。但同时他们也互为彼此的镜子，在对方身上看到自己并不是那么令人愉快的事情，那些衰老的迹象刺激着他们。和“小妇人”长久友谊的最后一段时间，纪德抱怨后者耳背并总和他唱反调。有时候，很老的人之间会起无谓的竞争，每个人都为对方活得和自己一样久而愤愤不平。我就认识一位老人，一心等着他最后的几位“对手”过世，这样他便能成为唯一拥有、唯一能讲述某些回忆的人。不过老年人最普遍的态度是漠不关心，尤其男性。老年女性之间比较有共同点，因此也有更多的默契和更多的争端。

很多老夫妇同住一个屋檐下，却各过各的日子。还有的如同我们之前看到的，他们的关系充满焦虑、苛刻和嫉妒。虽然他们离不开对方，却不会互相帮助着活下去。只有少部分能真正和睦相处。

老年人的情感能否平衡，尤其取决于他们和子女的关系，而这关系往往不好处。儿子还没有完全克服年少时对父亲的怨恨之心，就算克服了，也是通过象征性地杀死父亲才脱离甚至取代后者。当父亲赫然发现儿子已是成年人，他会经历“反向俄狄浦斯情结”，也就是说，他必须重建和儿子的关系，根据他是否能和谐地与儿子建立关系——这要看他自己的态度和他儿子的态度，他在老年时对儿子的感情可能是和善的、矛盾的，或敌对的。老年人要求多、不信任的态度，往往是冲着儿子而来。他意识到后者不耐烦地承受他仍保持的权威，或者对后者来说已是负担的自己。通常女儿喜爱和敬佩她的父亲，她不会想通过弑父来自我实现，而他也相应回报。安提戈涅、考狄利娅的例子即证明。但有时候女儿结婚以后做父亲的会嫉妒，感觉自己被抛弃，对她表现出怨恨。女儿则往往采取成年人惯有的态度，即优越感和不耐烦。母亲对儿子的感情是最没有悬念的，单身儿子对老年的她来说是幸福的源泉，要是他结了婚，她也同样感觉被抛弃，会变得尖酸刻薄，嫉妒儿媳。母亲会在女儿身上寻找认同，但是女儿不一定能克服青少年时期对母亲的敌意，会通过疏远母亲来维持挣脱后者的意愿。[1] 母亲为此而痛苦，并对

① 格里尼昂夫人与她母亲塞维涅夫人之间就是如此。——原注

女儿不满。对母亲来说，女儿成为成年人，会威胁到她自己的青春，让她经历一段“反向俄狄浦斯情结”阶段，她们之后的关系很大程度上取决于这个危机是如何解决的。父母与子女的配偶之间的关系呈现多种可能，婆婆和儿媳的敌对司空见惯，不过如果儿媳之前缺乏母爱，她可能对丈夫的母亲倾注感情，而婆婆也会从儿媳身上感受到自己女儿未能给予她的情感。如此一来，婆媳关系变得积极而热络。由于亲母女关系往往是失败的，所以这种良好的婆媳关系并不少见。儿媳和公公之间、女婿和岳母之间也可能有类似的情感转移，但相对来说少得多。更加少见的是女婿和岳父之间真正的情感联系。上面所有这些说法都只能是大概情况，两代之间的关系很大程度上取决于个体之间是否投契。

老年人最热情和最幸福的感情是投注在孙辈身上的。这感情一开始并不简单，不管是对男性还是女性，孙辈的出现让他们的“反向俄狄浦斯情结”阶段更加艰难。我之前引用过的一项针对 55 岁小学教师的年龄意识调查中，做了祖父的那些表示感觉自己更老了。祖母的态度一开始则会非常微妙。如果她对女儿怀有敌意，那么对后者的孩子也会有敌意，因为女儿正是通过孩子确立自我并逃离了她；如果她爱女儿、认同女儿，那她也会爱她的孙辈，虽然她会对只能在后者身边扮演次要角色有所不满。她爱儿子，因而也爱儿子的后代，但孙辈同时也是她所嫉妒的儿媳所生。由于女人通常以母亲的身份来获得自身价值，老妇与女儿、儿媳之间的竞争可能会很激烈。孙辈的出生让自己又老了一代，这种不快的感觉女人比男人更不易克服。男人不会在父性方面与儿子或女婿竞争。另一方面，让他帮忙的要求也少很多。出于这些原因，他会比祖母更漠不关心。不过如果他也参与孙辈的生活，他的感情也一样热烈而明确。雨果、萨特的祖父在某种程度上“演”着祖父的角色，但他们也都真心而热烈地爱着他们的孙辈。弗洛伊德在孙子死后痛哭，觉得活着没意思了。

大部分时候，当孙辈长到十几岁，做祖父母的也都接受了自己的老去，祖父母的身份会带给他们相当大的满足感。父母身份带来的困扰——认同欲、补偿欲、罪恶感、挫折感，祖父母都避开了。他们可以毫无顾虑地慷慨地爱，因为他们对孙辈既无权利也无责任。他们不肩负抚养的重担，不用说“不”，不用为将来牺牲当下。孩子因而也往往对祖父母抱有温情，把他们看作援军来对抗父母的严厉。孩子不会对祖父母怀有对父母所抱有的嫉妒、认同、怨恨、反叛等让亲子关系变复杂的情感。孙辈成为年轻人和成年人以后，在他们的过往中也没有什么积怨阻碍他们和祖父母的关系。孙辈对祖父母的感情让后者对子女有“复仇”的快意。与孙辈的接触，让祖父母感觉自己变年轻。家庭关系之外，年轻人的友谊对老年人弥足珍贵，这友谊让老年人觉得所处的年代依旧是他们的年代，让他们重回年轻时光，将他们带到无穷的未来，而这是对威胁着老年的消沉最有效的抵抗。不幸的是老年人和年轻人的这种关系很少见，他们活在两个联系不多的世界里。

与子女和孙辈之间的关系，对女人往往比对男人更重要。年龄的打击对女人相对没那么大，表现在她们有更多的可能去行动，怨念没那么深，诉求没那么强，“退出参与”没那么明显。女人也更喜欢为他人而活，透过他人而活。即使年纪大了，女人仍然会存在于他人的生活中，虽然后果是好是坏不一定。

一般来说，老年人即使对家人朋友仍有感情，也还是会保持距离。对世界的漠不关心助长了他的自我中心主义，这种不关心不仅自然而然地加强，他也会刻意培养。这既是防御，也是报复：既然人家没有像应该做的那样对待他，使得他只能依靠自己，那么老年人便把全部心思投注到自身。70岁的罗杰·马丁·杜加尔被一位朋友指责沉默，他的回信很能说明问题："我老了，我的活动越来越少，我每天都从世界中又抽身一步。丧亲以来，我对自己命运之外的事情越来越不感兴趣（对我自己的命运其实也不感兴趣），注意力仅限于个人事务，其中主要是我的工作。[①] 这不代表我背叛了友谊，只是友谊的生命力变弱，就像生命力本身变弱了一样……我很容易累，每天晚上都达到气力的极限，需要很多的睡眠和清静，我的一天是短暂的，即使春天似乎也没让白天更长。我要避免分散精力，专注于自我，专注于我身上两个不相通的世界：一个是我的过去，那个广阔而荒凉的世界，有时我会漫步其间；另一个是与现在的我相称的、有限的、缩小了的世界……我居于世界这座嘈杂森林里的一间小木屋。"

这种退隐有时带来安宁。比如卢梭，一开始岁月让他不堪重负，他在《一个孤独漫步者的遐想》中解释为什么会继续相信上帝，对自己的状态做出阴沉的描述："今天我的心因悲痛而紧缩，我的灵魂因无聊而烦闷，我的想象力如惊弓之鸟，头脑被周遭环绕的悲惨所扰乱，因老年和焦虑而衰弱的智能失去了活力，我是不是要心甘情愿地卸下我积攒起来的精神财富？"后来他决定顺其自然："我孑然一身，只靠摄取我自身的养分活着，它不会枯竭，我自给自足，虽然说起来我在空嚼，枯竭的想象力和熄灭的思想再也无法滋养我的心。我的心灵被器官阻塞，一日日衰弱下去，沉重的肉身压得它再无活力像以前那样挣脱它的旧皮囊。"生命最后两年，他的天空变得晴朗："我找回了安详平和，甚至幸福，因为每天的日

① 他在写一部长篇小说，已经开始了好几年，但迟迟写不完。他对这部作品并不抱太大希望。——原注

子都让我愉快地想起昨天，我唯愿明天亦无不同。”稍后他又说：“尽管受到四面八方的压力，我依然保持平衡，因为我不再指望任何东西，仅仅依靠我自己。”

苦于迫害妄想狂的卢梭，自己也倦怠了，不再去担心别人密谋陷害他。通过对自我的张扬，他做到了这一点，虽然这也是另一种形式的妄想，但为他带来了平静。

通常，自我封闭并不足以保护老年人不受他人侵害，他的情感只是集中在他狭小的世界里，并没有被清除。他的身体、他的习惯、他的财物，在这些方面他依然脆弱。威胁和焦虑继续存在。

老年人的衰退和多疑导致他对他人冷漠或怀有敌意。正如女性会因自身境况而产生怨恨，老年人也会因自身境况而过分索求。年岁的到来出其不意，我们隐隐有种不公平感，外现为一系列反抗和拒绝。老年人认为自己是命运的、社会的、身边人的受害者，别人做了对不起他的事情，并且还不收手。有的老年人处于持续的愤怒之中，几近疯狂。一位女士给我写信谈到她80岁的姑母：“老去的念头给她带来的不幸和焦虑使得她越来越疯狂。容忍她是如此之难，以至于我不再去看她，反正她也不在乎人们是否去看她。还没到十分钟，她就赶我们走，说自己要上床睡觉了。她不愿再出门买东西，因为人家会恭喜她行动敏捷，健康极好（而这是真的）。她却说：‘他们让我恼火，我受不了他们。’在她的不幸面前，一切都是可笑的、怪诞的、丑陋的。她什么也不做了，不穿衣服也不脱衣服，每天像被围猎的动物一样四处游荡，哼哼唧唧，拖着没有给身体带来任何不妥的病，她说：‘啊，我要是真的有病就好了，起码人家还能照料我！’她开始认不出我们，不再记得过去，倒不是脑子有问题，而是她自己不愿记起。所有跟她的不幸无关的事对她来说都是难以容忍的讽刺。以前她是一个极聪明的女人，虽然没有太多文化，但是非常活跃，诙谐有趣。”

通常，老年人的怨恨不会如此公开，如此尖锐，而是悄无声息地存在。他感觉自己被时代排除在外，只是苟活而不是享受地活着。所有他要的、相信的、喜爱的都被质疑甚至拒绝，于是他起而反抗这彻底的剥夺。

越是之前位高权重、威风八面的人，越受不了跌落的反差。如果老人还剩点权威，比如在家庭内部，他便会滥用，以作为补偿和报复。如此，博尔孔斯基老公爵成了家中暴君，谷崎润一郎小说的主人公拒绝借钱给女儿并幸灾乐祸，身体上依赖他人的他通过显示自己在经济上能随意处置身边人而实现报复。一个原本阴郁的人，可能故意在生命最后几年表现得很卑鄙。夏多布里昂对雷卡米耶夫人便是如此。

瓦格纳不服老，老年在他看来是屈辱。他在妻子科西玛身上出气，指责后者太过倾注感情到自己的老父亲李斯特身上，他的发作让她哭泣。

不过尤其让老年人气愤或仇恨的是处在上升期的年轻人，因为他感觉自己被他们剥夺了，他乐于向他们预言灾难性的未来，就像歌德在 1828 年对爱克曼谈到人类时说：“我看到即将来临的时代，上帝再也不会在人类身上找到欢心，他得再度毁灭一切，以成就重新焕发青春的创造。”他认为，法国当时的文学是“绝望的文学”。“以令人厌恶的聒噪将恐怖、可憎、残酷、可鄙发挥到极致的疯狂，这就是他们魔鬼般的伎俩。”1830 年，他预言野蛮时代即将来临。1831 年，他甚至说：“我们已深陷其中。”去世前不久他写道：“这世界被混乱的学说统治，这是混乱变动的开端。”

圣埃夫勒蒙已经注意到老年人对所处的时代关闭自己，拿无知当优越的倾向：“似乎长长的人生让他们不知道怎么和人共处了……他们认为自己做的事都是善的，而所有他们不会做的事都是恶的……这样他们就赋予了自己审查一切的权威。”阿兰指出：“众所周知，老年人赞扬他们的青春时代，指责当下环绕他们的一切。”

把自己囚禁在过去的埃德蒙·德·龚古尔便如此指责自己的时代：“报纸再没什么新闻。”他在1895年4月7日的日记中写道：“哦，这个时代！不正常的狂热。马拉美，维利耶·德·利勒-亚当，这就是年轻人崇拜的伟人！”1896年3月31日他写道：“明明是新刊物，却那么老派、教条、学究气，毫无理智地热衷外国文学。”

一战爆发的时候，罗丹刚刚经历一次轻度的发病，健康受损，他对朱迪特·克拉代尔说：“我们处在衰落的时代，战争表明了当前的精神状态，这是个野蛮的时代。无知占据统治，修复师毁了雕塑……欧洲完蛋了……会变得像亚洲一样。”我们已经看到克列孟梭退隐后鄙夷他的年代，一再扮演卡桑德拉的角色。

偏见的确会惹恼人，对此我们需要理解。被年轻人遗忘、不受尊重的老年人驳斥他的判官，包括眼前的和将来的。

盛气凌人、迫害他人、预言灾难发生，这些事只有少部分威望尚存的人才会做。大部分人都没有威望，他们是被颐指气使、被迫害、被嘲笑的对象。即使被体面地对待，他们还是被当作客体，而不是主体，他们的意见不会被咨询，他们的话不会被考虑，看他们的目光让他们觉得身处危险，他们怀疑那目光带着恶意。约翰逊对鲍斯威尔说：“人们有个不好的倾向，总是假设老年人机能不全。如果一个年轻人离开会场时记不起把帽子放哪里了，这根本没什么，人们一笑置之。可这事若发生在老年人身上，大家会耸耸肩说：‘瞧，他记性不行了！’”

莫里亚克在《新内心回忆录》中写道：“过了最后这个年龄坎，人们都准备好我们会发生最糟糕的事情，这点很伤人……如果你放咖啡杯的时候手抖了，别人会记住这个颤抖。就算别人夸我们气色好，也让我们沮丧。人们为了一个老年人举止年轻而大惊小怪，可是没有人会想到对驼子说他的背比看起来要平。”

老年人知道没有能力衡量自己的缺陷，他们可能已经老糊涂了，或者至少非常衰弱却不自知。他们对周遭人的眼色、微笑、话语的理解，可能对也可能错，而他们的反应——闹情绪、任性、笨拙、抱怨、争吵——是根据自己的理解来的，因而往往并无道理。别人还没对他怎样，他就叫嚷起来，一点小事就惹恼他。事实上，在某些情况下，他也许根本没有理由发怒，但他总是怒气冲冲，敏感过度。不管什么都让他受伤，包括人们为迎合他而做的努力。

受到伤害和侮辱的他以拒绝配合作为反击。成年人的世界不再属于他，他拒绝其规则甚至其道德。他不再要求自己做什么努力。他恣意追求自己的利益和乐趣。他认为自己可以“为所欲为”，想到什么说什么，不会抑制自己说出令人不快或伤人的话。他不再控制自己的冲动，不是不能，而是因为他觉得没有理由再这样做。1930年保罗·库尔邦详细分析了一桩个例。当事人是一位72岁的老太太，过着富有的上流社会生活。守寡的她到60岁时，有个女儿因为痴呆不得不送到精神病院。孤独而无措的老太太性格发生了改变。她说话做事不假思索，事后又每每后悔。对仆人既挑剔又吝啬，仆人纷纷离开，新人干不了几个月又走了，再换的人连几个星期也干不下去。一名女仆上门应征，她当即表示不适合。她认为这女仆和她讨厌的门房串通起来。她指责他们桀骜不驯，工作不称职，故意弄丢她的信件，干脆让人把自己的信件和包裹送到旁边公寓楼门房那里去。她和所有的供货商都有纠纷，抱怨价格高，品质次。对于亲戚朋友，她总是抱怨，并表现出攻击性。她会不分时候突然造访，在人家家里说个不停，或者睡过去，突然离开或者总也不走。她和大部分亲友都闹翻了，因为她对他们说的话不中听。她也和公寓楼的管理人闹翻了，一直追到路上，对他叫骂。她成天去警察局报案，对自己的医生和女儿的医生态度恶劣。在女儿住的精神病院里，大家都怕她，因为她会和护士吵架，为了避免去厕所，她会在暖气炉边小便，然后说是猫干的。她也与邻居不和。不过她有一位女性朋友，对她颇有影响力，前者在场时她不会乱来。有三年的时间，二人在同一家餐厅用餐，她总是表现得很正常。随着时间的推移，她的记忆力减退，行为上也出现了偏执狂的征兆，有七年的时间，她因老年精神失控的问题，变得让人无可忍受，但其实她还是有能力思考，不仅跟她那位要好的女性朋友在一起时，她可以表现正常，她对自己的财产也管理得非常好。

有些老年人适应不良不是故意的，而是可以用精神衰退来解释，比如老年常见的说话啰唆、颠三倒四。老年人转向过去，抓不住未来，满心忧虑，便不停唤起过去的回忆，高声重复同样的担忧。因为记忆力衰退、没能力获取新事物而只能陷于停滞。但是大部分时候，他的荒唐行为或多或少被无视。旧金山的一位老年学家路易斯·库普兰发明了“老年犯罪”这个概念。就和“少年犯罪”一样，老年犯罪是因为老年人感觉自己被排除在外而产生的，其表现不是暴力，而是“反社会行为”。库普兰医生对老年人的态度仿佛从外部描绘一个物种，就像昆虫学家那样，他忘了自己处理的是人，而人是根据自己的处境来调整行为的。他们的很多态度都是出于抗议，这就说明他们所处的境况值得抗议。养老院里的院友，尤其是男性，有一点很让人震惊，那就是他们的肮脏。但是能怪他们吗？既然已经被人们遗弃，为什么还要讲究体面和卫生呢？他们对待亲人的怨恨态度看起来属于神经性的，但实际上只是攻击性或自卫性的行为。这位老人以风湿为借口躺在床上不起来，真正的原因是他和子女吵架了。还有一位被儿子排除在生意之外，他光着身子在花园里散步，就像脱掉衣服的李尔王，以这种方式来象征被剥夺的人。大小便方面的恶作剧往往是出于报复。拒绝吃饭、出门、洗澡，做失礼的事，其背后的动机也往往是有诉求。老年人常见的游荡行为也一样，因为在家中的角色不能让他满意，他便整日在外游走，且不告知家里。他也不知自己在找什么，只是给自己营造找寻的感觉，通过这种方式表示自己可以不需要家人，而且也乐得想象家人为自己担心。

萨尔蒂科夫-谢德林的《戈洛夫廖夫老爷们》对女性的老年有生动的描摹。阿莲娜·戈洛夫廖娃的遭遇与李尔王以及左拉《土地》里的老富安相同，这种被剥夺的悲剧之前通常只见于男性人物身上。这位俄国小说家以自己家族中一个或多个实例为蓝本，对女主角的反应做出生动而精细的描写。

阿莲娜·戈洛夫廖娃是地主，对人对己都很严苛，吝啬无比，从年轻时就一门心思扩增地产。她辛勤劳作，不吝体力，节俭克制，成功发了家。农奴的解放让她张皇失措，不知接下来如何是好。尽管远未到干不动的年纪，她还是禁不住将财产分给了后代，包括两个儿子以及去世女儿留下的两个外孙女。她的大儿子绰号“小犹大”，谄媚又狡猾，几乎将她剥夺殆尽。大儿子从此成了戈洛夫廖夫的一家之主，她只能离开，投奔二儿子保罗。保罗嗜酒成性，二人在阴郁的氛围中共处。保罗病重，眼看不久于人世，向来要强的阿莲娜·戈洛夫廖娃不知该怎么办，她厌恶大儿子，不可能返回去找他。她陷入呆滞的悲痛：“她终于坐下，哭了起来……苦涩而彻底的绝望，执拗却无能为力。老年、衰残、遭弃，一切似乎都在召唤死亡，这唯一能带来宁静的结局。然而同时，过往的回忆针刺着她，将她与尘世相连……致命的焦虑占据了她……她这一辈子为了家庭克扣自己，过得如苦行僧一般，如今却蓦然发觉她根本没有家庭!”我们已经看到这种苦涩的清醒往往是老年人的命运，这既让他们想寻死，同时又让他们更眷恋生命，因为如卢梭所言，他们受不了人生是一场空，受不了自己“白忙活了”。

保罗死了以后，阿莲娜·戈洛夫廖娃不愿和“小犹大”来往，便用仅剩的一点钱修葺外孙女们的产业，博格西约卡，和她们在那里安定下来。生活不再有目标，她突然感觉到年纪的重压：“阿莲娜·戈洛夫廖娃从未想过有一天自己也会成为吃闲饭的人，然而这一天还是悄然来临，就在她第一次确认自己精神和身体的力量都已不济的那一刻。这样的时刻总让人措手不及，就像一个人可能早就受了伤，但还能自控，能站稳，然后突然侧方来了最后一击……这一下是致命的，让一个还算强壮的人无可救药地倒下。”她仍能妥善管理财产，可是她对此失去了兴趣，体力也衰退了：“她尝到了年老体衰无法出门的苦……老太太躁动不安，徒劳挣扎，却已经无能为力。”

外孙女们想要去别处，令她们惊讶的是，外祖母竟然平静地允诺了她们的要求。首先因为随着体力的丧失，她专断的脾性也温和了；其次，正如常见的那样，让她幻想破灭的老年开阔了她的心胸：“促成这一转变的不仅仅是老年的羸弱，还在于她领悟到了更美好、更公正的事情。命运的最后几次冲击不仅将了她一军，也照进了她的心智此前未曾进入的角落。”惨淡的现实让她明白一些渴望的合理性，她不再有力气阻挠，放年轻的外孙女们远走了。

此时，她的周遭出现了难以忍受的虚空。她感觉“自己突然拥有无限的自由，放眼望去只见空旷”。她将许多房间封砌，只留下两间卧室，辞退了仆人，只留下两名老女仆。“空白的感觉很快到达仅剩的两间房间，她曾以为那里是安全的。绝望的孤寂和苦涩的无所事事，是她不得不面对的两大敌人……体力和精神很快也垮了，无所事事使得她无以抵抗，败局便显得更加残酷……她曾让所有人不胜其烦，现在则是她厌弃了所有的人和事。”曾经那么活跃的她落入梦游般的无所事事，“渐渐消磨了她的意志，仅仅几个月前阿莲娜·戈洛夫廖娃做梦也想不到自己会落到如此地步。这强壮稳重，本来绝不会有人把她跟‘老’字联系起来的女人，从此成为废人。没有过去，没有未来，只有当下存活的这一刻。”她整日里昏昏欲睡。“然后她哆嗦一下，醒过来，长时间两眼直愣愣望着远处，脑子空空……生命的精华活在那些光秃秃的田野之中。”她凝视着它们，什么也不想，继而重新堕入老年人的昏睡。有时她记起一些事，但只是“毫无连贯性的碎片”。有些回忆让她心头一紧，落下泪来，下一刻她又奇怪自己怎么在哭。“她活着，但存在好像已与她无关。”

夜晚更是折磨。在这偏僻的老房子里，她什么都怕：怕静、怕黑、怕声、怕光、怕影。早上六点就起了身，已然疲惫不堪。吃得又少又差。受冻。“身体越衰弱，她活下去的欲望越强烈。或者毋宁说是享受的欲望，死亡的想法完全不存在。从前她很怕死，现在她似乎完全忘了。以前拒绝的一切，她现在都想要……健谈、出于算计地讨好、贪吃，以令人惊讶的速度在她身上日益彰显。”她向往之前在戈洛夫廖夫享受的美食和舒适，那会儿真是“好日子”。渐渐地，她没力气继续怨恨儿子。“从专横过渡到服从和奉迎只是时间问题……‘小犹大’突然不再可恨。”阿莲娜·戈洛夫廖娃不再计较从前的冒犯，主动迈出和解的第一步。她让儿子送来戈廖夫洛夫的出产：蘑菇、鱼、家禽，儿子则请她去家里吃饭。阿莲娜·戈洛夫廖娃答应了，她常常去吃顿好的，晚上安心地在那里过夜。她对“小犹大”的老婆也很和蔼，三人一起玩牌。最终她住进了这个曾经如此憎恨的儿子家里，并在那里死去。

由此可见，“老年必带来平和心境”的偏见必须彻底打破。从古代起，成年人就试图乐观地看待人类的处境，把自己不具备的德行加诸其他年纪，如天真之于儿童，平和之于老人。成年人倾向于认为人生的最后阶段会解决之前撕裂生活的那些冲突。这样的幻想颇为省事：人们虽明知老人苦于种种问题，却依然想象他们是快乐的，遗弃他们，任命运摆布。实际上老年人很焦虑，墨迹测验显示老年人都是焦虑的，包括那些宣称不焦虑，并对自己状况满意的老人。根据墨迹测验，1956 年美国老年人的典型画像如下：“老年人在墨迹测验中表现出多疑、焦虑、回避……他们内向，不成熟，耽于幻想，不切实际……与他人的关系有困难，不需要亲密感……僵化，刻板，愚钝。”我们在老年人身上见到了所有这些特点，我们认为这些特点是老年人对困难的回应。

治疗过很多老年人的雷韦奇医生，在为雅各芭·范·费尔德的小说《大厅》所做的序言中写道：“只有小说家——不论好坏，才会相信老年是幸福的。老年只有一种，在医院卧床不起的病人和在安乐椅里的贵妇殊途同归……这些半僵的人跟曾经成年期和儿童期的自己奇怪地相似。往往并没有更好。他们身上生存的欲望并未熄灭。欲望、激情、任性依然存在。我见过的老年人没有哪一个像书里睿智的祖父母那样因年纪而获得智慧或祥和。”

实际上，富有的老妇命运当然好过安养院里的院友，雷韦奇医生想说的是前者也免不了烦恼和焦虑。他说得有道理，但我认为他的描述过于苛责，为什么老年人必须比成年期或童年期的自己更好？当一切都被剥夺，如健康、记忆、财富、威望、权力，去做一个体面人已经很难。老人为此而进行的抗争或可怜或可笑，他的怪癖、吝啬或心机让人恼怒或一笑置之，他的抗争其实是悲壮的，是拒绝堕入非人的状态，拒绝成为成年人要他们变为的虫豸和废物。在如此的困顿中，试图保留最后的尊严，这样的意志不乏英雄主义色彩。

“一个衰弱的个体，为继续为人而斗争”，部分老人拒绝这样的定义。茹昂多说：“年轻人喜欢的表演和音乐，对老年人可能没有什么吸引力，这并不代表老年人的眼界不是一样开阔，捕捉到的感受不是一样美妙。”就像孩子不是未完成的成年人，老年人也不是残缺的成年人，而是一个完整的人，经历着独特的人生历程。① 也许是这样。但是儿童世界的独特性常常得到描摹，而老年人世界与成年人世界的区别永远是种种缺失，即使在老年人自己写的书中也是如此。我对老年人的智慧持怀疑态度。当纪德在 1931 年 1 月 25 日的日记中说“我全心鄙视这种只有处于冷淡或厌烦才达到的所谓智慧”，他是在呼应蒙田的观点，我对此完全赞同。

不过我在本章开头所提出的论点也不应完全否定，那就是失去资格对老年人来说可能是生命的丰富和解放。50 岁至 60 岁期间曾非常害怕死亡和衰老的萧伯纳称 60 岁之后开启了“第二童年”，感受到自由、冒险、不必负责任的惬意。吉奥诺在 70 岁那年的访谈中也表达了类似的意思。波朗在临终前不久曾说：“老年很有意思，体验到很多以为书里才有的感觉。”②

约翰·考柏·波伊斯在他的一本小册子《论老年》里称颂老

---

① 1860 年雅各布·格林表达了这一观点，我在前文提到过该讲话。——原注
② 丘吉尔也说过，老年是一种很惊人的体验，但他说这话时惶恐不安。——原注

年，他认为老年人才有机会从容地从事“这种被动的活动，以使我们人体的机能与所谓的无生命合而为一”。老年的幸福就在于趋近无生命。老年人越来越孑然一身，而无生命就是只剩自身：“一个晒太阳的老年人和一块被阳光温热的石头，二者具有一种不可言传的联结。”卸下了一切事务的人终于能够沉浸在静思的欢乐中。波伊斯说自己小时候有一次发现祖父坐在沙发上，一动不动，看着晚上的光线和阴影，老人对他说：“你要记住，约翰，我这把年纪已经做不了别的了。”波伊斯认为祖父没必要感到歉意。老年人有权什么都不做，总算不再有义务！终于享有安宁！置身事外。和儿童一样，老年人脱离了道德，这种非道德性带来“神奇的平衡，内心的开悟”。

确实，波伊斯的老年是完全绽放的。成年的他从未真正自由自在。他困于很多的苦差事：课程、讲座，使他无法专注于唯一的乐趣——静思、遐想。他的举止，甚至在朋友眼中也常常是古怪的。随着年纪的增长，他的古怪显得正常了。他能够从“无所作为”中得到乐趣。事实上，闲散让他写出了许多好书，费的工夫一点不少。他属于极少数退休之后反而充分施展了此前一直被压制的志向的人。

波伊斯的情况是例外。但是不能否认，普遍意义上说老年也有某些好处。被抛弃至人类边缘，也就意味着脱离了人本来必定遭受的束缚和异化。大部分老年人没有利用这一机会，但它确实存在，某些人也抓住了。

随停止工作而丧失社会身份的人会觉得自己一文不值，感到痛苦，他可能因此陷入消沉。或者如果他属于特权阶层，那么为了治愈自己不再“真的是”，他会千方百计“显得是”，对职位、角色、头衔、名誉孜孜以求。他也有可能通过自己的一无所有认识到真相，汲取力量，正如失去一切的李尔王褪去衣物，控诉之前将自己迷惑的种种表象。很多老人被社会拒斥之后不再取悦社会，反而因此得益。他们身上体现出的对舆论的满不在乎，亚里士多德称之为“厚颜无耻”，实则无异于解放的开端。这使他们不再虚伪。有研究人员询问不同年纪的老年人，人生中最重要的是什么，60 岁到 70 岁的人回答“有亲人爱，有事情做”；80 岁的人则很突兀地说是“吃”，事实上对其他年龄的老年人来说又何尝不是。维多利亚广场的住户很满意他们的新境况，表示：“我终于可以做我自己了！我再也不是某某的妻子、某某的雇员，我是我自己。”他们不再按社会功能来定义自己，而是感觉自己是个体，可以按照自己的喜好，而不是社会规范来行事了。他们还说：“我终于可以想怎么做就怎么做了。”我前面提到的太阳城里的老年人没有任何“文化活动”，也没有任何人们所谓“建设性”的活动，一个从该城创立之初就照顾他们的人说，这是因为他们不再觉得自己必须从事这类活动。从前社会压力使他们不得不装出感兴趣的样子，现在他们回归了本性。

对于女性来说，最后阶段是一种解放：她们一生屈从于丈夫，献身于子女，现在终于能够专注于自身。束缚尤重的日本资产阶级女性，老年往往过得富有活力，我听说有的 70 岁依然离了婚，就为了把剩下的日子过好，并且很庆幸自己这么做了。布莱希特的剧作《大胆妈妈和她的孩子们》的主题即一名老年女性起而反抗压制她一生的义务与禁忌，还被改编成电影。女主人公在 72 岁成为寡妇，她不顾家人的惊愕，抵押了房子去满足自己的念想，如坐车闲逛、喝红酒、看电影、晚睡、赖床。她再也不理睬社会的禁忌，跟一个社会地位比她低的修鞋匠来往。之前强加于她的尊严的标准，现在被她踩在脚下，她选择听从自己的冲动。当然还有很多老年女性仍坚持向来的价值观，并企图让年轻人也遵守，但她们的处境提供了从中解脱的可能。

自由是令人惧怕的，这也是为什么有些老年人会拒绝它。纪德获得诺贝尔文学奖之时，萨特对他说：“现在您没什么好赢，也没什么好输的了，您从此可以自由地行动和讲话了。”纪德的回答则满怀疑虑：“哦，自由，自由……”其实他最离经叛道的书并不是写于晚年。另外一些人则因上了年纪而自认不必再在意舆论。莫里亚克在 1953 年 7 月 28 日的《记事本》中写道：“太久以来，我太过有名显眼，以至于我发表的言论，无论评价是好是坏，都改变不了别人对我的看法了。”年轻时，他很少参与政治。法西斯入侵埃塞俄比亚，还有西班牙内战，照他自己的说法，也只是让他发出了微弱的一声呼喊。德国占领期间，他写了《黑色笔记》，之后他再度“睡去”。他获得诺贝尔文学奖那天，卡萨布兰卡屠杀发生，他写道：“我从昏睡中醒来，决定再度投身政治，卡萨布兰卡屠杀之后摩洛哥的情况使我再度与年轻的天主教教徒建立了联系，我变成了 1904 年热衷于犁沟运动的莫里亚克、巴斯克的莫里亚克、西班牙内战时的莫里亚克，法国-马格里布委员会由此诞生了。”另一段话也提到了这一时期：“从此，我参与了政治。”他写文章抗议在阿尔及利亚实施酷刑，并参与示威。1958 年，出于对戴高乐将军的爱戴，也可能因为累了，他选择置身于斗争之外。

笔下言论自由大胆的伏尔泰，行事却非常谨慎，常给人说一套做一套之感。他到老年才积极批判不宽容和不公正。他听闻卡拉斯案件之后，竭力探寻个中原委，专程去见可能提供有用信息的人，询问案件相关人员的家人。他心里有了谱，便动用关系再去活动。1762 年，68 岁的伏尔泰以论战激起舆论关注，最终导致原判决被推翻。他负担了所有的诉讼费用。三年后，他又全力站在西尔旺夫妇一边，后者被控将执意改宗的女儿投入井中。事实上，他们的女儿是因疯癫而自尽。西尔旺夫妇舍下所有财产出逃，被象征性地以画像代替，处以极刑。伏尔泰为他们争取平反，一直努力到 1771 年。1766 年骑士拉巴尔被处决让伏尔泰消沉了一段时间，他退隐到克莱夫。后来他重新振作，又介入了其他几个案子。在蒙巴伊案件中，夫妇被控弑父，丈夫被处决，妻子因怀孕暂时免刑，在她被关押期间，伏尔泰成功证明了这对夫妇是无辜的。

有些老年人体现出威武不屈，甚至英雄主义的特质。对自己生命已不看重的他们甘愿冒险。马勒泽布[1]在 1792 年为路易十六辩护时已 72 岁。“什么也不能阻止他在审判中使用国王的称谓和直呼陛下。”一名国民议会成员问他：“是什么让你如此胆大妄为?”“对生命的蔑视。”[2] 1793 年 10 月被捕后，他拒绝为自己辩护，坦然走上断头台之前，不忘给自己的怀表重新上好发条。还有的老年人尽管没有付出生命，但是随时准备抛弃自己的名誉和一生事业，例如美国著名儿科医生斯波克因反对越战而获罪，1968 年，年届 80 的他说：“我这把年纪，还会怕与斯托克利·卡迈克尔[3]一起示威吗?”

那些一辈子都在冒险的人，老年很可能更加无所畏惧。罗素一向固执，富有勇气。而在 1961 年，89 岁的他表现得尤为淋漓尽致。身为“反核百人委员会”成员的他号召民众和平示威，不顾警方禁令来到人群中席地而坐。他的年纪和名声使他无法免于惩戒，因此入狱七天。教皇选举会错误地认为老年是无害的，推举龙卡利红衣主教为教皇。后者一向只做自己认为对的事，什么也吓不倒他。当选教皇为他开启了巨大的可能性，他也善于利用。当选三个月之后，若望二十三世未征求任何人的意见，并且不顾反对，着手对教会

① Chrétien Guillaume de Lamoignon de Malesherbes（1721—1794），法国政治家。
② 见米什莱《法国大革命史》。——原注
③ Stokely Carmichael（1941—1998），出生于特里尼达和多巴哥的美国非裔民权活动家。

进行改革，召开大公会，议题大多由他自己设定。尽管被制止，这些议题仍然带来了冲击，影响越来越大。身体衰弱的老者依然为无畏的热情所激励，此景令人动容。法国人权联盟主席埃米尔·卡恩为本·萨多克一案[①]出庭做证时年逾80，几乎不能站立。他朗读了一封儿子的信件，信中揭露民族解放阵线成员在阿尔及利亚受到的酷刑，他控诉法国政府和军队，其激烈程度尤胜许多比他年轻的人。

在智识方面，老年人也可以是一种解放的力量，让人摆脱幻想。随老年的清醒而来的，常常是苦涩的幻灭感。童年和青年时，人生往往是向上走的，在顺利的情况下，工作取得进展，教育孩子带来欢乐，生活水平提高，知识变得丰富。这种上升的感觉持续到成年。然后某一刻，突然间，人发现自己除了坟墓无处可往。上到了顶峰，同时也就是下落的开端。叶芝说："人生就是为永远不会到来的事做长期的准备。"终究有一天，人再也不期待任何事情发生，明白了之前朝着一个目标前进的想法是错误的。我们个人历史之前信奉的目的性如今被剥夺殆尽，其"无用的激情"的性质也昭然若揭。叔本华称是这一发现让我们失去了活下去的欲望："给生活赋予魅力、给活动赋予激励的幻想消失了。人到了60岁才会明白《圣经·传道书》第一句话的含义。"老年的托尔斯泰则更为辛辣："当沉醉于生活时人才活得下去，一旦清醒我们便发现一切都是欺骗，愚蠢的欺骗。"

如果真的一切都是虚无或欺骗，那么除了等死，确实没有别的盼头了。但是，承认人生没有目的性，并不表示不能为自己设定目标。有的活动对人类确实有益，人与人之间建立的某些关系也让人心意相通，达至本真。当幻想被扫除，这些没有被异化、被扭曲的

① 1957年5月26日，穆罕默德·本·萨多克在法国科隆布体育场枪杀了原阿尔及利亚议会副议长阿里·切卡尔。

活动和关系留存下来。即使年轻时的名利和风光消散了，我们还可以继续期望通过文字与人沟通。有意思的悖论在于，当人老了，对自己的作品产生怀疑之时，后者反而达到最高境界，伦勃朗、米开朗琪罗、威尔第、莫奈都是如此。或许这种自我怀疑也是让作品更丰富的原因。有时也可能是时间上的巧合，年龄带来技巧的纯熟和自由，也容易让人自我质疑。采取行动，同时又把行动“置之不顾”，人便达到了本真性。是的，这比谎言更难承担，但是一旦实现本真性，便值得额手称庆。年龄带来的最珍贵的东西即在于此：它清除了盲目崇拜与虚幻之像。

或许有人会反驳我说更早地摆脱也是可能的。就拿我自己来说，我很早就接受了对于存在者来说寻找存在是白费力气的观点，“自为”永远不能成为“自在”。我本该接受这个注定的失败，不再奢想我在《事物的力量》一书结尾哀叹的不存在的绝对。然而正像预见不意味着确知，确知也不意味着身受。真理总是于变化过程中显露。人类境况的真相只在我们自身演变终结时才显现出来。

当我们不再寻求任何目标，自由和清醒便没什么用；反之如果我们还有进行中的计划，它们便很有价值。对老年人来说，比良好的健康状况更幸运的事情是其在世上还有未竟的目的。有的忙、有用，便不会无聊和衰退。活着的时间是属于他的，老年人常有的防御性或进攻性的行为也不会在他的身上出现。他的老年也就不被人所觉察。但前提是他在成年时投身的事业抵御得了时间的考验，不过在我们这个压榨人的社会，绝大多数人不具备这种可能性。

我说过，与其他年龄层相比，精神疾病更常见于老年人。[①] 然

① 需要指出的是，在美国，每 10 万名研究对象中，15 岁以下的精神疾病患者为 2.3 人，25 岁到 34 岁之间为 76.3 人，35 岁到 54 岁之间为 93 人，老年人为 236.1 人。——原注

而直到19世纪末，对此的认识依然很不充分，以至于把相关疾病全部归为一类，统称为老年痴呆。1873年瑞士医生维勒的研究具有开创性，之后被发扬光大。1895年在波尔多第一次召开了老年人精神病研讨会，之后对精神官能症和精神病的研究多了起来。然而因为老年是一种所谓“正常的不正常”，在伴随衰老出现的心理失调和病理性的精神疾病之间做出清晰的分野相当困难。有的情绪和行为方式的改变，貌似能从环境中得到解释，实则是某些疾病的先兆；另一些看似病症，却只是在特定情形下才出现的。无论如何，病理性的案例极多。老年人体质脆弱，社会地位低下，这给他们的精神状况带来严重影响，可能是直接影响，也可能导致器官功能退化加速。他们的生活状况和性方面的状况都可能诱发精神和心理疾病。

当一个人无法“在自我身份认同中找到和他人的良好关系并找到平衡”[①]，便成为精神官能症患者。他身上产生一系列症状，实际上是对难以忍受的情形的防御性反应。许多精神病专家强调这种“身份认同的脆弱性”对精神官能患者具有主导作用。老年人主要的困难之一恰恰在于维持自己的身份。仅仅意识到自己老了这一点，就会完全改变一个人，让他无法实现自己的存在。另一方面他失去了资格以及社会角色，失去了自定义的参照，不再知道自己是谁。只要“身份认同危机”不解决——而这是普遍情况——老年人便会陷于慌乱。

另一方面，很多精神分析学家——也包括精神病专家——认为精神官能症显示出性方面的冲突，问题可能需要回溯到患者的童年时期，也可能来自现今的困境。老年人与成年人相比，更是童年的囚徒，因为他身上不再有成年人的审查和防御机制，力比多仍在，

① 见艾的《精神病学手册》。——原注

而器官却力不从心，让他在性方面很受挫。身体机能的不足让他深切地感受到这点。由此可以想见，所谓“正常地适应”这些状况往往是不可能的。

老年人常见的神经官能症如下：

一、妄想型。大部分人通常都出现的症状，在这些人身上达到极端的地步，以妄想为“铠甲”自我保护。他们极为多疑，攻击性强。疑心有多种表现：各种无名之痛、疾病、头痛、消化不良。他们指责身边的人不关心他们的健康，没让他们得到治疗。他们要求特别多，往往有病态的嫉妒心。他们性情乖张，会突然情绪激动。多尔托[①]医生将老年女性分为两种类型：一类很被动，封闭在自己的世界里，憎恨生活、运动、情感，对死亡有病态的恐惧，另一类自我过度膨胀，表现出妄想狂倾向。

二、焦虑型。弗洛伊德认为，它体现了人的性欲力比多与其心理发展之间的差距，而这一差距在大部分老年人身上都存在。我们在前文也看到，出于各种各样其他原因，老年人通常苦于焦虑，很多人陷入神经症性抑郁状态之后，会把惯常的无聊、忧郁、不安推向极端。

三、歇斯底里型。其根源是潜在的，因衰老而被激发。这种情况下，冲突的根源来自孩童期，症状则象征性地达成了欲望与防御之间的妥协。当事人对身边人实施情感折磨，以生病为借口要求照护，进行情绪勒索。他会谎称苦于病痛，压抑住的焦虑有时会转化为身体的不适，出现瘙痒、各种疼痛、消化不良、排尿困难等症状。

四、强迫症或恐惧症等神经官能症，在老年人身上少见得多。

有些老年学家，尤其是布拉让·马库斯医生和佩基尼奥医生认

---

① Françoise Dolto（1908—1988），法国儿科医生、精神分析学家。

为，老年人的神经官能症总可追溯至童年期和少年期，这一点已经在歇斯底里的神经官能症中得到证实。然而，弗洛伊德认可“当下的”神经官能症存在，当事人对抗的是正在发生的冲突。这个观念适用于很多老年人的焦虑：他们的处境——不管是性方面还是其他方面，证明了神经官能症这一防御体系的合理性。

神经官能症对人的影响是局部的。当人的个性整体上发生改变，形成了新的结构，我们则称之为精神病。老年人最常见的精神病是退行性抑郁症，由克雷佩林①医生1896年单独提出来并加以描述。此病多见于女性，其老年性非常显著，因为病人此前没有任何精神问题。从普遍性的角度来考察什么是抑郁症，便很容易明白老年人易患此症。

这是一种“强烈的抑郁状态，精神上感受到痛苦，精神和心理动作变得迟缓，受到抑制”。弗洛伊德将之与服丧相提并论。抑郁症患者虽未有亲人亡故，却会表现得宛如丧失了什么一样。他哀叹的是丧失了自我，他会说自己什么都不是，什么都做不到。明科夫斯基指出，自我的丧失会引发自我价值降低的痛苦感受，当事人会因此沉溺于自己的过去。明科夫斯基还说抑郁症是一种“时间之病”，未来被堵死了，当事人无法奔向它，前望只可见死亡。当下，他完全无能为力，感觉自己存在于虚空中，经历致命的无聊。就像西班牙欧拉利娅公主所称：“广阔的草原无边无际，单调至极。”他“被空虚充满”，在荒芜的世界中僵化，对什么都不感兴趣，什么都触动不了他。他已停止活着。现实的虚空使他成为过去的自己的奴隶，他只能承受这一注定的结果。焦虑来自过去的沉重，之前的所作所为令他担心未来。他无法通过干预改变后果。他注定只能陷于

---

① Emile Kraepelin（1856—1926），德国精神病专家，现代精神病学的创始人。退行性抑郁症也译作更年期抑郁症。

被动之中。

对抑郁症患者的这一描述适合大部分老年人：丧失了自我，价值感降低，没有未来，无聊，无能为力。反推之，老年人常常是抑郁症患者，也就不足为奇了。

然而，并非所有老年人都是抑郁症患者，要成为个体患者，必有其特殊情形。退行性抑郁症往往借由某种情感开始显露，如丧亲、分离、移居；或某种因老年而变得性命攸关的情形而引发。其征兆是无聊、厌恶、多疑、内疚、性罪恶感。

老年抑郁症患者与更年轻的人的症状并无不同。精神病可能有多种形式：简单型、昏睡型、焦虑型、谵妄型。所有情形都要加上一点，那就是罪恶感。弗洛伊德说这是因为病人对失去的自我表现出攻击性。我之前说过老年人身上并不常见这种情感，但是要注意它此处采取的形式：当事人并非指责自己能力不足或认为应该对某种错误负责，他的罪恶感是被动承受的，由某种命定的必然性强加于他，在过去就已经注定，对此他无能为力。是命运让他承受这种暴力。

在“昏睡型”抑郁症中，病人凝滞不动，也不说话，可以说已经不再是个活人。这种僵硬甚至到了紧张症的地步。在老年人中很常见：身体障碍致使他们采取一种姿势[①]，之后因不知如何调整，便一直保持同一姿势，无法让自己的肌肉放松下来，拮抗肌也常常不配合。

即使能免于身体的僵硬，他也还是会困在旧的习惯当中，拒绝任何新鲜事物，所有的动作都墨守成规，无限重复。他有时完全缄默，有时冲动地迸出显然毫无意义的词语。他以顽固的负面情绪对

① 这一点在墨迹测试中很明显。——原注

抗外来的指示或别人的要求和命令。他再也没有任何活动，根据精神分析学家的说法，这种倒退是有意而为的，实现了某种下意识的欲望，由于无法再将力比多投射于自身以外，他只能回到自体性欲行为。绝大部分精神病专家认为，这种倒退是被迫遭受而非主动“实现”，由器官机能引发的心理结构的改变而导致。老年机能退化带来的不便会导致自我价值感降低，有人会以停止活着作为反应。

相较于被动的闭缩，有些抑郁症患者的防卫则是焦虑的躁动。病人精神亢奋，生出很多悲观的念头，执着于负面的想法，如世界不存在，他自己不存在。这种焦虑往往以疑病症的方式存在，医院里接受治疗的患者半数都在60岁以上，大多为女性。他们担心自己的整个身体或身体的某个部分生了病。一些人生活在对健康持续的极度担忧之中，表现为呼吸不畅、恶心、腹泻这类恐惧时会出现的症状。有时躁动会达到无以复加的地步，病人在地上打滚尖叫，歇斯底里地发作。老年人的焦虑型抑郁症有时表现剧烈，如发烧、不吃饭或不再消化食物，由此产生的营养不良可导致死亡。

谵妄型抑郁症往往伴随着幻觉、妄想、梦呓。当事人会系统化自己的罪恶感，并将其投射到他人身上，以求自我解脱。他认为自己受到迫害。这种自我控诉和受迫害的感觉，有时会以固定的形式反复出现多年。病人有时会以各种诠释来丰富和充实它。有些人会陷入否定的呓语。

抑郁症患者都有求死的欲望。他们不再感觉自己活着，并希望彻底消亡。既然死亡是未来提供的唯一可能，他们希望死神早日光临。不少人选择了自寻短见。

抑郁症患者往往有生理问题，如消化不良、心血管疾病、植物神经紊乱。对患者所做的测试并未发现明显的智力缺失，但是由于他们过于躁动或消极，难以准确衡量他们的精神能力指标。

养老院里也有大量的抑郁症患者，因为他们被当作物品对待，并且与世隔绝，这令他们更加感到虚无。

抑郁症的发病有时只持续6到7个月，但这只是延缓而已，大多数病人会复发。有的会恶化。焦虑、谵妄或紧张症会成为顽疾。或者因心理活动停止而导致智力衰退。

出于对抑郁症的防御而产生的躁狂状态不常见于老年人。不过他们中有不少患有慢性谵妄精神病。

自我现实与世界之间的关系失衡是偏执产生的土壤。有时候自我极度扩张，把所有的现实都吸纳进去，世界任其形塑，提供不了任何抵抗。有时则相反，自我收缩，被世界碾压，人产生“渺小妄想”，有罪恶感，觉得自己不配活着。有时谵妄是两个极端之间的中间状态，也就是说，自我仍然像第一种情况一样居于世界的中心，但是世界对自我提出指控并对自我可能犯的错误进行不成比例的惩罚，这便是受迫害妄想。老年人已或多或少丧失了自我，对世界也不再有控制力，二者之间的关系因此被搅乱，使得他很容易成为偏执狂。

克雷佩林医生单独列出并讨论了“老年损害谵妄”。据他所言尤其发生在女性身上。这是一种受迫害妄想，由老年人身上常见的多疑和易怒所引发。病人会抱怨他们在健康方面受到的损害，声称食物让他们不适，因此指责商铺或者认为是他们的亲人在下毒。像某些歇斯底里患者那样，他们抱怨自己“头脑干枯”“骨架散掉”。他们认为自己财物受损，声称别人偷他们的东西，撬他们的锁，动他们的家具，在房间里发现脚印或指纹。怀疑伴侣不忠。这些想法并不成系统，而是飘忽不定，因此不会发展为疯狂。但他们的状态导致判断力减弱，情感上非常易怒。

“损害谵妄”今天不再被归为一种疾病。但克莱斯特于1921年描摹过，且至今仍存在的退行型偏执狂，具备不止一项克雷佩林所指出的症状。在疑病症型偏执狂的背景下——症状有多疑、不信任、固执、嫉妒、傲慢、易怒，老年人发展出不理性的想法，这些想法不系统，不导致完全丧失理智，却使其脱离现实。这些想法常常伴随着严重的幻觉。在女性身上更常见，并且听觉和视觉不佳会使其愈发严重。病人有时表现为狂妄自大，认为自己有非凡的能力，而年轻人在密谋阻止他施展这些能力。不过更经常的表现是各种添油加醋的受迫害妄想。其主题不外乎克雷佩林之前指出的健康、财产受损。他深受嫉妒折磨。在70岁至80岁之间，病人往往性情大变。记忆力、注意力、判断力都下降。变得愤世、好争吵、好猜疑。他指责妻子不忠。一位70岁的老人声称自己的妻子在多纳集市有一个“卖春店”。还有一个半夜听见别人叫“鹿”，便起床寻找妻子的“情人们”。有一名老人听到他想象中的对手在自吹自擂，夜里看到自己的门上贴着一个人的身影。有时他怀疑妻子想给他下毒，甚至将妻子软禁。一位老人就这样把自己的妻子关了6年，让她在生理上陷入极为悲惨的境地。

长久以来，老年人精神疾病中最为人所知的是老年痴呆，以致其他疾病也都归于其名下。近年老年人数量的增加提升了其发病率。女性尤其易发。家庭解体导致患者无处可去只能住院的情形越来越普遍，给社会造成难题。生活状况对痴呆的产生和发展都有着巨大的影响，因为会遏制或加速器官的退化。从生理上来说，痴呆患者大脑萎缩，脑重量显著减轻。在他们身上还观察到神经元萎缩、细胞损伤、淀粉样蛋白斑块等现象。

心理上，痴呆可能以多种方式表现。其开始往往不易觉察，可能是记忆力逐步减退，心智逐渐迟钝。另外的情形可能以一个显性事件开始，如躁动不安、糊涂状态、谵妄的念头，也即我们前面所描述的种种。或者也有的以抑郁症呈现。

接下来患者会出现社会行为紊乱，做出无条理、想法奇特的举动，其荒诞行为有可能是危险的，如不关煤气或乱扔点燃的火柴。而在某些领域，一些机械的动作有可能让他的病情看起来没那么严重。有的终日昏睡，有的胡吃海塞。大部分人夜里都不安分，他们睡眠差，难免坐卧不安。

痴呆患者的共同点是逐渐丧失记忆。有一种逆行性失忆，像里博描述的那样，患者不再能够记住当下，其记忆从不稳定到稳定，从无组织到有组织，从近前到过去，逐渐消殒。定向的缺失和遗忘使得患者迷失时空维度，不知自己活在何时何地。这常导致失忆性的游走①，病人无法定位自己，也就找不到该走的路。病人对自己经历过的时间感知起了变化，明科夫斯基很强调这一点。没有了过去，他便只活在当前一刻，可是他对当前的认知采取一种普遍性时间的角度，这样一来，任何事物对他来说都不是新的。一名女性患者第二次见自己的医生时，对他说："我早就认识您了，我立刻认出了您。"病人会即时根据未曾存在的过去重新组织起现在。有一位女性患者，医生到她的房间来给她做检查，她以充满社交仪式感的口吻说："对不起，如果我事前知道您到访，我会准备午餐的。"仿佛她习惯邀请医生共同进餐一般。因为没有真实的回忆，病人当场编造一个根本不存在的即时性的先例；似乎在面对记忆的空白之时，他需要赋予时间延展性，声称自己"刚刚"做过某事，儿子"刚刚"探望过他，医生"刚刚"对他说过话，等等。

失忆也会影响语言。患者会先忘记专有名词，再忘记抽象的词，然后是具体的词。像很多失语症病例一样，他们的日常活动会

---

① 这与离家出走不同，老人离家出走时是有意识的，不会失去对时间和空间的感觉。——原注

受到干扰，注意力减弱，视觉变模糊，引发各种错认。在个人生活上，当事人会缺乏判断力，出现荒谬不经或不受控制的反应。但一般来讲他依然可以对他人或世界形成中肯的看法。

性格方面的问题也很明显。患者易怒，惯于指责。极其在乎自己的财产，会连续几个小时抱怨同一件事。他们通常意识不到自己的状态，但也有的人时而能意识到，并为此难过和哭泣。

随着状况逐渐恶化，患者的反应越来越跟不上。他听凭冲动支配，尤其在性方面肆意而为。欲望不再被约束，他将其表现出来，并不择手段获取满足，其行为属于法医学的研究范畴。而从生理学的观点来看，他的健康有可能保持得很好。

老年痴呆的演变以月或年计。其阶段划分的标志事件有可能与开始时类似，如躁动、紊乱、谵妄，最后发展为痴呆和恶病质并导致死亡。

老年痴呆有一种特殊的形式，即老年失忆，1906 年首次被描述。其解剖学上的特征与老年痴呆一样。也是多发于女性。特征为失忆、时空定向紊乱以及补偿性杜撰。患者保有某些得体的举止，女性尤其具有欺骗性，她们可能穿戴整齐，甚至讲究，说话和蔼，乍看与正常人无异。然而这些患者记忆丧失很严重。作为补偿，病人会编造回忆，做梦，发生错认。这种想象出的“记忆的谵妄”，总是被编造得冠冕堂皇。病人将自己的生活想象得宏大而显赫，声称自己与世界名流交往，身价不菲。有时他会主动揭穿自己的谎言并一笑了之。

另一种常见的老年痴呆的形式是血管性痴呆。老年人口增加，以及老年生活条件变得困难，都提升了该病的发病率。它与脑血管病变相关。从 60 来岁开始有表现，尤其是男性，原因可能是他们烟酒摄入多，以及更容易过劳。很多情况下其表现轻微且方式多样。

一、病人周边动脉发生病变，且有高血压。表现出精神虚弱，易疲惫，头痛。情绪忧伤，无法集中精力，容易激动，有时，一种情绪——尤其是退休的突然到来——让他陷入疑病症。

二、病人患有焦虑型抑郁或呆滞型抑郁。

三、病人有时受到狂躁的折磨，但很少见。

四、病人常落入头脑不清的状态。

五、病人谵妄。

严格意义上的痴呆往往出现在中风引发严重的功能障碍之后。也可能以抑郁或头脑不清状态为开端。有时为半痴呆形式，病人能够意识到自己智力和情感出现问题。其心理退化与老年痴呆非常类似，以至于人们长期混淆了二者。记忆出现严重问题：健忘、失忆、记忆性的错误，后者有时能被患者意识到。注意力减退。联想能力贫乏。想象力枯竭，精神生活很有限，单调乏味。突出表现为情绪不稳，一会儿笑一会儿哭。以测试结果判断，智力衰退并不像人们想的那么严重：智力并未完全被摧毁，只是变得迟钝，不听使唤。

在发生双侧亚延髓受损时，我们会说是假性延髓症候群，表现为高血压、发声困难、吞咽困难。病人时哭时笑，发出奇怪的声音，不像笑声而像犬吠或嘶鸣。他小步快走，或者无法采取坐姿时，不停原地踱步。无法控制自己的括约肌。

萎缩性前老年痴呆即皮克病和阿尔茨海默病，是一种由延髓障碍所引发的早发性老年痴呆。

除此之外，老年人也会罹患与衰老无关的器官疾病。60 岁之后，梅毒可能引发全身瘫痪，而所有年龄的患者都常见夸大性的谵妄。脑中毒、水肿、脑瘤都可能引发谵妄和幻觉，有时是可以治愈的。还有一些精神疾病并不来自大脑，而是其他器官，尤其是神经系统和内分泌系统。

精神分析学指引下的方法经常能够成功治疗神经官能症。老年人乐于尝试这种方法，因为他们喜欢沉浸在过去中。他们不像年轻人那样抗拒回忆。哪怕不是那么愉快的过往，他们也较易接受，因为之前一直逃避的现实，老了也就认了。但是要从这种意识中获益则较为漫长，因为该意识的实现没有经历冲突。很多疾病被化学药物有效治疗了。

今天，人们认为如果老年人的社会处境不那么差，大部分病症本可以避免。巴斯蒂德[①]写道："我们不禁要问，衰老是不是年纪大的结果？或毋宁是一个抛弃老年人的社会生造出的产物？"他引用勒朋医生的话："人们完全有理由问，老年痴呆的陈旧概念——据称是大脑障碍的产物，是否应该被重新审视，这些所谓的痴呆会不会是社会心理学因素的结果，并因为老人被草率安置在设备不足、管理失序的机构而加重了病情？正像精神病院一样，病人无人理会，得不到任何心理刺激，远离任何关注，只等着死去，而快速的死亡也是所有人所期冀的。我们甚至可以说老年痴呆的现状是人为的结果，原因是疏于照料，缺乏预防，缺乏帮助他们康复的努力。"

① 见《精神疾病社会学》。——原注

第八章　老年实例

老年人如果没有迫于糟糕的经济和生理状况而落到人下人的地步，那么尽管年纪带来诸多改变，他仍是曾经的那个人。因为最后的岁月很大程度上取决于他盛年时的状态。哪怕身体严重残疾，开放的心态让伏尔泰的晚年依然美好，而夏多布里昂则郁郁而终。斯威夫特和惠特曼一个厌世，一个热爱人生，虽然都深受肉体之苦，他们的反应却很不同，前者的愤慨加剧其苦痛，后者的乐观则使其战胜了病痛。然而，这类事情毫无公平可言，疾病、社会环境可能会破坏一个活跃慷慨之人的晚年，过去所做的选择加上现在的意外，给予每个老年不同的面貌。下面我们重点考察一些个例。

虽然少见，但的确有的老年被视为人生顶点，比如我们已经见到的科尔纳罗和丰特奈尔就是如此，他们一生谨慎而节制，为老年做准备。维克多·雨果的例子更显著，年轻时便在作品中赋予老年人崇高的地位。他的例子让人感到，不管有意还是无意，我们在人生之初就预备着迎接老年。一些偶然事件，特别是生理性疾病，可能使老年脱离正轨，但是就人自身能控制的部分而言，每个人用他的生活方式定义了自己的老年。前面已经看到，对人类的厌恶让斯威夫特创造了斯特鲁布鲁格，他自己在晚年时也成了某种斯特鲁布鲁格。而雨果将他梦想成为的长者形象赋予了波阿斯、埃维拉德努斯、冉阿让等人物，最后自己也成了这样的人。

我们都知道，雨果在 14 岁时写下："我要成为夏多布里昂或者什么也不是。"事实上，他梦想的是拿破仑的荣耀，他的诗剧《玛丽蓉·德·洛尔墨》的前言可印证这点："为什么现在出不了与莎士比亚争锋的诗人，就如拿破仑之于查理曼大帝？"作为诗人、预言者、先知，雨果想成为精神世界的教宗，他等着年纪赋予他这个权力，而他的表现证明他一直抱有此期望。1848 年，拉马丁的作为注定了晚年凄惨，而雨果在 1852 年的流亡出走保住了自己的老年，他成为自己一直梦想的荣耀的象征。

前面提到过雨果晚年性生活仍然活跃。直到 1878 年，他的健康都极其良好。1873 年，龚古尔为眼前的景象感到尴尬：雨果帽子都不戴，活力充沛，身边的儿子弗朗索瓦-维克多则脸色苍白，横卧长椅。雨果为自己还能大跨步地爬上楼梯而自得，似乎认为自己百毒不侵。福楼拜在 1877 年写道："这老头比过去任何时候都显得年轻有魅力。"雨果总是愉快的。晚年时，一位熟人说："他那双布满褶皱的小眼睛向周遭投射出欢乐的焰火。"他的工作能力丝毫不减，也有时候他似乎没了灵感，写作对他只是一门手艺。1869 年未发表的诗句中写道：

> 老了以后，我们从三脚架过渡到书桌……
> 别了，有力的冲劲，不羁的放飞……
> 结束了，我们成为赫利孔山的布尔乔亚，
> 我们在深渊的边缘租住带阳台的小屋。

而同年的1月7日，他在一封信中写道："啊，我知道我不会老，只是生长，我就是这样感觉到死亡临近，这对灵魂是何等的考验！我的身体衰退，我的思想增长，我的老年仍有花期。"1866年，《海上劳工》大获成功，他接着写作《笑面人》，在小说方面他的想象力并未因年纪而枯竭，实属罕见。他创作剧本《托尔克马达》时，战争爆发了。他前往布鲁塞尔申请回巴黎的护照，声称想加入国民自卫军。未发表的手稿证明他有更高的目标，他寄望于共和派让他掌握权力：流亡在外的他是所有反对派的灵魂人物，他设想自己会接受权力，等法国一得救他立即隐退。但是当他到了巴黎以后，临时政府已经成立，没人事先联系他。当他到达车站，人山人海，都是朝他欢呼的民众。他中午发表了四次讲话，先是在阳台上，后来在马车上，他说："你们在一个小时里让我20年的流亡变得值得。"登门拜访者络绎不绝。共和派的冷落令他失望，但他依然尝试做些事情。他的《致德国人》一文未获回应，《致巴黎人》则号召："公民们，拿起武器！"他在剧院里朗读他的《惩罚集》，用销售收入买了三门大炮。当选巴黎议员后，他拒绝帮助巴黎公社的同情者推翻临时政府，认为外敌当前，此举太过危险。不过，国民议会只让他觉得反感。他写道："我将带着流放的念头前往波尔多。"他在国民议会担任左派首领，签署梯也尔提出的"可耻条约"。有人想取消加里波第的议员资格，雨果起而反对，被阻止发言，于是他愤而辞职。

1868年雨果丧妻，他的儿子夏尔在波尔多死于中风，他将其棺木带回巴黎，然后到布鲁塞尔处理遗产继承问题。巴黎公社的暴力令他震惊，但是在《不报复》这首诗中，他祈求凡尔赛当局不要大开杀戒。对社员的大规模处决让他愤慨。6000名社员被杀害，而巴黎公社只处死了64名人质。雨果宣布收容被流放者，比利时政府将他驱逐出境，于是他来到卢森堡继续抗议对巴黎公社的报复行为。他写了《凶年集》和《九三年》，为新版《历代传说》写了几首诗。回到巴黎的他并不受欢迎，梯也尔答应他不会放逐罗什福尔。维护巴黎公社社员的代价是落选1872年1月的选举。雨果重返根西岛，继续已起草的作品，也开始创作《自由的戏剧》，诗作后来收录于《灵台集》《琴之声》《最后的诗束》。1873年，他回到巴黎。12月，他的儿子弗朗索瓦-维克多去世，此时期的一些诗作属于他最佳之列。雨果晚期创作的妙处在于结合了大胆的创新与程式化的表达，他以前所未有的自由运用字词和意象，勇于冒险，任何逾越都不会让他却步，不过节奏的飞扬与回落有某种机械的味道。这时的诗，既展示出惊人的年轻，又带有年龄的印记。

雨果喜欢朗读晚年的作品给朋友听，有一天晚上他对朋友说："先生们，我74岁了，刚开始创作生涯。"他朗读《父亲的耳光》，接待很多政界的朋友，他们都希望他重返政坛。他当选参议员，发起投票以图赦免巴黎公社社员，却只有10票赞成。他发表演说反对麦克马洪总统解散众议院的提案，得到左派欢呼，但在接下来的投票中，提案还是以149票赞成130票反对获得通过。重新选举的结果，共和派取得了326席，其他党派200席。麦克马洪辞职下台。这对雨果来说是巨大的胜利。

1877年雨果出版了《做祖父的艺术》，此书既献给童年，也献给他自己。对几个儿子和女儿阿黛尔——后者刚被送进精神病院——来说，他是一位严父，但他真诚地爱着孙辈，为他们付出许多，与他们分离总令他难过，他给他们写长信。他喜欢对照法，乐于展示自己两种形象的反差，一个是让世界上的大人物发抖的可怕巨人，一个是亲切和蔼的老祖父：

这个冲突狂暴的时期，我是角斗士，
我和皇帝们开战……
四十年来，我桀骜不驯，所向披靡。
然而，现在我被一个小孩子打败。

他还写道：“他的怒火也是和蔼的。”

某些时候，他还声称特意忘了崇高和荣耀之事：

忧伤，无尽的父爱
我不过是个顽固的面带微笑的好老头，
这些亲爱的小孩！我是个过度溺爱的祖父……

自我感觉如此良好，让人莞尔。不过他的一生确实足以自傲。我们也可以认为，为了实现自己的老年——而对他或对其他所有人来说，老年都是无法实现的，雨果借助于幻想，而他的想象力的武器库应有尽有：埃维拉德努斯已经是个老战士，在他面前，帝王也要颤抖，雨果又创造了新的幻想：“我关节有强硬症，如岩石傲然而沉重。”

衰老让老年人成为身体的奴隶，雨果的矿物化比喻则将其变为对身体机能的解放。

他尤其将自己视为神圣的人物、“律法的祭司”，他在诗《剑》中写道：

作为人民大众中的老者，他是律法的祭司，
这是此地的习俗，所有的头颅都低下，
致敬老年，这庄严的祭司。

前面已经见到，老年和美一样，都接近于上天，但雨果心底的想法更为激进。他认为，老年人即上帝。诗中的小孙女说："上帝，这慈祥的老祖父，颇有兴味地听我说话。"

如果说上帝是慈祥的老祖父，那么慈祥的老祖父就近乎上帝。上帝创造的世界让人想到雨果在作品中所创造的世界。他撰写下面这首诗的时候，同时谈到了这二者：

> 我并不请求上帝自省，
> 在伟大的诗人身上
> 必须允许某些兴致过头……

雨果诗中的对照命题意象来自大自然，上帝是个大诗人，老诗人是上帝。在1870年所写的另一首诗中，他表示：

> 我的诗如血如火，狂热苦涩，
> 是上帝向你的耻辱发出的喷射。

1877年他写了散文集《一桩罪行的始末》，但是1878年一次发病后，他不得不停止写作。由他的门生出版的文集里包括不少早年的诗作。从这一年开始，按照阿尔丰斯·都德夫人的说法，"这位老人的健康和心智都下行了"。

6月28日那天以后，家人立即把他送返根西岛。据亲历者描述："晚上在红色客厅里，他会有衰弱的时刻，手扶着壁炉台，额头趴上去，佝偻着身子，长久不动。"善妒的朱丽叶折磨着雨果，8月的一个晚上，她甚至为此哭泣。向来节俭同时又很慷慨的雨果渐渐吝啬起来，为巨额收入沾沾自喜，而朱丽叶需要的小额补助却总需要再三恳求他才松手。不过他依然不乏幸福时刻。79 岁的生日被当作国庆一样操办，60 万人在他窗前游行，甚至为此立了一座凯旋门。不久，艾劳大道更名为维克多·雨果大道。7 月 14 日，一场游行向他致敬。资产阶级也向他靠拢，巴黎公社社员终于获得大赦。生日之后几天，他来到参议院，议员全体起立鼓掌。众人的尊崇让他流下幸福的眼泪。他不像安徒生受到童年恨意的折磨，也不像托尔斯泰内心充满不可调和的矛盾。雨果是完全自洽的。在健康的老年极尽荣光是他一开始就想要并终生致力追求的，他的目标显然完全实现了。

朱丽叶过世令他深受触动，甚至渴望自己也死去："死去之前我会变成怎样呢?"

他说："我的人生经历了这么多的丧失，再也不会有喜庆。"

他身体变得虚弱，耳朵半聋，沉默不语，目光惊惧，完全不再写作。他中午才起床，日子过得机械而无意识。卡米耶·圣桑写道："啊，时光无情流逝，曾经的智慧也开始显露错乱的征兆。"而他平静地面对人生终点，他的孙子表示："他跟我们说感觉到死亡来临，由于他的坦然平和，我们从未认为死亡是可怕的。"

他深感自己享够了荣耀，有一天说："到了从世界抽身的时候了。"他相信灵魂不死。1860 年写道："我相信上帝，我相信灵魂。"死亡是与上帝相见，也就是说另一个自己，他因此带着愉悦期待一对一的会面。他对一位女性朋友说："我老了，我就要死了，我会见到上帝。见到上帝！跟他说话！真是大事一桩！我要跟他说什么呢？我常思考这个问题，我为此做准备。"他从未想过上帝会对他说什么。雨果 83 岁去世，临终前没有应允见神甫。

对老年人来说，直到死前还能投身于事业是幸运之事。不过年纪大了，有人不再对此过于看重，从中获得的乐趣也相应减少。我在此以米开朗琪罗和威尔第为例，他们的创造力保持到最后，但经历了幻灭。

米开朗琪罗可以说生下来就是个病人，随着年纪和思虑渐长，他的健康愈加恶化。老年的他忙于应付世事的纷扰，也不堪身体的重负。当保罗三世被任命为教皇时，他已经为前任教皇尤利乌斯二世的扩建工程工作了 30 年，为后者的巨型陵墓制作了 10 座雕像，有的已完成，有的还是初稿，但因为教皇自己和其后人不配合，让他无法完成。保罗三世要求他在西斯廷教堂的墙上创作《最后的审判》，他只得接受。他睡得少，吃得少，常觉眩晕。1540 年或 1541 年，他从脚手架上跌下来，一条腿严重受伤，这时他已 65 岁了。《最后的审判》于 1541 年 12 月 25 日举行落成仪式，为米开朗琪罗带来极大的荣耀，但也有人猛烈抨击其作品淫秽。保罗三世接下来要他绘制保禄小堂的壁画，这任务让他极度疲倦，他抱怨老年人不适合创作壁画。他为财务烦恼，尤利乌斯二世的继承人指责他在陵墓上花了太多钱，要他偿还。保罗三世让他不要为此担忧，全心投入绘画，米开朗琪罗答道："作画用的是大脑而不是手，没有自己的想法，只会自取其辱，这也是为什么只要我的烦恼不散就画不出好作品。"他感觉自己老了病了，畏惧死亡，但是在困境中有牢固的友谊支持着他。我已经说过，他在 57 岁时认识并深深爱上了卡瓦列里，是否纯粹的精神恋爱，我们不得而知，总之他的专一持续到生命尽头。他对弟子乌尔比诺也很有感情，二人一起绘制了保禄小堂的壁画，后者是他老年最可信赖的依靠。他还有很多其他弟子和朋友，在思想上他与维多利娅·科隆纳极为投契，米开朗琪罗认识她时 63 岁，维多利娅 46 岁，长相丑陋的她是他眼中的"良友"，米开朗琪罗很看重她的艺术评判，二人的谈话和通信中一个重要的问题是教会改革。她的去世让米开朗琪罗深感悲痛，“她很爱我，我对她的感情也同样深厚”。

1544 年，他病得很重，人们以为他命将不久，里乔医生将他从死神手中“抢回”令他感激。1545 年，他最终放弃按自己的设想修建尤利乌斯二世陵墓。这座陵墓被废弃在圣彼得镣铐教堂的一个角落，只有摩西的雕像见证着米开朗琪罗的天才。在画教皇保罗三世的壁画之余，他兼顾参与了罗马防御工事、法尔内塞宫，并为卡比托利欧广场和王宫设计蓝图。1548 年，他创作了布鲁图斯的胸像。1549 年，保禄小堂的壁画完成，米开朗琪罗从此不再作画，专注于雕塑和建筑。

1547 年，他被任命为圣彼得大教堂的建筑师。他接任时很不情愿。同时，在米开朗琪罗与桑加罗之间，教皇屡屡更加垂青前者的方案，后者的拥趸因此找米开朗琪罗的麻烦。桑加罗于 1546 年离世，但他的朋友们执着地维护他，把伯拉孟特未完成的作品弄得面目全非。米开朗琪罗要求能够全权处置，排除不符合原先设想的部分，别人便指责他独断专行，过于自大。为了确保工程不走样，米开朗琪罗整日待在工地。他出现许多健康问题：“排尿困难的毛病让我深受其苦，我日夜大声说话，不得休息。医生认为我有结石的问题。”他再次病危。

1555 年，与米开朗琪罗共事 25 年的密友乌尔比诺过世，这让米开朗琪罗也想死去。死亡的念头萦绕他一生，在他还很年轻的时候，他的信件和诗里就会谈到行将到来的死亡，他抱怨自己不仅老了，还已“身处死者之列”。他的诗描写他感觉到自己皮肤变干变硬。变老的过程中他试着克服焦虑，把死亡看成解脱，天堂的大门借此打开。当死亡将乌尔比诺带走，他心里也渴望死去，他失去的不只是亲爱的朋友，还是老年后不可或缺的支撑。他写信给一位友人说："活着时，他是我的生命。他用自己的死教会了我，不要带着遗憾，而是带着渴望赴死。"他还在一首十四行诗中写道：

他的死吸引我，快快赶往另一条路，
去和等待着我的他共同生活。

同时期他给瓦萨里的信上说："我对什么都不再感兴趣，除了死亡。"他这样描写自己：

可怜，老迈，不得不为人服务，
若不尽快死去，我便没救了。

他又活了 8 年，最后几年相当惨淡，感觉自己老弱令他痛苦，他写道："飞逝的岁月背弃了我，镜子也背叛了我。"他在给瓦萨里的信中表示，年纪不允许他密切控制圣彼得大教堂的施工工人，后者总能找出无法完工的借口，以至于他写道："要是人会因羞耻或痛苦而死去，那我早就死了。"1558 年写给阿曼纳蒂的信里，他抱怨自己的老迈和糟糕的视力："我老了，又聋又瞎，手不听使唤，自己都指挥不动自己。"他听力极差，总是耳鸣。

米开朗琪罗晚年尤其让人感到悲伤的是他对艺术的态度有所改变。他向来非常虔诚，认为艺术唯一的目的就是服务上帝，怀着爱来绘画、雕塑便是在服务上帝。在他看来，上帝善意地引导艺术家的手从事创作，艺术家通过雕塑、绘画来模仿造物的美，就是向上帝致敬。这一他毕生怀有的信念在最后时刻却动摇了。1538 年，听说葡萄牙贵族一点也不看重绘画，他回应道："他们是对的。"1554 年在一首十四行诗中，他流露出"艺术只是没有意义的奇技淫巧，令他忽视了救赎”的想法：

> 现在这一疯狂的热情，
> 让我将艺术奉为偶像君王。
> 我明白过来，这错误有多重，
> 对人来说，欲望是不幸的源泉。

他在另外一首十四行诗中写道：

> 尘世的琐屑夺去了
> 我用来凝视上帝的时间。

他把这几首诗寄给瓦萨里，并去信表示：“您到 80 岁时会理解我的感受。”

他称他的雕塑为“我的傀儡”。对于自己投身艺术而没有完全献身上帝一事，他曾以为自己是在完成神圣的使命，现在他觉得自己错了，他的救赎因此被损害了。这一幻灭的直接后果是他越来越强的宗教情感，除此之外，他承受的糟心事和他的疲惫也令他心灰意冷。他对死亡心怀畏惧，随时恭候其降临。

而他还是继续工作，为庇亚城门规划宏图。圣彼得大教堂的工程持续进展，但无法实现他设想的整体效果，建筑正面也没按他的想法来，只有圆顶符合他的梦想。痛风的折磨让他夜间无法入睡，他在工作室徘徊，拿起刻刀在大理石上雕塑，活力充沛，仿佛年轻人。他创造了最完美的《圣殇》。有时在夜里，为了忘记疼痛，他纵马于罗马无人的街道。他感觉自己智力也衰退了，写信给瓦萨里说：“我的记性和脑子跑走了，不知在哪儿等我呢。”他的诗里常提到死亡。1561 年，86 岁的他有一次昏厥了，之后很长一段时间无精打采，举止略怪异。不过他仍然活力惊人，1563 年他主要的合作人被任命为圣彼得大教堂的工程主任，但被敌对者刺杀，而他最得力的帮手之一盖塔被以盗窃的罪名投入监狱。米开朗琪罗请求教皇介入，后者才获释，被任命为工程主任，但理事会以纳尼来取代他，米开朗琪罗与纳尼周旋，为盖塔争取到了工程主任的职务，这时米开朗琪罗已经 88 岁，不久后因为夜间散步着凉而去世，死前浑身疼痛，未能见到圣彼得大教堂的圆顶完工。

米开朗琪罗老年的矛盾在于他坚信“艺术和死亡不能相容”。他在诗中经常这么表达，他渴望献身于救赎、祈祷和上帝，不断抱怨自己的疲惫与世事的纷繁。他为创作“神圣事物”不得不付出信仰迷失的代价。到生命最后一刻，他仍然不断创造，不断为作品奋战。他的书信和诗句语调阴暗丧气，然而矛盾的是，也是在这一时期，随着圣彼得大教堂圆顶和《隆达尼尼圣殇》的创作完成，他的艺术达到了顶峰。

尽管身体健朗，威尔第还是无法欣然接受老年的到来。68 岁时，他的雕像在米兰斯卡拉剧院盛大落成，他对此却很不悦：“这表示我老了，唉，很不幸这是真的，我这个老兵只能进荣军院了。这仪式让我遗憾，现在依然如此。”那之前不久，他重写并改进了旧作《西蒙·波卡涅拉》，演出获得极大成功。接下来，他重新润色歌剧《唐卡洛斯》，在 71 岁时亲自指导排练演出，反响热烈，但他一点也不开心，说：“可怜的艺术家，很多人羡慕他，其实他是公众的奴隶，而公众大部分时候无知、任性、不公正，其中无知还是较轻的恶。”闻名于世的威尔第在意大利是国宝般的存在，每一次他出现在剧院、音乐会或街上，都被欢呼声包围。但他深切感受到创作者在后期的幻灭。他的朋友博伊托给了他《奥赛罗》的剧本，斯卡拉剧院总监法乔催促他为此谱曲，他则反诘："您认为我真的该完成《奥赛罗》吗？为了谁？为了谁？为我本人吗？我无所谓。为了观众吗？我更无所谓了。"他与爱妻长时间住在乡下，照看自己的土地和农场，还让人建了一所医院。他到处旅行，看展览，似乎生活惬意，但内心的忧伤挥之不去："人出生，死亡，大部分时候都是无用的，哦，我们到了生病残疾的年纪，再然后……阿门。"他常常愤愤不平地说："工作这么多，却终归要死！"失去最要好的朋友之一卡尔卡诺，他在一封信中感慨："到我们这个年纪，时光在我们周围每天都挖出新的空白！"72岁那天，在另一封信上说："今天是可怕的日子，我72岁了。时间过得真快，世事或喜或悲，尽管有操劳疲惫，到这年纪，我们需要倚仗他人。几年前，我还认为自己就足够了，不需要谁，真是自以为是。我开始明白，我现在真的老了。"威尔第越来越经常抱怨身心疲累，痛恨自然规律剥夺了他的气力。之后，又一位女性好友离世。

在1884年至1885年间，他72岁或73岁时勤奋地投入《奥赛罗》的谱曲。当他把曲谱送到法乔手上，他是疲惫而满足的。他亲自排练这出歌剧，名流从世界各地赶来出席首演，众声喝彩，《奥赛罗》在全意大利大获成功，尽管其创新之处让人有些不知所措。

1888年，大家欢庆威尔第首部作品发表50周年，庆祝活动、名家贺信纷至沓来。面对吹捧他不为所动，认为这不过是无谓的折腾。他想借此做些有用的事，建立了一所为音乐家设立的修养院，为此花费很多时间。

威尔第一直想要创作喜歌剧。1889年，他开始写《法尔斯塔夫》，但他没怎么投入工作，他最后两位最好的朋友，皮罗利和穆齐奥去世了，法乔衰残了。1890年冬天他说好朋友的死令他"失去了平衡”，伤心过度，无法作曲。不过，在 1893 年 1 月，剧作完成，威尔第亲自指导排练，每天 6 到 8 个小时，这时他已 80 岁，体力精力令医生震惊。龙勃罗梭[①] 写道：“他的状况是如此不寻常，如此出奇，把这领域的研究者都搞迷糊了。”科拉多·里奇以赞叹的口吻描写他：“如云的白发直连到胡须，绕着脸部，犹如光轮。他高大、挺直、颀长，走动起来让人忍不住回望，说话方式毫不含糊，对名字和日期也如数家珍。陈述对艺术的看法时条理清晰。”

《法尔斯塔夫》大获成功，在米兰、罗马，大家为作者喝彩，巴黎也不遑多让。但是他的健康变差，时而小小发作。他谱了几首宗教性音乐，身体状况困扰着他：“我老了，很老了，累得很快。”“虽然病得不重，但我的烦恼很多，我的腿撑不住，几乎走不了路了，视力变弱，不能长时间阅读，总之一身残缺。”妻子的过世沉重打击了他：“我很孤单。悲伤，悲伤，悲伤。”

威尔第的《圣歌》在巴黎和都灵演出都受到欢迎，但这并未驱散他的忧郁。他在 1901 年写道：“虽然医生说我没病，我还是觉得一切都让我劳累，无法再阅读和写作。我几乎看不见，更是没什么感觉。我的腿根本站不住。我不再活着，而是像棵植物。我在这世上再没什么事可做。”不久，他半身不遂，继而离世。

有些人的老年顺滑地延续盛年，因而似乎没什么动静便度过了。要做到这一点，需要有利的环境，而且老年人之前的生活要能提供丰富的知识与情感储备，以抵抗岁月的重压。露·安德烈亚斯-莎乐美就是个很好的例子。这位杰出的女性是尼采、里尔克以及其他许多人爱慕的对象。50 岁时，她成了弗洛伊德的弟子和朋

① Cesare Lombroso（1835—1909），意大利犯罪学家、精神病学家，刑事人类学派的创始人。

友。她从年轻时就独立自主，工作勤奋，写过一些平庸的小说，其价值她自己从未高估，不过确实相当成功。她好奇活跃，意志力强，热爱生活，35 岁才得识性爱，从此以后，性在她的生活和世界观中占据了非常重要的位置。她的著作《色情》研究了性与艺术的关系。1911 年结识的弗洛伊德从科学的角度证实了她的直觉，于是她投身精神分析，60 岁开始从事精神治疗，成果出色，让她欢欣鼓舞。她对此有所著述，尤其是在精神分析方面。丈夫对她而言可有可无，她 1920 年丧夫，之后几年遭遇了很大的经济困难。她住在德国乡下一所大房子里，一名老女仆操持日常。她的工作、与弗洛伊德的友谊和频繁通信，以及与安娜·弗洛伊德的友谊充实了她的生活。她和弗洛伊德有一点看法并不一致：她太看重肉体之欢，把性作为一个人自我的完满与提升，而弗洛伊德对性欲的看法无疑是悲观的。但观点不同并不影响二人志同道合。她在 70 岁时发表《我感谢弗洛伊德》，公开致敬后者。她批评了弗洛伊德对创作过程的看法，这是她一辈子都非常感兴趣的主题。弗洛伊德热情赞誉此作："这是真正的综述，我们完全可以期望，经由分析的解剖刀，人体的神经、肌肉、血管重构为一个活生生的机体。"这番夸赞让安德烈亚斯-莎乐美非常自豪，写道："精神分析这项工作让我如此开心，就算我是千万富翁，也不会放弃。"

人生最后几年，这样的幸福遭到严重威胁：纳粹横行，而她是犹太人。尼采那位可怕的妹妹对她深恶痛绝，低调度日的她并不担心，但身体顶不住了，患有糖尿病，又得了乳腺癌，只能切除。她在医院做完手术回到家才告知朋友们。她在胸衣里塞上垫子，笑称："尼采毕竟说对了，现在我真的有个假胸。"她对人生、对思想、对人仍一样热情："感觉自己与世间一切共融于庞大的命运共同体。"她的慷慨和聪明为她赢得了许多友谊，很多喜欢她的书的人，尤其是年轻女孩，常常来看她。向来非常看重男性友谊的她，这时和两名年轻男士保持精神上的紧密关系。一位是哲学教师柯尼希，他们有几次知识分子风格的长谈。与另一位——恩斯特·普法伊费尔的友谊更加亲密深厚。他诉说自己的生活，并征求她的意见，她成了他不可或缺的朋友，而她也很信任对方，让他继承了自己全部文学作品的版权。她决定写自传，因为她认为自己的人生颇为励志，公之于众有益于世人。人生最后几个月，她患有尿毒症，他每天来看她，和她说话，为她读几页她的回忆录，重温过去令她欣慰。去世前几天，她惊讶地喃喃自语："我一辈子都在工作，说到底，这是为什么呢？"新朋友并未完全取代过去的朋友，因为她说："思来想去，我找不到一个合适的人，说到底，死亡才是最优解。"1937 年 6 月 5 日，她在睡梦中逝世。从她和弗洛伊德的信件中可以看到，她的老年并不总是好过，身体上的病痛有时令她绝望。但她并未真的绝望，她为这世界带来太多，世界也待她不薄。

然而，即使一生精彩有成，也不要指望某种立即兑现的公平会回报一个"美好的老年"。身体的病痛、政治局势、社会环境，都可能给晚年带来阴霾。弗洛伊德就是个例子，他的一生具有连续性，他通过超越过去保存了过去。他大胆创新，勤奋过人，他的思想震惊了时代，并让时代接受了自己的思想。他坚定执着，作为丈夫和父亲，他爱与被爱着，本来应该有个丰富而平和的老年。事实上，虽然老年没有击倒他——1938 年纳粹来他家搜查，他甫一现身，望向他们，就把纳粹吓住了，但还是给了他极大的考验，因为他健康不佳，纳粹兴起让他忧心忡忡，他还担心精神分析学的未来，害怕失去创造力。

1922 年，弗洛伊德 66 岁，罹患心脏病，他写道："今年的 3 月

13 日，我突然迈入真正的老年，那之后，死亡的念头从未离开我。”第二年，他的上颌动了第一次手术，他怀疑自己得了癌症，请求医生如果需要长期忍受痛苦，可否让他死得体面些。病痛对他来说很难熬。他写信给露·安德烈亚斯-莎乐美：“我完全同意您的看法，特别剧烈的身体疼痛让人精神上受罪。我觉得它们令人绝望，如果可以拟人化地怪罪，我会说它们卑鄙无耻。”一个月后，他失去了无比疼爱的 4 岁小外孙。[①] 弗洛伊德这辈子唯一一次在人前掉泪。他写信给朋友说：“我从来没这么悲伤过，我强迫自己工作，但从心里说，一切对我都无所谓了。”他对另外一些朋友表示，他完全没有了活下去的欲望：“这就是我能对危险泰然处之的秘密，当然也有人说是勇气。”同一年，弗洛伊德非常看重的在奥地利指导精神分析工作的委员会面临解散，他写道：“委员会本来应该接替我，我却活得比它还长，说不定我会比国际协会还长命。让我们祝愿精神分析学在我死后继续存在下去，但这势头让我的晚年一片阴暗。”他哀叹自己创作力衰竭：“我再没有新想法，一行字也写不出。”

弗洛伊德痛苦地意识到情况不妙，他在 1924 年 5 月 4 日写信给亚伯拉罕，表示：“虽然医生说我正在痊愈，我却悲观地相信我的末日将至。伤疤不间断地带来各种小麻烦和不快，使我愈发相信这点。这种老年忧郁源自理性的存活欲望和理性的认命之间的扭曲。唉，我还感觉到自己有休息的必要，对与人交往感到厌恶。”1924 年 5 月 13 日，他在写给露的信中说：“我承受了所有可怕的现实，但我受不了可能性。我活在持续的威胁之下，这想法我难以容忍。六小时的精神分析是我现在工作的极限，多少事只得被迫放弃。我从没做什么，却荣誉加身。”

---

① 此前 3 年，他已先失去了该外孙的母亲、自己的女儿索菲。——原注

曾经热情洋溢的他对人对事变得不那么敏感。68 岁时，他写信对兰克重申自己的友谊：“尽管我现在是在永恒的相下来看事情，不再抱有和从前一样的热情去关注，但是任何影响我们关系的改变，我绝对是在意的。”1925 年 5 月 10 日给露的信：“我身上渐渐形成一层冷漠的硬壳，我看到它出现并不抱怨，这是自然的演进，是我们开始变为无机物的方式，我想这就是所谓的‘老年人特有的冷淡’，我的理论所假设的两种冲动之间的关系发生了决定性的转折。此外，我的人生尚可忍受，我甚至认为我为我们的工作找到了某种根本性的东西，不过对此我先暂时保密。”很大程度上，他是为了家人才勉强活下去，但他在 1925 年 10 月 11 日写信给普菲斯特[①]说：“我很疲惫，忙活了一辈子，这反应也正常。我真心觉得该休息了，全乎地运行了那么久的器官快散架了，谁忍心继续把它们强扭在一起？”

所有的弟子中，他对亚伯拉罕的工作评价最高，看好后者最有希望将精神分析学推向前进。然而，亚伯拉罕在 1925 年 12 月去世了，弗洛伊德写信给琼斯：“对他的绝对信任，给了我以及我们所有人安全感。我们应该继续工作，继续互相支持，事业应该继续下去，和事业相比，我们所有人都在其次。”他担心精神分析学遭到抵制而无法发展：“世人对我的工作不乏尊重，但是迄今为止，精神分析学只在精神分析学家的圈子被接纳。”

他写了一些论文，也开始写自传，但他又经历了一场大手术，上颌和下颌被部分割去，然后装了一个很大的假体，因为会弄伤他，有时不得不取下来。假体还使他半聋，妨碍他吃饭和说话。他只让女儿安娜照顾他。此外，心脏也有毛病：“身体的各种毛病让我不禁

① Oskar Pfister（1873—1956），瑞士牧师、心理学家、教育家。

自问还能工作多久，特别是放弃抽烟这个美妙的习惯之后。我脑子不如从前灵光了，这一切都给我不那么遥远的未来投下阴影。”

1926年，他在和乔治·维雷克谈话时说：“老了以后日子变得不快活，说不定是诸神对我们的仁慈。到最后，和要承担的各种重担比起来，死亡似乎也没那么不能容忍了。”他这时已无法再工作。1926年3月20日，他写信给琼斯：“我相信我的状况让我彻底无法工作了。”但他对自己理念的信心丝毫未动摇。在写给露的信中他说：“当我们心中确信时，所有反驳和承认都完全不重要了。”

委员会最终挺了过来，为他庆贺70岁生日，但是他最出色的弟子和朋友费伦齐逐渐与他不和，在因斯布鲁克国际精神分析学大会上，二人爆发了争执。他的身体还是不好，面部假体也要更换：“我痛恨我的假下颌，操纵它耗费我宝贵的力气。”他开始写《文明的未来》[①]，但是疼痛妨碍了他工作。1929年1月1日，他写信给琼斯：“从前我很容易就来各种想法，但随着年纪增长这能力消失了。”他已经不太看重自己写的东西，他在1929年7月28日写信给露，说起新近的一本书：“跟我过去写的那些相比实属多余，以前所学总在回应某种内在需求，但我还能做什么呢？不可能整日抽烟玩牌。我再也不能走动，大部分读物都不再让我感兴趣。”3年后他在和爱因斯坦讨论和平的通信中完全没有吹嘘自己的贡献，他对自己的评价着实不高，和他对假体的评价相当。这一年，他动了五次手术，难过地看着费伦齐被关进疯人院。精神分析学期刊靠他的著作版权维持，时有停刊之虞，因为他的书销量寥寥。

但他的战斗力依然强大。当希特勒在1933年上台，流亡中的皇储的表弟维雷克公开赞同前者淡化种族迫害的信件。弗洛伊德愤

---

① 实际应为《一种幻想的未来》和《文明及其不满》两部著作。

慨致信维雷克："我只想对您表达我的遗憾，您竟然堕落到公开支持您皇家表亲那可悲的谎言，我对此深感遗憾。"未来令他焦虑："我对精神分析学的未来已不再感到焦虑，它在可靠的人手中，但我的孩子和孙子的未来却危险了。我为自己无能为力而痛心。"尽管身心备受折磨，他还是在 1934 年开始写《摩西与一神教》。不过他开始怀疑起自己，1935 年 5 月 2 日写信给茨威格："自从不能随心所欲地抽烟，我也没了写作的欲望……又或许这只是个借口来掩盖老年创作力干涸。"5 月 16 日，他在写给露的信中说："我不知道是否还有能力创造什么，大概是没有了，再说我的身体也不给我创造的时间了。"1936 年 1 月 6 日，他在写给诗人维克多·维特科夫斯基的信上说："我的创造能力已经枯竭，想让它回来似乎已经太迟了。"

他智力衰退、身体不适、不听使唤，越来越难应付，他不让自己自杀，只是为了不带给家人痛苦。他对琼斯说："如果是单身一人，我早就自我了断了。"他想死："我想我已经发现，永远安息的欲望并不是简单而原始的，它表达的是摆脱老年带来的无能感的需要，尤其在生活的细枝末节中。"

1935 年 6 月，他写信给托马斯·曼谈及后者 60 岁生日，不祝愿对方活到太老："根据个人经验，我认为慈悲的命运把我们的人生限制在一定程度之内是件好事。"1936 年 5 月 18 日，他又写信给茨威格说："虽然我在家过得非同寻常地幸福，我还是无法习惯老年带来的不幸与痛苦。我如恋乡一般向往虚空。"1936 年 12 月 6 日，他写信给玛丽·波拿巴，说自己"受到两种力量的撕扯，一方面想彻底安息，畏惧生命延长带来新的痛苦；另一方面，与所有爱着的事物分离的前景，又让我难过不已。"1937 年初，他被允许抽一点烟，这使他不那么痛苦了，但是找他的病人减少了。他写道：

“病人不再对一个垂垂老矣的医生趋之若鹜，这可以理解。”他又开始写作，完成了《摩西与一神教》第二卷。最令他痛苦的是精神分析学在他之后的传承问题。1937 年 10 月 17 日，他写信给茨威格，“就像您说的一样，我的作品存在于我身后，没人能事先知道后世会怎么评价，我自己也说不准。精神分析学接下来的命运也不乐观。无论如何，在我剩余的几周或几个月生命里，不会有什么值得开心的事了。”1933 年，他还相信精神分析学有未来，但是从那以后，纳粹肆虐。1933 年，弗洛伊德的书在柏林遭到公开焚毁。1934 年，精神分析学在德国遭到清算。1936 年，盖世太保查封了出版社的杂志资产，1938 年彻底没收，就他个人而言，弗洛伊德认为自己无法再带来新意。他觉得在《图腾与禁忌》25 年之后出版的《摩西与一神教》或多或少是自我重复，关于这本书，他表示：“一个老人没有新想法，只能重复自己。”还有：“我不同意同代人萧伯纳的说法，所谓人只有活 300 岁才有能力做有益之事。单纯延长生存年限并没什么用处，除非生命的处境完全改变。”他还谈及老年引起创造力衰退。

从上述文字来看，弗洛伊德将创造力的丧失归咎于沉重的过往。我却认为，这种僵化的主要原因在于他的未来越来越受限。1897 年，当他发现自己对歇斯底里的理论有错误，他写信给弗利斯：“我对你说实话，我觉得我胜利了，而不是失败了。”他那几位歇斯底里的女病人，没有像她们自己讲的那样，被自己的父亲强暴，她们只是梦到如此，而这就更有意思。以前，他面前的时间似乎是无限的，可以用来研究这一新发现，并以此与过去告别。但现在，生命已进入尾声，他再也没有冲劲，想不出新观点，因为他已没那个胆量。

德国吞并奥地利以后，他前往英国，在伦敦受到的热烈欢迎让他意识到自己多么知名。但是他又动了一次手术，堪称最痛苦的一次，让他备受折磨。他为留在奥地利的妹妹们担心[①]。他怀疑自己作品以后的命运，他最后一年的生命非常阴郁，头脑依然清晰，性格一样倔强。出于对妻子尤其是对女儿安娜的爱，他不准自己自杀，展示出勇气和利他主义。他于1939年过世，1923年之后动过33次大小手术。

夏多布里昂痛恨自己的老年，说“老年如海难”。他从30岁开始就畏惧老年，年轻时就哀叹：“我太不禁老，却不停地老。”在他生命最后几年，他跟之前没什么两样，一直在野心勃勃、渴望出人头地和鄙视俗世荣华之间摇摆。他追求荣耀，却又揭露荣耀的虚妄。他抱怨和自己沾边的东西都灰飞烟灭，而欲望一旦满足，他便厌烦不耐。不论热烈或清醒，他追求的永远是自我的张扬，他的老年依然符合这程式，只是色调阴暗许多。

夏多布里昂对波旁王朝怨念颇深，认为它有负于自己。1816年他任国务大臣，因为在《论依据宪章的君主制》中批评了9月5日赦令而被免职。他刊登在报纸《保守派》上的文章激烈抨击德卡兹，导致后者下台。身为保王派领军人物，政府特许他出任法国驻柏林公使，1821年他又被列入国务大臣的名单，并赴伦敦出任驻英大使。被任命为维罗纳会议的全权代表，让他满心欢喜。回来后出任外交大臣，但是路易十八和维莱勒痛恨他，后者在贵族院提出一项针对年薪换算的提案，夏多布里昂并未支持，而是保持沉默，以致该提案被否决。人们认为他想扳倒维莱勒，路易十八便赶走了他，他被派驻罗马，以远离巴黎。他满心怨恨，认为朝廷不听他的

① 最后她们三个都死于毒气室。——原注

意见会自断后路。1830 年，他又担任国务大臣，但是他拒绝对路易-菲利普宣誓效忠："不幸的是，我不是这时代的产物，我不愿趋炎附势。"他辞掉国务大臣的职务，也放弃了贵族院养老金，辞去了国务委员的职务，他对自己的光荣退隐感到骄傲："我代表的是可能的复辟，保有各种自由的复辟，这个复辟把我当敌人，它失败了，我要与之共命运。"不过他还是把自己看作受害者。布罗伊公爵夫人就表示："他真是可笑，他的不幸都是自找的，却总要别人可怜。"

他 62 岁了，早就认为老年人应该放弃激情和欢愉。1822 年，54 岁的他就写道："别在这尘世停留，在亲见友人散去、诗人认为值得一活的那几年也耗尽之前，让我们先走一步吧……盛年贪欢的年纪里让人沉醉的关系，到了无人理会的老年只能带来痛苦和遗憾。再不奢望欢笑的月份回到大地，我们反而怕它们回来……那些激发人追求幸福的事物，现在能要了你的命。魅力你还感受得到，但它们已不是为你准备的。年轻人在你左右品尝着它们，睥睨着你，让你妒上心头……你还能爱，但已不可能被爱……重生的万物、幸福的景象只会唤起你对过往的痛苦回忆。"

1823 年，他为一个和他相爱的女子写了一首诗：

> 我感觉到爱情，但我已引不起爱情，
> 而荣耀，唉，只能让名姓回春。

他认为自己年纪太大了，不可能再有女人爱。他 62 岁时有个 16 岁的少女爱上了他，被他拒绝，并在《爱与老年》[①] 一书中解释："我从未感到如此羞耻。在我的年纪被爱，我若真的为这怪事自得，

① 见本书第 335 页。——原注

只能是自取其辱，因为理智只能让我将其理解为嘲讽。”

夏多布里昂并未退出政治，而是认为自己还能扮演重要角色，用他的笔为正统派效力，让路易-菲利普倒台。他写回忆录，写公开信，加入贝里公爵夫人的圈子，以致被捕下狱，好在很快便被释放，不予起诉。在他的《公爵夫人入狱回忆录》中，他表示：“夫人，您的儿子才是我的国王。”贝里公爵夫人公开宣布已经在意大利秘密结婚，第二天，他被移送法院，后无罪释放。公爵夫人请求他到布拉格流亡的王室面前为自己辩护，让她保留头衔和名字。夏多布里昂接受了这个任务，她被允许保留了头衔，接着他到威尼斯见公爵夫人，后者又将他派回布拉格要查理十世公开宣布她儿子已经成年，夏多布里昂照做了。他对查理十世的感情很复杂，作为一个人，对方让他有恻隐之心，但作为君主，自己则深受其害。

夏多布里昂极其鄙夷自己的时代，写道：“1831 年到 1832 年间的人与事都很卑劣。”他声称自己从未如此幻灭，写信给朋友奥尔唐斯·阿拉尔称：“权力和爱情我都不在乎，一切都让我烦心……我见识过更伟大的世纪。现今在文坛和政坛扑腾的侏儒让我无话可说。”1834 年 6 月，他写信给一位朋友：“我向来是您所见的样子，没有信仰，没有希望，在这年头，我很难保持什么‘慈善’之心。真正的上流社会已经远去，再不会重生。”他在这一年出版了《世界的未来》，预言文明将成废墟。

正统派败局已定，但是他继续写作攻击路易-菲利普。这样的态度让他赢得了所有反对派的友谊，包括正统派、共和派、波拿巴派。他特别和阿尔芒·卡雷尔交好，到圣佩拉吉监狱去看他，之后还为他送葬。但是很多关系也是即结即散。1835 年，他在一封写给《日报》的信里为新闻自由辩护，然而禁止攻击王室的法律还是通过了。同一年，他在文学上也遭受挫败，他的悲剧《摩西》演出时观众笑场，只演了五场便被撤下。

夏多布里昂身体已十分衰颓，拉梅内在1834年说："我已经10年没见到他，我觉得他变化很大，老了，嘴巴凹了，死人般的鼻子塌下去，满是皱纹。眼睛也深陷。"在这个已经不属于他的世界里，他备感迷失，苦涩地写道："过去的老年人不被年轻人接纳，但依然被社会接纳。在这个世界他只是在挨日子，不只见到人们死去，也见到思想死去，原则、道德、事实、欢愉、痛苦、感受，一切都与他所知道的两样了。置身人类当中，他却作为单列的一个种类了此一生。"从来没有老年人像他这样坦陈对年轻人的恨意，他在《爱与老年》第二部分中让老去的勒内说："新的世代的幸福景象在我周遭呈现，让我阴暗的嫉妒心阵阵发作。如果能把它们通通消灭，我会带着复仇与绝望之心这样做的。"对年轻人的怨念蒙蔽了他的双眼，以致他在1834年的一封信中说文学在法国已死。

夏多布里昂拒绝了查理十世提供他的贵族院养老金，陷入拮据。1836年，他决定提前把《墓畔回忆录》的版权卖给一家公司，得以舒适地在巴黎巴克街上的一栋房子里住下，离雷卡米耶夫人的住处不远。二人的关系已经维持多年，他对她早没了爱情，而她则一直痴心于他。由于生理上的问题，雷卡米耶夫人没有过任何情人，二人之间有很亲密而真挚的友情。他的生活很规律，六点钟起床，和妻子一起用早餐，然后和秘书们工作整个早上，下午去雷卡米耶夫人处。他的情感生活并不如意，他和夏多布里昂夫人不和，有时甚至彼此痛恨。从1835年开始，雷卡米耶夫人常常生病，患了神经痛，几乎完全无法言语。夏多布里昂不和上流社会往来，有时候朱莉叶①邀请一些朋友来家里，从1834年起，她会在这些朋友

① 即雷卡米耶夫人。

面前朗读《墓畔回忆录》的片段。他几乎不接受别人的邀请，声称自己“不再属于这个世界”。这种流放的感觉在他身上很强烈：“我坐在空荡荡的大厅里，包厢没人，灯光熄灭，我独自面对幕布低垂的舞台，四周是安静与黑夜。”他百无聊赖，更加厌世。1836年他写道：“不论是谁，延长生涯只会见到它的时日变冷，再也找不到它在前一夜的意趣所在。”他甚至不再做梦，没有了未来：“我也不再做梦，我的所谓活着只剩动动嘴。我患有 spleen[①]，这是真正的病。”洛梅尼提到“这个可怜的、了不起的人，什么也不能再让他得到消遣或激起他的兴趣，世界对他越来越陌生”。他在《墓畔回忆录》的“遗嘱性前言”中说：“这种对最后时日的厌烦让人们不知道拿它怎么办。生命的尽头是苦涩的年纪，什么都不喜欢，因为我们什么都不配，对所有人都是负担，距离最后的归宿只剩一步。在无人的沙滩上做梦又有何用？我们会在不远的未来看到哪些熟悉的影子？”

卖掉《墓畔回忆录》的版权令他心有不甘。他本想安排此书在自己死后50年后才出版，而事实上，他人一走书就面世了。他悲伤地说：“我抵押了我的坟墓。”然而，他还是竭力创作。1830年起，他决定丰富和补全内容，使其成为他那个时代的“史诗”。他重写第一部分，以1833年12月1日的“遗嘱性前言”起头，以“世界的未来”结尾。1836年，他开始写第二部分。1837年，他在尚蒂伊定居，在此地创作的《维罗纳会议》于1838年出版，为复辟王朝辩护，不过不乏对复辟的严厉批判之词，更在其中自我颂扬，吹嘘他本人发动了1823年的西班牙战争。他指责法国在和平中沉睡，劝说法国对英国发动战争，声称这并非难事，“只要我们

① 英文，忧郁。

不被某些必要的牺牲吓住”。他才华依旧，讲述能力登峰造极，但这本书得罪了所有人，共和派不消说，正统派更甚，他的批评也惹恼了王室，从此将他视为敌人。

时间流逝，夏多布里昂对他所处时代带着恶意的漠视越来越严重。他在写给维内的信中表示：“我再也不信政治、文学、名声、人类情感，所有这些在我看来都是最没用、最可悲的幻想。”自恋忧郁的他抱怨不停，哀叹过去的痛苦，暗示自己即将来临的死亡和坟墓，念叨着自己被厄运缠绕，命不久矣，将怀恨而亡。他反复强调对现在和未来的厌恶，1839 年写道：“我对一切如此厌恶，对现在和不久的将来如此蔑视，我坚信人的集合体，所谓‘公众’，会非常不堪。好几个世纪都会如此，以至于我羞于利用我最后的日子去讲述过去的事情，描绘一个已经完结的世界，后人将不再理解其语言和名声。”

“拿破仑之后是完全的虚无，帝国、宗教都未来临，也看不到野蛮人。文明达到了高峰，但这是一种物质的、贫瘠的文明，产生不了什么，因为只有道德才会给予生命力，只有通过天国之路，才能创造出民族，铁路只不过更快地把我们载向深渊。”

维托罗勒男爵在提到夏多布里昂时表示：“老年让他的心更加干涸，性格更加阴郁。他依然格外看重自己的名声，他不能原谅世界在他身后依然存在。他对未来的看法非常悲观，模糊不清，像在噩梦里。”

1841 年，他重新提到未来的虚无：“当今的文明已经解体，不是野蛮人引起的，而是自己迷失了。盛放美酒的瓶子，没有将文明倒进另一只瓶中，而是碎了，任美酒横流四散。”

他不甘心屈服于老年：“岁月就像阿尔卑斯山，我们才跨过前几座高峰，就看见后面高峰林立，唉，而后来这些更高的山峰其实无人居住，贫瘠无比，只剩一片白茫茫。”

和很多老年人一样，他动辄落泪。他说给贝里公爵夫人写信“流了太多泪”。在查理十世身边时，他常因激动而双眼湿润。他的理发师说他会为一点小事就掉眼泪。为避免轻易流露感情，他也给自己套上冷漠的外壳。心向来比较硬的他终于成了一个自私的怪物。他对雷卡米耶夫人很恶劣，后者 1841 年对洛梅尼倾诉：“夏多布里昂先生非常高贵，自尊心极强，行事有分寸，愿意为所爱的人牺牲一切。但是说到真正的敏感，他完全没有，他让我受的苦不止一点。”阿斯托尔夫·德·居斯蒂纳[①]表示：“夏多布里昂先生还不到 75 岁，但他什么功能都不健全了，尤其不再是他自己。每天晚上他都对那可怜的女人做最后的诀别，她哭得像个年轻人……她憔悴又悲痛，不管是她或他们的朋友，都拿这个被宠坏的老小孩没办法。”迪诺公爵夫人在 1842 年写道：“巴朗特还告诉我，在布瓦修道院和雷卡米耶夫人那里见到了夏多布里昂先生，他变得脾气很坏，话不多，对所有人和事都不满。雷卡米耶夫人真不容易，因为她得在心高气傲的病人发脾气时安抚他，凭空给他提供成功的感觉。”

他在 1841 年完成了《墓畔回忆录》，并修订到辞世的那一刻。1843 年，他在忏悔神父的怂恿下开始创作《朗塞的一生》。他越来越把自己封闭起来，写很多信，尤其是写给女性，但是他不再阅读，巴朗什说：“他的视力没有问题，只是对阅读了无兴趣。”人际交往上，他越来越不爱交谈，只兀自咕哝。他对什么都不满，他的健康不佳，从 1840 年开始便苦于风湿病和咳嗽。从这个时期开始，同时代的人对他的描绘都是阴郁的，只有一个例外，那就是居斯蒂

① Astolphe de Custine（1790—1857），法国作家。

纳在1840年的文字："夏多布里昂先生从来没这么有活力，也比他在年轻时更为真实。自从他不再指望做什么，他变得更真诚，我更喜欢现在的他。"但是3年后，居斯蒂纳觉得这个真诚很不得体："老年让这位大作家变得嫉妒和大胆，从前不好意思说的，现在口无遮拦。"同一年，巴朗什担心他朋友的健康："夏多布里昂先生变老的过程是残酷的，真正的老年突然来到。"

他还是能够到伦敦去和波尔多公爵会面，这是他在老年最为开心的大事之一。波尔多公爵对他非常热情，坐到他的床边，单独陪他坐车闲游。夏多布里昂感觉"开心，充满希望"，而这幸福全是以眼泪表达出来。他写道："我哭到无法自已。"居维利耶-弗勒里在写给朋友的信上说："夏多布里昂不忍卒睹，只知道哭，那样子像跟随送葬队伍的哭葬妇，哪怕对正统派东山再起有一点儿信心，都不至于这样，他的眼泪让他的朋友们绝望。"

1844年夏，夏多布里昂受到巨大打击，《墓畔回忆录》结集出版之前，埃米尔·吉拉尔丹买下了在《快报》上连载的权利。夏多布里昂1836年签订的合同并未预见到这一可能性，也没有任何条款可以禁止它。在未出版的《前言》中，他发出愤怒的呼喊："不尊重我的意愿，不尊重我的名声，就这样将我的理念零售。"这伤害了他作为一个作家的自主性，也伤害了他个人的尊严。他重新修订手稿，删除了不适合连载形式的部分，整部作品1847年才真正定稿。

1845年，夏多布里昂还有力气前往威尼斯和波尔多公爵再次会面，但是他越来越沉默寡言，无精打采。1846年，曼努埃尔见到他吓了一跳："他老了，非常老，并为此感到羞耻。这垂垂老者与之前的他已不是同一个人。"他夸大自己耳聋的程度，几个小时不出声，在椅子里动也不动，像瘫痪了一般。

有时候他的精气神回来一些。圣伯夫写道："唉，我们看到的那个最终坐在那里不说话、神情黯然、对什么都说‘不’的人，有那么一些瞬间闪现出迷人的魅力。”但是他越来越动不了了。雨果在1847年写道：“亚历克西·德·圣普里斯特今天早上见到了幽灵一般的夏多布里昂先生。他完全瘫痪了，行走不得也动弹不得，只有脑子还活着，满脸通红，眼神悲伤无光，直起身子发出了几个无法辨别的声音。”

夏多布里昂夫人在1847年去世。雷卡米耶夫人眼盲了，夏多布里昂被抬到她床前，二人握着手不语，他对世事已经不太有意识。1848年2月，埃斯图梅尔伯爵表示：“从前对政治那么热情的夏多布里昂极其漠然地接受了革命……当有人告诉他七月王朝垮台了，他只说：‘好。早晚的事。’”他在七月革命结束后几日去世。

拉马丁的例子算得上典型而极端，我曾说人的时运殊难预料，“现世报”的公平并不存在。对拉马丁来说，年轻时和少年时犯下的错误确实让他在老年付出了高昂的代价。

拉马丁年轻时喜爱金钱、奢华、社交和荣耀。作为诗人获得的那些对他来说并不够，他的野心是成为大政治家。自恋、自负又好虚荣的他排场很大，消耗掉数笔遗产。他竞选法兰西学士院院士，第一次失败，第二次当选。当时他已在文学上享有盛名。他一到法定年龄便竞选议员，又是首次落选，第二次当选。他不愿坐右派或中间派的位子，声称自己的席位在“天花板”，也就是超越党派之上。拉马丁是拉梅内的朋友，希望能够“缩小”社会不公，但后者不支持他的迂回策略。拉马丁发现了无产阶级的存在，但对此感到害怕，建议世人别去煽动它。他说：“你会在无产阶级身上发现一成不变的盲目、无意义、对比他们高的社会等级的嫉妒、卑劣和残酷。”作为在意自己财产的地主，他最看重的是维持社会秩序。但他同时对资本主义的发展和商业界抱有敌意，攻击银行界人士、工业的集中化、金钱的封建化，因此在富人中树敌颇多，纷纷指责他是变色龙。他在正统派的支持下当选议员，1834 年却为自由派发声，之后又转而支持反动法律。

因为反对保守派，他遭受了数次挫折，包括未能担任议院议长，令他极为恼火。1843 年，他与资产阶级君主制决裂，加入了反对派阵营。他极为自赏，自认为无所不知，越来越相信自己在政治上将大展宏图。他决定成为民主政治的先驱。朋友告诫他："别忘了您曾经过于喜爱奢华、马匹、赌博。小心不要过分追求民众的爱戴。"事实上，这正是他最后的激情所在。1848 年，他认为自己的机会来了。反对派取得了胜利，民众要求建立共和国。他挺身而出，扛起大旗。但事实上，他很怕社会动荡，他保卫共和，只因他认为这是最保守的社会形式，共和政体以普选为"民意火山"提供一个"出口"，一个"发泄途径"。1848 年，农民的选票大大多于无产阶级，而农民显然会投给保守派，这次也一样，所以民众自会反对"赤色分子"。拉马丁创建共和的目的在于保全社会秩序。靠着这种两面手法，他在 2 月赢得了胜利。共和派视他为共和国创建人，其他人则认为他制约了共和国，防止其走极端。就这样，他在 58 岁这一年被视为所有人的拯救者。

2 月 27 日，他写信给外甥女表示："正统派、天主教教徒、共和派都与我结盟，就像我是一个党派一样。"4 月 23 日，他在 10 个省份以 1000 万票当选议员，得意道："我自己都看自己是个奇迹，不管走到哪里我都被激情淹没。"但是骑墙带来的左右逢源注定碰壁，人们发现他并非调和了右派和左派，而是既代表不了右派，也代表不了左派，他什么都不是。

首先感觉受到背叛的是右派，右派本指望拉马丁独自掌权，然后把右派安排在他麾下，以扫除共和派并发动内战，可拉马丁不愿这么快就葬送他为之骄傲的成果。他拒绝清道夫的角色，并且被提名为五人执行委员会的委员。从这时开始，人人都讨厌他。执行委员会的五个席位中他排名第四，仅高于勒德吕-罗兰，后者被视为极端主义者，但拉马丁支持他。右派的报刊和社交沙龙对他群起而攻之，指控他激起了5月15日的事件。这一天，15万巴黎人在几个政治俱乐部的号召下，占领了国民议会。5月21日，在巴黎战神广场，国民自卫军没有向他欢呼致意。然而，政策在走向大屠杀，人民将因此憎恨他。他任命卡芬雅克担任战争部长并放任其独揽大权。6月初，他同意关闭国家工场[①]。当他明白即将发生流血事件时，他要求大规模部署军事力量，以避免暴动。但他的要求未果。他在6月24日与执行委员会的成员一起辞职。卡芬雅克下令对工人开枪，并在接下来几个月进行了不折不扣的独裁统治，国民自卫军也参与了屠杀。拉马丁写信给外甥女瓦朗蒂娜说："我再无半根金发，我的头发全白了，就像冬天一样。"他还说："我作为政治人物和雄辩家的生涯都结束了，我的神经已断。"他自以为是，轻率冒失，未能预见到他的两面手法势必导致这灾难性的后果。无产阶级容忍不了一个政权靠着他们建立却压制他们的诉求，而富人只会把劳工起义镇压在血泊中。

拉马丁要求总统普选的讲话赢得了热烈掌声，然而不是正式候选人的他只得到17910票，卡芬雅克150万票，路易·波拿巴550万票。路易·布朗写道："他晚上睡觉时以为法国就在他的床头，志得意满地进入梦乡，并梦见了独裁，醒来时却发现孑然一身。"这些事件对他老年影响很大，他未能重新崛起。他挥霍了二三百万

① 法国在1848年革命后设立的公共计划，旨在解决失业问题。

的继承遗产、妻子的嫁妆以及他的作品为他带来的五六百万法郎收入。1843 年底，他已经欠债 120 万法郎，而且因为投资不当，债务还在扩大。为了还债，他疯狂写作，出稿快得让妻子来不及誊抄。他创办的几份报纸在 12 月 2 日波拿巴政变后全部被取缔，又给他带来损失。他从大学路上的豪华套间搬到朴实的房子，但仍保留了四处住所、一大帮仆人、好几匹马，背心和皮鞋都是成打成打地买，执达员和债主不停上门纠缠。他自认为有商业头脑，从不听取建议，破产倒闭接连而来。他在 65 岁时写道："我比以往都更加落魄。懒得争了，厌恶人生，希望后再绝望，还不如单纯绝望。我到了这种地步。"为了撰写名人传记，他从历史书里东拼西凑，已经被看作平庸的通俗作者，人说他晚节不保，在报刊上辱骂他，嘲讽他，但他仍保持近乎痴妄的儿童般的傲气，认为自己还会成功，挫败只是命运的报复，他是这个世界中上帝唯一心心念念的人。《文学家庭读本》1856 年开始刊出。他在前言中请求大家解囊订阅："岁月就像麦克白的鬼魂一样抚过我的肩膀，手指所向不是冠冕，而是坟墓。愿上帝让我沉睡其间。"1848 年的事件仍萦绕在他心头："参与制造革命的人被祸害致死是多么幸运。死亡让他们受苦，也是他们的庇护所。而活着的苦呢？难道就不算吗？"

他的名声还有用处，1857 年福楼拜的朋友希望他能介入为《包法利夫人》辩护，但他回避了。他越来越觉得生命是重担。他说："人生不是断头台就是示众柱。20 年的精神挣扎与一秒钟的斧头落下，究竟哪个稍好点？"他不再作诗，但还是写了著名的《葡萄藤和房屋》，诗中写到一位老年人处在大家都将他遗忘的世界中，回忆着过去：

重担压着你哦，我的灵魂，

在旧日的老床上，因无聊而辗转……

曾经那么讲究衣着的他现在穿着布满烟渍的破旧衣服出门。他请求国家募捐帮助他，但又为此非常羞耻，甚至说“恨不得死去”，还说：“我为我的不幸而抬不起头，我不敢去见朋友，生怕对方已是敌人。”确实可以说他已经没有能称得上朋友的人了。在法兰西学士院，大家都避免和他说话，他单独待在自己的角落里。在他写下的众多辩解声明中，他苦涩地表示：“我犯下的罪就是为所有的党派服务，在无政府时期阻止他们肆意互相屠杀，导致了他们的不满。”尽管他不断发表声明，他并没有得到想要的捐助。他如此大张旗鼓地广而告之，一名美国人建议他干脆去美国待两年，一个城市一个城市地巡回宣讲他的“红旗”高论。为了生计，他不得不砍伐一块地上的所有树，但是拒绝卖掉土地。巴黎市政府出让给他城门边上一幢不错的房屋，但他还是陷入绝境，深感绝望。妻子表示：“他会因绝望而发作，把我气到不行。”

拉马丁不断回想自己过去的政治生涯，聊以自慰。他认为自己作为政治人物的成就高于诗人，甚至懊悔曾经写作。回忆之外，他只谈钱，跟他谈话的人不胜其烦。1860 年，他终于同意出售在米伊的地产。债主蜂拥而至，17 天的时间多达 400 名。卖出米伊的那一天，他走进外甥女瓦朗蒂娜的房间，手里拿着一把常青藤，抽泣着说：“我的米伊只剩这个。”他对来看他的一位朋友说：“亲爱的朋友，你要看世界上最不幸的人吗？那就看我吧。”

1863 年妻子去世，他不声张地娶了瓦朗蒂娜。1867 年他逐渐失智。法兰西第二帝国投票给他一笔养老金，这让他感到耻辱。5 月 1 日他发病了。他越来越把自己封闭起来，几乎不再说话，一天晚上上楼睡觉之际，他坐在一级楼梯上说：“这有什么用？一觉醒来，苦日子重新开始，有什么用？放过我吧。”1868 年，他住在乡下，常在晚餐后跑不见，被人在田间找到，他就在这一年去世。

拉马丁这段极难忍受的老年部分源自他在年轻和少年时的缺陷：孩子般的轻浮、任性、虚荣、爱显摆、自负、缺乏批评意识、缺乏远见。但主要还是他在 1848 年的行为造成的恶果。那一年他充分展现了他自己，为了赢得民心，他扮演了调解人的角色，但他其实只是个虚伪的人，继而陷在角色中不能自拔。对金钱的爱好、对贵族价值的尊重以及维持社会秩序的意愿都表明他是右派。对共和的护卫让他显得像自由派，实际企图却是反动的。他把自己弄得被所有人讨厌。富人本来就不信任他，他又不愿做听话的工具，因而富人对他更加痛恨。然而他还是服务了富人，镇压了人民，表面赞成民众的事业，最终却“手沾工人的鲜血”。

结　论

老年并非人类存在的一个必然的结尾，就和身体一样，老年甚至不代表萨特所称的我们“偶然性中的必然”。许多动物，如蜉蝣，生殖之后就死去，根本不经过退化的阶段。而我们从经验得出的普遍事实是，人类到了一定年纪之后，身体会有退化的现象，这种进程不可避免，到了一定时间，我们的活动能力会衰退，心智能力往往会减弱，对世界的态度也会跟着改变。

有时政治或社会因素让老年受到崇敬。有些人，比如在古老中国的女人，能够找到庇护，不必忍受成人世界的严酷。另外有些人则陷入悲观主义：如果想要活下去的欲望是不幸的源泉，他宁愿半死不活。然而，绝大部分人都以悲伤或抗拒之心来迎接老年，和死亡比起来，老年更让人厌恶。

是的，和生命对立的是老年而不是死亡。老年是对生命的滑稽模仿，而死亡将生命转化为命运，从某种意义上说，给予了生命绝对的维度，从而拯救了生命：“死亡让人终于又成为自己。”死亡消灭了时间。我们所埋葬的这个人，他最后的日子并不比其他日子更真实。他的存在的所有成分都在场，然后一并堕入虚无。维克多·雨果同时是、也永远是 30 岁和 80 岁。当他 80 岁时，此刻正在经历的现在磨灭了过去，现在相较于过去大大倒退，甚至面目全非，而这是大多数情况。现在的压倒性地位无疑令人沮丧，而过去的事件、获得的知识在一个熄灭的生命中仍保有它们的位置，因为它们曾经存在。当回忆渐渐消散，它们就遁入不足道的黑夜中。更糟糕的是，老年人变得满不在乎，他的热情、信念和作为不再，如旧毛衣一针一针脱落，老人手中最后只剩不成形的羊毛线头。夏吕斯先生因为一个脱帽之举而失去他作为立身之本的贵族的高傲，阿莲娜·戈洛夫廖娃和她厌恶的儿子和好。卢梭曾说："如果我们发现一切都是白费，如果我们不再看重结果，那么辛勤劳作又有何用呢?"米开朗琪罗对"傀儡"的不屑令人心碎，如果我们陪在晚年的他身边，我们会和他一起悲伤地感到他的努力是一场空。等他人不在了，之前的低谷时刻无损他作品的伟大。不是所有老年人都缴械投降，相反，很多老年人顽强坚持，但是这时他们往往成为自身可笑的讽刺。他们的意志在坚持，不过靠的是惯性，没有理由甚至没有理性。当年他们投身事业是奔着某个目标而去，现在他们继续只是因为他们一直这么做着。一般而言，在老年人身上习惯、无意识行动、僵化固守取代了创造。埃米尔·法盖[①]说得很有道理，老年是"一个人为了将他人和自己维持在幻觉中而一直演下去的戏。老年因此而滑稽可笑，尤其演得还相当拙劣"。[②]

道德说教鼓吹，我们应该坦然接受科学技术无法消除的痛苦，如病痛、疾病、老年。这种论调宣称，平静地接受这种被贬抑的境况使我们更加伟大。已无其他宏大计划的老年人尽可以投身于此。但这只是在玩文字游戏，计划只关乎行动。被动承受老年算不得行动。生长、成熟、老去、死亡，时间的进程是必然的。

---

① Emile Faguet（1847—1916），法国文学史家、政治思想家。

② 他写了一篇愤怒的文章攻击老年：《老年十诫》。——原注

为了让老年不再是对我们之前生命的滑稽模仿，只有一个解决办法，那就是继续追寻能赋予我们生命与意义的目标，如为他人、为群体、为事业奉献，投入社会或政治和智性创造的工作中。不同于道德家的建议，理想的情况是我们在老年时保持足够旺盛的热情，使我们免于自我封闭。当我们通过爱、友谊、愤慨、同情承认他人生命的价值时，我们的生命就是有价值的。因此我们继续行动，继续发声。常见的为老年“做准备”的建议只关乎存点钱、选择退休地点、张罗个人兴趣，以至于老年到来之时，我们并未做好准备。更好的做法是不要念念不忘，而是过一种积极参与、有充分理由的人生，哪怕幻想已灭，热情已冷。

只是这样的可能性只发生在极少数特权阶级身上。老年是特权阶层与大众之间的鸿沟变得非常深的时期。这让我们可以回答本书在一开始提出的问题：人的衰退有什么是无论如何避免不了的？社会在其中负什么责任？

我们在前面已经见到，衰退开始的年纪一向取决于一个人所属的阶级。今天，一名 50 岁的矿工已经差不多是个废人，而特权阶层到 80 岁还活得有滋有味。劳动者的衰退开始得更早，发展得也更快。在他“幸存”的年月中，衰弱的身体会苦于疾病。而有幸得以较好照料自己身体的老年人，可以将健康保持到最后一刻。

受剥削的人到老年时，就算不是一贫如洗，也度日艰难。住所简陋、形单影只，让他们备感落魄，时时陷入焦虑。他们沉浸在混沌之中，不仅身体机能受影响，精神疾病很大程度上也是由制度引起的。

一个退休的人即使身体健康、头脑清醒，还是逃不过无聊之苦，他与世界的联结一旦失去无法重新建立，因为工作之外，他的休闲活动都是异化了的。劳动者甚至不知道怎么消磨时间，无所事事让他情绪低落，更加削弱了身体平衡。

退休人员一生遭受的损害则更加严重。如果说他当前的人生无意义，令他绝望，那是因为一直以来他生命的意义都是被剥夺了的。像“工资铁律”一样无情的法律，只让他勉强度日，提供不了他存在的正当理由。当他脱离了职业的约束，发现周围只是一片荒漠，无法投身于各种活动，以让世界充满目的、价值和存在的理由。

这便是我们这个社会的罪行，其老年政策骇人听闻。然而更加过分的，是在绝大多数人还处于年轻与盛年时所受到的对待。社会预先为人铸造了老年惨境，是社会导致老年衰退过早到来，发展迅速，肉体痛苦，精神受折磨，因为人们两手空空地进入老年。受到剥削、被异化的人，力气用尽之时，就不可避免地成为“废物”和“垃圾”。

这也是为什么缓解老年不幸的药方是如此可笑，因为没有任何一个方案能够修补系统性的破坏，而在这种系统性的破坏之下，所有个体都是受害者。即使我们照顾老年人，我们也无法恢复他们的健康，我们能为他们建造舒适的住宅，但创造不出让他们的人生有意义的文化、兴趣和责任。我的意思不是说现在改善他们的生存境况无用，只是这并不能解决老年真正的问题：社会应该怎样做才能让人老了继续活得像个人？

答案很简单，他必须永远被当人看待。一个社会的真面目在对待不再劳动的人的态度上显露出来。我们这个社会从来都把他们看作物，毫不讳言只看重收益。所谓的“人道主义”不过是装点门面的说辞。19 世纪时，统治阶级公然把无产阶级看作野蛮人，工人通过抗争为自己争得了人的地位，但也只在他们有生产力的这段时间。老了以后，社会又将他们当作外来物种舍弃。

这就是为什么老年问题经常在心照不宣中被按下不表。老年问题揭露了我们整个文明的失败。如果我们想改善老年人的境况至可接受的程度，就必须重新塑造人，重新创造人与人的关系。一个人来到老年，不该两手空空，孤独无依。如果文化不是一种无活力的知识，先被囫囵吞下，然后被忘得一干二净，如果文化是实用而且活生生的，如果文化能让一个人与其所处环境产生联结，并在随后的岁月中完善更新，那么一个人不管到哪个年纪都会是个活跃的、有用的公民。如果他没有从童年时起就超级原子化，封闭孤立于其他众多原子之中，如果他积极参与集体生活，这集体生活与个人生活一样日日不可或缺，那么他就永远不会感觉被放逐。然而此种情形尚未在任何时期、任何地方实现。社会主义国家虽然比资本主义国家稍好，但仍然差得很远。

在我刚刚提到的理想社会中，我们可以梦想老年可谓并不存在，就像在某些特权阶层，有些老年人因年长而变弱，但没有明显衰退，直到有一天他们得了不能承受的病，并在没有衰退的情况下去世。这种老年便符合了某些资产阶级思想家的定义：老年不同于年轻时期或少年时期，有其自身平衡，并让个体拥有许多可能性。

我们现在还远非如此。社会只因一个人带来收益才在乎他，年轻人清楚这点，年轻人在投入社会生活时所怀有的焦虑和老年人被排除在社会之外时的焦虑是一样的，而在二者之间，日常生活的例行公事遮蔽了问题的存在。年轻人担心这样的社会机制终有一天会驱逐他，所以有时他会试着护卫自己，而老年人被这个机制抛弃，无力反抗，只能终日以泪洗面。两个年龄层之间，这个机器继续运转着，将人碾碎。而人们逆来顺受，是因为他们甚至想不到能逃离这命运。当我们明白了老年人的境况之后，我们再也不会只满足于获得更慷慨的“老年政策”，诸如提高退休金、建造卫生的住房、安排娱乐活动之类。要改变的是整个社会系统，诉求也应更加激进，那就是要改变人生。

附录

百岁老人

有必要讨论一下一个特殊的老年人类别，即百岁老人。1959 年在法国有 600 到 700 名百岁老人，绝大部分在布列塔尼，大多不超过 102 岁。1920 年至 1942 年间录得的死亡年龄最高为 104 岁。在百岁老人当中，女性远多于男性。德洛尔医生 1959 年的调查显示，女性比例高于 4/5，27 人中有 24 名为女性。她们之前从事非常不同的工作，都在 30 年或 40 年前就已退休，住在乡下子女或孙辈家，也有的住在收容院或养老院里。她们的丈夫多在 20 年到 40 年前就去世，她们的经济状况都很一般，人都很瘦，体重没有超过 60 公斤的。她们很馋，但吃得很少，大多身体硬朗，男性也一样，有一个 99 岁了还打台球。她们中有人身体一直微颤，耳背，看不清，但不至于聋或瞎。她们晚上睡得好，平日阅读、织毛线、散步。她们头脑清楚，记忆良好，性格独立，情绪稳定，甚至欢快，很有幽默感，喜欢与人交往。她们依然有家长的权威，会把自己 70 岁的孩子当作年轻人。她们有时候会抱怨年轻一代，但是对当前时代很感兴趣，知道世界在发生什么。遗传似乎是她们长寿的原因之一，她们没有既往基础病，也没有慢性病，似乎并不畏惧死亡。总体而言，百岁老人的行为和比他们年轻的老年人很不同，是因为他们生理心理都非同一般地健康，所以才活得这么久吗？还是说活得老让他们满意，给了他们平和？这项调查回答不了这个问题。

格雷夫·E.伯德医生提交给东方心理学会的报告是一项对400名百岁以上老者所做的为时20年的研究。他的结论和德洛尔医生的结论一致："大部分百岁老人对未来有明确的计划，对公共事务感兴趣，表现出年轻人般的热情爱好，幽默感强，胃口好，耐力极强，他们通常心智非常清醒，很乐观，对死亡毫无恐惧感。"

在美国对百岁老人的观察也得到同样的结论，他们活跃而幸福，维舍观察了200名百岁老人，他们活跃开朗，看来健康良好，然而死后的解剖发现他们多个器官发生了病变。

1963年，古巴报道了几位超过百岁的老人，其中尤为引人注目的是一名曾是奴隶的黑人，一位民族学家让他回忆往事，并录了音。根据他所经历的历史事件来判断，他的确如他自己所说的已经104岁。凭借绝佳的记忆力——虽然某些时期的记忆有些模糊，他回顾了自己的一生。他满头白发，健康良好，虽然一开始有些戒心，但后来爽快地回答了采访者的问题，讲起来滔滔不绝。他的心智非常健全。[①]

在偏僻的地方有很多人自称百岁老人，实际年龄其实未至，因为没有出生证明，他们可能无恶意地夸大了，而真正超过百岁的人几乎总是些不凡的人。

---

① 米盖尔·巴尔内《古巴奴隶》，伽利玛出版社。——原注

谁来照顾老年人？*

每 10 个美国人当中，就有一个 65 岁以上，而且这一比例还在逐年上升。65 岁以上的美国人当中，2/3 患有高血压、关节炎、糖尿病等慢性疾病，而能够照顾这些人的机构仅有 3 万所，其中又只有 1/50 的病人能得到床位。此外，绝大部分老年人不符合两大医保，即美国联邦医疗保险（Medicare）和美国医疗补助计划（Medicaid）所要求的最低条件，即 65 岁以上单人平均年收入 1055 美元。有 30%独身或已婚老人陷入贫困，即使只是给予老年人最低程度的照料，他们的家人也得付出相当于一个月的工资。

老年看护机构的财政问题反映了一个更基本的问题，那就是老年人在美国社会中的位置。大部分美国人认为老年人聚居会自在得多；人们似乎认为他们的医疗需求有其特殊性，将他们集中起来护理效率更高；人们还认为和同龄人在一起让他们的利益和情感受到保护，远离世界、年轻人和竞争的压力，他们会更快乐，活得更久。然而，这些假设从根本上就是错误的，尽管不难理解什么样的压力让我们产生了此类想法。过去，我们没能研究老年人真正的问题，也就是重新适应社会的问题。1966 年，一项针对住在纽约护理之家、由社会保险支付的 2000 名病人所做的调查得出如下结论：

“对住在护理之家的老年人来说，重新适应社会基本不可能，对社会也无益……让他们重新适应社会的努力应该更早开始进行，而且应该在护理机构以外进行。”我们习惯于认为护理之家不是重新适应社会的地方，而是“难处理的”老年人“最后的去处”。护理机构的收容办法、资金来源系统性地不利于老年人重新适应社会，即维持病人的活动。终日卧床的老年人从社会保险局得到更多的补助，需要的关注较少，极少能够回到自己原来的家。

在美国，迅速的工业化也剥夺了老年人在农耕社会中曾负担的角色和发挥的作用。成为没有生产能力的人以后，他们很快觉得自己不受欢迎，而年轻人却认为他们被忽视理所应当，如此的双重压力使他们愈发与社会脱节。高级干部退休较早，因为一旦过了 50 岁升迁就不大可能了，与成年子女断了联系的工人在养老村里买下住所（以前 53 岁方可入住，现在则降低到 45 岁）。

这种加深了年轻人和老年人之间距离的心理压力，在外力的作用下以矛盾的方式加强。让众多美国人活得更老的奇迹，也让他们的老年变得更令人沮丧。现代医学使得美国人的平均寿命从 1900 年的 49 岁提高到现今的 70 岁。不过，一个 65 岁的人有望再活 14 年，而早在 1900 年他就能期望再活 13 年。也就是说，整体平均寿命的提高形成了一个人数更为众多的老年人群体，但已然活到较老的那些人的寿命并未显著延长。更糟糕的是，我们没有做任何事来缓解他们的空白感和依赖性的人生，反而将医疗需求的重担加诸他们和他们家人的肩上。

美国的“解决方式”（所谓“护理之家”、养老院、老人收容院、养老村）引发了下列问题：让老年人不再接触社会是否真的更

---

* 本文发表于 1969 年 1 月 25 日《星期六评论》，作者为罗伯特 · E.伯格。罗伯特 · E.伯格与理查德 · 卡尔文合著了《他们死在哪里》。——原注

有益？我们将老年人排除在社会之外，我们不让病人出现在大众的视野中，不过是在掩盖老年医疗问题的严重性。

如果相信财经记者西尔维娅·波特所说的，证券市场最新的创新便是关于护理之家的商业活动。早在《美国联邦医疗保险法案》投票通过并付诸实施之前，有些公司如假日酒店和喜来登酒店都已经有开设连锁护理之家的计划，至少已经有7处护理之家得到民间投资，而且据《商业周刊》报道，相关投资已成为热点。相较于私募领域的突飞猛进，由联邦政府资助的方案明显落后，且只考虑覆盖贫穷的老人。另一方面，减税政策方便宗教团体经营住宅业务。虽然他们的家人负担依然很重，但老年人在医疗或社会方面得到的关注逐渐与其所遇问题的严重性相匹配。

然而，有一个错误扭曲了问题的根本。联邦医疗保险只照顾到一小部分老年人，就是那些出院后至多需要照看100天的老年人。根据1967年《社会保险法》第18条，联邦医疗保险覆盖的是需要医疗设施和密集看护的病人，必然牵涉医院，但时间不可过长，程度不一定很严重。这一保险的想法是，老年人只要有可能就离开医院，到医院附近的护理之家受到合适的照顾，再返回家中。护理之家每收一个病人，就从联邦医疗保险得到16美元1天，含住宿费、餐费和医疗费。这一体系并不试图解决那些想要退出社会的老年人的问题。

金融界试图收购的连锁护理之家，最初的发展是为了满足一个明确的需求，即提供短期护理和医院护理。该法案第18条规定的护理并不复杂，然而其需求竟然催生出一个市场，由此可以想见美国联邦医疗保险之前的护理之家何其不堪。为了达到联邦医疗保险要求的条件，护理之家应该有一名医生，手下要有一名护士24小时待命。因为护理之家从定义上附属于医院，所以这不成问题。联邦医疗保险要求护理之家聘用的理疗师也只是钱的问题，因为人员不缺。《美国联邦医疗保险法案》中提到的“设施”指的就是护理之家，但因“设施”的说法渐渐被滥用，新的称谓有其必要，此后这些地方便被称为“医疗性护理之家”。

进行长期照顾或临终关怀的“非医疗性护理之家”——这个名称显得很矛盾——补足了市场。这些机构以及那些被人正确地称为收容院或养老院的地方，是《社会保险法》第 19 条适用的对象。往往被与联邦医疗保险混为一谈的联邦医疗补助计划，其适用范围更广，涉及协调各州的制度，但是关乎老年人的部分没有任何新意，很多时候也并未改善州社会保险局提供的照顾的质量。许多机构收到的联邦医疗补助计划与之前没什么不同，平均每名病人每月 300 美元，唯一的差异是美国联邦政府出资占比更高。联邦医疗补助计划给所有年龄层原则性地规定了指标，基本按收入分为几大类。在纽约州，人人都知道州长洛克菲勒慷慨的联邦医疗补助计划，覆盖本州 1/10 的人口，除了让公众意识到公共医疗所需的金额是天文数字之外，联邦医疗补助计划一开始让人寄望促使医生和相关机构趋同至某种强制性水平。

然而，联邦医疗补助计划对得到其拨款的机构实现不了有效管理。老人究竟由社会福利局还是老年人医疗救助（MAA）来负责是由各州的主管部门决定的。

这是美国联邦医疗救助计划的基本条款起草时，护理之家协会施加压力造成的结果。好多年以来，每个州的相关机构都遇到同样的问题：如何强制照顾老年人的机构遵守为其制定的标准？尤其是鉴于其中很多机构不符合标准，而严格执行法律则有可能使病人的境况恶化。每当一些机构不断违反规章被有关当局威胁关闭，机构负责人往往不以为然地耸耸肩：“那我们该怎么办？让病人流落街头吗？”

大约有3万家机构为老人提供长期照料，超过一半以上不符合标准。在大部分州内，法律规定应有一名有执照的或通过专业考核的护士每天8小时在岗。规定适用于照顾老年人医疗救助（MAA）所负责病人的机构，但是合格护士的水平不足以应付病患的心理和医疗问题。尽管提供不错的收入，依然缺少具备资质的护理师，仅此一点就不难想象护理之家的医护水平。那里的护士平均薪资每小时2.4美元，没有执照则为1.65美元，而护理之家工作人员的全国平均薪资每小时不到1.25美元。“护士助理”这个词已成为惯用语，被护理之家的行政部门使用，成为支付低薪的理由。如果负责检查的部门发现某家机构没有遵守规定，而是让不合格的护理师照顾病人，会强令其“限期整改”。

对某些机构来说，超过一年的宽限期是实质上的“开绿灯”。俄勒冈州公共卫生局表示，把这些收容老年人的机构称为“医疗护理之家”其实是愚弄大众，完全名不符实，因为并没有任何医疗护理。这一问题普遍存在。

说起来，拒绝整顿老年照护服务的州政府也是帮凶。按每收治一人给机构拨款300美元计，各州政府养活了大量不符合标准的机构，并助长其数量倍增。

医学界另外一个极端做法也同样可耻且有害，那就是一些医生往往是机构的创办者或管理者，然后将自己的病人送进去，却隐瞒自己从中获利的事实。几年前，消费者联盟揭露了这个做法，称之为“可耻的丑闻”，认为美国医学会不应听之任之。但是后者往往袒护护理之家协会的利益，这个问题不仅不被考虑，新机构的创建者甚至公然否认问题的存在。为了筹措资金，众多公司将股份卖给医生。四季护理中心就是其中之一，那里50%的床位收治拥有股份的医生送来的病人。

还存在比这种利益冲突更危险的威胁，那就是医疗团队加诸病人家属精神和经济上的双重压力，以致护理之家逐渐被视为老年人问题的“唯一”解决方案。与之形成对比的是，让老年人重新适应日常生活无法成为有利可图的投资。

有人会争辩说，至少这些由医生主导的新机构正在提升这个行业过去 30 年令人震惊的低水平。但是，一个提供单间、美容院、鸡尾酒时间和理疗的新机构，对应的是几十家旧机构千方百计设法省钱，靠着政府提供的每人每月 300 美元的补贴维持微薄利润。

美国国家防火协会表示，全美火灾风险最大的地方就是护理之家，因受害者无力防卫而尤为可怕。该协会还说，如果强制安装灭火系统，受害人数可以大大降低，甚至实现零伤亡。但是在许多州，护理之家协会组织系统性地反对这样的规定，理由是装设灭火系统的额外支出会导致众多护理之家破产关门。在俄亥俄州历史上最严重的一次大火中，63 名老人被烧死在一幢现代的水泥建筑中。然而该州的护理之家协会成功反对了设置灭火系统的规定，否则这类火灾根本不会发生。

还有一个丑闻，事关老年人的健康。根据老年学家的说法，对非精神病患的老年人最危险的处置方式之一是强迫其不活动。为了符合领取美国联邦医疗补助计划的资格，以及更早存在的社会福利补助津贴，病人往往非必要卧床，就为了多领 3 到 5 美元。卧床的人照顾起来更容易，摔倒的可能性也低，避免了动辄大笔保险赔付。然而让病人待在床上只是给老年人带来的第一个健康危险。在一般的养老机构中，由于人手不足，卧床病人翻身不够多，免不了生褥疮，开放性的伤口疼痛且难以治愈。要么为了安抚病人，要么为了省钱，用药也常常欠妥，后果则是引发难以解决的医疗问题，至少不合格的医护人员解决不了。生活本就由很多小乐趣和活动构成，生命的目的可能就在于此，我们却将其从老年人那里剥夺，而大众意识不到这对老年人的伤害有多大。例如质量低劣的养老机构里食品问题频出，即使在各州最好的护理之家，每位病人每天的伙食费平均也只有 0.94 美元，这已经是机构为得到州政府最大额度的补助而提供的数字。老年人不觉得他们的生活有目的，也再无任何成就，这样的空虚被道德低下的医护人员利用来滥用权威，掩盖更过分的行径，或是凸显自己的重要性。在养老机构中，来探望的人常听病人抱怨隐私不被尊重。机构负责人往往会带领一群潜在客户来参观，病人毫无准备地被“围观”，却得不到一句解释或道歉。

最严重的冒犯是对病人的不尊重，有时是故意为之。大家都知道终身医疗合同只是一种保险，由病人或家属提前全额支付，以保障病人在世期间都有床位，但是不管是活是死，这笔钱机构已拿到，因而乐见病人早死。护理之家的粗暴对待、日常骚扰、凌辱等手段让病人不再有活下去的欲望，相当于间接夺去了老人的性命。即使承认终身医疗合同是双方理性考量后的交易，但老年人一旦自觉多余，总免不了对健康产生负面影响。

尽管报纸文章讨论频繁，美国国会召开诸多听证会，护士、病人、家属证词详尽，护理之家官方的态度总是上来就否认问题存在，继而将曝光问题的行为视为行政的繁缛。当加州总检察长发表了一份指控医生、药剂师、医院和护理机构共同欺诈 800 万美元的报告时，这些团体的发言人宣称指控没有依据，有罪的似乎永远只是“一小撮人”。然而，每年通过医疗系统给每个护理之家拨款 14 万美元的加州政府表示，这些养老机构大部分都有缺乏诚信的行为，诸如开假发票、做假账等。

加州丑闻爆发以后，美国卫生与公共服务部决心重新审查联邦医疗保险及联邦医疗补助计划的法律。这项审查很可能成为研究养老机构的社会与医疗问题的契机，而不只是调查这些机构账目不清的问题。

因此，我们希望立法部门和联邦机构能够认真考虑取代这些养老机构的解决方案。在另一个类似的领域，即智障人士的护理，“去机构化”已经开始。英国波顿镇有3/4的人口是成年智障人士，其环境符合他们病情所需的孤立状态，但其氛围并不像医院和心理治疗机构那般封闭。在美国最近一次的会议中，这方面的专家要求政府停止补贴安置病人的专门机构，因为这有损于探索其他形式的治疗。

关于替代的解决方案，可以考虑两条路径：更强调让老年人重新适应社会，并把老年人当人、而非当病人看待。为了取得广泛成功，必须训练老年人重新适应社会的、心理的、生理的生活，让从事这种训练与临终关怀一样的有利可图。仅限于短期重大医疗照顾的美国联邦医疗保险，朝这个方向跨出了第一步。但不幸的是，这一新的精神被淹没在美国医疗补助计划所规定的含糊条件下。

鼓励老年人重新适应社会最简单的办法，有可能是将联邦医疗保险或联邦医疗补助计划的款项直接支付给相关的老年人，而不是拨给照顾这些老年人的养老机构。补助金可以拨付给病患的家属，用于特定的治疗并接受医疗监督，也可以支付老年人居家的看护费用。身边已没有成年家属的老年人居家，乍看起来比在养老机构得到的照顾效率低，但事实是，一家叫“持家者”的以盈利为目的的公司已大获成功，目前在15个大城市成立了机构，他们以远低于护理之家或养老院的收费提供照料或居家协助服务。在某些城市，也有慈善团体提供类似的服务。

重要的事实是，联邦医疗保险只有在紧急情况下才提供居家照护，而联邦医疗补助计划将居家照护限定在一天最多4小时，太多需要帮助或关心的老人被州或联邦政府的规定所缚。这些规定对应的是各个机构僵化的需要，而个体的需求则多种多样。目前，美国卫生及公共服务部正在研究一种相较于联邦医疗保险的“中间形式”，满足比出院康复更为广泛的医疗需求。我们已经对养老机构投入了这么多，这种观点至少给了我们一点希望。

将于1969年实施的《美国医疗补助计划修正案》表明，美国国会并非没意识到现行制度的缺陷。虽然该修正案的实施将由各州政府来决定，但可预见的是，服务将不再局限于养老机构，而且对这些机构资格水平的要求会更高，护理之家的所有者应为公众所知晓，药品支出账目需经得起审计，提供的服务应与联邦医疗保险相当。医疗补助计划的养老机构应在1969年12月31日前符合消防安全标准。

为了让条件不足的养老机构不再构成隐患，有必要在所有的州严格执行医疗补助计划的条款。护理之家协会应该明白，实行这些法律也好，公布加州总检察长的报告也好，只会对他们有益，而不会有害。在一个以竞争和逐利为基础的社会里，对优质护理之家的需求不会消失。同时，2000万美国老年人需要公正、人道、尊重的照顾，他们的基本需求不能永远不被满足。

英国卫生部医疗服务主任查尔斯·布歇表示，“我们的哲学是老年人想要留在他们自己家里，活在他们的物件和回忆中。家是否舒适，大还是小，并不重要。我们认为他们应该住在家里，只有在家里，他们才感到安全、放心。大家认为养老是专门机构的事，但是我认为机构养老和把旧车拉去报废厂没什么两样。”

（弗朗索瓦兹·奥利维耶译自英文）

社会主义国家老年劳动者的境况

在法国、希腊、意大利、葡萄牙和土耳其，受雇者分担支付的社会保险费用（比雇主分担的部分少）是冰岛的2倍，而在苏联和其他人民民主专政国家中，社会保险费用完全由公共组织承担，唯一的例外是匈牙利，劳动者也分摊一部分。这些国家实行计划经济，他们的老年政策嵌入计划整体，不会因特定利益的博弈而受损，老年人理当比在资本主义国家有更好的待遇，但不幸的是事实并非总是如此。

我的信息来源有多种，有官方报告，有特定人士提供的资料，不管哪类，都很难评估其准确性，我对它们持保留态度，仅供参考。

根据官方资讯，以下是苏联的情况。

60岁以上的老年人有2000万，约占人口10%。苏维埃政权甫一建立，1936年《宪法》就确立了社会保险的权利，其实施逐步扩大和明确。1964年以前，集体农庄的成员并不享有这项权利，而是靠互助基金。1964年为他们制定了一项特别的社会法案，农业合作社成员、艺术家、居家者也都享有特别的社会福利政策。全体工薪阶层享有普遍的社会福利制度。工作满25年的60岁以上男性和工作满20年的55岁以上女性都可领取退休金。如从事繁重工作，则工作满20年的50岁以上男性和工作满15年的45岁以上女性即可领取退休金。工龄超过最低年限10年及以上者领取的社会福利金也会随之增加。政府的退休金预算在1955年为29亿卢布，但1956年的一条法律提高了标准。到1965年时预算提高到了105亿卢布。

工资越低，计算退休金的系数就越高，月薪35卢布能领取的退休金是100%，月薪超过100卢布，能领取的退休金只有一半。退休金上限是120卢布。领取退休金的人有权从事100卢布以下月薪的工作，他们的工作受到社会保险局的监管。约有2%的退休人员仍然工作，包括集体农庄的成员。

传统上，父母和子女同住，即使在大城市也一样。因为住宅不足，所有社会主义国家都鼓励子女与父母同住。在社会主义国家，绝大部分女人都工作，通常女人比男人早退休，以便领有退休金的祖母代替母亲操持家庭。我讨论过这种解决办法的弊病，祖母代替母亲照顾家庭并不会得到什么满足，而她替代的权威本来也不一定存在。要是年轻夫妇搬到远方，祖母无法跟随，也只得与子女分离。但至少老年人不会在孤独中度过晚年。

此外，在苏联，老年人也可以独自过活，他们住在传统的住房或是“老人之家”。近年来，许多老年人都被安置在特别公寓的低层，在大城市的城郊有许多养老院，大多称不上舒适，但是提供了不少文化和娱乐休闲活动。相较而言，苏联的老年人被社会、被家人抛弃的感觉没我们这么强。

在苏联，公民在政治上和社会上的联结较为紧密，很多老年人并不被排除在团体之外，而是仍在共产党内、社区或家庭中保持活跃。

整体而言，苏联的生活水平低于法国，但是退休人员领取的退休金和他以前的工资差距较小，过着远比我们低收入的退休人员体面的日子。

这番景象也许描绘得过于乐观，我们不能忘记，在苏联以及大部分的社会主义国家，正式工资只占劳动者实际收入的60%左右，而退休金是根据前者来计算的。要了解退休人员的真实情况，需要知道“打黑工”的机会是否对老年人敞开以达到收支平衡，不然他们的生活水平会大大降低。

我从匈牙利收到的报告如下：

就像世界上其他地方一样，在匈牙利老年问题除了涉及相关的每个人之外，也涉及整个社会。老年问题主要分两方面，一是年龄带来的各种问题，一是社会形态具体因素的各种问题，后者一国一个样。匈牙利的具体情形如下。

最近25年来，人口统计显示匈牙利人口有老龄化倾向，原因有两方面，是出生率不高的人口走势和人均寿命增长共同导致的结果。

我们知道，1950年代初期出生率暴涨，随后的10年则大幅回落。1954年出生率创下了23‰的纪录，到1962年就降到了12.9‰。尽管最近3年曲线略有上升，并在1968年达到了15‰，但之前长期下降的趋势造成了人口的老龄化。

同时，从绝对意义上来说，匈牙利的人口已经老龄化了，这一现象很大程度上归因于过去25年所采取的社会、经济、卫生、文化等措施，这些措施延长了平均寿命。1941年，匈牙利人的平均预期寿命为男性54.9岁，女性58.2岁。而现在该指标为男性67岁，女性71.8岁。因此，自二战结束之后，60岁以上老年人的人数和占比均大幅提高。1941 年，超过 60 岁的人有 99.74 万人，占总人口 10.7%；1949 年为 107.3 万人，占总人口 11.6%；1960 年提高到 137.27 万人，占比 13.8%；1968 年最新统计为 168.5 万人，占比达 16.4%。

按照匈牙利人口老龄化的进程，中央统计局的人口研究小组预估，到 1975 年 60 岁以上的老人比例会超过 18.5%，即使出生率再次上升，这种老龄化的进程也会继续下去，因为一代一代的平均寿命势必会再延长。有鉴于此，今日老年男性和女性的预期寿命平均数如下表所示：

年龄（岁）	男性平均寿命（岁）	女性平均寿命（岁）
60	+15.88	+18.33
70	+9.75	+10.99
80	+5.27	+5.76

在匈牙利，老年人的三大主要问题同样是经济、疾病和孤独。社会主义国家为缓解这些问题做出了相当大的贡献：一方面运用社会福利制度，一方面是社会的整体规划。必须承认，和 25 年前相比变化很大，进步不小。一般而言，指导思想的变化是惊人的。过去，社会福利局根据劳动者的不同类别，在资源的数量与质量上区别对待，造成分配不公的现象。新的法律则渐渐随着社会主义的实施设立了同质的社会保险。新法律在实践中的变化和进步体现为两点：第一，受惠于社会福利政策的人数不断增加，连农民也惠及，而农民在 1945 年解放以前不享有任何社会保险；第二，随着匈牙利的经济越来越稳固，社会福利的金额也持续地显著提高。

今日，97%的匈牙利人——也就是说几乎全体——享有社会保险。然而，这个 97%的统计数字需要从两个角度进行解释。首先是从演进的角度来看，事实上，在1938年享有社会保险的比例只有31%，1950年为47%，再到1960年的85%，受惠的比例不断提高。第二个角度是从3%的缺失数字来考量，它涉及的尤其是过去从事自由职业的老年人，他们当年没有办理养老保险。尽管今天他们还是没有退休金可领，但在生病时或有需要时，还是享有某些社会补助，如免费的医疗照护、免费的药物和住院。因此匈牙利社会福利的实践和对待老年人的方式符合社会主义国家的典型做法。

经济收入方面，多达3/4的老年人受到养老金与退休金“同质法律”的保障。略少于1/4的老年人无权受惠于此项法律，不过政府定期给他们发放救助金，除非他们的家庭经济状况好到可以保障他们的生活。这个范畴的老年人当中，我们还要补充一点，固定领取政府救助金的人数达到了15万，而且即使那些由家庭负责照应的老年人也享有社会保险所提供的多种医疗和住院补助。

养老金与退休金的法律之所以被称为“同质”法律，是因为对所有的劳动者完全一视同仁。在解放之前，退休金制度对不同社会阶级区别对待，大搞特权，必然引发不满。实行社会主义制度的匈牙利，第一部养老金与退休金的同质法律最早于1952年1月1日颁布。在此基础上发展而来的第二部法律于1954年10月1日颁布。目前生效的是1955年1月1日开始实施的第三部，修订了前两部并扩大了受惠人的权益。

这项养老及退休制度的基本特征如下：它涉及工人、雇员、脑力劳动者、农业和手工业合作社的成员，即私人工匠，也就是社会所有阶层；还将福利扩大到被保险人的家庭成员，也覆盖了老年人和残疾者。这项制度特别涉及了老年人，如果退休金领取者死亡，之前靠他赡养的配偶、亲人、祖父母则可领取他的退休金。

目前，工薪者的退休年龄是女性55岁、男性60岁，农业合作社成员的退休年龄是女性60岁、男性65岁。在有损健康的环境中工作满25年的男性和满20年的女性提前5年领取养老金。养老金与退休金的法律详细列举了这些有损健康的工作，定义了各类别之间的差异，例如为那些在大气压力超过一定标准的环境下工作了15年的人提供了特殊待遇。

退休金的金额根据工龄和平均工资制定。1969年，必须工作满24年才能领取全额退休金，而从1970年开始要满25年。至于那些能证明至少工作了10年的人，也就是说工龄不足以领取全额退休金，只能领取部分。退休金额度包括两项，一是基本退休金，二是补充退休金，前者是按平均工资的50%，后者的计算（部分退休金的计算也是如此）则看具体个人自1929年1月1日以来的工作年限，每一年等于1%的基本退休金。

过去10年中，匈牙利年金与退休金制度的规模如下表所示，可看到受益人数的增加和国家承担的预算的上涨：

年度	领取养老金与退休金的人数（千）	预算（百万）
1959	623	3722
1960	636	4427
1961	796	5080
1962	912	5737
1963	983	6421
1964	1046	6992
1965	1101	7712
1966	1156	8711
1967	1213	9514
1968	1269	10339
1969	1319	—

尽管匈牙利的养老金与退休金制度是世界上最进步的制度之一，我们知道还是有问题待解决。例如，过去设立的退休金和新近建立的退休金二者数额差异显著，即使前者已经提高了好几次。同样地，尽管在一个系统里计算，因为所属时期不同，结果也不同。而且由于名义工资定期提高，新近退休金数额高于先前。

有关部门已着手处理这些问题和其他问题。最近在政府与工会中央委员会的会谈中，提及了1969年和之前几年的物价上涨导致退休金的实际价值下降，尽管还算温和。因此，工会中央委员会秘书长要求政府采取相关措施保障退休人员的购买力。新的法律、当局的措施以及最近私人公司的主动作为都充分顾及了老年人的利益与需求。最近颁布的有关农业合作社运作的法律规定，不得以年老或丧失工作能力为由将合作社成员除名。此外，无论合作社工作完成得如何，都不能剥夺老年人和残疾者享受其土地收益的权利。

公共卫生部长新近颁布法令，增加常规社会救助，并提高战争致残者的津贴。老年工人以及教师，退休之后被允许在之前的单位，或在地方议会设立的社会就业中心工作。他们被派给较轻松的任务，工作时间明显减少，一般每月赚500至800福林，成为他们低额退休金的补充。匈牙利东部德布勒森市的梅迪科工厂，其医疗和手术仪器行销全世界，今年实行分红，已经退休的老工人也有份。西部城市科奇，农业生产合作社免费替老年社员在他们的土地上用机器耕作，并将其收获免费送到他们家中。

老年的第二大问题是疾病。疾病预防和病人照顾由匈牙利公共卫生组织负责。其医护人员的专业性名扬海外。在匈牙利，每个人都享有社保，要么作为受益人，要么作为被保险人的家庭成员，二者都不是的话，则按“需要救助的”老年人类别享有医疗津贴，包括免费照看、住院和手术费用。至于医药费如包扎、药水、假牙、轮椅、助听器等费用，病人只需负担其中很少一部分。虽然统计数据没有按年龄来分列，但可以推断老年人的需求也一样得到了满足。

目前——更准确的说是根据1969年底的资料——匈牙利全国有21865名医生，每万名居民拥有21.3名医生；医疗区域为3549个，每2895个居民就有一名医疗区域医生提供非专科咨询。医院、疗养院和浴疗机构的床位共计82465张，每万名居民拥有80.3张。医院里每100个床位约有10名医生、36名护士和其他助理人员。和老年人相关的方面值得一提的是，从1952年起，全国各地都实施了癌症筛检。得益于1968年创建的网络，60个癌症筛检站做了51万次预防性检查。与此同时，老年人在药物消费中占比相当可观，1968年金额达到了34.88亿福林。

谈到医疗保健，有必要提到属于老年医学的研究人员。的确，我们不应忘记这些老年病学家的工作，他们在短时间内对老年人状况、易得疾病以及治疗方法都取得了显著的成果。在匈牙利科学院老年学委员会的支持下，这一学科的年轻专家团队积极开展研究，隶属于名为“衰老的生物学基础及其社会后果”的国家长期项目。建在布达佩斯的老年学研究所已运行。匈牙利制造的药物杰洛韦（Gerovit）促进基础代谢，加速血液循环，且富含多种维生素，已在许多国家得到了认可。

第三个问题，也就是老年人孤独的问题，以下的统计数字可说明。略多于3/4的老年人和家人一起生活，其中有33.9%是夫妻共同生活，7.9%和伴侣以及他们的孩子住在一起，5.5%和伴侣、他们的孩子以及第三代生活在一起，7.5%单独和孩子住，11.8%单独和孩子以及孩子的家人生活在一起，1%和孙子孙女生活在一起，6%和其他亲人一起生活，2%和其他认识的人住在一起。然而有1/4

超过 60 岁的老年人独自过活，而且没有其他家人的资助。大部分独自过活的老年人之所以如此，是因为他们从没有过孩子。另外有一小部分老年人虽有子女，但不孝顺或自私而弃他们不顾。有些退休的老年人因孩子移居国外不得不处在孤独中。因此我们可以估计有将近 40 万老年人处在绝对的孤单中，社会有责任来减轻这些老年人的孤独感。

匈牙利社会力图纠正这种情况。该国目前有 242 所养老院，由国家、地方市政或教会管理，照料 25520 名老年人。入住者只负担 1/3 的住宿、伙食和其他费用。不过，当局打算提高老年人负担的费用，当然仅限于经济状况相对宽裕的老年人。过去，老年人住进养老院主要是因为财力不足，而现在住进来的首要原因是孤独，以及有许多老年人无法满足居家生活所需。

这些养老机构大部分都能承担起它们的使命，提供优质的住房、食物、医疗照护。匈牙利南部城市塞格德的老人院，布达佩斯的工人运动退休劳工之家和老年演员养老院，以及多瑙河畔河滨度假胜地莱恩法卢的“改革教会之家”，都是其中典范。各地的养老院都有图书室、电视、收音机、客厅和游戏间。然而，这些养老院的床位依然供不应求。目前约有 6000 名老年人等待入住。

我们所称的“以房养老”契约，同样也是为了缓解孤独和生计的问题。通常这指的是拥有宽敞房产的老年人和苦于住房危机的年轻夫妻签约，年轻夫妻承诺关照拥有房屋的老年人，他们因此获得住房某部分的使用权，并且在房主去世后拥有该房产的全部。为保护老年人的利益和避免滥用，匈牙利政府最近授权市政委员会在签约之前核查情况，之后确保双方严格遵守契约。

然而，即使是在社会主义国家，老年人的孤独问题也不容易解决。事实上，有许多老年人由于情感或经济原因选择独自过活。如果婚姻只留下美好回忆，很多老年人接受不了再婚。其次，他们往往留恋自己的房子和舒适的物质环境。因此有 40%的匈牙利退休老年人住在乡下自己的房子里，而且我们发现有 68.9%的乡下房子通常比匈牙利境内的其他房子住房率来得高，这些优势使他们选择了孤独。

就这样，国家和社会努力支持老年人。在许多地方，爱国人民阵线的地方组织和匈牙利妇女全国委员会都设立了老年之家或老年俱乐部，供老年人打发时间。目前有 7000 名老年男女在 250 所老年之家或老年俱乐部享受免费福利。现在还设立了社工人员网络，定期上门探望和提供护理。最后，老年人去电影院和体育馆享有优惠，可观赏他们选择的表演，而且他们在外省和首都搭乘电车或公交都有交通优惠卡。

在罗马尼亚，二战以前并没有任何社会保险系统。战争结束后，我从布加勒斯特的一位医生那里得到了以下报告，我将之原样呈现，但不做任何保证。

必须从两个截然相反的角度来考察这个问题，一是所谓领取“社会”退休金的人，即那些事实上没权利领取退休金的人，因为他们未曾在国家机构工作若干年；二是领取国家退休金的人。

第一类：

他们的物质条件降到最低，每月只领约 300 列伊（90 法郎）的“老年津贴”。这个数额当然是微不足道的，只约等于一双皮鞋的价格。好在还有能力做事的人可以另外从事某些工作，虽然这些工作的层级和薪资都很低。他们一旦有了工作，便不再领取老年津贴，这项工作有可能让他们达到申请退休金所需的在国家机构工作

25 年的条件。但是这样的情况极为少见，毕竟合法退休后还能再工作 25 年的老人少之又少。如果真的达到了，那么退休金的额度按最后的薪资计算。

各类“社会”退休金领取者指的是无法证明自己在 1944 年 8 月 23 日之前从事有薪酬工作的人，即大大小小的生意人、有私人诊所但不在政府所属医院工作的医生、拥有自己作坊的工匠等等。

所有这些被视为从事“剥削”活动的人，不管是在物质层面还是社会层面，都过着极为不稳定的生活。

第二类：

乡村的退休金。3 年前，集体化政策的成功促使政府决定为那些因病或丧失了工作能力，或年纪过大而无法通过工作保障收入的农民提供退休金，目前为每月 40 列伊（12 法郎）。作为参照，一块面包的售价为 2 或 3 列伊（取决于面粉的品质），一公斤油的售价为 12 列伊。

领取退休金的农民不享有免费医疗和免费住院。（领取退休金的其他类别的人，如果退休金不超过每月 550 列伊则享有药物免费。）

因为工作机会优先给年轻人，老年人即使退休后又找到工作，也无法保证能一直干下去。这也适用于已经在工作岗位上干到退休时刻的人。即使老年人的生理心理状况允许他们继续工作，一旦有人认为年轻人足以胜任，他们还是会被取代。这种情况无差别地发生在工人、脑力工作者，甚至科学家的身上。

从另一方面来说，老年人参与社会生活是相当常见的现象，共产党员继续在他们所属的党组织中从事活动，某些宣传活动和某些监察活动也会用到他们，如对医院设施和公共食品的检查。

非党员也能在某些带有社会性质的活动中起到用处。某些类别的老年人，可以为“老人之家”所收容，享有住房、三餐和医护服务。收容的标准是依据当事人的家庭状况和健康状况，且残障优先。因为床位不足，所以选择标准非常严格，但往往有政治因素，人情徇私很常见。著名女医生阿斯朗主持的老年病学院里住的老年人都属于精英阶层。

从伦理学的角度来看，老年人的问题更显得微妙。社会革命的教训，一个仍在创建过程中的社会的斗争与行动的口号（“所有老的旧的都应消失，所有新的都应占有一席之地”）对代际关系产生了重大影响，人们对老年人不信任，通常认为他们对国家发生的变革无甚用处。

领国家退休金的人：

这些在政府部门工作满 25 年的人退休后的处境显然更好，能领取的退休金非常接近他们最后的工资水平。

当然，待遇远优于其他人的是政治干部的类别，如社会安全部门、军人，他们领退休金更早，退休年龄一律固定为男性 60 岁，女性 55 岁，并且可以在领高额退休金的同时担任其他职务，从而领取多份工资和退休金。

捷克斯洛伐克人口已出现老龄化。30 年前只有 10% 的人超过 60 岁，今日已达 17%。然而，劳动人口因为受教育年限增加而减少了。男性的退休年龄为 60 岁、工龄满 25 年，工龄越长退休金越高。退休金约是最后 5 年或 10 年工资的 50%，若有 35 年工龄，退休金则为 75%。至于女性，未生育者退休年龄为 57 岁，育有一个孩子则为 55 岁，育有两个孩子 53 岁，三个或以上孩子 52 岁。矿工、飞行员或其他从事危险工作的男性可在55岁申请退休。所有行业的人，即使到了退休年龄，只要有能力就可以继续工作，但只能领取半额的退休金，加上工资。由于具备资质的劳动力不足，政府鼓励延后退休。很多知识分子和干部成年时仍继续进修，以至于50岁才获得专业技能资格，他们可以长期继续工作以做出相应贡献，这一类老年人的幸运在于社会需要他们。

没有专业技能的体力劳动者处境则不同。体力在50岁以后减弱，他们如果延迟退休，薪资反而会下调。他们对工作难有激情，唯感疲累，所以渴望休息。女性到了55岁都很高兴能够留在家中协助子女照顾孙辈。从事自由职业的男性，很多在退休之后会投入他们喜欢且有益社会的活动，如为公共服务部门制订计划，提供咨询。

1948年的法律在1956年和1964年经历两次修订，退休金提高了8%，但与物价的上涨相比显然很不够。5年前[①]报纸上讨论老年人的处境，老年人抱怨他们不被承认拥有任何权利，而这些权利本是他们通过多年劳动合理合法获取的。他们对退休生活的反应基本上和法国人一样：无所事事让他们难受，觉得自己无用，忍不住到从前工作的地方逡巡，看别人干活。特别是生活出现困难时，他们会生病甚至死亡，抑或自杀。自杀比例与年龄正相关。

在医院里有70%的老人无人照料。痊愈以后，没有家人来接出院。尽管捷克斯洛伐克的病床数是全欧洲最多的，但依然满足不了需求。

住房对所有人都是个大问题，年轻夫妻和父母同住，有时夫妻分别住在各自的父母家里，三代同堂也很常见，后果往往不那么令

① 我收到的报告写于1968年。——原注

人愉快。

公共的照料、医疗以及家政服务都较差。当老年人生病、衰残，或被上班的孩子忽视，便落入无人照顾的境地。

这种情况成年人接受了，年轻人却觉得离谱。自1968年1月起，即所谓“新道路”计划开启以来，年轻人在全国发起抗议活动，引发了对老年处境的关注。一些原本被忽略的地方组织发展起来。老年人获得更多关照，设立了公共食堂供他们用餐，成立了俱乐部组织消遣娱乐，剧院影院提供优惠票。年轻人的打抱不平让社会意识到了老年问题的严重性，并寻求解决之道。

南斯拉夫的例子很有意思，因为自1960年以来他们从社会主义经济过渡到一种越来越重视利润的经济。这种改变在老年人状况方面也有反映。

南斯拉夫社会敏锐地意识到老年问题，对此讨论颇多，并实行了保护老年人的措施。直到1965年1月1日，领取全额退休金的条件是工作35年的55岁男性和工作30年的50岁女性。法律规定他们原则上可以领取相当于平均月薪72%的退休金。（但是在斯洛文尼亚，只可领得62%。）参与第二次世界大战的人，战争时期的工龄乘以2计入将来的总工龄。自1941年起就参与战争的人有权领取相当于他们最后薪水全额的退休金。退休金的高低差别并不大，因为正式申报的工资高低差别不大，最高退休金只是最低退休金的3.5倍。国家要让老年人过体面日子，尽管预算似乎超出了实际能力。国家的负担很沉重，因战争而健康严重受损的男性人数众多，全国有100万名领取退休金的人，而工薪劳动者不过400万。工人和国家都要交份子钱，不存放在特殊的基金里，而是用来投资工厂、建设等。

1960 年以来，和世界经济联结在一起的南斯拉夫经济根据资本主义国家的物价而调整物价，试着使其生产力与世界市场保持一致。于是着力缩减“不必要”的开支，尤其那些涉及照顾非劳动人口的开支。政府提高了退休年龄，男性为 60 岁（工作满 40 年），女性 55 岁（工作满 35 年）。原则上退休金提高到工资的 85%。但事实上，在斯洛文尼亚，却降到只有薪水的 59%。

在这一点上，代际之间起了冲突。老年人声称是他们的贡献创造了国家今天所享有的繁荣，他们要求从中受益，这是欠他们的。他们认为，除了他们以外所有人的生活都变好了，这很不公平。他们要求在物质上和政治上都积极参与。他们在执行法律的政府组织中拥有代表，但希望进入参与制定法律的全国议会，以及处理地方预算和社会问题的地方议会。他们有自己的组织，即荣军和退休金领取者管理委员会，隶属于社会保险议会。所有人都是工会会员，报纸是他们重要的抗争工具。在斯洛文尼亚，《退休者》月刊比其他刊物销售量高出 11 万册。

老年问题在南斯拉夫联盟各共和国有较大差异。以农村为主的共和国仍维系着父权文化：男人对女人，老年人对年轻人居统治地位。人们对老年人都非常崇敬，常见数代同堂。斯洛文尼亚和克罗地亚住房问题严重。在斯洛文尼亚，42 所养老院提供 3000 个床位，还有 33 所老人之家。贝尔格莱德在这方面的作为则大为逊色。1968 年 4 月 14 日，有一篇文章写道，养老院里只有 600 个床位，“在贝尔格莱德当个老年人真是艰难。一室或两室的公寓盖了不少，老年人却住不上。普遍来说老人无处可住……”

总体而言，大家认为老年人在物质上的情况让人满意，但在心理上和精神上则不然。很多老年人因为经历了战争、监狱、集中营而健康不佳，大部分并未融入社会，而是被社会遗弃。参加过战争的老年人的问题尤难解决。

在5万名前军官中，80%来自乡下，入伍加入抵抗运动使得他们没能求学或学手艺，因此没有文凭资历。他们原本受雇于行政部门，但现在资质高的年轻一辈上来了，不再被需要的他们心生怨念，索求颇多。有人告诉我一个例子，一位前军官从42岁起就领取退休金，妻子在书店工作，他主理家务。还有人告诉我一位48岁上校的例子。他在1941年加入抵抗运动——这批人10个当中有9个最终战死，而且他有4个孩子。他在一家工厂当门房，工厂老板过去是保王派，现在这位前上校要毕恭毕敬对其行礼。如此际遇让类似老兵成了社会主义制度的敌人。即使那些没那么极端的例子，还是给人挫折感：党是一切，个人则什么都不是。很多人拒绝执行党的纪律，被看作毫无价值之人，失去了活着的理由。

老年人性生活的统计数据

根据金赛的报告，男性的性能力顶峰大约在16岁。年轻时，单身男性平均性交频率每周2到3次，已婚男性4到8次。50岁时，二者都降至每周1.8次，60岁1.3次，70岁以后0.9次。金赛的研究调查了超过60岁的87名白人男性和39名黑人男性，在65岁时，他们射精的平均频率为每周一次，75岁每周0.3次，80岁每周低于0.1次。60岁的男人当中，约有6%的人完全没有性活动。70岁时这一比例升至30%，并随年龄递增活跃度继续下降。不过也有特例，一名70岁白人男性平均每周射精7次，而一名88岁的黑人男性与90岁的妻子每周进行1到4次性生活。到了70岁有1/4的白人男性丧失性能力，到了75岁比例更达到1/2。在71岁至86岁之间有些人会自慰，而且在76岁到80岁之间有些人会梦遗。

还有一些遵循金赛方法的其他调查，但规模较小。1959年，《性学》杂志从《名人录》中选取6000人发出问卷，得到800名65岁以上的人的回复，其中70%的已婚男性有规律的性生活，平均每个月4次。即使在75岁至92岁的104名男性中也有半数表示还能正常射精，其中有6名表示每月有8次以上性接触。他们中有1/4的人会自慰，要么从年轻时就开始，要么60岁之后才这么做，绝大部分男性即使超过75岁仍有晨勃。

1960年，G.纽曼医生和C.R.尼可尔斯医生在美国北卡罗来纳州研究了250名年纪在60岁到93岁之间的白人男女与黑人男女。该研究持续了7年，其中149人已婚并和配偶共同生活。他们性生活的次数从两个月1次到一周3次不等。75岁以后这个数字显著降低，黑人的性生活比白人活跃，男人比女人活跃，中低阶层比高阶层活跃。（这一点大概也解释了为什么黑人比白人活跃，因为前者多属中低阶层。）性生活曾经很丰富的人，到老年仍会持续，其他人则不然。独身或丧偶的101人中，只有7人仍有性生活，被调查的女性不够活跃，很可能因为丈夫的年纪比她们大。

1961年，费城的弗里曼医生调查了74名平均年龄为71岁的男性，75%还有性欲，但只有55%的人能满足。射精的次数从每周3次到两个月1次不等，至少有42%的人表示到了60岁他们的欲望降低了，15%成了性无能。到了80岁有22%的人表示还有性欲，但只有17%有性接触。36%的人会做性梦，25%的人对视觉刺激有反应。

1963年，法国的一份书面报告中，德特朗医生提供了另一些数据。据他的说法，60岁到70岁之间的老年人行为与成年人并无不同，取决于他们过往的性能力。脑力劳动者比体力劳动者更活跃，单身或鳏居很久的人跟已婚的老年人相比表现也不同，后者因为习惯或索求的存在而能维持。新近丧偶往往导致性无能。性交的频率大约为60岁每周1次，70岁每两周1次，自慰则相当频繁，与性交频率相当。在70岁到80岁之间，已婚男人还是有性生活的，虽然频次降低。鳏夫则压抑欲望，有些以自慰解决。

SIMONE DE BEAUVOIR
La vieillesse

封面照片来源：
Simone de Beauvoir, 1939 - Photo © Photo coll. SLB / Diffusion Gallimard
Simone de Beauvoir, 1976 - Photo © Jacques Pavlovsky / Sygma via Getty Images

图字：09-2019-291 号

图书在版编目(CIP)数据

老年 / (法) 西蒙娜・德・波伏瓦著；孟玉秋译.
上海 ：上海译文出版社，2025.6 (2025.11 重印).
ISBN 978-7-5327-9836-0

Ⅰ. C913.6
中国国家版本馆 CIP 数据核字第 2025AX4306 号

老年	SIMONE DE BEAUVOIR	策划编辑　周　冉
	西蒙娜・德・波伏瓦　著	责任编辑　缪伶超
La vieillesse	孟玉秋　译	装帧设计　陆智昌

上海译文出版社有限公司出版、发行
网址：www.yiwen.com.cn
201101　上海市闵行区号景路 159 弄 B 座
上海市崇明县裕安印刷厂印刷

开本 890×1240　1/32　印张 18.25　插页 3　字数 382,000
2025 年 6 月第 1 版　2025 年 11 月第 2 次印刷

ISBN 978-7-5327-9836-0
定价：98.00 元